年金制度の理念と構造

より良い社会に向けた課題と将来像

高橋 俊之
Takahashi Toshiyuki

発行　社会保険研究所

はじめに

　日本の年金制度は、これまで、社会経済や人口構造の変化に合わせて、逐次の改正を重ねてきました。年金制度は、人々の暮らしの安心の支えであるとともに、日本の社会経済システムの重要な一部です。

　少子高齢化に対応して、財源の範囲で給付水準を調整する仕組みが導入されており、制度の持続可能性は確保されています。また、平均余命が伸びている社会の中で、年齢区分を固定せずに考えて、就労期間＝拠出期間が伸びていくことにより、将来の年金水準の低下を避けることができます。

　しかし、社会保障制度として十分な制度であるかというと、課題はたくさん残されています。将来の年金水準の低下の防止のためには、対応が必要な課題がいくつかあります。また、年金の受給額には個人差が大きく、低年金の防止のためには、厚生年金の適用拡大などの対応が急がれます。遺族年金や障害年金も、手直しが必要な部分があります。様々な課題をいっぺんに解決する魔法の杖はありませんが、時間をかけて段階的に改善に取り組んでいけば、解決できる課題です。

　本書では、図表を多く用いながら、まず、現行制度の仕組みや考え方、これまでの経緯を丁寧に説明することに注力しました。その上で、今後の課題について私見を交えて論じています。制度の理念や根底の考え方に立ち戻りつつ、年金の制度論、財政構造、実務、社会経済システムの中での位置づけを踏まえながら、年金制度の抱える課題と段階的改革の方向について、できるだけ易しい言葉で、わかりやすく説明し、皆さんと一緒に考えていきます。

　本書は、「週刊 年金実務」（社会保険実務研究所）に2023年1月から10月まで隔週で20回にわたり連載した「年金制度の理念と構造〜課題と将来像」をもとに、2024年2月までの時点で補足修正したものです。

　図表は、厚生労働省年金局が公表している資料を元に見やすく加工したものを多用していますが、一部を除いて出典の表記は省略しています。私見に基づく図表は、本文の中でその旨が分かるようにしています。

　見解を述べた部分の多くは、私が厚生労働省の年金管理審議官の2年間、年金局長の3年間の在職中に、職員と議論し考えたことを基にしていますが、社会保障審議会年金部会等における次期年金制度改正の議論も始まっており、私の個人の意見であることを申し添えます。

　本書が、日本の年金制度についての理解を深め、より良い社会に向けた制度改善のための議論の一助となることを願ってやみません。

2024（令和6）年2月

（株）日本総合研究所 特任研究員　高橋 俊之

（前 厚生労働省年金局長）

年金制度の理念と構造　目次

第1章 公的年金制度の意義と役割

1. 公的年金はリスクに備えた「保険」の仕組み

　（1）生涯にわたって受給できる終身年金

　（2）物価変動や賃金上昇など、経済の変化に対応できる年金

　（3）障害年金や遺族年金がある

　（4）全国民が義務加入の国民皆年金であることによる強み

2. 公的年金は社会的扶養の仕組み

　（1）賦課方式を基本とした財政方式のメリット

　（2）私的扶養から社会的扶養へ、扶養の負担の均等化

3. 公的年金の所得再分配機能の仕組み

　（1）2階建て構造による所得再分配機能

　（2）基礎年金の2分の1国庫負担を通じた所得再分配機能と給付水準の向上

4. 保険原理と扶助原理のハイブリッド構造

　（1）応益負担（貢献給付原則）と応能負担（必要給付原則）の適度な組合せ

　（2）社会保険方式は、国民負担への納得感を醸成する仕組み

1　公的年金はリスクに備えた「保険」の仕組み

　公的年金の機能を、①リスクに備えた保険の仕組み、②社会的扶養の仕組み、③所得再分配機能の仕組み、という3つの視点から見てみましょう。

　まず一つ目に、人生における様々なリスクに備える「保険」としての機能です。

　引退後の老後の生活のために現役時代に備えておく必要がありますが、自分が何歳まで生きるか分かりませんし、数十年先の老後の物価水準や生活水準がどうなっているかも分かりません。事故や病気で障害を負ったり、家族を残して亡くなったりするかもしれません。

　公的年金の「保険」としての機能には、次のような特徴があります。（図表1-1）

（1）生涯にわたって受給できる終身年金

　誰でも、自分が何歳まで生きるか分かりません。このため、老後に備えて貯蓄をするにしても、いくらあれば良いか、分かりません。使い切ってしまう不安もあります。逆に、老後への不安から現役時代に無理に大きな貯蓄をすると、若い時の生活が苦しくなってしまいます。また、若い人た

ちの消費が滞れば、経済全体も停滞してしまいます。

　公的年金は、終身で、亡くなるまで受給できますから、現役時代に必要以上の貯蓄をしなくて良いですし、予想以上に長生きして生活資金が足りなくなる事態に備えることができ、安心です。

　一人ひとりは、どのくらい生きるか分かりませんが、国民全体であれば、平均余命という形で一定の出現率が想定されます。これを年金数理の考え方で計算して、保険料と給付のバランスをとるのが年金の財政運営です。

図表1-1　**公的年金は、予測できない将来に備える生涯にわたる「保険」**

老後に備えて貯蓄をしても…　　　　　　　公的年金なら…

人は、何歳まで生きるかは、予測できない（どれだけ貯蓄をすれば良いのか分からない）	→	**終身（亡くなるまで）の支給**
いつ、障害を負ったり、小さな子どもがいる時に配偶者を亡くすか、分からない	→	**障害年金・遺族年金の支給**
50年後の物価や賃金の変動は予測できない（貯蓄しても、将来目減りするかもしれない）	→	**実質的な価値に配慮した年金の支給**

昔と今の物価（小売物価統計調査より）

品目		1965年	→	2020年
鶏肉	100g	71.8円		128円（1.8倍）
牛乳	瓶1本	20円		133円（6.7倍）
カレーライス	1皿	105円		714円（6.8倍）
コーヒー（喫茶店）	1杯	71.5円		512円（7.2倍）
ノートブック	1冊	30円		162円（5.4倍）

　これを、「長生きリスク」に対応した「リスク分散の保険機能」と言うこともあります。平均余命を軸としたばらつきを平均化するものと言うこともできるでしょう。もちろん、長生き長寿は、喜ばしいことなので、「長生きリスク」という言葉遣いには、少し引っかかるところもあることに留意したいと思います。

　長い間、高い保険料を払っても、早く死んだら元が取れないとか、繰下げ受給（年金の受給開始を遅らせる代わりに毎年の受給額を増やす）について、何歳まで生きないと損だとかいう人がおられます。

　しかし、公的年金は、貯蓄ではなくて、「保険」です。想定以上に長生きすれば、そのぶん生活費が多くかかりますし、早くお亡くなりになれば、お金を残しておいても自分で使うことはできません。生活していく上では、生きている間、その額が受け取れることが大切です。どのくらい生きるか分からない中での老後の生活費の不安を取り除くのが、公的年金の「保険」の機能です。

　厚生年金も、法律の名前は「厚生年金保険法」です。国民年金には、20歳前の障害による障害基礎年金のように無拠出制年金もあるので「国民年金法」ですが、一般的な国民年金の保険の性質は同じです。

（2）物価変動や賃金上昇など、経済の変化に対応できる年金

　貯蓄の場合は、将来、急激なインフレによって、貯蓄の価値がなくなってしまうかもしれません。緩やかなインフレでも、金利が低ければ次第に貯蓄の価値が低下してしまいます。また、将来、賃金水準の上昇によって、世の中の生活水準が豊かになっても、それに追いつかず、取り残されてしまうかもしれません。

　公的年金は、**物価や賃金に応じたスライドがあり、その時々の経済状況に応じた実質的な価値が保障された給付**を行っており、経済の変化に対応できる仕組みです。

　このように言いますと、少子高齢化が進む中で、マクロ経済スライドにより、年金は将来目減りしていくではないか、というご指摘があると思います。

　公的年金制度には、長期的な給付と負担のバランスをとるために、「マクロ経済スライド」の仕組みがあり、現役の被保険者数の減少率と、平均余命の伸び率を勘案して、賃金や物価に応じた改定率から、一部を抑制して調整することとなっています。

　これについては、第4章（少子高齢化と年金）で詳しく説明しますが、拠出期間を40年で固定的に見ていると、本当の姿を見誤ってしまいます。実際は、健康寿命の伸びに応じて、就労期間が伸び、これに応じ、厚生年金（法律上は70歳未満が加入）の実際の加入期間も伸びていきます。このようにして、マクロ経済スライド調整分を、拠出期間の延長で補っていくと見れば、年金は実質的には目減りしない、という見方ができます。

（3）障害年金や遺族年金がある

　人は、突然の事故や病気などで、若い時に障害を負ってしまうかもしれません。家計の担い手が、小さな子どもと配偶者を残して、若くして亡くなってしまう可能性もあります。

　こうした事態に備えるため、**公的年金は老後に対する備えだけでなく、障害を負った人や遺族への保障も行っています**。発生確率は少なくても、これに該当した人は、生活が大きく脅かされます。そのために、障害年金や遺族年金で対応するのが、**障害や死亡のリスクに備える公的年金の「保険」の機能**の一つです。

　さらに、老後に配偶者が亡くなると、亡くなった配偶者が受給していた老齢厚生年金の4分の3が残された配偶者への遺族厚生年金として引き継がれる制度もあり、**老齢期の遺族年金は、老齢年金と一体となって生活保障を支えています**。

　障害年金・遺族年金は、公的年金制度全体の受給者年金総額56.1兆円のうち9.2兆円（16.4％）を占めており（2021年度末、厚生年金保険・国民年金事業年報概要）、大変重要な機能です。

（4）全国民が義務加入の国民皆年金であることによる強み

　民間保険にも年金の商品がありますが、義務加入の国民皆年金である公的年金ならではの大きな強みがあります。

　まず、保険はリスク分散ですから、**加入者が多ければ多いほど、リスクを分散**できます。「大数

の法則」（たいすうのほうそく）と言って、一見偶然に見える事象であっても、大量に観察されれば、その事象がある統計的確率で発生することが予測できます。例えば、サイコロを振って、1の目の出る確率は、振る回数を増やせば増やすほど、6分の1に近づいていきます。

　体が丈夫な人もそうでない人も、また、様々な仕事や暮らし方をする人すべてを含み、偏りなく、全国民を対象とする公的年金は、強い保険機能を持つわけです。

　そして、**義務加入であることの意味は、人々が横並びで加入できることにあります**。人々は、社会経済の中で、物やサービスを生産して販売し、その収入を糧にして、生活に必要な物やサービスを購入して、暮らしています。厳しい競争の中で、できるだけコストを下げて、良いものを安く売ろうとします。立派な年金保険であっても、任意加入であったら、加入しない、できない人が多くなります。公的年金は義務加入ですから、保険料の負担を、物やサービスの価格に反映していくことが、社会経済システムのルールと言えます。

　義務加入は、保険料を負担する余裕が無い被保険者や企業には一見厳しいようですが、むしろ、無理なく加入して保険料を社会経済全体の中に転嫁していくために必要な賢い仕組みと言えます。

2　公的年金は社会的扶養の仕組み

　次に、二つ目は、公的年金は「社会的扶養の仕組み」という点です。（図表1-2）

図表1-2　**公的年金は賦課方式で、社会的扶養の仕組み**

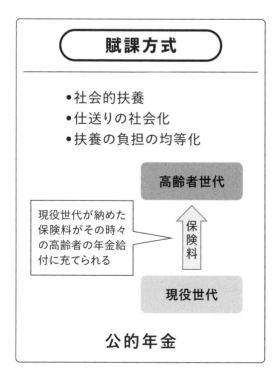
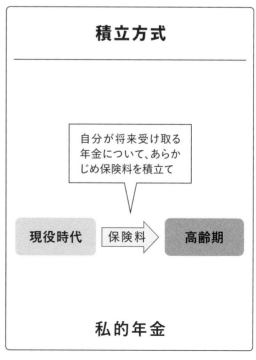

（1）賦課方式を基本とした財政方式のメリット

　現行の公的年金制度は、現役世代が納めた保険料をその時々の高齢者等の年金給付に充てる財政方式を基本としています（賦課方式）。

　その上で、少子化が進行する将来でも一定の給付水準を確保するため、積立金を活用しつつ運営しています。

　これに対して、民間の個人年金のように、自分が将来受け取る年金について、あらかじめ保険料を積み立てておく財政方式を積立方式と言います。

　賦課方式は、一般的に、給付の財源をその時の現役世代が納める保険料に求めることで、経済環境の変化（インフレや賃金水準の上昇）に対して、給付額の物価スライド・賃金スライドを行うことが可能となり、実質的な価値を維持した年金給付を行うことができるという利点を有しています。

（2）私的扶養から社会的扶養へ、扶養の負担の均等化

　日本の公的年金制度は、1942（昭和17）年に厚生年金保険制度の前身である労働者年金保険制度が創設されたことに続き、1961（昭和36）年の国民年金制度の創設により国民皆年金が整えられ、その後、充実した制度に発展してきました。

　公的年金制度が無かった時代、未成熟であった時代は、高齢となった親の扶養は、家族内などの「私的扶養」を中心として行われてきました。しかし、産業構造が変化し、都市化、核家族化が進行してきた中で、従来のように私的扶養だけで親の老後の生活を支えることは困難です。そこで、社会全体で高齢者を支える「社会的扶養」が必要不可欠となり、公的年金制度がその役割を果たしています。

　社会的扶養は、現役世代の間で高齢者の扶養の負担を均等化する機能も有します。平均寿命が伸びる中で、子どもが引退して年金受給を開始した後も両親が長生きしていることも珍しくありません。私的扶養では孫世代が両親だけでなく祖父母の扶養まで負うことになり、特に一人っ子には重い負担となってしまいます。高齢者から見た場合、子どもに先立たれた場合などには、私的扶養を前提にしていると困難な状況となってしまいます。

　このように私的扶養には、高齢者の扶養義務に偏りが生じたり、高齢者を支える人がいなくなったりするなどのリスクがあります。社会的扶養の仕組みである公的年金は、このような私的扶養のリスクに対しても、社会全体の支え合いにより備えています。

　このような社会的扶養の仕組みは、全国民が義務加入する国民皆年金であるからこそ可能となる仕組みです。

三つ目は、公的年金の「所得再分配機能」の仕組みです。（図表1‐3）

（1）2階建て構造による所得再分配機能

厚生年金の保険料は、賃金の一定割合（18.3％）で、負担能力に比例しています。賃金が2倍になれば、保険料負担も2倍になります（ただし標準報酬月額・標準賞与額の上限あり）。一方で、給付については、定額の基礎年金と、賃金に比例する厚生年金の2階建て構造となっています。

このため、賃金との対比で言えば、現役時代の賃金水準が低い人ほど、賃金に対する年金の比率は高まります。例えば、賃金がモデル年金の賃金の半分であっても、給付はモデル年金の8割程度が支給されます。

このように、公的年金制度が基礎年金と報酬比例部分の2階建て構造であることにより、世代内での所得再分配機能を有しています。

なお、所得再分配と言っても、現役時代に少ない保険料負担だった人が、高い保険料負担だった人より年金水準で逆転するわけではありません。給付と負担との間に緩やかな関連性を有していることが、社会保険方式の特徴であり、負担の意欲、制度への納得感の醸成につながっています。

図表1-3　公的年金の所得再分配機能

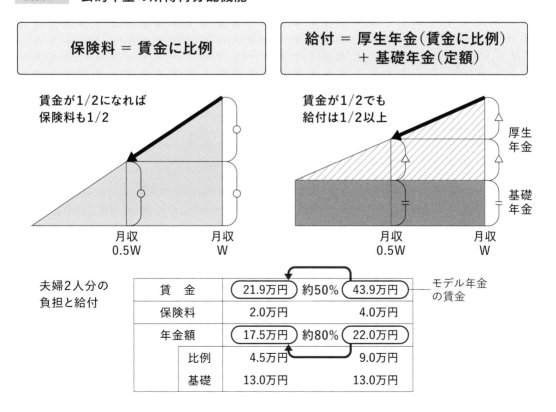

（2）基礎年金の２分の１国庫負担を通じた所得再分配機能と給付水準の向上

　公的年金制度には、基礎年金の２分の１相当分の国庫負担が入っており、税負担は所得が高い人ほど大きいですから、税を通じた所得再分配機能も組み込まれていることになります。

　（1）の２階建て構造による所得再分配機能は、厚生年金期間がある人について働きますが、生涯ずっと国民年金１号期間のみだった人も含め、すべての国民に、（2）の税を通じた所得再分配機能が働いています。

　また、基礎年金に国庫負担があることにより、保険料の拠出実績に比べて有利な給付を受けることができます。言い換えると、保険料を滞納したことにより、その期間分の年金を受け取れない場合には、消費税等の負担をしていたにもかかわらず、その分の年金給付を受け取れないことを意味します。

4　保険原理と扶助原理のハイブリッド構造

（1）応益負担（貢献給付原則）と応能負担（必要給付原則）の適度な組合せ

　ここまでで説明しました、公的年金の「リスクに備えた保険の仕組み」と「所得再分配機能の仕組み」は、それぞれ、「保険原理」と「扶助原理」という二つの異なる考え方に根ざすもので、公的年金制度は、この両者を適度に組み合わせた仕組みであるという基本的理解が重要です。（図表1-4）（注：本稿の保険原理、扶助原理などの用語は、「年金保険法－基本理論と解釈・判例」（堀 勝洋 上智大学名誉教授）を参考にしています。）

　社会保障の制度には、年金保険、医療保険、介護保険のように、保険の仕組みを用いている方式（社会保険方式）と、生活保護や子育て施策のように、保険の仕組みを用いない方式（社会扶助方式）があります。

　「社会保険方式」は、一般的に保険料の納付が給付の根拠となっており、保険料の納付が給付額に緩やかに反映されることがあり、対価性や等価性の要素があります。一方の「社会扶助方式」では、税の納付は給付の根拠となっておらず、税の納付額は給付額に反映しません。

　公的年金制度は、社会保険方式をとっていますが、これは単なる「保険」ではなく、「社会」がつく保険です。「保険原理」と「扶助原理」と呼ぶことができる二つの異なる考え方を組み合わせたものです。

　保険原理の観点からは、保険の仕組みに基づく「リスク分散」の機能を持ち、給付と負担に対価性・等価性の要素があり、応益負担で貢献に応じた給付を行うものであって、形式的公平性・個人的公平性を重視します。

　一方、扶助原理の観点からは、所得再分配の機能を持ち、給付と負担に対価性・等価性が無い要素を持ち、応能負担により必要に応じた給付を行うものであって、実質的公平性や社会的妥当性を重視します。

図表1-4　公的年金は保険原理と扶助原理の適度な組合せ

> 公的年金制度は、2階建て構造と基礎年金の1／2国庫負担により所得再分配機能を有しているなど、**社会保険方式をとりつつ、応益負担（貢献に応じた給付）と応能負担（必要に応じた給付）の適度な組合せ**

社会保障の保障方式

	社会保険方式	社会扶助方式
保険性	**保険の仕組みを**用いる	保険の仕組みを用いない
対価性	**保険料の納付が給付の根拠となる**	税の納付は給付の根拠とならない
等価性	保険料の納付が金銭給付額に**緩やかに反映される**ことがある	税の納付額が金銭給付額に反映しない
原理	**保険原理＋扶助原理**	扶助原理
財源	**保険料（＋税）**	税（＋保険料）

「社会」保険方式は、2つの原理を組み合わせたハイブリッド型

	保険原理	扶助原理
所得再分配	保険の仕組みに基づく所得再分配（**リスク分散**）	保険の仕組みに基づかない一方的な所得再分配（**所得移転**）
給付反対給付均等の原則の適用	適用あり・対価性・等価性	適用なし・**非対価性**・**非等価性**
給付の原則	**貢献**給付原則	**必要**給付原則
負担の原則	**応益**負担原則	**応能**負担原則
公平性	**形式的公平性**・個人的公平性	**実質的公平性**・社会的妥当性

（参考）「年金保険法（第5版）基本理論と解釈・判例」（堀 勝洋 上智大学名誉教授）を参考に作成

　この両者が組み合わされていることは、定額の基礎年金と所得比例の厚生年金の組み合わせにも見られます。また、第3号被保険者制度、加給年金制度、20歳前障害基礎年金、障害厚生年金の300月見なしなどにも見られます。

（2）社会保険方式は、国民負担への納得感を醸成する仕組み

　日本の公的年金制度は、社会保険方式をとり、保険料の拠出という年金財政への貢献を一定程度、本人の給付に結びつけることにより、国民に負担への意欲、納得感を持てるようにする機能を持っています。

　誰でも、負担は軽く、給付は厚い方が良いです。しかしそれでは、制度が成り立ちません。自分が負担した保険料が、自分の給付に結びつくことで、重い負担にも、納得感を持ちやすくなります。

　また、所得再分配機能を税財源だけで担おうとすると、さらに大きな税負担が必要です。このため、保険料にも緩やかな所得再分配機能を持たせることにより、納得感を高める仕組みになっています。

　公的年金制度が必要な機能を果たすためには、非常に巨額の財源が必要です。4,023万人の受給権者に給付を行うため、6,729万人が加入（2021年度末）し、保険料として年間40.9兆円を負担し、さらに、国庫負担13.7兆円（2023年度予算）が投じられています。

　この財源の負担について、どのようにすれば、国民が負担への意欲、納得感を持てるか。そのために長年、積み重ねてきた仕組みが、現在の社会保険方式の姿です。

第 **2** 章　年金制度の仕組みと世帯類型

1．年金制度の基本的な仕組み

　（1）年金制度は3階建て
　（2）公的年金制度は、働き方・暮らし方に応じて、加入制度・被保険者種別が変わる
　（3）公的年金は、国の責任の下で、業務運営を日本年金機構に委任・委託して実施

2．年金の保険料負担と給付額のイメージ

　（1）保険料と年金額の計算式の基本
　（2）標準報酬月額・標準賞与額の仕組み
　（3）モデル年金の世帯の年金額
　（4）年金額の分布

3．世帯の1人あたり賃金と年金額との関係

　（1）1人あたり賃金が同じ世帯であれば、片働きでも、共働きでも、単身世帯でも、1人分
　　　の年金額は同じ
　（2）「貢献に応じた給付」と「必要に応じた給付」を組み合わせた公的年金制度の特徴の現れ

4．様々な世帯類型や賃金水準に応じた年金水準

　（1）モデル年金は所得代替率を測る尺度であり、尺度としての一貫性が必要
　（2）世帯の1人あたり賃金が高ければ、所得代替率が低くなる所得再分配構造
　（3）様々な世帯類型と所得水準に応じた年金額と所得代替率を計算してみると

1　年金制度の基本的な仕組み

（1）年金制度は3階建て

　日本の公的年金制度は、「国民皆年金」という特徴を持っており、①20歳以上の人が共通して加入する国民年金（基礎年金）と、②会社員や公務員等が加入する厚生年金による「2階建て」の構造になっています。

　また、「3階部分」として、③公的年金と別に保険料を納め、公的年金に上乗せして給付を行う企業年金や個人年金の制度があります。企業年金・個人年金の仕組みについては、第19章で説明します。

　全体像は、図表2-1のとおりであり、1・2階部分の公的年金が、国民の老後生活の基本を支え、3階部分の企業年金・個人年金と合わせて、老後生活の多様な希望・ニーズに対応しています。

- 1・2階部分の公的年金が、国民の老後生活の基本を支え、
- 3階部分の企業年金・個人年金と合わせて、老後生活の多様な希望・ニーズに対応。

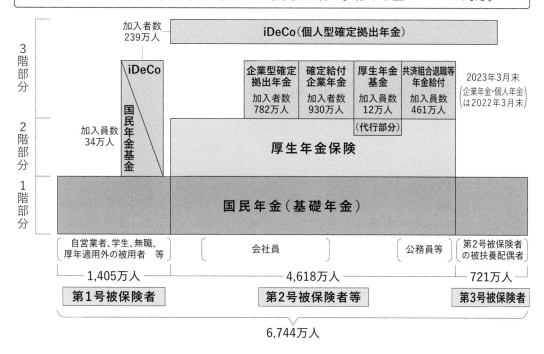

（2）公的年金制度は、働き方・暮らし方に応じて、加入制度・被保険者種別が変わる

　自営業者、学生、無職、厚生年金の適用対象でない被用者など、国民年金のみに加入している人は、毎月「定額」の保険料を自分で納めます。また、会社員や公務員で厚生年金に加入している人は、毎月「定率」の保険料を会社などと折半で負担し、保険料は毎月の給料から支払われます。厚生年金の被扶養配偶者は、独自の保険料負担はありませんが、厚生年金制度全体で保険料を負担しています。

　保険料を負担している被保険者の時は、「国民年金制度」か「厚生年金保険制度」のどちらか一方の制度に加入している、という意識だと思います。

　一方で、年金を受給する時は、国民年金法による「基礎年金」と厚生年金保険法による「厚生年金」を受給します。

　これは、厚生年金保険法の被保険者が、同時に、国民年金法では「国民年金第２号被保険者」と位置づけられているからです。厚生年金被保険者の被扶養配偶者は、国民年金法では「国民年金第３号被保険者」と位置付けられています。そのどちらでもない人（自営業者、学生、無職、厚生年金の適用対象となっていない被用者）が、「国民年金第１号被保険者」であり、一般的に言う「国民年金」の被保険者として、国民年金保険料を納付します。

　図表2-1にあるように、第２号被保険者が4,618万人で、被保険者の約７割を占めています。第１号被保険者は1,405万人、第３号被保険者は721万人と少なくなっています。

この複雑な仕組みが、年金制度の理解を難しくしているという指摘もありますが、このようになっているのは理由があります。図表2-2のように、人は現役期の長い人生の中で、**働き方、暮らし方が何度か変わります**が、それに応じて**加入する年金制度や被保険者種別が変わっても**、全国民共通の基礎年金を受給する段階では、**各被保険者種別の期間を合計して、基礎年金の給付に結びつける必要がある**からです。

基礎年金制度の仕組みや作られた経緯については、第7章で詳しく説明します。

図表2-2 **公的年金制度とライフコース**

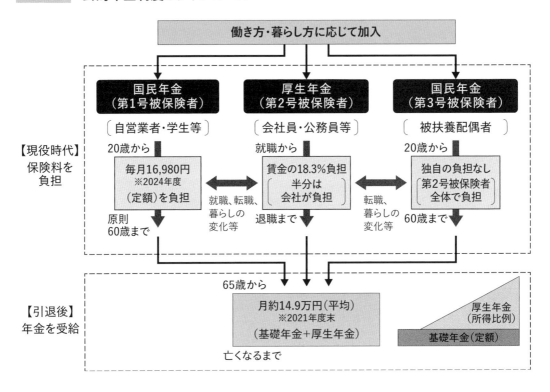

（3）公的年金は、国の責任の下で、業務運営を日本年金機構に委任・委託して実施

公的年金制度は、図表2-3のとおり、**国が財政責任・管理運営責任を負いつつ、一連の業務運営を、国から日本年金機構**（非公務員型の公法人）に、法律で委任・委託して実施しています。

かつては、厚生労働省の外局の社会保険庁が年金制度の実施事務を担っていましたが、2010年1月1日に、旧社会保険庁が廃止され、日本年金機構が設立されました。

また、かつては、政府管掌健康保険の事務も、社会保険庁で厚生年金と一体的に行っていましたが、保険料設定や保険給付については公法人で実施することとし、2008年10月に**全国健康保険協会**が発足しました。その際、協会が管掌する健康保険の適用徴収は、引き続き**厚生年金と一体的に国が実施**するとし、その事務は、同様に国から日本年金機構に法律で委任・委託して実施しています。

公的年金制度は、国に対する国民の信頼（国の信用力）を基礎とし、適用、徴収から給付まで

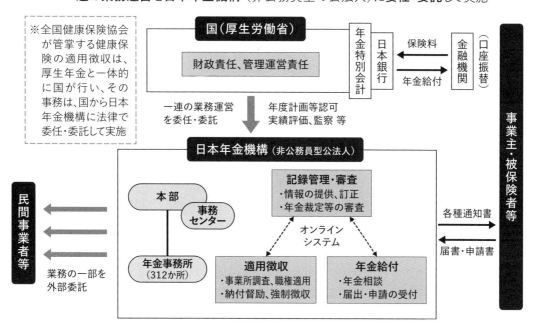

- 公的年金については、**国**が**財政責任・管理運営責任**を負いつつ、**一連の業務運営**を**日本年金機構**（非公務員型の公法人）に**委任・委託**して実施

※全国健康保険協会が管掌する健康保険の適用徴収は、厚生年金と一体的に国が行い、その事務は、国から日本年金機構に法律で委任・委託して実施

国（厚生労働省）
財政責任、管理運営責任

年金特別会計　日本銀行　保険料　金融機関（口座振替）　年金給付

一連の業務運営を委任・委託　年度計画等認可 実績評価、監察 等

日本年金機構（非公務員型公法人）

本部　事務センター　年金事務所（312か所）

記録管理・審査
・情報の提供、訂正
・年金裁定等の審査

オンラインシステム

適用徴収
・事業所調査、職権適用
・納付督励、強制徴収

年金給付
・年金相談
・届出・申請の受付

民間事業者等　業務の一部を外部委託

事業主・被保険者等　各種通知書　届書・申請書

を一体として行い、一生涯にわたる超長期の保険制度として、全国民の強制加入を前提に世代間扶養と所得再分配を行う仕組みです。国が直接に関与して運営責任を果たすのでなければ成り立ちません。

　このため、年金財政の責任は国とし、年金保険料は、国の歳入として年金特別会計に収納し、年金積立金は国の年金特別会計に積み立て、年金給付の裁定は厚生労働大臣の権限とし、年金の支払いは日本銀行を通じて国庫から直接支払う、仕組みとなっています。

　一方で、実務組織は、民間組織の機動的で効率的な経営を取り入れるために、非公務員型の公法人とされました。

　日本年金機構は、国から権限の委任と事務の委託を受けて、住民基本台帳ネットワーク情報の活用や、滞納処分の権限など、行政機関のような機能も持ちつつ、組織マネジメントについては、民間組織の良いところを取り入れた、他に例を見ない実務組織です。

　なお、国民年金事業の事務の一部（第1号被保険者に係る申請の受理等）は、市町村において実施しています。

　また、かつては、公務員等の共済組合制度の年金は、それぞれ別の法律で定められていましたが、2015年10月から、「被用者年金制度の一元化」が実施され、2階部分は、厚生年金保険法の厚生年金事業に統合されました。その際、従来の厚生年金の被保険者については、厚生労働大臣が実施し、それまで共済組合制度で実施されていた被保険者については、国家公務員共済組合等、地方公務員共済組合等、日本私立学校振興・共済事業団が引き続き、実施組織として事務を行っています。

公的年金制度では、厚生年金の適用事業所に使用される70歳未満の方は、厚生年金の被保険者（国民年金第2号被保険者）となり、20歳以上60歳未満で、その被扶養配偶者は、国民年金第3号被保険者となり、それ以外の方が、国民年金の被保険者（第1号被保険者）です。

まず、公的年金の保険料負担と給付額を、ごく簡単にイメージしてみようと思います。

（1）保険料と年金額の計算式の基本

図表2-4のとおり、保険料負担については、**厚生年金保険料は、その月の報酬に18.3%の保険料率を乗じて労使折半**です。**国民年金保険料は、月額16,980円**（2024年度）です。

一方、年金給付額の月額の計算方法は、**老齢基礎年金は、月額68,000円（2024年度新規裁定年金満額）に、保険料を納付した月数を乗じてから、480月（40年の月数）で割ります。**また、**老齢厚生年金は、平均標準報酬額**（賞与を含んで全加入期間を平均した月額。過去の賃金は再評価率を乗じて賃金スライド等で現在価値に再評価。）**に、給付乗率である1000分の5.481を乗じてから、これに被保険者期間の月数を乗じて、12月で割ります。**細部は様々ありますが、これが基本です。

これにより、実際の年金額の平均は、老齢基礎年金が月5.6万円で、厚生年金の1人あたり平均額（基礎含む）は月14.6万円となっています。（2021年度末）

図表2-4　**保険料負担と年金給付**

（2）標準報酬月額・標準賞与額の仕組み

被用者保険（厚生年金、健康保険）では、保険料額や年金等の給付額を算定する際に、図表

	厚生年金	健康保険
標準報酬月額	8.8万円から65万円までの32等級	5.8万円から139万円までの50等級
標準賞与額	1回について上限150万円 1,000円未満切捨て	1年度について上限573万円 1,000円未満切捨て
定時決定	被保険者の4・5・6月の報酬（残業、諸手当含む）の平均を、毎年7月に算定基礎届により事業主が届出し、毎年1回標準報酬月額を決定して、9月分から反映	
随時改定	賃金の固定的部分の変動があり、継続した3か月間の報酬の平均が、2等級以上増減した時に、標準報酬月額を改定し、4か月目から反映	

健康保険の等級	厚生年金の等級	標準報酬月額（円）	報酬月額（円以上～円未満）
1		58,000	～ 63,000
2		68,000	63,000 ～ 73,000
3		78,000	73,000 ～ 83,000
4	1	88,000	83,000 ～ 93,000
5	2	98,000	93,000 ～ 101,000
6	3	104,000	101,000 ～ 107,000
7	4	110,000	107,000 ～ 114,000
8	5	118,000	114,000 ～ 122,000
9	6	126,000	122,000 ～ 130,000
10	7	134,000	130,000 ～ 138,000
⋮	⋮	⋮	⋮

健康保険の等級	厚生年金の等級	標準報酬月額（円）	報酬月額（円以上～円未満）
33	30	590,000	575,000 ～ 605,000
34	31	620,000	605,000 ～ 635,000
35	32	650,000	635,000 ～ 665,000
36		680,000	665,000 ～ 695,000
37		710,000	695,000 ～ 730,000
38		750,000	730,000 ～ 770,000
39		790,000	770,000 ～ 810,000
⋮		⋮	⋮
48		1,270,000	1,235,000 ～ 1,295,000
49		1,330,000	1,295,000 ～ 1,355,000
50		1,390,000	1,355,000 ～

2-5のように、標準報酬月額・標準賞与額の仕組みを用いています。

　これは、被保険者が受ける報酬は、月給だけではなく、時間給、日給、出来高払給などがありますし、個々人によってその額が千差万別であり、月給であっても毎月変動するため、実際の額を基礎にして、保険料額や年金等の給付額を計算するのでは、大変繁雑だからです。

　このため、**報酬月額を定型化し、かつ、原則として1年間その標準報酬月額を用いる**ことにより、大量の事務を正確かつ迅速に処理することとしたものです。

　また、従来は、賞与（ボーナス）は保険料の算定対象としていませんでしたが、2000（平成12）年の制度改正で、ボーナスの多寡による不公平を是正するため、賞与にも保険料を課す「総報酬制」が導入され、標準賞与額の仕組みができました。

　報酬月額を標準報酬月額の等級表に当てはめたものが、標準報酬月額です。**標準報酬月額等級表は、厚生年金は8.8万円から65万円までの32等級、健康保険は5.8万円から139万円までの50等級**です。健康保険の方が、下限が低く、上限が高くなっています。

　標準報酬月額については、毎年1回、被保険者の4・5・6月の報酬（残業、諸手当含む）の平均を、毎年7月に算定基礎届により事業主が日本年金機構（及び健康保険組合）に届け出し、毎年1回標準報酬月額を決定して、9月分から翌年の8月分まで適用します。これを**「定時決定」**と言います。

ただし、その期間の途中でも、賃金の固定的部分の変動があり、継続した3か月間の報酬の平均が、2等級以上増減した時に、標準報酬月額を改定し、4か月目から反映します。これを「随時改定」と言います。

一方、**標準賞与額**は、賞与額を1,000円未満を切り捨て、上限を超える時は上限額とします。上限は、**厚生年金は1回について上限150万円**で、**健康保険は1年度について上限573万円**です。賞与の支払いのたびに、事業主が届け出ます。

現在、厚生年金の標準報酬月額の上限65万円は、健康保険と比べて低くなっていますが、賃金に応じた保険料負担により所得再分配機能を高める観点や、本人の現役所得に対応した年金給付を保障する観点から、上限をもう少し引き上げる検討をしてはどうかと考えます。

また、現在、厚生年金の標準賞与額の上限は、1回について150万円となっていますが、健康保険では、年間の賞与の支払い回数により負担の不公平が生じないよう、2003（平成15）年から、1年度についての上限に改めています。厚生年金についても、同様の年度単位にすることを検討してはどうかと考えます。

（3）モデル年金の世帯の年金額

公的年金の給付額の水準を示すに当たって、厚生労働省の年金局は、従来より、モデル年金の世帯の年金額を使っています。これは、**現役男子の平均的な標準報酬額で40年間厚生年金（国年2号被保険者）に加入し、配偶者の他方が国年1号又は3号被保険者であった夫婦2人世帯の年金額**です。

実際には、人々は、人生のライフステージの中で、1号、2号、3号被保険者の期間を組み合わせて持っているのですが、モデル年金の水準を示す時には、単純化して示しています。

図表2-6のとおり、モデル年金の世帯の場合の保険料負担は、現役男子の平均的な標準報

図表2-6　支払う額と受け取る額のイメージ

支払額	年金受取額
保険料（会社負担）月額4.0万円 保険料（本人負担）月額4.0万円 × **40年間** ※現役男子の平均的な標準報酬額（月43.9万円）の場合	**月額23.0万円** ・厚生年金報酬比例部分　9.4万円 ・老齢基礎年金　6.8万円×夫婦2人 × **終身 平均** **約22年間**　65歳の者の平均余命 ・男性19.85年 ・女性24.73年 （2021年簡易生命表） ※夫婦の一方が左記の平均的収入で40年間厚生年金に加入し、他方が国年1号又は3号被保険者であった世帯（モデル年金の世帯）の年金額（2024年度、新規裁定年金） ※夫婦共働きで、世帯の合計賃金が上記の額である場合も同じ

酬額が、月43.9万円（2019年財政検証時）ですので、これに保険料率を乗じて労使折半すると、本人負担の保険料は、月額4.0万円です。これを40年納付するイメージです。

　一方、モデル年金世帯の年金額は、月額23.0万円（2024年度）で、その内訳は、厚生年金報酬比例部分の9.4万円と、老齢基礎年金は6.8万円を夫婦2人分。これを、夫婦が生きている期間（65歳の者の平均余命は22年）、受給できることになります。

　ざっくりと単純化して分かりやすくイメージすると、月額4万円を40年間納付すると、月額22万円を平均22年間の終身で受け取れる、ということになります。

　実際は、人によって賃金や働き方、ご存命の期間は様々ですし、過去の制度改正の影響、賃金・物価の変動や、マクロ経済スライド等もありますから、あくまでもイメージです。

（4）年金額の分布

　実際の公的年金額の分布を、図表2-7で見てみます。厚生労働省年金局の「老齢年金受給者実態調査」は、高齢者の公的年金の実態が分かるよう、遺族厚生年金も合わせた金額が調査されています。

　配偶者あり世帯の夫婦2人分で見ると、平均は24.2万円です。月額20万円以上が約7割。ばらつきは大きく、月額30万円以上が15.7％いる一方、月額10万円未満が3.9％です。

図表2-7　**老齢年金受給者の公的年金額の分布状況（配偶者の状況別）**

配偶者あり世帯　本人及び配偶者の年金月額（2人分）の分布状況

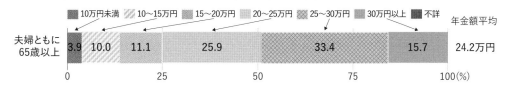

配偶者なし世帯　本人の年金月額の分布状況

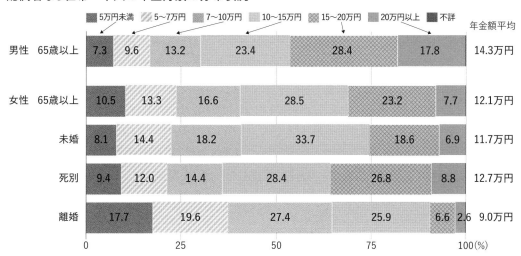

（資料）2022年老齢年金受給者実態調査

一方、配偶者なし世帯で見ると、男性の平均は14.3万円、女性の平均は12.1万円です。月額10万円以上が、男性で約7割、女性で約6割です。配偶者なし世帯の女性について、未婚、死別、離婚に分けた平均を見ると、未婚が11.7万円、死別が12.7万円、離婚が9.0万円です。

　未婚の人はフルタイム就労の厚生年金期間が比較的多く、**死別した人は夫の遺族厚生年金が加わるため**、年金額が比較的多くなりますが、**離婚した人の場合は、年金額は低くなっています。**離婚の場合は、月額5万円未満、7万円未満の低年金者が他と比べて多く、図表2-7にありますように、明らかな違いがあります。厚生年金が付かない働き方の人が多いためと考えられます。

3　世帯の1人あたり賃金と年金額との関係

（1）1人あたり賃金が同じ世帯であれば、片働きでも、共働きでも、単身世帯でも、1人分の年金額は同じ

　公的年金の給付額の水準を示す際に使われるモデル年金の世帯の年金額は、配偶者の一方が現役男子の平均的な標準報酬額で40年間厚生年金に加入し、配偶者の他方が国年1号又は3号被保険者であった世帯の年金額で計算しています。

　このモデル年金については、夫婦共働きが一般化し、生涯単身の方も増えている中で、代表的な世帯の形でないことから、いつまでこれを使うのか、という意見があるほか、国民年金第3号被保険者の制度について、「保険料の負担がないのに、基礎年金の給付が受けられるのは、公平なのか」という意見もあります。

　第3号被保険者制度は、第2号被保険者全体の保険料で賄われており、2004（平成16）年改正において、**第2号被保険者の負担した保険料は夫婦で共同負担したものと認識する規定**（厚生年金保険法第78条の13）が明記され、第3号被保険者を対象として離婚時などに年金を分割できる制度も導入されましたので、「保険料の負担がないのに…」は、全くの誤解です。

　そのことを踏まえた上で、まず、公的年金の給付と負担の構造を、世帯類型との関係で、図表2-8で比較して見てみます。

　まず、図の左上で、モデル年金と同様に、夫婦のうち1人が賃金40万円で働き、他方が第3号被保険者であった場合、2人分の基礎年金と賃金40万円に応じた厚生年金が、世帯の年金給付です。1人あたりでは、1人分の基礎年金と賃金20万円に応じた厚生年金となります。

　一方、「この賃金40万円を、夫婦2人で20万円ずつ稼いだ場合を見ますと、この場合も、2人分の基礎年金と賃金40万円に応じた厚生年金が、世帯の年金給付です。1人あたりでは、1人分の基礎年金と賃金20万円に応じた厚生年金となり、片働きの場合と同じです。

　すなわち、**世帯1人あたりの賃金（20万円）が同じならば、夫婦のうち1人が稼ぐ場合も、夫婦共稼ぎの場合でも、1人あたりの年金額は同じです。**

　また、近年は、結婚しない単身世帯も増えてきました。**単身で20万円稼ぐ人の年金は、1人分の基礎年金と賃金20万円に応じた厚生年金であり、これもまた同じです。**

　以上のように、夫婦の片働き世帯、夫婦共働き世帯、単身世帯とも、「1人あたりの賃金水準が

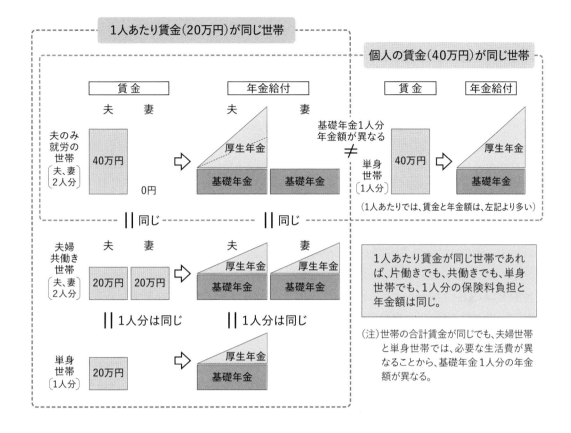

図表2-8　公的年金の負担と給付の構造（世帯類型との関係）

同じであれば、どの世帯類型でも1人あたりの負担、給付は同じ」になる構造となっています。この観点で見て、公平な制度となっています。

（2）「貢献に応じた給付」と「必要に応じた給付」を組み合わせた公的年金制度の特徴の現れ

　なお、比較の仕方を変えて、図表2-8の「個人の賃金（40万円）が同じ世帯」の枠で囲った部分のように、賃金水準を固定（個人で40万円）して同様の比較を行うと、単身世帯で40万円を稼ぐ人の場合の年金は、基礎年金1人分と賃金40万円に応じた厚生年金であり、片働きの夫婦世帯の1人が同じ40万円稼ぐ場合の方が、同じ保険料拠出に対して、基礎年金1人分多くなっています。（1人あたりの比較では、単身世帯で40万円稼ぐ方が、賃金、保険料拠出が多い分、年金額も大きい。）

　この両者は、世帯の合計賃金は40万円で同じであり、保険料拠出は同じですが、単身世帯と夫婦世帯では、必要な生活費が異なりますから、基礎年金1人分の年金額が異なることは、その必要性を踏まえた給付設計であると言えます。

　公的年金制度は、第1章4で説明しましたように、「貢献に応じた給付」の考え方と、「必要に応じた給付」の考え方を、適切に組み合わせた制度であり、単身世帯と夫婦世帯では必要な生活資金が異なることを考慮している現行の制度設計には、合理性があると理解できます。

様々な世帯類型や賃金水準に応じた年金水準

(1) モデル年金は所得代替率を測る尺度であり、尺度としての一貫性が必要

　モデル年金については、夫婦共働きが一般化し、単身世帯も増えた中で、代表的な世帯の形ではないことから、いつまでこれを使うのかという意見があることは、前に述べたとおりです。

　しかし、2004（平成16）年の年金改正で、マクロ経済スライド調整が導入された時に、一定の給付水準を確保するため、「モデル年金の所得代替率」を給付水準の尺度として用いて、給付水準の下限を所得代替率50％とすると定めた経緯があります。

　この場合の「モデル年金」とは、夫が平均賃金で40年間働いたサラリーマン、妻が40年間第1号又は第3号被保険者である場合における世帯の年金を指し、「所得代替率」とは、年金受給開始時点（65歳）における、現役世代の平均手取り収入額（ボーナス込み）に対するモデル年金額の比率のことを指すと法律で定められています。

　財政検証において所得代替率が今後5年間に50％を下回る見込みとなった場合には、2004（平成16）年改正法附則の規定に基づき、給付水準調整の終了について検討を行い、その結果に基づいて調整期間の終了その他の措置を講ずることとされています。また、その際には、給付と負担の在り方についての検討を行い、所要の措置を講ずることとされています。

　これは法律で定められた尺度ですから、尺度の一貫性として、これを継続して用いることに、意義があると考えられます。

(2) 世帯の1人あたり賃金が高ければ、所得代替率が低くなる所得再分配構造

　モデル年金という名前を聞いて普通の人が期待するのは、「こういうような場合には、このくらいの年金額になる」というイメージを示してほしい、ということだと思います。

　そこで、モデル年金の尺度としての意義は尊重しながら、それ以外の様々な世帯類型の場合には、どのような年金水準となるのか、図表2-9と図表2-10で見てみたいと思います。なお、これは、図表2-9の（注）に記載した計算方法により、2021年度の年金額と所得代替率を計算したものです。

　モデル年金の世帯として、男子平均賃金43.7万円の片働き世帯を見ると、1人あたり賃金は21.9万円です。世帯の年金額は22.0万円であり、1人あたり年金額は11.0万円です。この場合の所得代替率は61.8％です。

　一方、夫婦共働きで、夫が男性の平均賃金43.7万円、妻が女性の平均賃金30.3万円で働いた場合は、世帯の賃金は74.1万円、1人あたり賃金は37.0万円です。世帯の年金額は28.2万円で、1人あたり年金額は14.1万円です。この場合の所得代替率は46.8％です。

　同様に、男女を含めた平均賃金38.5万円の単身世帯では、年金額は14.4万円、所得代替率は46.0％です。

　厚生年金の保険料が報酬比例である一方、給付は、定額の基礎年金と報酬比例の厚生年金の2階建て構造ですから、所得再分配機能が働き、賃金水準が高くなれば、年金額は増えますが、

図表2-9 多様な世帯における年金額（2021年度）

世帯の人数と賃金の例	世帯の年金額
片働き　　※モデル年金の世帯 男子平均賃金**43.7万円** （世帯1人あたり賃金**21.9万円**）	基礎年金　6.5万円×2人 厚生年金　9.0万円 　合計　**22.0万円**（世帯1人あたり**11.0万円**）
共働き 夫が男子平均43.7万円、妻が女子平均30.3万円 合計**74.1万円**（世帯1人あたり賃金**37.0万円**）	基礎年金　6.5万円×2人 厚生年金　夫9.0万円、妻6.2万円 　合計　**28.2万円**（世帯1人あたり**14.1万円**）
単身 平均賃金**38.5万円**	基礎年金　6.5万円 厚生年金　7.9万円 　合計　**14.4万円**

（注）年金額と所得代替率の計算方法（2021年度）

● 平均賃金の額：2020（令和2）年度の厚生年金被保険者の1人あたり標準報酬額（賞与を含む総報酬ベース。月額換算）。
　　　　　　　　2020年度 公的年金財政状況報告（2022年3月28日 社会保障審議会年金数理部会）の図表2-1-10による。
● 基礎年金の額：2021年度の老齢基礎年金額（月額）　65,075円
● 厚生年金の額：標準報酬額×0.936×5.481/1000×40年
　　　　　　　　（0.936は2021年度の年金額における2020年度の期間の報酬額の再評価率）
● 所得代替率：世帯の年金額 ÷ 世帯の手取り賃金
※賃金は、税・社会保険料控除前。手取り賃金は、賃金に可処分所得割合0.814を乗じた額。
※1円単位の賃金額と年金額を用いて所得代替率を計算した上で、千円単位で表記している。

図表2-10 世帯の1人あたり賃金別に見た年金月額、所得代替率（2021年度）

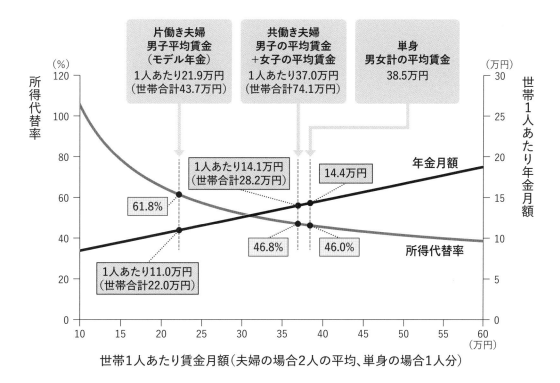

所得代替率は低くなります。

　この関係は、図表2-10のグラフを見ると、直感的に理解できると思います。横軸に世帯1人あたり賃金月額をとり、縦軸に所得代替率をとると、世帯1人あたり賃金月額が増えるにつれて、比例的に年金月額が増えます。一方で、所得代替率は、緩やかなカーブを描いて、低くなります。

　従って、所得代替率50%という指標は、モデル年金の世帯の場合の指標であり、仮に、指標とする世帯モデルを変えるならば、50%という目標数値も対応したものに換算して置き換える必要がでてきます。

（3）様々な世帯類型と所得水準に応じた年金額と所得代替率を計算してみると

　それでは、さらに進んで、共働き、片働き、単身について、平均賃金、その1.5倍、0.5倍といった、様々な世帯類型と所得水準に応じた年金額と所得代替率を、同様な方法で計算してみると、図表2-11のとおりです。

　「1人あたりの賃金水準が同じであれば、どの世帯類型でも1人分の年金額は同じ」という構造であることは、2(1)で説明したとおりです。図表2-11では、世帯類型にかかわらず、着色した行は、同じ水準になっています。

　なお、年金の2階建て構造に伴い、賃金水準によって所得代替率は変わりますので、モデル年金に対する所得代替率50%確保の基準を、他の1人あたり賃金水準にあてはめて換算した場合の数値も、それぞれ計算して、図表2-11に付記しました。

図表2-11　**多様な世帯における年金額と所得代替率**（2021年度・40年厚年加入）

		賃金月額（万円）		年金月額（万円）		所得代替率	50%基準の換算値
		世帯合計	1人あたり	世帯合計	1人あたり		
夫婦世帯共働き 基礎年金2人 報酬比例2人	男女とも平均の1.5倍の賃金	111.1	55.5	35.8	17.9	39.6%	32.1%
	男子平均＋女子平均の賃金	74.1	37.0	28.2	14.1	46.8%	37.9%
	モデル年金と同じ世帯賃金	43.7	**21.9**	22.0	**11.0**	61.8%	50.0%
	男女とも平均の2分の1の賃金	37.0	18.5	20.6	10.3	68.4%	55.3%
夫婦世帯片働き 基礎年金2人 報酬比例1人	男子平均の1.5倍の賃金	65.6	32.8	26.5	13.2	49.6%	40.1%
	男子平均賃金（モデル年金）	43.7	**21.9**	22.0	**11.0**	61.8%	50.0%
	男子平均の2分の1の賃金	21.9	10.9	17.5	8.8	98.4%	79.6%
単身世帯 基礎年金1人 報酬比例1人	平均賃金の1.5倍の賃金	57.8		18.4		39.0%	31.6%
	男子平均賃金	43.7		15.5		43.5%	35.2%
	平均賃金	38.5		14.4		46.0%	37.2%
	女子平均賃金	30.3		12.7		51.6%	41.7%
	モデル年金と同じ1人あたり賃金	**21.9**		**11.0**		61.8%	50.0%
	平均賃金の2分の1の賃金	19.3		10.5		66.7%	54.0%

※「50%基準の換算値」は、平成16年改正法附則で、モデル年金の所得代替率について、50%を上回ることとなるような給付水準を将来にわたり確保するものとされていることから、1人あたり賃金水準が異なる多様な世帯にあてはめた場合の換算値（61.8%に対する50%の比率で換算）

所得代替率は、図表2-12の「多様な世帯における年金額と所得代替率の計算式」のとおり、片働き、共働き、単身のいずれの場合でも、分母と分子を世帯人数で割ることにより、「世帯の1人あたり年金額を、世帯の1人あたり手取り賃金で割ったもの」で示すことができます。

　モデル年金は、所得代替率50%との関係を測る尺度として今後とも一貫性が大切ですが、これとは別に、様々な世帯類型や所得水準に応じてどうなるかを示していくことが、年金制度についての理解を深める上で、有益だと考えます。

図表2-12　**多様な世帯における年金額と所得代替率の計算式**

（1）モデル年金の年金額と所得代替率

世帯の年金額 = 夫婦2人分の老齢基礎年金 + 男子平均賃金の老齢厚生年金

$$所得代替率 = \frac{世帯の年金額}{男子平均賃金 \times 0.814}$$

※40年加入で計算。
※賃金は、税・社会保険料控除前。
※所得代替率の分母は「手取り賃金」であり、賃金に可処分所得割合0.814を乗じて計算。

（2）多様な世帯の年金額と所得代替率（共働き、片働き、単身世帯に共通）

世帯の年金額 = 世帯人数分の老齢基礎年金 + 世帯合計賃金の老齢厚生年金

世帯1人あたりの年金額 = 1人分の老齢基礎年金 + 世帯1人あたり賃金の老齢厚生年金

$$所得代替率 = \frac{世帯の年金額}{世帯合計賃金 \times 0.814} = \frac{世帯1人あたりの年金額}{世帯1人あたり賃金 \times 0.814}$$

第3章 経済と年金

1. 年金制度の経済における役割
   (1) 規模感を正しくイメージすることが大切
   (2) 高齢者の収入の多くを支え、地域経済も支えている
   (3) 年金があることで安心感が高まり、社会が安定し、活発な経済活動を支えている

2. 年金制度はその時の社会で生産された生産物を分かち合う仕組み
   (1) お金よりも生産物に意味がある
   (2) 年金制度は、生産物のパイの切り分け方の仕組み
   (3) その社会の生産物を作る力が高まれば、年金の価値も高まる

3. 働き方に中立的な社会保障制度と人の費用を価格に反映できる社会経済
   (1) 被用者保険の適用範囲は、雇用や働き方の選択を歪めてしまっている
   (2) 勤労者皆保険で、権利の拡大と、働き方や雇用に中立的な社会保障制度を
   (3) 人にかかる費用を価格に反映できる社会経済システムを作る

1 年金制度の経済における役割

(1) 規模感を正しくイメージすることが大切

　年金制度についての議論をする時には、年金制度の規模感を正しくイメージすることが、大切です。

　図表3-1のとおり、公的年金制度は、**6,729万人が加入**して、**年間40.9兆円の保険料**を納付しています。そして、これを財源に、**年間13.7兆円の国庫負担**を加えて、**年間58.0兆円の年金給付**を、**4,023万人の受給権者**に対して給付しています。

　一方、国の一般歳出（歳出から国債費と地方交付税交付金等を除いたもの）は、**年間72.7兆円**であり、そのうち**社会保障関係費は36.9兆円**です。また、**国内総生産GDPは566.5兆円**で、このうち**家計最終消費支出は307.9兆円**です。

　これらと比べると、年金制度の保険料、国庫負担、年金給付の規模の大きさ、経済に占める規模の大きさが分かります。

　年金制度の一層の充実を求める声がある中で、これだけの財政規模の制度であり、財源は天から降って来るわけではありません。その財源は、国民の理解を得て、国民の保険料や税で支えなければなりません。そのような規模感を踏まえた上で、より良い年金制度の在り方について、考えていきたいと思います。

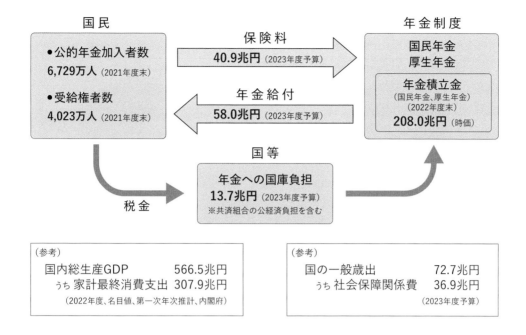

（参考）
国内総生産GDP　　　　　　　566.5兆円
うち 家計最終消費支出 307.9兆円
（2022年度、名目値、第一次年次推計、内閣府）

（参考）
国の一般歳出　　　　　　　 72.7兆円
うち 社会保障関係費　　　 36.9兆円
（2023年度予算）

（2）高齢者の収入の多くを支え、地域経済も支えている

　規模が大きいということは、多くの意味を持ちます。公的年金の高齢者の生活や地域経済での役割について、図表3-2で見てみましょう。

　国民生活基礎調査によると、高齢者世帯の平均所得金額は、年間318.3万円です。高齢者就労が進んでいますので、稼働所得が平均80.3万円あり、高齢者世帯の所得の25.2%を占めています。**年金給付は平均199.9万円であり、高齢世帯の所得の62.8%を占めています。そして、高齢者世帯の44.0%が、公的年金収入だけで生活しています。**これを見ると、年金給付が高齢者の生活に果たしている役割が、大変大きいことが分かります。

　また、年金は地域経済で消費を支える存在となっており、とりわけ、高齢化が進んだ地域経済に大きな役割を果たしています。例えば、**高齢化率32.3%の鳥取県では、県民所得に公的年金給付が占める割合は18.0%であり、家計最終消費支出に対する比率は20.9%に達しています。**

　年金給付が果たしている高齢者の暮らしや地域経済にとっての大きな役割を考えると、年金制度を持続可能なものにして、維持していくことが大変重要です。

（3）年金があることで安心感が高まり、社会が安定し、活発な経済活動を支えている

　保険料率18.3%の厚生年金保険料や、月額約1万7千円の国民年金保険料は、確かに重い負担です。個人の自由になる可処分所得がその分減りますし、企業の人件費負担になります。このため、社会保障費用の負担については、経済活動の重しになるという意見もありますが、**社会保障制度があることが、経済成長の支えになっているというポジティブな面**を重視したいと思います。

年金は高齢者世帯の収入の約6割

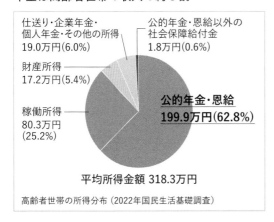

仕送り・企業年金・個人年金・その他の所得
19.0万円(6.0%)

公的年金・恩給以外の社会保障給付金
1.8万円(0.6%)

財産所得
17.2万円(5.4%)

稼働所得
80.3万円
(25.2%)

公的年金・恩給
199.9万円(62.8%)

平均所得金額 318.3万円

高齢者世帯の所得分布(2022年国民生活基礎調査)

約5割の高齢者世帯が年金収入だけで生活

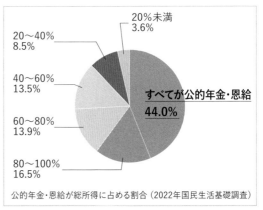

20%未満
3.6%

20〜40%
8.5%

40〜60%
13.5%

60〜80%
13.9%

80〜100%
16.5%

すべてが公的年金・恩給
44.0%

公的年金・恩給が総所得に占める割合(2022年国民生活基礎調査)

年金が県民所得に占める割合の高い5県、低い5都県

	対県民所得比	対家計最終消費支出比	高齢化率
鳥取県	18.0%（1）	20.9%（3）	32.3%（17）
秋田県	16.6%（2）	20.4%（7）	37.5%（1）
宮崎県	16.3%（3）	18.9%（26）	32.6%（14）
高知県	16.2%（4）	19.8%（17）	35.5%（2）
愛媛県	16.1%（5）	20.3%（9）	33.2%（11）

	対県民所得比	対家計最終消費支出比	高齢化率
茨城県	11.8%（43）	16.6%（38）	29.7%（33）
栃木県	11.6%（44）	17.7%（34）	29.1%（37）
愛知県	10.1%（45）	14.9%（44）	25.3%（45）
沖縄県	10.0%（46）	13.6%（46）	22.6%（47）
東京都	5.4%（47）	10.4%（47）	22.7%（46）

※都道府県別の年金総額は2019年度末
※県民所得、家計最終消費支出は、内閣府「県民経済計算（2019年度）」
※高齢化率は、総務省統計局「2020年国勢調査」、不詳補完値による65歳以上人口割合
※（　）は順位

　経済と年金との関係を考えるに当たっては、第1章の「公的年金制度の意義と役割」で説明しました3つの基本的な役割。すなわち、
　「①公的年金はリスクに備えた保険の仕組み」
　「②公的年金は社会的扶養の仕組み」
　「③公的年金の所得再分配機能の仕組み」
という3点に立ち戻って考えることが大切です。
　年金制度は、国民や企業から集めた保険料や税を財源にして、年金給付を行う仕組みですから、**経済全体で見れば、年金制度はコストと言うよりも、お金を回す仕組みです。**
　その上で、老齢、障害、遺族という人生の様々な場面での「リスクに備えた保険の仕組み」ですから、**年金給付という具体的に見える価値**だけでなく、**安心を提供する見えない付加価値を生ん**でいます。
　自分が何歳まで生きるか分からない中で、終身の年金を物価や賃金の変動も反映しながら支給する老齢年金があることにより、若い時に必要以上の貯蓄をしないで良くなるため、**消費の停滞を防ぎ、経済にプラスの影響をもたらします。**また、いざという時の障害年金や遺族年金があることにより、**安心感が高まり、社会が安定し、**活発な経済活動の支えとなります。

また、「公的年金は社会的扶養の仕組み」ですから、年金受給者の子どもの世代は、**親の私的扶養の負担が、解消ないし大きく軽減されている**点も忘れることはできません。

さらに、年金制度には、ゆるやかな「所得再分配の機能」があります。所得が低かった人にも、所得再分配に配慮した年金を支給することで、社会の安定に役立ち、消費を支え、経済活動を支えています。

2 年金制度はその時の社会で生産された生産物を分かち合う仕組み

（1）お金よりも生産物に意味がある

「年金」は、毎年定期的に一定の額のお金を給付する制度ですから、次に、その「お金」の意味を考えてみましょう。

お金は、それ自体に価値があるのではなく、物やサービスを手に入れる交換の手段としてその社会で通用するから価値があります。人が幸せに暮らしていくためには、食べるもの、着るもの、住む場所、便利なもの、楽しいことなど、様々な物やサービスが必要です。**本当に重要なのは、お金ではなく、生産物です。**

1人1人で考えると、老後の備えのためには、安心のために、お金を貯めておこうと考えます。けれども、社会全体ではどうでしょうか。**お金は貯められても、生産物は貯められません。**食べるものは腐ってしまいますし、携帯電話やパソコンは旧式の時代遅れになってしまいます。理髪や介護などのサービスは、そもそも貯めておくことができません。

物によっては輸入できるものもありますが、輸出より輸入を継続的に増やすには、その国に外貨の蓄積が必要であり、限界があります。

現役世代と年金受給世代を通じて、その時の社会の中で生きる人たちが、**その社会で手に入れることができた生産物を分かち合って暮らしている。**そういう経済の見方が大切です。

この考え方は、「Output is central（生産物が中心）」と呼ばれ、経済学者のニコラス・バー教授（ロンドン・スクール・オブ・エコノミクス）をはじめ、年金研究では基本的な考え方となっています。**公的年金制度は、将来に生産される財・サービスに対する請求権を、事前に公的に約束しておく取り決めです。**

（2）年金制度は、生産物のパイの切り分け方の仕組み

ある世代が現役の時に、お金をたくさん貯めて、その世代が老後になってから使おうとしても、生産物は限られていますから、需要超過になって物価が上がり、貯めていたお金の購買力が下がってしまいます。

結局は、その時の社会で生産された生産物を、現役世代と年金世代が分かち合うということであり、年金制度は、現役世代と年金世代のパイの分け方の仕組みであると言えます。

現役世代が、働いて得た収入を保険料や税として納付し、年金制度の財源に充てるということは、その分、現役世代の消費が減ることになります。代わりに、その財源で年金受給世代が年金給付を受けて、消費に充てることになります。

　年金制度は、現役世代と年金世代の生産物の分け方の仕組みであり、社会のみんなが納得できるような仕組みにしていくことが必要です。（図表3-3）

図表3-3　**年金と経済を考える時のポイント（その1）**

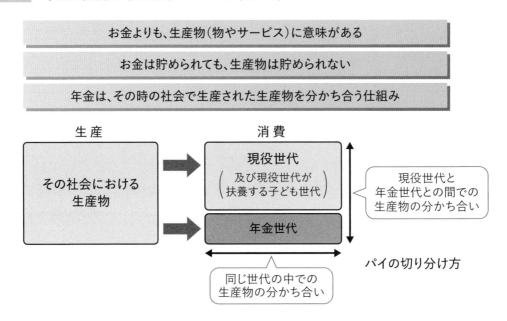

（3）その社会の生産物を作る力が高まれば、年金の価値も高まる

　現役世代と年金世代の「分かち合い」を、「取り合い」と捉えてしまうと、悲しくなります。少子高齢化で、現役世代も年金世代も貧しくなるのでしょうか。

　お金だけで経済を見ていると、本当の姿が分からなくなります。お金よりも生産物を中心に考えることが大切と言いましたが、**その生産物を作るのは人の労働です。**

　労働と資本を投入して生産活動を行うわけですが、資本も、結局は、過去の人の労働の結果により生み出されたものです。生産設備も生産技術も、過去の誰かの労働の蓄積です。そう見ると、人が働くことを真ん中に据えて、経済を見ることが大切です。

　働く人口が減れば、社会の生産物も減ります。人口は出生率と死亡率、国境をまたいだ人の流出入で決まります。働く人口の減少と消費する人口の減少が同時ならば、つり合いが取れますが、今は、そのタイミングがずれているので、問題が生じます。

　しかし、平均余命の伸びに伴って、高齢者が元気に働けるようになって、**高齢者の就労が進んでいますし、女性の就労も増えていることが、働き手の減少を防いでくれています。**

　また、価値の高い生産物を少ない労働で作れるようになることも、社会全体の暮らしを豊かにします。人口減少社会では、人の労働力は貴重ですから、科学技術の発展により、機械やコンピュ

ーターに人の労働を代替させたり、人手をかけないサービスの仕方に変えたりしていきます。それによって、社会全体の生産性の向上が促されます。

　働き手を増やすこと（減らさないこと）と、生産性の向上によって、その社会全体での生産物を作る力を高めることによって、パイが大きくなり、パイの切り分けである年金の価値も高まります。（図表3-4）

図表3-4　**年金と経済を考える時のポイント（その2）**

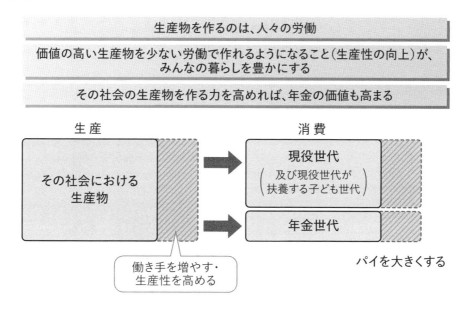

3　働き方に中立的な社会保障制度と人の費用を価格に反映できる社会経済

（1）被用者保険の適用範囲は、雇用や働き方の選択を歪めてしまっている

　一方で、残念ながら、年金制度が経済に良くない影響を与えている面も、現状ではあります。具体的には、被用者保険の適用範囲の線引きが、企業や勤労者の雇用や働き方の選択に影響を与え、選択を歪めてしまっているという点が指摘されています。

　被用者保険の事業主負担は、事業主にとって人件費でありコストです。厳しい価格競争の中で、**被用者保険の事業主負担を回避してコスト削減を図りたいという動機**が働きます。このため、被用者保険の適用対象の線引きに着目して、対象外となる方法で労働力を利用しようとしてしまいます。適用対象と非適用の現状は、図表3-5のとおりです。

　第1点として、被用者保険は、従来、フルタイムの従業員を適用対象とし、パート労働者は対象としていませんでした。このため、**フルタイムの従業員を減らして、社会保険が適用されないパート労働者に置き換えようという動機**が働きます。労働法上の規制の相違もパート化の誘因となります。

図表3-5　厚生年金の適用対象と、非適用の現状

厚生年金の被保険者（適用）

適用事業所
　法人事業所 → 　1人法人から適用
　個人事業所 → 　法定17業種で、従業
　　　　　　　　　員5人以上から適用

（フルタイム）
　4,480万人
　＋約5万人（士業、2020年改正）

（週20時間以上の短時間労働者）
　52万人（企業規模500人超）
　＋約180万人
　　（企業規模50人超～500人以下、2020年改正）

※70歳未満の雇用者全体（自営業者を含まない）は、5,660万人

※人数の推計は、社会保障審議会年金部会2023年5月30日資料3より。2020年改正による適用拡大の効果には、最低賃金の上昇効果が反映されている。

〈非適用・未適用〉

フルタイム被用者

- 非適用業種の5人以上の個人事業所　約20万人
- 5人未満の個人事業所　約90万人

- 適用義務がある未適用者　約92万人

短時間被用者

- 週20時間以上
  ・企業規模50人以下の適用事業所　約130万人
  ・適用事業所の学生等　約20万人
  ・非適用業種の5人以上の個人事業所　約9万人
  ・5人未満の個人事業所　約20万人
- 週20時間未満　約560万人

- 適用義務がある未適用者　約13万人

自営業者

- フリーランス
- ギグワーカー
- 従業員のいる個人事業所の事業主、家族従事者
- その他の自営業者

　労働者の方でも、**配偶者の被扶養の範囲で働くパート労働者の中には、被用者保険の被扶養者の認定基準である年収130万円を意識して、就業調整をする人**もいます。年収130万円以上となって被扶養者でなくなると、国民年金（第1号被保険者）・国民健康保険の適用になり、保険料負担が増えますが、給付は、国民年金第3号被保険者・健康保険被扶養者の時と変わりません。負担が増えるのに給付は同じであり、「130万円の壁」と言われます。このため、現在、130万円の壁を意識せずに働けるよう、短時間労働者の適用拡大を進めています。

　また、第2点として、事業形態による相違があります。法人では、従業員1人の企業から適用であり、社長も法人から給与を得ているので、適用対象です。一方で、法人化していない個人事業主の事業所の場合、**従業員5人未満の個人事業所は非適用**です。また、5人以上でも**適用業種（法定16業種、2020年改正施行後は17業種）以外の個人事業所は非適用**です。そして、適用事業所であっても、**個人事業主本人は非適用**です。

　このような相違は、個人事業主が法人化するか否かの選択を歪めています。また、労働者の働く場所の選択も歪めています。そして、自由で公平な企業間競争を歪めており、事業主負担をしている企業は、事業主負担をしていない企業に対して、不利な競争を強いられていることになります。

　さらに、第3点として、雇用から委託に置き換えることで、社会保険の事業主負担を回避できることも、企業や労働者の選択を歪めています。

　「雇用類似の働き方に係る論点整理等に関する検討会中間整理」（2019年6月28日、厚生労

働省雇用環境・均等局）では、「雇用類似の働き方」として保護の在り方を検討すべき対象者については、「発注者から仕事の委託を受け、主として個人で役務を提供し、その対償として報酬を得る者を中心として考えることが適当である。」としています。

また、「フリーランスとして安全に働ける環境を整備するためのガイドライン」（2021年3月26日、内閣官房・公正取引委員会・中小企業庁・厚生労働省）では、「**フリーランス**」を、「実店舗がなく、雇人もいない自営業主や1人社長であって、自身の経験や知識、スキルを活用して収入を得る者」と定義しています。

フリーランスのうち、法人化している1人社長は、自らの法人を事業主として、被用者保険に加入します。法人化していない自営業者は、被用者保険の適用対象外です。

生活の安定、社会の安定を図ろうとする社会保障制度が、不安定な雇用や働き方を促進する方向で影響を与えていることは、まさに矛盾でしかありません。

（2）勤労者皆保険で、権利の拡大と、働き方や雇用に中立的な社会保障制度を

被用者には被用者にふさわしい社会保障を実現すべきであり、また、働き方や雇用の選択を歪めない制度の構築が必要です。このため、被用者保険の適用拡大が進められています。

被用者保険の適用拡大は、保険料を負担する被保険者や事業所を増やすことになりますが、これは、**負担増ではなくて、社会保障の適用を拡大すること**であり、権利の拡大と捉えるべきです。従業員の将来の生活の保障も高まりますし、社会保険料には、非課税の税制優遇も設けられており、負担増というよりも、メリットの拡大です。

2012（平成24）年、2016（平成28）年、2020（令和2）年の**年金制度改正**で、**被用者保険の適用拡大が段階的に**進められてきました。2020年の年金改正法の検討規定や国会の附帯決議で、さらなる適用拡大の検討が求められており、2025年の**次期年金制度改正の検討課題**となっています。

今後の取組みの進め方については、内閣官房に設けられた**全世代型社会保障構築会議の2022年12月の報告書**において、「**勤労者がその働き方や勤め先の企業規模・業種にかかわらず、ふさわしい社会保障を享受できるようにするとともに、雇用の在り方に対して中立的な社会保障制度としていく**」として、検討の優先順位や留意点を示しつつ、課題への対応を着実に進めていくべき、とされています。

被用者保険の適用拡大と勤労者皆保険については、第9章、第10章で、詳しく説明します。

（3）人にかかる費用を価格に反映できる社会経済システムを作る

勤労者皆保険の意義は、被用者にふさわしい社会保障を適用することと、働き方に中立的な社会保障制度にすることが、全世代型社会保障構築会議の報告書で掲げられています。私は、これに加えて、「**社会保障費用を適正に価格転嫁して無理なく負担を共有していける社会経済システムを作る**」という意義があると考えます。（図表3-6）

人への投資が求められる社会経済の中で、人の勤労の対価に、社会保険料コストを上乗せし、それが**最終的に消費者に価格転嫁**がされていくようにし、過当競争による負担回避が生じない普

遍的な義務適用を行うことにより、**無理なく負担を共有していく社会経済システムを作る**ということだと考えます。

　事業主負担をしている事業主は、その財源を売り上げの中で賄っており、価格に転嫁しています。一方で、非適用の労働者を使う事業主は、その負担を回避しています。公正な競争環境が確保されていません。勤労者皆保険により、働き方にかかわらず、事業主が社会保険料負担をすることとなれば、この面での過当競争が生じず、価格転嫁がしやすくなるはずです。

　また、賃金の引上げや勤労者の社会保険料の適正負担による**人件費の上昇は、機械化、IT化、事業内容のシフトにより、社会全体の生産性の向上を促し**、経済発展に寄与します。

　そういった意味で、勤労者皆保険の施策は、社会経済システムを変えていく大変意義深いものであり、実現していくべき大きな課題です。

図表3-6　**厚生年金の適用拡大の意義**

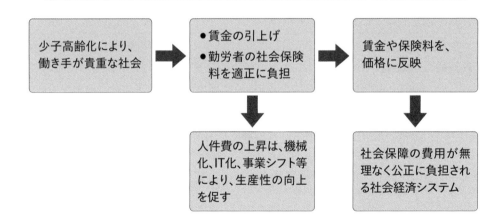

① 勤労者が、その働き方や勤め先の企業規模・業種にかかわらず、ふさわしい社会保障を享受できるようにする
② 働き方や雇用の在り方に対して、中立的な社会保障制度としていく
③ 社会保障費用を適正に価格転嫁して無理なく負担を共有していける社会経済システムを作る

少子高齢化により、働き手が貴重な社会

●賃金の引上げ
●勤労者の社会保険料を適正に負担

賃金や保険料を、価格に反映

人件費の上昇は、機械化、IT化、事業シフト等により、生産性の向上を促す

社会保障の費用が無理なく公正に負担される社会経済システム

第4章　少子高齢化と年金

1．平均余命の伸びと、人口構成の変化の捉え方

（1）平均余命は、60年間で約10年も伸びた。今後45年でさらに約３年伸びる

（2）人口構成の変化は、年齢区分を固定しないで見ると印象が激変する

2．平均余命の伸びに合わせた年金制度設計の見直し

（1）昭和60年改正で、32年加入から40年加入の時代に合わせた給付乗率の引下げ

（2）定年の引上げと並行して、支給開始年齢を55歳→60歳→65歳へ引上げ

3．出生率の低下と年金制度改革

（1）人口推計のたびに低下を続けた出生率

（2）平成12年改正で、保険料の高騰を防ぐため給付乗率の５％引下げ等の見直し

（3）平成16年改正で、保険料と国庫負担の引上げ、マクロ経済スライドの導入

4．人口構造・就労構造の変化に対応した年金制度

（1）若い世代は、マクロ経済スライドで給付水準は減るが、受給期間が伸びる

（2）就労期間が伸び、拠出期間も伸びていくことで、水準低下を補うことができる

（3）40年加入の時代から、45年加入が標準の時代へ

1　平均余命の伸びと、人口構成の変化の捉え方

（1）平均余命は、60年間で約10年も伸びた。今後45年でさらに約３年伸びる

　「平均寿命」とは、その年に誕生した子どもが何年生きるかの平均を推計したものです。一方、「平均余命」とは、その年齢からあと何年生きるかの平均を推計したものを言います。０歳の平均余命が平均寿命となります。65歳に支給開始した年金を、平均して何年受給するかを見る時には、65歳の平均余命で見ることになります。

　図表４-１のとおり、2020（令和２）年の完全生命表（厚生労働省）によると、「平均寿命」は、女性は 87.71 年、男性は 81.56 年ですが、「**65歳の平均余命**」で見ると、**女性が24.88年（89.88歳まで生きる）で、男性が19.97年（84.97歳まで生きる）**となっています。

　65歳の女性のうち、62％は90歳まで、15％は100歳まで生き、男性は37％が90歳まで生きると見込まれており、人々がとても長く生きる社会となっています。

　国民皆年金が発足した1961(昭和36)年には、65歳の平均余命は、女性は14.10年、男性は11.88年でした。これが、2020年には、女性が24.88年、男性が19.97年となったわけですから、

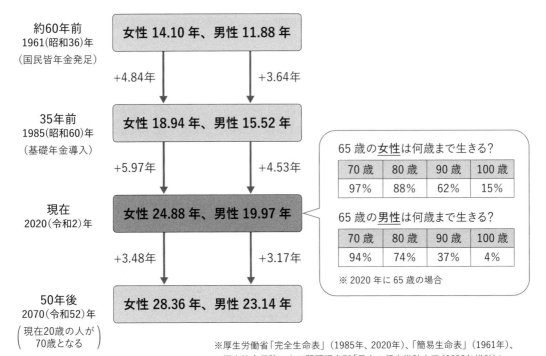

図表4-1　65歳の平均余命の伸び

約60年前
1961(昭和36)年
(国民皆年金発足)

女性 14.10 年、男性 11.88 年

+4.84年　　+3.64年

35年前
1985(昭和60)年
(基礎年金導入)

女性 18.94 年、男性 15.52 年

+5.97年　　+4.53年

現在
2020(令和2)年

女性 24.88 年、男性 19.97 年

+3.48年　　+3.17年

50年後
2070(令和52)年
(現在20歳の人が70歳となる)

女性 28.36 年、男性 23.14 年

65歳の**女性**は何歳まで生きる?

70歳	80歳	90歳	100歳
97%	88%	62%	15%

65歳の**男性**は何歳まで生きる?

70歳	80歳	90歳	100歳
94%	74%	37%	4%

※ 2020 年に 65 歳の場合

※厚生労働省「完全生命表」(1985年、2020年)、「簡易生命表」(1961年)、
国立社会保障・人口問題研究所「日本の将来推計人口(2023年推計)」

この60年間で約10年も長くなったことになります。

　そして、「日本の将来推計人口」(2023年推計、国立社会保障・人口問題研究所)によれば、65歳の平均余命は、2070年には、女性が28.36年、男性が23.14年と、さらに３年程度長くなると見込まれています。

(2) 人口構成の変化は、年齢区分を固定しないで見ると印象が激変する

　人口構成の変化について、従来からよくある図は、図表４-２の上段の図のように、年齢区分を65歳で固定して、65歳以上を高齢者人口、20歳〜64歳を生産年齢人口として、「高齢者１人を支える現役世代の人数」として表す図です。

　1975年には7.7人で１人を支える「おみこし型」であったのが、2020年には1.9人で１人を支えて「騎馬戦型」も通り過ぎ、2070年には1.26人で１人を支える「肩車型」になってしまうという図です。これは大変なことになる! と誰もが思います。

　少子高齢化により社会保障の破綻のおそれ、日本の経済社会の危機と言われました。この説明は、人口構造の変化に合わせた社会保障制度の改革を進める必要性を説くために使われました。しかし、国民の将来不安を過度に高めてしまう副作用もあったと思います。

　しかし、人口構成の変化についての見方を変えて、図表４-２の下段の図のように、**年齢を固定せず、「非就業者１人を支える就業者の人数」で見ると、印象が激変**します。

　非就業者を支える就業者の人数は、1975年の0.88人から、2020年の1.13人、2070年の1.13

図表4-2　人口構成の変化についての見方

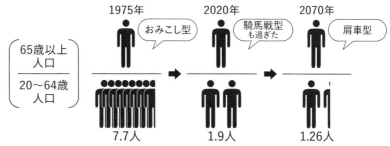

従来よくある図		
65歳で固定して、「高齢者1人を支える現役世代の人数」	$\dfrac{65歳以上人口}{20〜64歳人口}$	

（データ）総務省「国勢調査」、社会保障・人口問題研究所「日本の将来推計人口（令和5年推計）」

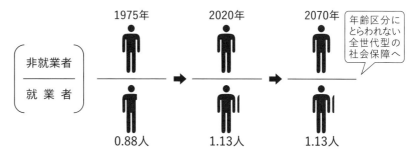

見方を変えた図		
年齢を固定せず、「非就業者1人を支える就業者の人数」	$\dfrac{非就業者}{就業者}$	

（データ）総務省「国勢調査」、社会保障・人口問題研究所「日本の将来推計人口（2023年推計）」
　　　　総務省「労働力調査」、労働政策・研修機構「2018年度 労働力需給の推計」
　　　　なお、2070年の就業者数については、男女別・年令階級別将来推計人口に同就業率（ただし、労働力需給推計の最終年度が2040年度であるため、2040年度以降一定と仮定）を乗じることにより推計

人へと、むしろ若干増えています。高齢者や女性の就労の増加が分母の就業者を増やしたことだけでなく、子どもの減少が分子の非就業者の増加を緩和した効果も含まれていることに留意が必要ですが、上段の図で、いたずらに不安を煽らないことが大切です。

2　平均余命の伸びに合わせた年金制度設計の見直し

（1）昭和60年改正で、32年加入から40年加入の時代に合わせた給付乗率の引下げ

　平均余命の伸びに伴い、就労期間も伸びていきます。かつて、**戦前から戦後の高度成長期にかけては、55歳定年が一般的**でした。**徐々に60歳定年が増え**、1985（昭和60）年には、60歳以上の定年が55.4%となり、55歳定年の27.0%、56〜59歳定年の17.4%より多くなりました（労働省「雇用管理調査」、常用労働者30人以上の民間企業の定年年齢別企業割合）。

　厚生年金の報酬比例部分の年金額は、その人が加入した期間の標準報酬額の平均額に、給付乗率と加入期間の月数を乗じて計算します。このため、同じ計算式のままで加入期間が伸びると、現役の賃金水準と比べた年金額の水準が高くなり、将来の保険料の上昇が見込まれる中で、バランスが失われます。

そこで、基礎年金制度を導入した1985（昭和60）年改正では、平均32年の加入期間が40年加入に伸びることを見込んで、厚生年金の報酬比例部分の給付乗率を、1000分の10から1000分の7.5に、生まれた年度ごとに20年かけて少しずつ引き下げることとしました。

　図表4-3のように、改正前は、32年加入で月額17万円の年金になりましたが、改正の完了後には、40年加入で同じ月額17万円の年金が給付されます。

　この引下げの移行措置は、1946年4月1日生まれの人までが対象であり、これらの人が65歳に到達する2011年に完成しています。

図表4-3　**1985（昭和60）年改正による給付水準の適正化**

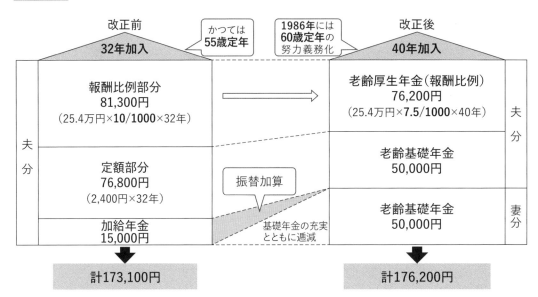

（注）25.4万円は、現役男子の平均標準報酬月額。32年は、改正前の平均加入期間。2,400円は、1980（昭和55）年改正時の単価2,050円を1984（昭和59）年度価格に換算したもの。
（注）給付乗率は、その後、2000（平成12）年改正で、さらに5％引き下げ（7.125/1000）られた上で、総報酬制（賞与にも保険料を課す）に伴う乗率の換算により、現在は5.481/1000となっている。

（2）定年の引上げと並行して、支給開始年齢を55歳→60歳→65歳へ引上げ

　厚生年金の支給開始年齢は、1944（昭和19）年の制定当初は、男女とも55歳でした。戦前から戦後の高度成長期にかけては、55歳定年制が一般的だったからです。

　昭和20年代に新聞連載が始まった人気漫画の「サザエさん」では、サザエさんは24歳、その子どものタラちゃんは3歳、そのおじいちゃんの磯野波平さんは54歳です。55歳定年の直前の年齢ですね。当時は、40歳の男性の平均余命が30年程度（70歳程度まで生きる）という時代でした。今と年齢の感覚が全く違います。

　その後、平均余命の伸びに合わせて、図表4-4のとおり、厚生年金の支給開始年齢が引き上げられました。並行して、定年制も引き上げられていきます。

　厚生年金の55歳開始から60歳開始への引上げは、男性は、1954（昭和29）年改正により、1957年から1973年まで16年かけて、4年に1歳ずつ引き上げられました。女性は、1985（昭

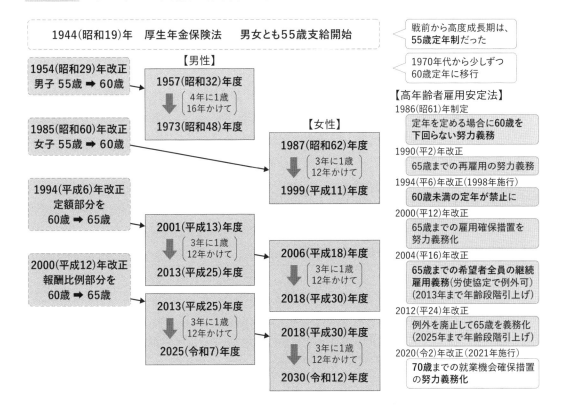

図表4-4　厚生年金の支給開始年齢の引上げと定年制度

1944(昭和19)年　厚生年金保険法　男女とも55歳支給開始

戦前から高度成長期は、55歳定年制だった

1970年代から少しずつ60歳定年に移行

1954(昭和29)年改正
男子 55歳 ➡ 60歳

【男性】
1957(昭和32)年度
4年に1歳
16年かけて
1973(昭和48)年度

1985(昭和60)年改正
女子 55歳 ➡ 60歳

【女性】
1987(昭和62)年度
3年に1歳
12年かけて
1999(平成11)年度

1994(平成6)年改正
定額部分を
60歳 ➡ 65歳

2001(平成13)年度
3年に1歳
12年かけて
2013(平成25)年度

2006(平成18)年度
3年に1歳
12年かけて
2018(平成30)年度

2000(平成12)年改正
報酬比例部分を
60歳 ➡ 65歳

2013(平成25)年度
3年に1歳
12年かけて
2025(令和7)年度

2018(平成30)年度
3年に1歳
12年かけて
2030(令和12)年度

【高年齢者雇用安定法】
1986(昭61)年制定
定年を定める場合に60歳を下回らない努力義務

1990(平2)年改正
65歳までの再雇用の努力義務

1994(平6)年改正(1998年施行)
60歳未満の定年が禁止に

2000(平12)年改正
65歳までの雇用確保措置を努力義務化

2004(平16)年改正
65歳までの希望者全員の継続雇用義務(労使協定で例外可)(2013年まで年齢段階引上げ)

2012(平24)年改正
例外を廃止して65歳を義務化(2025年まで年齢段階引上げ)

2020(令2)年改正(2021年施行)
70歳までの就業機会確保措置の努力義務化

60)年改正により、1987年から1999年まで12年かけた引上げです。

　一方、定年制度は、1986年に高年齢者雇用安定法が制定されて、定年を定める場合は60歳を下回らない努力義務が設けられました。その後、**1994年改正（施行は1998年）で、60歳未満の定年が禁止**されました。

　次に、**厚生年金の60歳開始から65歳開始への引上げ**については、まず、「定額部分」について、**1994（平成6）年改正により、男性は2001年度から2013年度まで12年かけて、3年に3歳ずつ引き上げられました。女性は60歳への引上げの途上でしたので、5年遅れです。

　引き続いて、「報酬比例部分」について、**2000（平成12）年改正により、男性は2013年度から2025年度まで12年かけて引き上げることとなりました。これも女性は5年遅れです。

　一方、定年制度については、高年齢者雇用安定法の1990年改正で、65歳までの再雇用の努力義務が設けられました。2000年の改正では、65歳までの高年齢者雇用確保措置（定年の引上げ、継続雇用制度の導入、その他の必要な措置）が努力義務とされました。そして、2004年の改正で、**65歳までの希望者全員の継続雇用が義務化に格上げ**されました。ただし、この時は、労使協定で定めれば、継続雇用制度の対象者を限定できる例外措置が設けられています。また、経過措置として、雇用確保措置の対象年齢は、厚生年金の1階の支給開始年齢の引上げに合わせて段階的に引き上げることとされました。その後、2012年改正で、この労使協定による対象者の限定の例外規定が、厚生年金の2階の支給開始年齢の引上げに合わせて段階的に廃止され、65歳の継続雇用措置の義務化が完成します。

厚生年金の支給開始年齢の65歳への引上げは、男性では2025年に、女性では2030年に完成します。これにより、男性で1961（昭和36）年4月2日生まれ以降、女性で1966（昭和41）年4月2日生まれ以降の人は、同じ給付設計が適用されることになります。

さきほどの図表4-1のとおり、この60年間で、65歳の平均余命が10年程度伸びたわけですから、図表4-4のとおり、定年制も55歳から65歳へと10年上がり、年金制度も70年程度をかけて支給開始年齢が55歳から65歳へと10年上がったことは、その間、様々な議論や経過がありましたが、とても自然な流れと言えるでしょう。

3 出生率の低下と年金制度改革

（1）人口推計のたびに低下を続けた出生率

一方、平成の時代に大きく進んだ出生率の低下は、年金制度を大きく揺るがしました。厚生労働省の国立社会保障・人口問題研究所（1996年までは人口問題研究所）は、5年ごとに将来推計人口を公表しています。年金制度の財政再計算（2009年からは財政検証）は、人口の要素については、これに基づいて計算しています。

将来推計人口は、出生率と死亡率の仮定で決まりますが、図表4-5のとおり、**合計特殊出生**

図表4-5 **出生率の低下と年金制度改正**

将来推計人口の公表	合計特殊出生率の足元の実績	合計特殊出生率の将来の見込み（中位仮定）	年金制度改正
1987（昭和61）年12月推計	**1.76**（1985年）	**2.00**	1989（平成元）年改正
1992（平成4）年9月推計	**1.53**（1991年）	**1.80**	1994（平成6）年改正
1997（平成9）年1月推計	**1.42**（1995年）	**1.61**	2000（平成12）年改正
2002（平成14）年1月推計	**1.36**（2000年）	**1.39**	2004（平成16）年改正
2006（平成18）年12月推計	**1.26**（2005年）	**1.26**	2012（平成24）年改正
2012（平成24）年1月推計	**1.39**（2010年）	**1.35**	2016（平成28）年改正
2017（平成29）年推計	**1.45**（2015年）	**1.44**	2020（令和2）年改正
2023（令和5）年推計	**1.33**（2020年）	**1.36**	2025（令和7）年改正

（矢印内の注記：連続して低下 → 若干回復 → 低下）

> 2023（令和5）年推計では、出生率は低下したが、近年の外国人の入国超過数の平均値（年間16万人）が今後も継続するとして推計し、**2070年の高齢化率は38.7％**で、**前回推計38.3％とあまり変わらない**
> ⇒ しかし、2070年には、**人口は約8,700万人**となり、**外国人比率が10.8％**という国になる

率の足元の実績と将来の見込みが、1992（平成４）年推計から2006（平成18）年推計まで、４回連続で低下を続けました。

　合計特殊出生率は、「15〜49歳までの女性の年齢別出生率を合計したもの」で、一人の女性がその年齢別出生率で一生の間に生むとした時の子どもの数に相当します。人口の置き換えに必要な水準は、2.07です。

　1990（平成２）年に公表された1989（平成元）年の合計特殊出生率が1.57となり、「ひのえうま」の特殊要因で低かった1966（昭和41）年の1.58を下回り、「1.57ショック」として世間に大きな衝撃をもたらしました。

　合計特殊出生率の将来の見込みは、昭和61年推計の2.00から、平成４年推計では1.80に、平成９年推計では1.61に、平成14年推計では1.39へ低下しました。

　平成６年、平成12年、平成16年の年金制度改正のたびに、前提となる将来推計人口が厳しくなり、苦労して制度改正をしても、次の時にはさらに厳しい改正をしなければいけなくなる、ということが続きました。

（２）平成12年改正で、保険料の高騰を防ぐため給付乗率の５％引下げ等の見直し

　当時は、保険料水準を将来に向けて段階的に引き上げていく「段階保険料方式」をとっていました。しかし、５年ごとに財政再計算を行って、将来に必要となる最終保険料（率）を示しつつも、当面の５年間の保険料の引上げだけを法律改正で規定していました。

　例えば、少子化が進む前の平成元年の財政再計算（平成元年の制度改正を反映）では、将来、厚生年金の最終保険料率は31.5％（当時は月給のみに保険料を賦課。賞与も含む総報酬ベースでは24.2％に相当）、国民年金の最終保険料は月額16,100円と計算していました。

　もともと将来の保険料の上昇を見込んでいたところに、少子高齢化の進行が加わることから、将来の保険料の上昇は、一層高まります。

　平成12年改正では、少子高齢化が進む中で、将来世代の保険料負担の上昇を抑えるため、年金給付の上昇を抑える４つの措置が講じられました。具体的には、①厚生年金の報酬比例部分の給付水準の５％適正化、②基礎年金・厚生年金の改定方式の変更、③老齢厚生年金（報酬比例部分）の支給開始年齢を60歳から65歳へ引上げ、④60歳台後半の在職老齢年金制度の導入です。

　①は、厚生年金の給付乗率を、昭和60年改正後の1000分の7.5から、1000分の7.125に５％引き下げるものです。その際、従前の年金額を物価スライドした額を保証する経過措置を設け、賃金の上昇による年金額の伸びを抑える方法で行われました。（なお、同時に、ボーナスの多寡による不公平を是正するため、賞与にも保険料を課す「総報酬制」を導入したことから、これにより保険料総額や給付総額が変動しないよう、保険料率は17.35％から13.58％に、給付乗率はその1000分の7.125から1000分の5.481に変更しています。）

　②は、65歳の新規裁定年金は従来どおり賃金スライドを行うものの、その後の既裁定年金については、賃金スライドを行わず、物価上昇率のみで改定することとするものです。当時は、物価上昇率よりも賃金上昇率の方が高かったので、この改正により、年金の購買力は維持しつつ、賃金

スライドを行った場合よりも年金額の上昇を抑制することが意図されました。

　④は、65歳以上70歳未満で企業で働いて収入のある人を厚生年金の被保険者として、保険料の支払いを求めるとともに、標準報酬月額の高い人については、老齢厚生年金（報酬比例部分）の全部又は一部を支給停止するものです。

　平成12年の改正に当たっては、給付の見直しをしないと、厚生年金の保険料率は、総報酬制ベースで当時の13.58％から将来26.7％に、国民年金保険料は13,300円から26,400円に、概ね2倍に上昇すると見込まれました。これが、給付の見直しを行うことにより、厚生年金の保険料率は21.6％、国民年金保険料は25,200円に抑制できる計算となりました。

（3）平成16年改正で、保険料と国庫負担の引上げ、マクロ経済スライドの導入

　2004（平成16）年の年金改正に当たっては、少子高齢化の見通しがさらに厳しくなったことにより、平成12年改正後でも、最終保険料水準が厚生年金で26.2％、国民年金で29,300円に上昇すると見込まれることになり、抜本的な改革に迫られました。

　このため、従来の年金制度の考え方を大きく転換し、図表4-6のとおり、4点からなる新しい長期的な年金財政の枠組み（財政フレーム）を導入しました。

　第1点は、「上限を固定した上での保険料の引上げ」です。

　平成12年改正では、保険料の引上げが与党内の反対論が強くて凍結されたため、平成16年改正では、保険料の引上げは急務の課題でした。しかし、負担がどこまでも上昇してしまうのではないかとの不安が大きかったことから、毎年少しずつ引き上げた上で、将来の保険料の上限を固定することとしました。

　厚生年金の保険料率は、13.58％から18.3％に、平成16年10月から毎年0.354％引き上げる。国民年金保険料は、13,300円から16,900円（平成16年度価格）に、平成17年4月から毎年280円引き上げる。そして、平成29年度以降は、その上限で固定するとされました。

　第2点は、「基礎年金の国庫負担率の3分の1から2分の1への引上げ」です。

　国庫負担率の引上げについては、平成6年改正法の附則や、平成12年改正法の附則でも、検討規定が置かれており、長年の懸案となっていました。

　平成16年改正法附則で、所要の安定した財源を確保する税制の抜本的な改革を行った上で引上げ年度を定めることを規定し、その後、平成24年の社会保障・税一体改革で消費税による財源確保がされました。

　第3点は、「積立金の活用」です。

　それまでは、将来にわたるすべての期間を考慮に入れて財政の均衡を考える方式（永久均衡方式）を採っていました。しかし、予想が極めて困難な遠い将来まで考慮する必要性の是非や、巨額の積立金を保有し続けることについて、議論がありました。そこで、すでに生まれている世代が年金の受給を終えるまでの概ね100年間を財政均衡期間に設定し、財政均衡期間において年金財政の均衡を図る方式（有限均衡方式）に改め、財政均衡期間の終了時に給付費1年分程度の積立金を保有することとし、その間、運用収益と元本を活用することとしました。

　第4点は、「マクロ経済スライドの導入」です。

これは、被保険者の減少率（直近３年度平均）と、平均余命の伸び分（年率0.3％）による調整率を、年金額の賃金と物価による改定率から差し引くことで、名目額は下げずに、長い年数をかけて、少しずつ、給付水準を調整していくものです。

　５年ごとの財政検証で、100年間の財政計算を行い、財政均衡期間の終了時に給付費１年分程度の積立金を保有できるようにバランスする時点で、マクロ経済スライドを終了します。今後の社会経済状況の変動に応じて給付水準調整の終了時期を変動させることにより、**自動的に年金財政の均衡が図られる仕組み**を組み込んだものであり、公的年金制度を**持続可能な制度**としたものです。

　また、これまでの年金制度の設計は、給付水準を決めて、それに見合うように保険料を引き上げていく方法でしたが、この改正により、**保険料水準をまず決めて、それに見合うように将来の給付水準を調整していく**という逆の方式に転換されました。

　保険料の引上げ、国庫負担率の引上げ、積立金の活用というあらゆる努力をしつつ、その上で財源が足りない分については、給付水準の調整で対応するものです。

　これにより、所得代替率が60％程度から50％程度に低下していきますが、この改正法では、**モデル年金の所得代替率50％を確保する目標**が法律に規定され、所得代替率が次回の財政検証までに50％を下回る見込みとなった場合は、①マクロ経済スライドによる調整の終了など所要の措置を講ずるとともに、②給付と保険料負担の在り方について検討し、必要な措置を講ずることとされました。

図表4-6　平成16年改正による年金制度における長期的な財政の枠組み

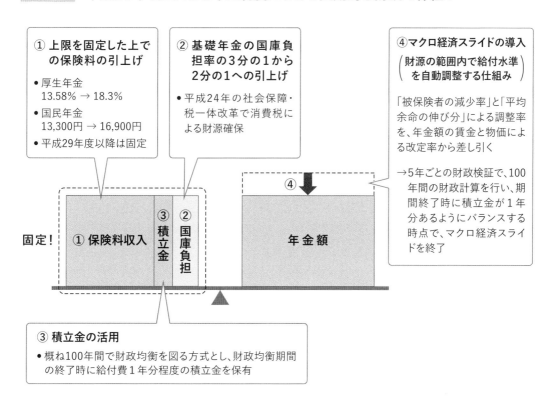

人口構造・就労構造の変化に対応した年金制度

（1）若い世代は、マクロ経済スライドで給付水準は減るが、受給期間が伸びる

　マクロ経済スライドにより、所得代替率で60％程度から50％程度へ、概ね２割の給付水準の引下げが緩やかに行われていきます。

　年金制度の破綻を避けるためには、やむを得ない措置であるとはいえ、受給者にとっては、厳しい措置です。すでに年金を受給中の方にとっては、名目額は増えていくものの、今後の賃金や物価の上昇に対して、追いつかないことになります。

　将来の受給者となる若い世代にとっては、現在の高齢者が受給している年金よりも、低い水準の年金になることについて、世代間の格差として感じる人も多いでしょう。

　このことについて、どのように考えれば良いのでしょうか。

　一つの捉え方として、**生涯受給総額**の比較をしてみたのが、図表4-7です。

　現在65歳の方の平均余命は、男女の平均で22.3年です。現在20歳の世代が将来65歳になる45年後には、65歳の平均余命は25.2年になる見込みです。すなわち、**現在20歳の世代は、65歳の世代に比べ、平均余命が13％増加し、その分、年金受給期間が増加します。**

　一方で、**毎年の受給額は、マクロ経済スライドにより、所得代替率で見て61.7％から51.0％へと17％低下します。**

図表4-7　**平均余命の延伸による生涯の年金受給総額への効果**

	平均余命 （65歳）	65歳時点 所得代替率	平均余命までの 累計の賃金換算
1954年度生まれ（65歳） （2019年度に65歳到達）	22.3年	61.7％	142月
1979年度生まれ（40歳） （2044年度に65歳到達）	24.2年（＋8％）	51.8％（▲16％）	132月（▲7％）
1999年度生まれ（20歳） （2064年度に65歳到達）	25.2年（＋13％）	51.0％（▲17％）	136月（▲4％）

現在20歳の世代は、現在65歳の世代に比べ、平均余命が13％増加し、その分、年金受給期間が増加する	＋	マクロ経済スライドにより所得代替率は17％低下	＝	生涯の受給額の総額という観点で見ると、平均余命までの累計の年金受給総額は、4％の低下にとどまる

※ 所得代替率の見通しは、2019年財政検証の経済前提ケースⅢ（2020年年金改正法の反映後）による
※ 年金月額、年金受給総額については、各時点の名目額を物価上昇率で2019年度時点に割り戻した実質額
※「平均余命までの累計の賃金換算」は、年金受給総額が手取り賃金に換算して何月分に相当するかを示したもの。平均余命までの所得代替率の累計と一致する
※（ ）は、1954年度生まれ（2019年度に65歳）と比較した伸び率
※ 平均余命は、男女平均

これを、生涯の受給額の総額という観点で見ると、毎年の受給額は対賃金で見て減りますが、受給期間が増えるので、平均余命までの累計の年金受給総額（賃金換算）は、4％の低下にとどまります。

平均余命の伸びを織り込んだ生涯受給総額で見れば、世代間に大きな違いはありません。

（2）就労期間が伸び、拠出期間も伸びていくことで、水準低下を補うことができる

これに加えて、毎年度の年金額の水準についても、マクロ経済スライドによる所得代替率の低下は、40年で拠出期間を固定したモデル年金で比較していますが、実際は、健康寿命が伸びることで、就労期間が伸び、保険料の拠出期間も伸びていくことにより、マクロ経済スライドによる給付水準の低下を補うことができます。

図表4-8のとおり、2019年財政検証のケースⅢ（2020年改正反映後）では、モデル年金の所得代替率は将来51.0％に低下しますが、66歳9月まで就労し、繰下げ受給を選択すれば、マクロ経済スライドの調整後でも、現在と同じ所得代替率61.7％が確保できる計算です。

人々の平均余命や就労期間が伸びる中、66歳9月まで就労して、拠出期間を46年9か月に延長して年金を増やし、さらに、年金の受給開始を66歳9月に繰り下げて14.7％増額すれば、この二つの効果により、所得代替率が現在の40年加入の場合と同じ水準となるものです。

将来の世代は、これまでの世代よりも平均余命が伸び、就労期間も伸び、拠出期間も伸びていくことで、マクロ経済スライドによる水準低下を補うことができます。

図表4-8　**現在と同じ所得代替率を確保できる受給開始時期の選択**

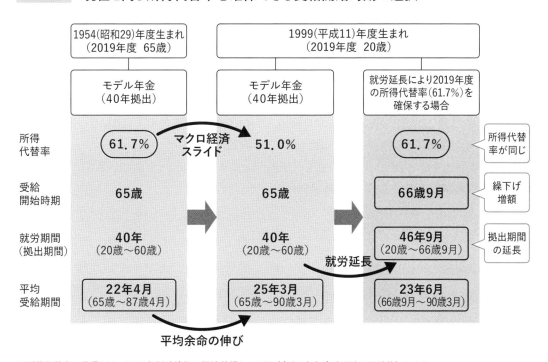

※所得代替率の見通しは、2019年財政検証の経済前提ケースⅢ（令和2年年金改正法の反映後）による

（3）40年加入の時代から、45年加入が標準の時代へ

　かつて、平均余命の伸びに伴って、定年が55歳から60歳へと移行し、拠出期間が伸びていった時代に、1985（昭和60）年改正で、32年加入から40年加入に合わせた制度設計に見直しが行われました。生まれた年度に応じて給付乗率を少しずつ引き下げましたが、拠出期間が40年に伸びるので、同じ額の年金が受給できるという考え方です。

　その後、さらに平均余命の伸びに伴って、65歳までの継続雇用が義務化され、20歳から65歳まで加入し、拠出期間は45年になる時代になりました。大学卒の人は、厚生年金だけで見ると加入期間はもう少し少ないですが、その人も20歳から国民年金に加入しています。

　これまでの年金制度改正の対応を、横軸に65歳到達年度をとって施行時期を矢印で示してみると、図表4 - 9のとおりです。1985（昭和60）年改正では、2011年まで20年かけて32年加入から40年加入に合わせた給付乗率の調整を実施しました。2000（平成12）年改正による給付乗率の5％適正化も、長い経過措置を設けた上で実施されました。1994（平成6）年・2000（平成12）年改正では、2030年まで25年かけて60歳から65歳への支給開始年齢の引上げが実施されました。このように、長い時間をかけて、平均余命と就労期間の伸びに対応し、2030年にはこれが完成します。

　しかし、実態としては拠出期間45年の時代に入っているにもかかわらず、基礎年金に結びつけられる期間は40年のままで据え置かれています。また、年金水準の指標である所得代替率も、40年加入のままで固定して将来の見通しを計算しています。

　2004（平成16）年改正で導入された**マクロ経済スライド**は、40年加入で年齢を固定した指標で見たために、**長期的に年金の水準が2割程度低下していくことが若い世代にも印象づけられてしまいました**が、就労期間が伸びていく世代にとっては、本来そうではありません。

　この大きな流れを図表4 -10のように把握してみれば、平均余命の伸びに従って、受給期間も伸びますが、就労期間の伸びに従って、拠出期間も伸びますので、バランスがとれます。

　このような中で、年金制度は、40年加入から45年加入を標準とした制度設計に移行していくことが、自然な流れと考えます。

　また、年齢区分を固定して捉えて、**マクロ経済スライドを給付水準の引下げという一面から捉えるのではなく、拠出期間の伸びと一緒に捉えることが重要**です。

　このような見方を踏まえた上で、第7章の「基礎年金の拠出期間の45年化」、第8章の「マクロ経済スライドの調整期間の一致」などの論点について、詳しく論じます。

図表4-9 人口構造・就労構造の変化に対応した年金制度の対応

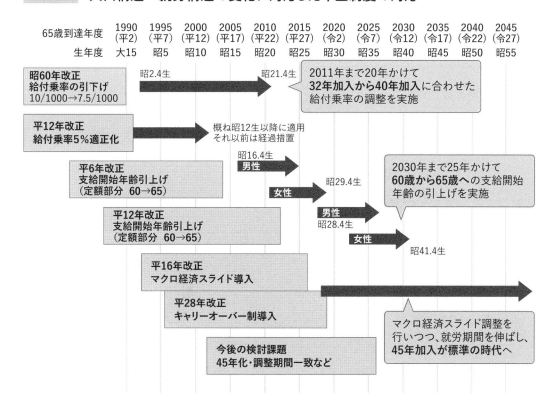

図表4-10 平均余命の伸びと就労期間の長期化に合わせた拠出期間の伸び

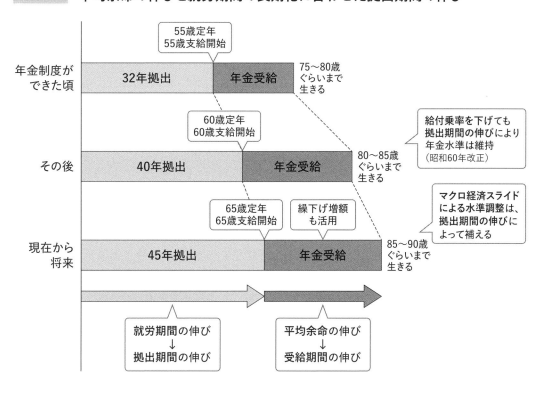

第5章 年金額改定の仕組みと考え方

1. **年金額の改定の仕組みと考え方**

    (1) 既裁定の年金額は、物価スライドで、実質価値（購買力）を維持
    (2) 新規裁定の年金額は、賃金スライドで、現役の賃金水準とのバランスを維持
    (3) 既裁定年金とは、68歳となる年度の4月からの年金を言います
    (4) 現役の実質賃金の低下時には、現役の負担能力に合わせて賃金スライドを実施

2. **マクロ経済スライド調整率**

    (1) マクロ経済スライド調整の仕組み
    (2) 名目下限と未調整分の繰り越し（キャリーオーバー）

3. **年金額の計算式へのスライドの反映**

    (1) 基礎年金の年金額の計算式では、「改定率」の改定によりスライドが行われる
    (2) 厚生年金の年金額の計算式では、「再評価率」の改定によりスライドが行われる

4. **スライドの仕組みの変遷**

    (1) 昭和48年改正による賃金再評価と物価スライドの導入
    (2) 平成6年改正の可処分所得スライド、平成12年改正の既裁定年金物価スライドの導入
    (3) 特例法によるマイナス物価スライドの凍結
    (4) 平成16年改正によるマクロ経済スライドと自動改定の導入
    (5) 特例水準の解消
    (6) 平成28年改正による改定ルールの見直し

5. **近年の賃金・物価の動向と年金額改定の実施状況**

---

1 年金額の改定の仕組みと考え方

(1) 既裁定の年金額は、物価スライドで、実質価値（購買力）を維持

　公的年金の特徴の一つとして、物価や賃金に応じたスライドがあり、経済の変化に対応できる仕組みとなっています。図表5-1で、まず「基本型」について見てみましょう。

　老齢年金は、一般的に65歳で受給権が発生し、その後の**既裁定年金**は、**物価スライド**により、**実質価値（購買力）**が維持されることが基本です。（図表5-1の上段）

　物価変動率は、総務省が公表する全国消費者物価指数（生鮮食品を含む総合指数）の対前年比を用います。これは、1月から12月までの暦年の単位であり、前年のものが1月に公表されます。

これを、次の４月からの新しい年度の年金額のスライドに反映させます。

　年金は、通常２か月分がまとめて支払われ、４月・５月分が６月中旬に口座に振り込まれます。従って、スライドが反映された新しい年度の年金額は、この６月支払い分からとなります。

（２）新規裁定の年金額は、賃金スライドで、現役の賃金水準とのバランスを維持

　一方、65歳の新規裁定の年金額は、賃金スライドにより、現役の賃金水準とのバランスが維持されることが基本です。（図表５-１の下段）

　この賃金変動率には、「名目手取り賃金変動率」が用いられます。これは、「２年度前から４年度前までの３年度平均の実質賃金変動率」に、「前年の物価変動率」と、「３年度前の可処分所得割合変化率」を乗じて算出します。

　この「２年度前から４年度前までの３年度平均の実質賃金変動率」を算出するには、まず、すべての厚生年金被保険者の標準報酬額の年度の平均額から、前年度と比べた名目賃金変動率を算出します。次に、年度の名目賃金変動率を暦年の物価変動率で割ることで、年度の実質賃金変動率を算出します。その上で、３年度平均の実質賃金変動率を算出します。

　３年度平均を用いるのは、新規裁定時の年金額が生涯の年金額に影響することから、変動を緩やかに反映するためです。２年度前から４年度前までとするのは、ある年度の年金額を４月から改定する時点では、標準報酬額の平均額は、その前々年度までしか集計できないからです。

　また、いったん、実質賃金変動率の３年度平均を算出してから、直近の物価変動率を乗じて、

図表5-1　**年金額の改定（スライド）のルール**

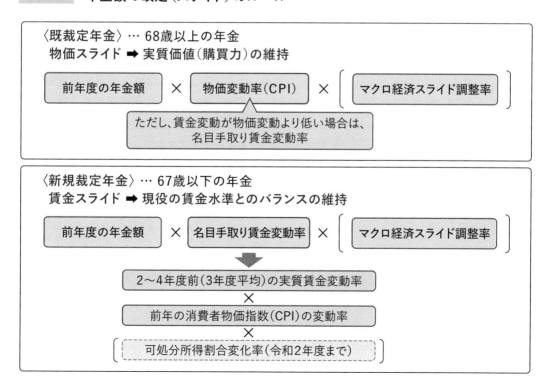

名目の賃金変動率を求める手順をとることにより、**賃金変動については3年度平均でならしつつ、物価変動については、できるだけ直近の変動を反映することにより、物価変動とのタイムラグを小さくし、既裁定年金のスライドとの乖離が大きくならないようにされています。**

　その上で、「3年度前の可処分所得割合変化率」を乗じることで、「名目手取り賃金変動率」を算出します。実質賃金が2年度前から4年度前までの3年度平均ですので、その中間年度である3年度前の可処分所得割合変化率を反映します。

　可処分所得割合変化率は、厚生年金の保険料率の段階的引上げを考慮して設定されたもので、現役世代の手取り賃金の変動を、年金額に反映するものです。厚生年金保険料率は、段階的に引き上げた後、2017（平成29）年度以降は上限で固定されていますので、2017年度の最後の保険料率引上げの反映が2020（令和2）年度です。2021年度以降は、可処分所得割合変化率は0％です。

　計算手順が少し複雑ですが、実際の数字を後述の図表5-8にまとめてありますので、これを見ていただくと、計算手順の実際がご理解いただけると思います。

（3）既裁定年金とは、68歳となる年度の4月からの年金を言います

　「新規裁定年金」「既裁定年金」という言葉には、少し注意が必要です。

　一般に老齢年金では、65歳で受給権が発生します。受給権発生日（年金が受給できる権利が発生する日）は、誕生日の前日であり、受給権発生日のある月の翌月分から年金が発生します。その上で、実際に年金の裁定請求の手続きを行うことで、年金の受給が開始されます。繰下げ受給や、後で5年を限度に遡って請求することもできます。

　しかし、年金額のスライドで「既裁定年金」というのは、実際に受給中であるかどうかにかかわらず、68歳に到達する年度の4月1日からの年金のことを「既裁定年金」と呼びます。67歳までの年金を「新規裁定年金」と呼び、新規裁定年金のスライドルールを適用します。

　なぜ、68歳なのかというと、新規裁定年金の賃金スライド率の計算に用いる**実質賃金変動率が、2年度前から4年度前の3年度平均ですので、その中間の年度である3年度前までの賃金変動が反映された**と考えることができます。このため、**65歳に到達する直前まで（64歳まで）の賃金変動を年金額に反映するためには、67歳まで賃金スライドを適用する必要がある**からです。

　また、障害年金や遺族年金のように、若い時期から受給する年金のスライドにも、67歳までは、新規裁定年金のスライドルールが適用されます。これは、現役世代に対する障害年金や遺族年金については、同一世代の賃金上昇分は年金額に反映させることが適当であるという考え方によるものです。

（4）現役の実質賃金の低下時には、現役の負担能力に合わせて賃金スライドを実施

　物価上昇率がプラスかマイナスか。賃金上昇率がプラスかマイナスか。これらを組み合わせると、6つのケースに場合分けできます。それぞれについて、年金額のスライドルールを図示したのが図表5-2です。

この図では、それぞれのケースで、「賃金」と「物価」の太い棒グラフが、ゼロのラインの上又は下に伸びています。これが、それぞれのケースでの賃金と物価の状況です。そして、太い棒に沿って、矢印で書いてあるのが、新規裁定者と既裁定者の年金額のスライドルールです。

　先ほど説明した「新規裁定の年金額は、賃金スライドで現役の賃金水準とのバランスを維持し、その後、既裁定の年金額は、物価スライドで実質価値（購買力）を維持する」という基本型は、賃金変動率が物価変動率より高いケース（実質賃金がプラスの場合）で適用されます。

　6つのケースのうち、①「0＜物価＜賃金」、②「物価＜0＜賃金」、③「物価＜賃金＜0」がこれに該当します。①のように、賃金も物価もプラスで、賃金が物価よりも上昇するのが、通常の経済です。

　一方、賃金変動率が物価変動率より低いケース（実質賃金がマイナスの場合）では、基本と異なるスライドルールが適用されます。すなわち、新規裁定年金も既裁定年金も、いずれも賃金スライドが行われます。

　6つのケースのうち、④「賃金＜物価＜0」、⑤「賃金＜0＜物価」、⑥「0＜賃金＜物価」がこれに該当します。これは、**支え手である現役世代の負担能力に応じた給付とする観点から**、賃金変動が物価変動を下回る場合には、賃金変動に合わせて改定する考え方によるものです。

　経済が成長して、より豊かになっていく社会では、通常は、賃金が物価を上回って変動しますが、現実には、長らく、賃金変動が物価変動を下回る状況が続いています。

図表5-2　**年金額の改定（スライド）のルール**

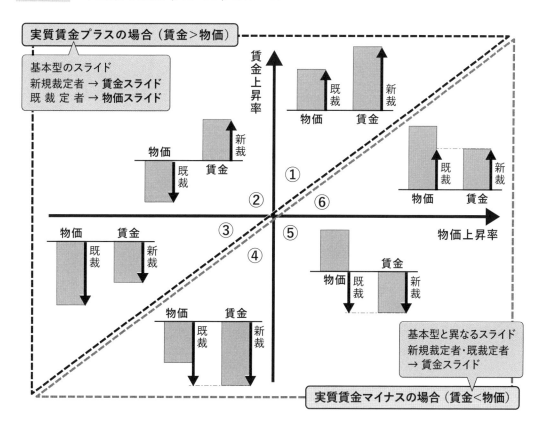

2　マクロ経済スライド調整率

（1）マクロ経済スライド調整の仕組み

　年金額の改定（スライド）に当たっては、図表5-3のように、**マクロ経済スライド調整率**を、年金額の賃金と物価による改定率から差し引きます。この調整率は、**被保険者の減少率（直近3年度平均）**と、平均余命の伸び分（年率▲0.3%）を合計したものです。

　この**被保険者数**は、公的年金被保険者の総数であり、国民年金第1号被保険者、国民年金第3号被保険者、及び厚生年金被保険者の総数です。20歳から59歳までは、1号、2号、3号のいずれかに該当していますので、その年代の人口の減少が直接つながります。これに20歳未満及び60歳から70歳未満の厚生年金被保険者も合算されるため、高齢者就労が進みつつある現在は、被保険者数の減少率が一時的に緩和されています。しかし、今後、高齢者就労の進展が行き渡ると、調整率は再び大きくなると見込まれます。

　マクロ経済スライドには、「**名目下限措置**」が講じられています。賃金・物価によるプラスの改定率の大きさが、マクロ経済スライド調整率によるマイナス幅よりも小さい時は、部分的な調整にとどめ、年金額は据え置きます。賃金・物価による改定率がゼロかマイナスの時は、マクロ経済スライドは行いません。これにより、**名目額は下げずに、長い年数をかけて、少しずつ給付水準を**

図表5-3　**マクロ経済スライド**

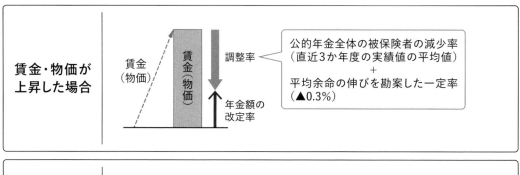

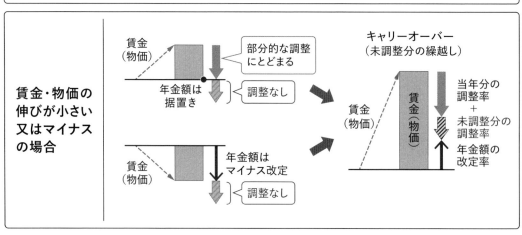

調整していきます。

　マクロ経済スライドは、保険料の上限を固定した上で、それに見合うように将来の給付水準を調整するものです。5年ごとの財政検証で、100年間の財政計算を行い、財政均衡期間の終了時に給付費1年分程度の積立金を保有できるようにバランスする時点で、終了します。

（2）名目下限と未調整分の繰り越し（キャリーオーバー）

　2004（平成16）年の改正で導入されたマクロ経済スライドですが、長く続いたデフレ経済の中で、マクロ経済スライドは長らく発動されず、年金水準の調整が進まなければ、調整期間が長期化し、将来の世代の年金水準を下げることが危惧されました。

　早期に調整を進めて将来世代の年金水準の低下を防止するために、名目下限措置を撤廃すべきとの意見もあります。

　2016（平成28）年改正では、マクロ経済スライドについて、**名目下限措置を維持しつつ、賃金・物価上昇の範囲内で、前年度までの未調整分を繰り越して調整する仕組み（キャリーオーバー）**を加えました。この改正は、2018（平成30）年4月に施行されました。

　図表5-4のイメージのように、賃金や物価の伸びが停滞している時に発生するマクロ経済スライドの未調整分を、賃金や物価が上昇する時に繰り越して解消することにより、現在の高齢世代に配慮しつつ、できる限り早期に調整を進め、将来世代の給付水準の上昇につながります。

図表5-4　**マクロ経済スライド調整（キャリーオーバー）による年金給付水準への影響のイメージ**

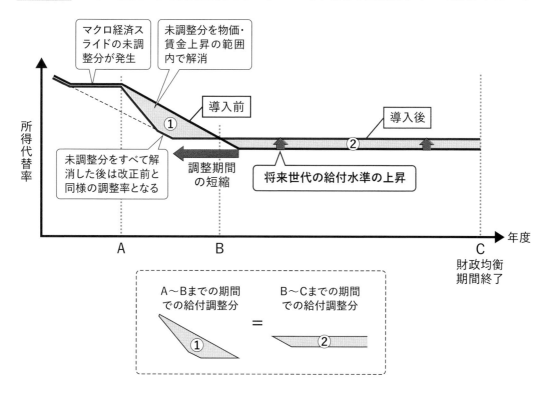

3 年金額の計算式へのスライドの反映

(1) 基礎年金の年金額の計算式では、「改定率」の改定によりスライドが行われる

年金額改定とは何なのかをよく知るために、少し細かいですが、年金額の計算式に立ち戻って、改定の仕組みを見てみます。

基礎年金の年金額の基本的な計算式は、

「780,900円（平成16年度額）× 改定率 × 保険料納付月数／480月」

となっています。

現在の法律では、2004（平成16）年の年金改正法で定められた基礎年金の年額（40年加入した場合の満額）が法律上に規定されており、これを出発点として、その後の変動に応じた「改定率」を乗じていく仕組みです。実際の年金額は、これに保険料納付月数の割合を乗じます。

従って、**基礎年金の年金額のスライドは、1年度進むごとに、1年度分の改定率（スライド率）を、この累積した「改定率」に乗じて、新年度に適用する「改定率」を政令で定めることにより、行われます。基礎年金のスライドは、改定率の改定で行われます。**

改定率は、「国民年金法による改定率の改定等に関する政令」で定められています。2023年度の改定で既裁定年金と新規裁定年金の改定率が異なったため、2024年度の年金額の累積した「改定率」は、昭和31年4月1日以前に生まれた者は1.042で、それより後に生まれた者は1.045です。

(2) 厚生年金の年金額の計算式では、「再評価率」の改定によりスライドが行われる

一方、**厚生年金**の報酬比例部分の年金額の基本的な計算式は、

「平均標準報酬額 × 給付乗率（5.481／1000）× 加入期間の月数」

となっています。2000（平成12）年改正で、賞与にも保険料を賦課する総報酬制が導入され、それ以前は給付乗率が7.125／1000ですので、期間を分けて計算してから合算します。

このうち、「平均標準報酬額」は、過去の標準報酬に再評価率を乗じて、現在価値に置き換えたものです。この再評価率は、賃金や物価の変動に応じて、過去の期間ごとに再評価率を定める「再評価率表」が政令で定められています。

従って、**厚生年金（報酬比例部分）の年金額のスライドは、1年度進むごとに、1年度分の改定率（スライド率）を、これまでの再評価率に乗じて、新年度の年金額に適用する「再評価率表」を政令で定めることにより、行われます。**

なお、最新の年度の報酬額には、賃金や物価によるスライドはありませんが、原則として、可処分所得割合変化率（2020年度まで）とマクロ経済スライド調整率を乗じた改定が行われます。

「再評価率表」は、(1)と同じ政令で定められており、過去の制度改正時の改定経緯と、2023年度の改定で既裁定年金と新規裁定年金の改定率が異なったことから、生まれた年度による区分があります。2024年度の年金額における再評価率は、昭和31年4月2日以後に生まれた者の場合、例えば2010年度の報酬の再評価率は1.022で、直近の2024年度の報酬の再評価率は、0.926です。

4 スライドの仕組みの変遷

（1）昭和48年改正による賃金再評価と物価スライドの導入

　ここで、年金額の改定（スライド）の制度の変遷について、図表5-5で振り返ってみましょう。

　1955（昭和30）年頃から1973（昭和48）年頃まで、実質経済成長率が年平均で10％前後を記録した高度経済成長期を経て、1973（昭和48）年は、「福祉元年」と呼ばれ、老人福祉法改正（老人医療費無料化）、健康保険法改正（家族7割給付、高額療養費）、年金制度改正（給付水準引上げ、物価・賃金スライドの導入）などの社会保障の充実が行われました。

　1973（昭和48）年改正では、厚生年金に、**財政再計算時の賃金再評価が初めて導入されて、**給付水準が大幅に引き上げられるとともに、**物価が5％以上変動した場合に、法律改正を要せず政令で年金額を改定する物価スライドが導入されました。**その際、これに必要な追加費用は、後世代の保険料負担によることとされました。

　その直後の1973（昭和48）年秋に生じた石油ショックによる著しい物価上昇は、狂乱物価と呼ばれましたが、導入されたばかりの物価スライドが発動され、1974年度は16.1％、1975年度は21.8％もの物価スライドが行われました。

　これ以降、年金額の改定は、①5年に一度の財政再計算時の政策改定と、②次の政策改定が行われるまでの間の物価スライドによって行われることとなりました。

図表5-5　年金額改定（スライド）のルールの変遷

1973（昭和48）年	● 物価スライドの導入（5％以上変動した場合） ● 厚生年金について賃金再評価の導入
1979（昭和54）年、1982（昭和57）年、1984（昭和59）年、1985（昭和60）年	● 物価変動率が5％を超えていなくとも特例法により改定
1989（平成元）年	● 完全自動物価スライド制を導入（物価スライドの5％基準を撤廃）
1994（平成6）年	● 厚生年金の賃金再評価を、可処分所得の上昇に応じた再評価に変更
1996（平成8）年度	● 物価下落にかかわらず、特例法により物価スライドを凍結（▲0.1％） ※1997年度は1996年の物価上昇分（＋0.1％）と相殺し据置き
2000（平成12）年	● 既裁定年金は賃金スライドを行わず、物価スライドのみに変更
2000（平成12）年度〜2002（平成14）年度	● 物価下落にかかわらず、特例法で物価スライドを凍結（累積で▲1.7％） ※2003年度、2004年度は、物価下落に合わせて改定
2004（平成16）年	（本来水準）新規裁定者は賃金変動率、既裁定者は物価変動率に基づき、毎年度自動的に改定。マクロ経済スライドにより給付水準を調整
	（特例水準）物価下落した場合のみ改定を行い、物価が上昇しても据置き
2013（平成25）年度〜2015（平成27）年度	● 物価スライドの特例水準の解消（累積▲2.5％）
2016（平成28）年	● マクロ経済スライドの名目下限を維持しつつ、未調整分を繰り越し（キャリーオーバー）して後年度に調整するルール【2018年4月施行】 ● 賃金変動が物価変動を下回る場合に、賃金変動に合わせて改定するルール【2021年4月施行】

その後、1979年、1982年、1984年、1985年には、**物価変動率が５％を超えていなくても特例法により、物価スライド**が行われました。また、**1989（平成元）年改正で、完全自動物価スライド制が導入され、物価スライドの５％基準が撤廃されました。**

（2）平成６年改正の可処分所得スライド、平成12年改正の既裁定年金物価スライドの導入

平成に入ると、少子高齢化の進行により、年金制度は、保険料の大幅な上昇を防ぐために、将来の給付の伸びを抑制する改革を始めます。

スライド制度については、**1994（平成６）年改正では、厚生年金について、賃金再評価を可処分所得の上昇に応じた再評価（可処分所得スライド）に変更しました。**

1994（平成６）年改正による基礎年金額の引上げは、1989（平成元）年改正以後の全世帯の消費支出の伸びに対応したものとしました。また、厚生年金の賃金スライドについては、年金収入からは社会保険料は徴収されず、税金については公的年金控除があり、一定限度まで所得税もかかりませんが、現役世代の賃金からは社会保険料や所得税が天引きされ、それが年々増加することが見込まれます。従って、**年金を名目賃金の伸びに応じてスライドさせていくと、社会保険料や税を控除した手取り賃金の水準の伸びに対して、年金水準の伸びの方が高くなります。**このため、厚生年金の賃金再評価は、手取り賃金の伸び率で改定されました。

さらに、次の2000（平成12）年改正では、財政再計算の際、65歳の新規裁定年金には賃金変動率を再評価に反映する一方で、それ以降の**既裁定年金については、賃金変動率による再評価は行わず、物価変動率によって改定**することとしました。

この改正の理由については、改正を担当した矢野朝水元年金局長の「新世紀の年金制度—2000年年金改正の軌跡」（社会保険研究所）における説明を引用しつつ説明します。

従来は、５年ごとの財政再計算において、基礎年金は高齢者世帯や現役世帯の消費支出等を総合勘案して政策改定を行い、厚生年金は年金額計算の基礎となる受給者の過去の賃金を現役世代の手取り賃金の伸びで再評価することによって、年金額を改定してきました。

財政再計算と次の財政再計算の間の年には、毎年度、前年の物価の伸びに応じて額を改定（物価スライド）し、年金額の実質価値を維持するとともに、現役世代の生活水準が向上した場合には、財政再計算時に、年金受給者も現役世代と同程度の向上が図られるよう、年金額の改定を行ってきました。

このように、賃金ベースでの年金額の改定を５年に１度の財政再計算時に法律改正によって講じていたのは、給付の改定は負担の増加をもたらすもので、年金額の実質価値を引き上げることについては、負担の将来見通し等を踏まえ、年金制度全般について見直した上で、行うか否かを判断することが必要であるという考え方によるものでした。

2000（平成12）年改正は、そのままでは将来の保険料水準が著しく上昇してしまうことから、これを負担可能な限度に抑えるために、給付については将来に向けて伸びを抑制することとしました。そのための手法の一つとして、**年金受給開始後に賃金スライドを実施しないこととした**ものです。

この背景には、①我が国の経済成長が鈍化または低下し、現役世代の実質賃金の伸びが低下することが見込まれる中で、負担が重くなる現役世代から受給者に実質賃金上昇すなわち労働生

産性の伸び分まで所得移転をする余力は乏しい。また、②すでに年金を受給し始めた人の年金額については、**物価スライドを行うことによって、購買力の確保・年金の実質価値の維持は図られる**ので、物価スライドのみで公的年金の基本的役割は果たせるのではないか、という考え方がある。さらに、③受給者は、通常、**高齢になるほど消費額が低下傾向にある**ので、賃金上昇の分まで年金額の改善を行う必要は乏しいとの考え方もあった。④諸外国の状況を見ても、**主要先進国では年金の受給開始後は物価スライドのみとする国が多く**、受給開始前から、年金の水準改定を物価上昇率のみで行っている国も見られる。

　このようなことから、年金受給開始後の賃金スライドを行わないとするのは、やむを得ないとされたものです。

（3）特例法によるマイナス物価スライドの凍結

　その間、1996年度には、前年に物価下落が起きましたが、特例法により0.1%のマイナス物価スライドを凍結する措置が行われました。これについては、1997年度には1998年の物価上昇分と相殺して据置きすることで、解消されました。

図表5-6　**年金額改定の推移**

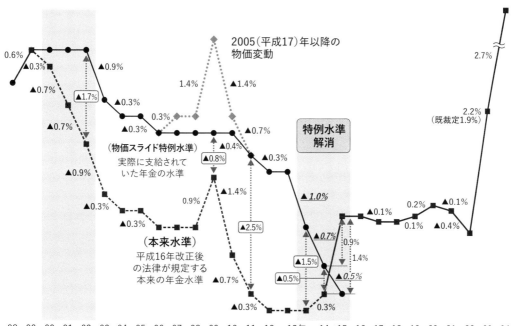

（注）2000～2002年度の物価下落時に年金額を据え置いたことから、本来よりも高い特例水準の金額が支払われていたが、2015年度に解消。（2013年10月に▲1.0%、2014年4月に▲1.0%、2015年4月に▲0.5%）

そして、2000年度から2002年度にかけて、再び、物価下落にかかわらず、特例法でマイナス物価スライドを凍結する措置が講じられました。累積で1.7%の特例水準です。

2003年度、2004年度については、物価下落に合わせて年金額のマイナス改定をしましたが、その後も物価下落が続く想定外の事態となり、図表5-6のとおり、**特例水準と本来水準との乖離が長く続く**こととなりました。

（4）平成16年改正によるマクロ経済スライドと自動改定の導入

2004（平成16）年改正では、保険料水準の上限を固定した上で、保険料収入と積立金収入の範囲内で給付水準を中長期的に調整する「**マクロ経済スライド**」が導入されました。

これと同時に、5年に一度の財政再計算時に政策決定で改定を行う方式が廃止され、毎年度、**①新規裁定年金は賃金スライド、②既裁定年金は物価スライドを行うことを基本とした自動スライドが規定**されました。

この改正で導入された長期的な財政フレームの趣旨・内容や、マクロ経済スライドの必要性については、第4章（少子高齢化と年金）で、説明したとおりです。

過去のマイナス物価スライド凍結による特例水準については、賃金や物価が上昇した場合に年金水準を据え置くことにより解消することとなっていました。2004（平成16）年改正では、物価スライド特例水準の解消は、マクロ経済スライドの適用に先行して行うこととされ、物価スライド特例水準が解消されるまでの間は、マクロ経済スライドは発動しないこととされました。

このため、**賃金や物価が低下するデフレ経済が続く中で、特例水準の解消が進まず、マクロ経済スライドは、導入後しばらく発動されることがありませんでした。**

（5）特例水準の解消

特例水準の年金額については、物価が上昇しても据え置く一方、直近の年金額の引下げを行った年の前年（基準年）を基準として、物価が基準年の物価を下回った場合に、特例水準の年金額を引き下げるというルールが法律に規定されていました。

このため、2006（平成18）年度の引下げ以降、基準年は2005（平成17）年の物価でしたので、2010（平成22）年度や2011（平成23）年度のように、前年より物価が下落したが、基準年に比べれば下落していないケースでは、特例水準の年金額は同様には下がりません。

一方の本来水準は、2004（平成16）年改正後の改定ルールで、前年の物価により下がりますので、その結果、特例水準と本来水準との乖離幅は、2010（平成22）年度に0.4%拡大、2011（平成23）年度に0.4%拡大し、計2.5%の乖離に拡大してしまいました。

このため、2012（平成24）年の「社会保障・税一体改革関連法」により、消費税増税の財源等を用いた基礎年金国庫負担2分の1の実現と併せて、**2013（平成25）年10月から3回に分けて段階的に特例水準を解消**することとしました。

図表5-6のとおり、2013（平成25）年10月は、特例水準の解消分で▲1.0%のマイナス改定。2014（平成26）年度は、賃金変動率0.3%から特例水準の解消分▲1.0%を差し引いて▲0.7%の

マイナス改定。2015（平成27）年度は、賃金変動率2.3％から特例水準の解消分▲0.5％とマクロ経済スライド調整率▲0.9％を差し引いて0.9％の改定です。これにより、2015（平成27）年4月に、物価スライド特例水準は完全に解消し、同時に**マクロ経済スライドが初めて発動**されました。

　特例水準を解消する法案を提案して成立させたのは、民主党政権の時代であり、実際の施行は自民党・公明党政権に戻ってからでした。特例水準の解消には、長い間、非常に苦労し、最終的には、特例水準の解消のために名目額をマイナス改定する、という厳しい措置をすることとなりました。この経験から、物価が下落した際に、特例法でマイナス改定を凍結するということは、将来に禍根を残すことから、決して行ってはいけない、というのが教訓となりました。

（6）平成28年改正による改定ルールの見直し

　2016（平成28）年改正では、将来世代の年金水準の低下を防止するため、マクロ経済スライドの未調整分の繰り越し（キャリーオーバー）制度が導入されました。これは、前述の2（2）で説明した仕組みです。平成30（2018）年4月の施行です。

　また、これに加えて、賃金と物価による自動スライドのルールの一部改正が行われました。2004（平成16）年改正で、賃金と物価による自動スライドが規定された当初は、図表5-7のように、④と⑤のケースは、現在のルール（図表5-2）と異なるルールでした。④の「賃金＜物価＜0」の

図表5-7　年金額の改定（スライド）のルールの平成28年改正

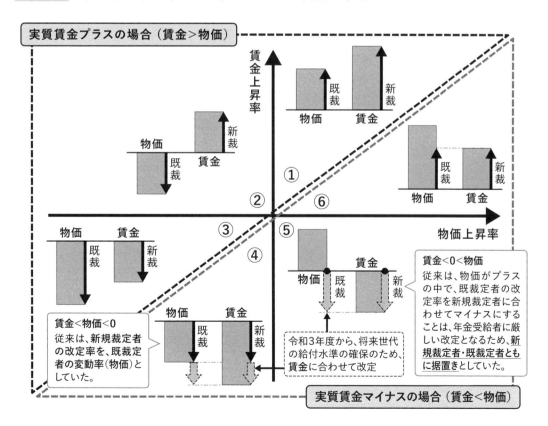

ケースは、新規裁定も既裁定と同じ改定率（物価スライド）とし、⑤の「賃金＜０＜物価」のケースは、新規裁定も既裁定も据置きとするルールです。

これは、基本型によるスライドと比べて、賃金が物価を下回る場合でも、新規裁定年金のスライドが、既裁定年金のスライドを下回ることがないようにしたものです。

しかしその後、デフレ経済の下で、④や⑤のケースがたびたび発生し、この結果、保険料を負担する現役世代の所得水準の変動よりも高い水準で年金水準が変動することとなり、年金財政を悪化させました。これは、**マクロ経済スライド調整を長期化させることになり、将来の世代の年金水準をより低くしてしまいます。**

そこで、2016（平成28）年改正において、年金給付水準を支え手である現役世代の負担能力に見合ったものにするという理念を徹底させるため、賃金水準の変動が物価水準の変動を下回る場合には、新規裁定年金、既裁定年金ともに賃金水準に合わせて改定するように改めました。2021（令和3）年4月からの施行です。

年金額の引下げは、受給者には大変厳しいことです。しかし、この改正は、**将来世代の年金水準を、改正前より高くするものです。**また、現役世代の実質賃金が低下している時に、現役世代の負担で高齢者の年金額を下げずに維持することをどう考えるか、という点も重要です。

5 **近年の賃金・物価の動向と年金額改定の実施状況**

賃金・物価の動向と年金額のスライドの推移は、特例スライドが解消した後の2016（平成28）年度以降について、改定率の計算に用いられた数値とともにまとめると、図表5-8のとおりです。計算の手順は、1（年金額の改定の仕組みと考え方）の説明を参照してください。

マクロ経済スライドは、2015（平成27）年度に初めて発動されて以降、2019（令和元）年度、2020（令和2）年度、2023（令和5）年度、2024（令和6）年度の5回発動されています。

キャリーオーバー制度は、2018（平成30）年4月に施行されました。これは、その年度の改定で直ちに効果を発揮し、2018（平成30）年度の未調整分は、2019（令和元）年度に繰り越されて実施・解消されています。また、2021（令和3）年度と2022（令和4）年度にも繰越しが生じましたが、2023（令和5）年度に繰越し分が実施・解消されています。

また、賃金変動が物価変動を下回る場合に賃金変動に合わせて改定する考え方の徹底は、2021（令和3）年4月に施行されました。これも、その年度の年金額改定で該当ケースとなり、2021（令和3）年度と2022（令和4）年度のマイナススライドに反映されました。

2023（令和5）年度の改定では、賃金変動率2.8％が物価変動率2.5％を上回ったため、新規裁定年金は賃金スライドからマクロ経済スライド（繰越し分を合わせて▲0.6％）を差し引いた2.2％の改定となり、既裁定年金は物価スライドからマクロ経済スライドを差し引いた1.9％の改定となり、両者の改定率が分かれることになりました。図表5-2では①のケースに該当します。「**新規裁定年金は賃金スライド、既裁定年金は物価スライド**」という基本型の考え方による改定は、平成16年改正による自動スライド規定の施行以後で初めてのことになりました。

賃金・物価の状況と年金額改定率について

改定年度	2016年度(平成28)	2017年度(平成29)	2018年度(平成30)	2019年度(令和元)	2020年度(令和2)	2021年度(令和3)	2022年度(令和4)	2023年度(令和5)	2024年度(令和6)
物価変動率 A 前々年度➡前年度	0.8% 15年実績	▲0.1% 16年実績	0.5% 17年実績	1.0% 18年実績	0.5% 19年実績	0.0% 20年実績	▲0.2% 21年実績	2.5% 22年実績	3.2% 23年実績
名目賃金変動率 B 前々年度➡前年度	0.3% 15年度実績	0.0% 16年度実績	0.3% 17年度実績	0.8% 18年度実績	0.6% 19年度実績	▲0.5% 20年度実績	1.0% 21年度実績	1.4% 22年度実績	
実質賃金(B/A)前々年度➡前年度	▲0.5% 15年度実績	0.1% 16年度実績	▲0.2% 17年度実績	▲0.2% 18年度実績	0.1% 19年度実績	▲0.5% 20年度実績	1.2% 21年度実績	▲1.1% 22年度実績	
実質賃金変動率 3年度平均 C	▲0.8% 12~14年度	▲0.8% 13~15年度	▲0.7% 14~16年度	▲0.2% 15~17年度	▲0.1% 16~18年度	▲0.1% 17~19年度	▲0.2% 18~20年度	0.3% 19~21年度	▲0.1% 20~22年度
可処分所得割合変化率 D	▲0.2%	▲0.2%	▲0.2%	▲0.2%	▲0.1%	2021(令和3)年度以降は0%			
名目(手取り)賃金変動率(A×C×D)	▲0.2%	▲1.1%	▲0.4%	0.6%	0.3%	▲0.1%	▲0.4%	2.8%	3.1%
マクロ経済スライド調整率	(▲0.7%)	(▲0.5%)	(▲0.3%) 繰越し	▲0.3%+▲0.2%	▲0.1%	(▲0.1%) 繰越し	(▲0.1%)+(▲0.2%) 繰越し	▲0.3%+▲0.3%	▲0.4%
年金額改定率 ①~⑥は図表5-2のケースの番号	0.0% ⑤	▲0.1% ④	0.0% ⑤	0.1% ⑥	0.2% ⑥	▲0.1% ⑤	▲0.4% ④	新裁2.2% 既裁1.9% ①	2.7% ⑥

※物価変動率：総務省が公表する全国消費者物価指数（生鮮食品を含む総合指数）の対前年比
※名目賃金変動率：厚生年金被保険者の標準報酬額の年度の平均額の変動率（毎年12月公表の「厚生年金保険法第79条の8第2項に基づくGPIFに係る管理積立金の管理及び運用の状況についての評価の結果」の表3-3中に記載の名目賃金上昇率として公表されている）

　2024（令和6）年度のスライドは、図表5-9のとおりです。

　前年の2023年の消費者物価の変動率は、対前年比3.2%の大幅上昇でした。2022年に引き続き、2年連続の大幅上昇です。一方、名目賃金変動率については、2～4年度前の3年度平均の実質賃金変動率が▲0.1%でしたので、これに前年の消費者物価上昇率を乗じると、3.1%の大幅上昇となりました。

　物価変動率が名目賃金変動率を上回って上昇しました（図表5-2の⑥のケース）ので、新規裁定年金も既裁定年金も、賃金スライドとなり、賃金スライド3.1%からマクロ経済スライド調整率の▲0.4%を差し引くことで、年金の改定率は2.7%のプラス改定となりました。

　年金額の改定では、**賃金と物価の実績値が出た後で年金額に反映しますので、賃金・物価の動向と年金額スライドに、若干のタイムラグが生じることは、避けられません。**

　また、保険料負担の過度の上昇を避けるために**マクロ経済スライド調整をしている途上ですので、物価上昇に年金額改定が追いつかないことも、厳しいですが、やむを得ないことと考えます。**

図表5-9　2024（令和6）年度の年金額の改定（スライド）

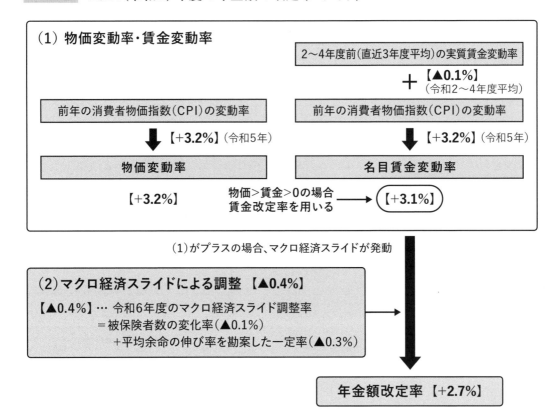

第6章 財政検証と年金水準の将来見通し

---

1. 2019年財政検証の結果

（1）財政検証は、5年に1度の年金制度の定期健康診断
（2）人口、労働力率、経済の前提に、複数ケースを設定して将来の年金の姿を試算
（3）経済成長と労働参加が進めば、所得代替率50％を確保できる
（4）年金水準は、「所得代替率」と「購買力を示す実質年金額」の両方で見る必要
（5）「2割減る」のは所得代替率であり、年金額が2割減るわけではない
（6）既裁定者の所得代替率は、その時点の新規裁定者の所得代替率よりも低くなる

2. 2019年財政検証に見る将来の年金水準への懸念点

（1）経済成長と労働参加が進まないと、所得代替率50％は確保できない
（2）基礎年金の調整期間が長期化し、基礎部分の所得代替率が低下する
（3）賃金や物価の上昇が継続しないと、マクロ経済スライド調整は機能しない
（4）現役世代の実質賃金が上がらないと、年金の実質価値も低下する
（5）出生率が低下すると、将来の年金水準は一層低下する

3. 年金水準の向上を図るための施策とその試算

（1）2019年財政検証のオプション試算A（被用者保険の適用拡大）
（2）2019年財政検証のオプション試算B（保険料拠出期間の延長等）
（3）2020年の追加試算（調整期間一致と基礎年金45年化）

---

1 2019年財政検証の結果

（1）財政検証は、5年に1度の年金制度の定期健康診断

「財政検証」は、2004（平成16）年の年金制度改正で、法律に規定された仕組みで、いわば「年金制度の定期健康診断」です。

少なくとも5年ごとに「財政検証」を実施し、①概ね100年という長期の財政収支の見通し、②マクロ経済スライドの終了年度の見通し、③給付水準の見通しを作成して、年金の財政状況を定期的に確認します。

保険料水準の上限を固定した上で、財源の範囲内で長期的な給付と負担の均衡を図るため、マクロ経済スライドで給付水準を調整します。どの程度調整する必要があるかは、現在及び将来の人口や経済の動向に左右されます。

例えば、平均余命が伸びれば、総給付費が増えます。出生率が低下すれば、将来の支え手の

被保険者数が減ります。女性や高齢者の労働参加が進めば、被保険者数が増えます。賃金が上がれば、保険料収入が増えます。賃金や物価が適切に上昇しないと、マクロ経済スライド調整が適切に機能しません。積立金の運用利回りが増えれば、年金財政にプラスに働きます。

　そこで、メインシナリオを設けず幅広く複数の設定を行い、将来の姿を試算しています。

（2）人口、労働力率、経済の前提に、複数ケースを設定して将来の年金の姿を試算

　2019（令和元）年8月27日に年金局が公表した「2019年財政検証」について、まず、検証の試算の前提を見てみます。

　人口の前提については、国立社会保障・人口問題研究所が2017年4月に公表した「日本の将来推計人口」を用い、合計特殊出生率及び死亡率について、中位・高位・低位の3通りを設定しています。

　労働力率の前提については、独立行政法人労働政策研究・研修機構（JILPT）が2019年3月にまとめた「労働力需給の推計」の「経済成長と労働参加が進むケース」、「経済成長と労働参加が一定程度進むケース」、「経済成長と労働参加が進まないケース」を用いています。

　このうち、「経済成長と労働参加が進むケース」では、内閣府の「中長期の経済財政に関する試算」（2018年7月）の「成長実現ケース」を踏まえ、女性や高齢者の労働参加が大きく進むことを仮定しており、2040年に向けて、女性の労働力率についてはいわゆるM字カーブが消失し、30歳台の労働力率が85％を超えるまで上昇、男子については60歳台後半でも70％を超えるとの見通しになっています。

　また、「経済成長と労働参加が一定程度進むケース」では、内閣府試算の「ベースラインケース」を踏まえ、女性の労働力率についてはM字カーブの窪みが浅くなり、30歳台の労働力率がおよそ85％程度まで上昇する見通しになっています。

　一方、「経済成長と労働参加が進まないケース」では、労働参加率が現状（2017年）程度で変化がない見通しとなっています。

　次に、経済の前提については、社会保障審議会年金部会の下に、経済・金融の専門家で構成された「年金財政における経済前提に関する専門委員会」が置かれ、その検討結果に基づき、図表6-1のとおり、幅広い6ケースの前提を設定しています。

　2028年度までの10年間は、内閣府の「中長期の経済財政に関する試算」（2019年7月）がありますので、その「成長実現ケース」、「ベースラインケース」に準拠して設定しています。

　成長実現ケースでは、潜在成長率の上昇とともに、2020年代前半にかけて実質2％、名目3％程度を上回る成長率に上昇し、物価上昇率は2023年度以降2％程度に達すると試算されています。ベースラインケースでは、経済成長率は中長期的に実質1％程度、名目1％台半ばとなり、物価上昇率は0.8％程度で推移すると試算されています。

　一方、2029年度以降の長期の経済前提は、独自に、専門委員会における検討により示された幅の広い6ケースの経済前提を設定しました。

　このうち、ケースⅠ〜Ⅲは、内閣府試算の「成長実現ケース」から接続するものです。ケースⅣ〜Ⅵは、内閣府試算の「ベースラインケース」から接続するものです。2029年度以降の20〜30

		将来の経済状況の仮定		経済前提					(参考)
		労働力率	全要素生産性(TFP)上昇率	物価上昇率	賃金上昇率実質〈対物価〉	運用利回り			経済成長率(実質)2029年度以降20〜30年
						実質〈対物価〉	スプレッド〈対賃金〉		
ケースⅠ	内閣府試算成長実現ケースに接続	経済成長と労働参加が進むケース	1.3%	2.0%	1.6%	3.0%	1.4%		0.9%
ケースⅡ			1.1%	1.6%	1.4%	2.9%	1.5%		0.6%
ケースⅢ			0.9%	1.2%	1.1%	2.8%	1.7%		0.4%
ケースⅣ	内閣府試算ベースラインケースに接続	経済成長と労働参加が一定程度進むケース	0.8%	1.1%	1.0%	2.1%	1.1%		0.2%
ケースⅤ			0.6%	0.8%	0.8%	2.0%	1.2%		0.0%
ケースⅥ		経済成長と労働参加が進まないケース	0.3%	0.5%	0.4%	0.8%	0.4%		▲0.5%

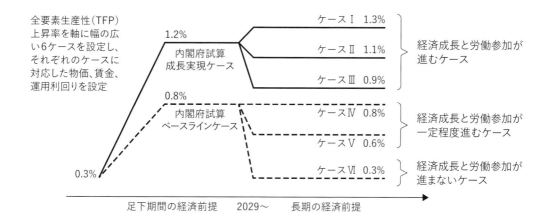

年の実質経済成長率は、ケースⅠ〜Ⅲでは年平均0.9〜0.4％、ケースⅣ〜Ⅵでは年平均0.2〜▲0.5％と見込まれています。

（3）経済成長と労働参加が進めば、所得代替率50％を確保できる

　2019年の財政検証の結果（人口が中位推計で推移した場合）では、図表6-2のとおり、**経済成長と労働参加が進むケース（ケースⅠ〜Ⅲ）では、将来にわたって所得代替率50％以上を確保できる結果**となりました。

　一方、経済成長と労働参加が**一定程度進むケース（ケースⅣ、Ⅴ）や、進まないケース（ケースⅥ）では、所得代替率が50％を下回る見込み**です。ケースⅣで2044年度、ケースⅤで2043年度に所得代替率が50％を下回る見通しです。

　財政検証の結果、5年以内に50％を下回る見込みとなった場合には、その時点で、2004（平成16）年改正法附則の規定に基づいて、調整期間の終了について検討するとともに、給付及び費用負担の在り方について検討を行い、所要の措置を講ずることが必要となります。しかし、現時点

図表6-2　給付水準の調整終了年度と所得代替率の見通し（2019年財政検証）

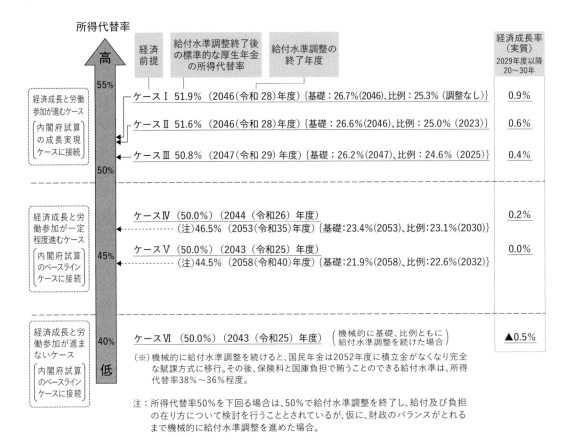

（※）機械的に給付水準調整を続けると、国民年金は2052年度に積立金がなくなり完全な賦課方式に移行。その後、保険料と国庫負担で賄うことのできる給付水準は、所得代替率38%〜36%程度。

注：所得代替率50%を下回る場合は、50%で給付水準調整を終了し、給付及び負担の在り方について検討を行うこととされているが、仮に、財政のバランスがとれるまで機械的に給付水準調整を進めた場合。

では、そのような状況には至っていません。

　経済成長と労働参加の促進に努めることが、国民の暮らしを豊かにし、年金水準の確保につながります。

（4）年金水準は、「所得代替率」と「購買力を示す実質年金額」の両方で見る必要

　年金水準を見る時には、「所得代替率」だけでなく、「物価上昇率で割り戻した年金額（実質年金額）」も重要です。財政検証では、この両方により、将来の姿を示しています。

　お金は物やサービスとの交換の手段ですから、年金の価値として人々の生活の感覚に合うのは、購買力です。「物価上昇率で割り戻した年金額（実質年金額）」が、購買力を示しています。

　名目額では、長期間の物価上昇を反映して高くなり、将来の年金額のイメージがつかみにくくなるので、物価上昇率で割り戻した実質水準で示します。

　モデル年金を、物価上昇率で割り戻した年金額（実質年金額）で見ると、2019年財政検証の**ケースⅢ**では、図表6-3のとおり、2019年度の22万円から、マクロ経済スライドが終了する2047年度には24万円となり、**2万円増える**見込みです。

　また、**ケースⅤ**では、図表6-4のとおり、2019年度の22万円から、マクロ経済スライドが終了

図表6-3　物価上昇分を割り戻した実質年金額の見通し（ケースⅢ）
（2019年財政検証、新規裁定者の年金）

【経済（ケースⅢ）】
・物価上昇率　　　　　　　　　　　1.2%
・賃金上昇率（実質〈対物価〉）　1.1%
・運用利回り（実質〈対物価〉）　2.8%
（参考）経済成長率（実質）　　0.4%
【人口（中位）】
・合計特殊出生率（2065）　　　1.44
・平均寿命（2065）男84.95歳、女91.35歳
【労働力】
経済成長と労働市場への参加が進むケース

年金額は、物価上昇率で2019年度に
割り戻した実質額（万円（月額））

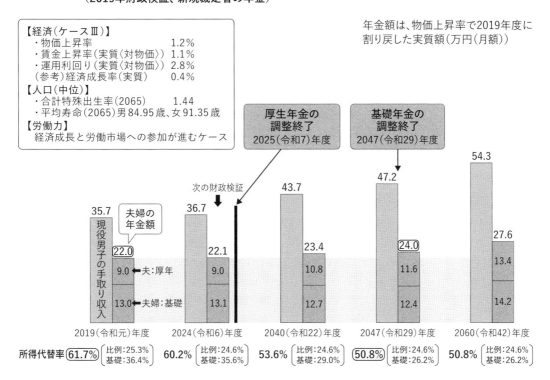

図表6-4　物価上昇分を割り戻した実質年金額の見通し（ケースⅤ）
（2019年財政検証、新規裁定者の年金）

【経済（ケースⅤ）】
・物価上昇率　　　　　　　　　　　0.8%
・賃金上昇率（実質〈対物価〉）　0.8%
・運用利回り（実質〈対物価〉）　2.0%
（参考）経済成長率（実質）　　0.0%
【人口（中位）】
・合計特殊出生率（2065）　　　1.44
・平均寿命（2065）男84.95歳、女91.35歳
【労働力】
経済成長と労働市場への参加が一定程度
進むケース

年金額は、物価上昇率で2019年度に
割り戻した実質額（万円（月額））

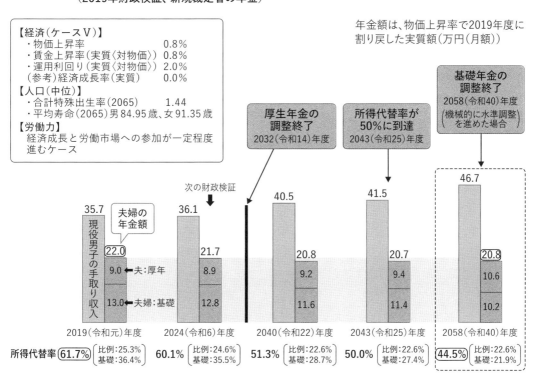

する2058年度には20.8万円となり、**1.2万円の減少にとどまります。**

これは、対物価の実質賃金上昇率が、ケースⅢでは年率1.1%、ケースⅤでは年率0.8%の設定であり、現役世代の実質賃金の上昇があるからです。

所得代替率は、その時の現役世代の賃金（手取り）に対する年金額の比率です。従って、現役世代の**実質賃金の上昇が大きい場合は、マクロ経済スライドにより、所得代替率が低下しても、実質年金額（購買力）は、増加するか、若干の低下にとどまります。**

（5）「2割減る」のは所得代替率であり、年金額が2割減るわけではない

2019年財政検証が公表された際には、所得代替率が「2割減る」「3割減る」という見込みについて、年金額が2割、3割減るとの誤解もありました。

ケースⅢで、モデル年金（基礎年金夫婦2人分＋厚生年金1人分）の所得代替率は、2019年度の61.7%から、2047年度の50.8%へと、約30年かけて2割程度低下する見込み（▲17.7%）です。

また、**基礎年金（夫婦2人分）の所得代替率は、2019年度の36.4%から、2047年度の26.2%へと、約30年かけて3割程度低下する見込み（▲28.0%）**です。

誤解しがちですが、所得代替率が2割、3割減るのであって、年金額そのものが2割、3割減るわけではありません。**マクロ経済スライドは、名目下限がありますので、マクロ経済スライドによって名目額が下がることはありません。**

さらに、図表6-3、図表6-4のとおり、**物価上昇率で割り戻した年金額（実質年金額）で見ても、ケースⅢで増額、ケースⅤで微減です。名目額であれば、ケースⅤでも増額です。**

「所得代替率」は、現役の賃金に対する年金額の水準を示しますから、所得代替率が2割、3割調整されるというのは、**現役世代の所得の伸びほどは年金額が伸びないという意味**です。

（6）既裁定者の所得代替率は、その時点の新規裁定者の所得代替率よりも低くなる

ここまでは、65歳時点の新規裁定年金の年金水準の話でしたが、その後の既裁定年金の将来の姿についても、財政検証の関連資料に掲載されています。

図表6-5は、ケースⅢで、モデル年金の「物価で割り戻した実質年金額」と「所得代替率」について、生まれた年度別の見通しをもとに、図解したものです。

年金額のスライドのルールは、第5章（年金額改定の仕組みと考え方）で説明しました。賃金変動率が物価変動率より高い場合（実質賃金がプラスの場合）は、新規裁定年金は、賃金スライドで現役の賃金水準とのバランスを維持し、既裁定年金は、物価スライドで実質価値（購買力）を維持する仕組みです。ただし、賃金変動率が物価変動率よりも低い場合（実質賃金がマイナスの場合）は、既裁定年金も、賃金スライドです。

財政検証では、ケースⅠからケースⅥのすべてで、賃金上昇率が物価上昇率より高い経済前提ですので、新規裁定年金は賃金スライド、既裁定年金は物価スライドです。

図表6-5で、1959年度生まれの人は、2024年度に65歳となり、新規裁定年金のモデル年金は22.1万円で、所得代替率は60.2%です。図の左から右への横方向に、その後の**既裁定年金と**

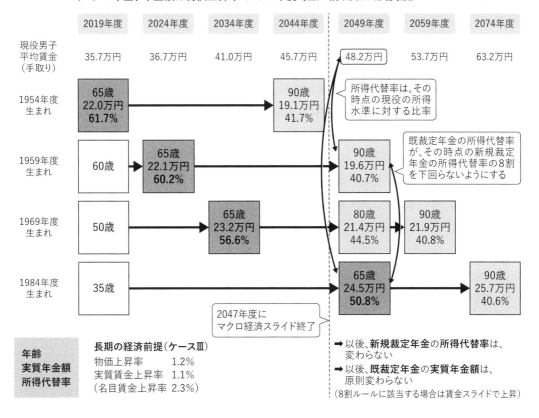

図表6-5 　生年度別に見た実質年金額の見通し（ケースⅢ）（2019年財政検証）
（モデル年金、年金額は物価上昇率で2019年度時点に割り戻した実質額）

	2019年度	2024年度	2034年度	2044年度	2049年度	2059年度	2074年度
現役男子平均賃金（手取り）	35.7万円	36.7万円	41.0万円	45.7万円	48.2万円	53.7万円	63.2万円

1954年度生まれ　65歳 22.0万円 61.7% → 90歳 19.1万円 41.7%

所得代替率は、その時点の現役の所得水準に対する比率

1959年度生まれ　60歳 → 65歳 22.1万円 60.2% → 90歳 19.6万円 40.7%

既裁定年金の所得代替率が、その時点の新規裁定年金の所得代替率の8割を下回らないようにする

1969年度生まれ　50歳 → 65歳 23.2万円 56.6% → 80歳 21.4万円 44.5% → 90歳 21.9万円 40.8%

1984年度生まれ　35歳 → 65歳 24.5万円 50.8% → 90歳 25.7万円 40.6%

2047年度にマクロ経済スライド終了

年齢 実質年金額 所得代替率

長期の経済前提（ケースⅢ）
物価上昇率　　　1.2%
実質賃金上昇率　1.1%
（名目賃金上昇率 2.3%）

➡ 以後、**新規裁定年金の所得代替率**は、変わらない
➡ 以後、**既裁定年金の実質年金額**は、原則変わらない
（8割ルールに該当する場合は賃金スライドで上昇）

しての動きを見てみます。すると、90歳となった2049年度には、マクロ経済スライドにより、実質年金額は19.6万円、所得代替率は40.7％に低下しています。

　その理由は、マクロ経済スライドには名目下限があるので、名目額は下がりませんが、**物価スライドによるプラス改定幅からマクロ経済スライド調整率が差し引かれた改定率**となるので、物価上昇率で割り戻した実質年金額で見ると低下するからです。そして、現役の平均賃金（物価で割り戻した実質額）は、2049年度には48.2万円に増えていますので、所得代替率は、48.2万円に対する19.6万円で、40.7％に低下するわけです。

　次に、図の左上から右下の斜めの方向に、**新規裁定年金の動き**を見てみます。すると、**生まれの年度が遅く、65歳到達が遅い人ほど、65歳時点の新規裁定年金の所得代替率は低下していき**ます。1984年度生まれの人が65歳となった2049年度の新規裁定年金は、実質年金額が24.5万円、所得代替率が50.8％となっています。

　その理由は、**新規裁定年金は、賃金スライドによるプラス改定幅からマクロ経済スライド調整率が差し引かれた改定率で改定される**からです。ケースⅢでは実質賃金上昇率が高いので、マクロ経済スライド調整をしても、2049年度には、実質年金額は2019年度の22.0万円より増えて24.5万円となります。しかし、2049年度の現役の賃金48.2万円と比べた所得代替率で見れば、50.8％に低下するわけです。

次に、同じ年度における各年齢の年金額を、2049年度の縦の列で、図の縦方向に比べてみます。すると、65歳（1984年度生まれ）の新規裁定年金の所得代替率50.8％よりも、90歳（1959年度生まれ）の既裁定年金の所得代替率40.7％の方が低くなっています。

その理由は、物価スライドで改定する既裁定年金は、賃金スライドで改定する新規裁定年金よりも、改定率が低くなるからです。このため、同じ時点で見ると、年齢が高い既裁定者の年金の所得代替率は、その時点の新規裁定者の所得代替率よりも低くなります。

この既裁定年金の比率の低下については、その時点の新規裁定年金の所得代替率の8割を下回らないようにするルールが設けられており、8割に到達した後は、既裁定年金も賃金上昇率により改定することとし、現役の賃金に対する比率が維持されます。

なお、賃金変動率が物価変動率より低い場合（実質賃金がマイナスの場合）には、新規裁定年金も既裁定年金も賃金スライドであるため、新規裁定年金と既裁定年金の所得代替率の乖離は拡大せず、既裁定年金のその時の現役の所得に対する所得代替率は低下しません。

2　2019年財政検証に見る将来の年金水準への懸念点

（1）経済成長と労働参加が進まないと、所得代替率50％は確保できない

財政検証は年金制度の定期健康診断ですので、予防的観点から、将来の年金制度が不健康となる予兆を見てみましょう。

2019年財政検証で、「経済成長と労働参加が進めば、将来においても所得代替率50％を確保できることが確認できた。」と政府が説明しているのは、図表6-2のとおり、ケースⅢ以上の場合のことです。政府としては、デフレを脱却し、経済成長と労働参加を進めて、国民の生活を豊かにしようと政策努力を続けていますので、そのように説明するのは自然です。

これまでの経済は、労働参加は進んでいますが、長らく、賃金や物価は、**ケースⅤより厳しい状況**が続いてきました。**物価上昇は小さく**（2020年までの10年間の年平均で0.6％）、**賃金が物価変動を下回り、実質賃金はマイナス傾向**（厚生年金被保険者1人あたりの標準報酬で見た対物価の実質賃金上昇率は、2020年度までの10年間の年平均で▲0.4％）です。

2022（令和4）年と2023（令和5）年は物価が大きく上昇し、賃金上昇率も大きくなりました。物価上昇率に賃金上昇率が追いつかないため、実質賃金は低下していますが、**賃金・物価の上昇により、年金については、マクロ経済スライド調整が機能しています。**

近年の物価上昇は、資源価格の上昇と円安の進行による輸入物価の急激な上昇により始まりましたが、これを契機に、国内企業の価格と賃金の設定行動に、デフレ期とは異なる変化が見られつつあります。人手不足が進行してきたことも、賃金の押し上げ材料になっています。**物価と賃金が緩やかに上昇する経済への転機が見えてきた可能性があり、今後の動向に注視が必要です。**

賃金や物価の上昇が適切に継続しなければ、マクロ経済スライドが十分機能せず、将来の年金水準を低下させることは、後の（3）で説明します。そのような状態になれば、将来、所得代替率

が50%を割り込む可能性があります。

　法律では、次の５年後の財政検証までの間に50%を割り込む見通しとなった場合に、給付水準調整の終了と、給付及び費用負担の在り方について検討し、所要の措置を講ずると規定されています。現時点ではこれに該当していませんが、年金制度は、制度改正をしてから効果が発生するまでに長い時間がかかることが多いため、早期の検討が必要です。

（2）基礎年金の調整期間が長期化し、基礎部分の所得代替率が低下する

　基礎年金のマクロ経済スライド調整期間が長期化していることは、大きな懸念点です。

　図表6-6のとおり、マクロ経済スライドが導入された際の2004年財政再計算では、基礎部分と比例部分のマクロ経済スライド調整期間は、同じ19年間という見込みでした。それが、その後、基礎年金については長期化し、報酬比例年金については短縮し、調整期間がずれていきます。

　2019年財政検証のケースⅢでは、比例部分は2025年度に調整が終了する一方、基礎部分はその後2047年度まで22年も続きます。ケースⅣでも、比例部分は2030年度に調整が終了する一方、基礎部分はその後2053年度まで23年も続く見込みです。

　これは、基礎年金の水準の低下を招きます。低年金の人ほど、基礎年金に頼る部分が大きいですから、生活に困る高齢者が増えます。第１章（公的年金制度の意義と役割）の３で説明しまし

図表6-6　**基礎年金のマクロ経済スライド調整期間の長期化**

2004年財政再計算

2014年財政検証

2019年財政検証

たように、公的年金制度は、定額の基礎年金と報酬比例の厚生年金の2階建て構造であるため、所得再分配機能があります。**基礎年金部分の比率の低下は、この所得再分配機能を低下させます。**

報酬比例部分の調整が終了した後も、延々と基礎年金だけにマクロ経済スライドをかけ続ける事態になれば、国民の理解はとうてい得られず、政治も行政も、立っていられない事態になってしまいます。年金制度にとって危機と言うべきでしょう。

2020（令和2）年の年金改正法案の国会審議でも、この問題が指摘され、**与野党一致による国会修正で検討規定が追加され、同じ内容の附帯決議**も付されました。衆議院厚生労働委員会の附帯決議では、「今後の年金制度の検討に当たっては、これまでの財政検証において、国民年金の調整期間の見通しが厚生年金保険の調整期間の見通しと比較して長期化し、モデル年金の所得代替率に占める基礎年金の額に相当する部分に係るものが減少していることが示されていることを十分に踏まえて行うこと。」とされています。この問題は、次期制度改正の大きな課題です。

このような調整期間のずれが生じた原因は、**現行の基礎年金拠出金の仕組み**にあります。今後、財政力が相対的に弱い国民年金の積立金が不足し、基礎年金の調整が長期化する一方で、厚生年金から基礎年金への拠出金が減るため、厚生年金の積立金から2階部分に回す財源が増え、報酬比例部分の調整期間は逆に短縮されます。

調整期間のずれが生じた理由と、解消するための方法については、第8章（マクロ経済スライド調整期間の一致の意義）で論じます。

（3）賃金や物価の上昇が継続しないと、マクロ経済スライド調整は機能しない

マクロ経済スライド調整には名目下限があります。従って、賃金や物価が上昇して、プラスの改定率となる場合でなければ、水準調整は機能しません。キャリーオーバー制度が導入されましたので、繰り越された未調整分は、物価や賃金が上昇する時に実施されます。しかし、必要な調整が消化できるかどうかは、物価や賃金の長期的な動向によります。

2019年財政検証では、今後、図表6-7のような調整率の推移を見込んでいます。労働参加が進む場合（ケースⅠ、Ⅱ、Ⅲ）の方が、労働参加が一定程度進む場合（ケースⅣ、Ⅴ）よりも、調整率が小さくなります。

ここで注意が必要なのは、**2020年代後半には調整率が▲1％を超え、2030年代半ばには調整率が▲1.5％を超える見込み**だということです。

マクロ経済スライド調整率は、平均余命の伸び分の年▲0.3％と、被保険者数の減少率を加えたものです。2012年前後に一時的に調整率が大きくなったのは、団塊の世代が引退年齢に到達した影響などにより、被保険者数の減少率が大きかったことによります。一方、**近年、調整率が小さかったのは、60歳台前半の雇用確保措置の義務化などもあって、60歳台の高齢者就労が増加**したことにより、被保険者数の減少率が抑えられたことによります。しかし、今後、高齢者就労の伸びにも限界があることや、20歳～60歳の人口減少が本格化することから、被保険者数の減少率が大きくなり、調整率が大きくなります。

年金額改定は、賃金上昇が物価上昇を上回る場合は、新規裁定年金は賃金スライド、既裁定年金は物価スライドです。賃金上昇が物価上昇を下回る場合は、両者とも賃金スライドです。

図表6-7　マクロ経済スライド調整率の推移及び今後の見込み

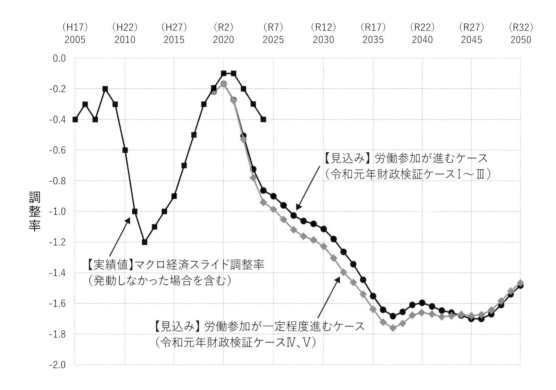

【見込み】労働参加が進むケース
（令和元年財政検証ケースⅠ～Ⅲ）

【実績値】マクロ経済スライド調整率
（発動しなかった場合を含む）

【見込み】労働参加が一定程度進むケース
（令和元年財政検証ケースⅣ、Ⅴ）

　図表6-1のとおり、長期の期間では、名目賃金上昇率はケースⅢで年2.3%、ケースⅤで年1.6%と設定されています。また、物価上昇率は、ケースⅢで年1.2%、ケースⅤでは年0.8%と設定されています。

　新規裁定年金では、マクロ経済スライド調整率のうち、名目賃金上昇率を超える部分は消化できません。既裁定年金では、物価上昇率を超える部分は消化できません。ケースⅤの調整期間がケースⅢより長期化するのは、ケースⅤの方が賃金・物価の上昇率が低いため、マクロ経済スライド調整が消化しきれない部分が大きくなることも要因となっています。

　継続的に賃金・物価が上昇し、マクロ経済スライド調整が消化できるような経済状況でなければ、調整期間が一層長期化して将来の年金水準が低下します。

　物価や賃金が上がらないデフレ経済が長らく続いたことから、年金の水準調整を早期に行って、将来世代の年金水準の低下を防止するために、マクロ経済スライドの名目下限を撤廃すべきというご意見もありました。しかし、名目額の引下げは、年金受給者に影響が大きいことから、平成28年改正では、未調整分を後年度に繰り越すキャリーオーバー制の導入にとどめました。

　財政検証の経済前提は、賃金・物価が一定で推移する設定ですが、実際は、上下の波があります。その中で、図表6-7のように調整率が大きくなった時においても、調整分をうまく消化していけるか、当面、注視していく必要があります。

　また、何よりも、物価と賃金が緩やかに上昇する経済の姿を取り戻すことが、日本経済の活性化や国民の暮らしの向上にとって重要であり、年金制度にとっても、大変重要です。

（4）現役世代の実質賃金が上がらないと、年金の実質価値も低下する

　財政検証の６つのケースは、いずれも、賃金上昇が物価上昇を上回り（実質賃金がプラス）、かつ物価変動率もプラスの経済前提です。正常な経済であり、年金額改定の基本ルールが適用されます。最も低いケースⅥでも、物価上昇率0.5％、名目賃金上昇率0.9％です。

　このように、賃金上昇が物価上昇を上回る場合は、マクロ経済スライド調整で所得代替率が下がっても、図表６-３や図表６-４のように、新規裁定年金の購買力（物価上昇分を割り戻した実質年金額）は、あまり下がりません。

　しかし、近年続いているように、**賃金上昇が物価上昇を下回る（実質賃金がマイナス）ような場合**は、新規裁定年金も既裁定年金も、物価上昇率より低い賃金スライドです。そして、そこからさらにマクロ経済スライド調整率を差し引きます。このため、**対物価の購買力（実質年金額）の低下が、対賃金の所得代替率の低下よりも大きい**ことになり、そのような経済がしばらく続く場合は、一層厳しい状態になります。

　また、賃金上昇が物価上昇を上回る場合に、既裁定年金を賃金スライドよりも低い物価スライドにとどめる仕組みは、年金財政に改善効果（第５章の４（２）参照）をもたらしますが、**実質賃金が低下する場合は、その改善効果は生じません。**

　実質賃金が低下する経済は、現役世代にとっても厳しいです。やはり、経済成長の果実が、勤労者にも着実に分配され、**物価上昇を上回る賃金上昇が確保できるようにすることが、国民の暮らしにとっても、年金制度にとっても大変重要です。**

（5）出生率が低下すると、将来の年金水準は一層低下する

　2019年財政検証では、将来の合計特殊出生率に中位推計の1.44を用いた試算結果を中心に説明していますが、出生率が高位推計や低位推計の場合も試算しています。

　所得代替率の将来見通しは、**ケースⅢの場合は、出生中位では50.8％**ですが、**出生低位では47.8％**となり、**３％低下**します。また、**ケースⅤの場合は、出生中位では44.5％**ですが、**出生低位では39.7％**となり、**4.8％低下**すると試算されています。

　第４章（少子高齢化と年金）の図表４-５で、これまでの出生率の低下と年金制度改正の経緯を説明しました。

　低下を続けてきた合計特殊出生率は、**2005（平成17）年の1.26を底に、若干回復の傾向を見せ、2015（平成27）年に1.45**となりましたが、その後、再び低下傾向にあります。**2020（令和２）年には1.33に低下**し、**2022（令和４）年**には、新型コロナウイルス感染症による影響も加わって、**1.26**にまでなっています。

　2023（令和５）年４月に公表された新しい将来推計人口（国立社会保障・人口問題研究所）では、将来の合計特殊出生率を、**中位推計で1.36（前回は1.44）、低位推計では1.13（前回1.25）**に引き下げています。

　ただし、出生率は低下しましたが、近年の外国人の入国超過数の平均値（年間16万人）が今後も継続すると仮定して推計した結果、中位推計では、**2070年の高齢化率は38.7％で、前回推計

38.3％とあまり変わらない推計となっていますので、年金財政の将来見通しに与える影響は、それほど大きくないものと考えられます。

しかし、中位推計の1.36は、コロナの影響が生じる前の2022年の1.33よりも若干高くなっており、将来の実際の推移は、**中位推計を下回る可能性**もあります。また、**外国人の入国超過の傾向が、実際に、長期に継続するのか不透明**であることや、仮に継続したとしても、2070年には、日本の人口は約8,700万人となり、外国人比率が10.8％という国になるという推計ですから、社会経済に与える影響は、大きなものがあると考えられます。

将来、出生率がさらに低下したり、外国人の入国超過が生じなければ、将来の年金水準は一層低下する可能性があります。

3　年金水準の向上を図るための施策とその試算

（1）2019年財政検証のオプション試算A（被用者保険の適用拡大）

財政検証では、一定の制度改正を仮定したオプション試算も行っています。これは、試算内容がそのまま制度化されることを前提としたものではありませんが、**年金制度の課題の検討材料として、議論のベースを提供する**ものです。

2019年財政検証のオプション試算Aは、被用者保険のさらなる適用拡大を行った場合の試算です。概要は図表6-8の上段のとおりです。

週20時間以上の短時間労働者について、企業規模要件と賃金要件も廃止した適用拡大②（対象者325万人）では、所得代替率はケースⅢで1.1％上昇します。

さらに、短時間労働者について週20時間未満等も含めてすべて対象とし、非適用事業所についても、個人事業所の非適用業種や、5人未満個人事業所などを含めて、適用拡大の対象とする適用拡大③（対象者1,050万人）では、所得代替率がケースⅢで4.8％上昇します。

被用者保険の適用拡大の意義は、対象者の低年金を防止するとともに、雇用や働き方に中立的な社会保障制度を構築することにありますが、適用拡大③のように徹底した適用拡大を行った場合には、副次的な効果として、基礎年金のマクロ経済スライドの終了を早め、水準の低下を防ぐ効果もあります。

2020（令和2）年年金改正では、適用拡大①の一部などが実施されましたが、勤労者皆保険の考え方の下で、適用拡大を進めていくことが必要です。

（2）2019年財政検証のオプション試算B（保険料拠出期間の延長等）

オプション試算Bは、高齢者就労の増加に伴い、保険料拠出期間の延長等を行った場合の試算です。概要は図表6-8の下段のとおりです。

このうち、**オプションB-①**は、基礎年金の加入期間を現行の20〜59歳から20〜64歳に延長し

オプション試算A（被用者保険の適用拡大）による所得代替率への影響

適用拡大① 対象者125万人	所定労働時間週20時間以上かつ月8.8万円以上の短時間労働者について、現行の企業規模要件を廃止した場合	ケースⅢで0.5%上昇 ケースⅤで0.4%上昇
適用拡大② 対象者325万人	週20時間以上の短時間労働者について、企業規模要件に加え、賃金要件も廃止した場合	ケースⅢで1.1%上昇 ケースⅤで0.8%上昇
適用拡大③ 対象者1,050万人	一定の賃金収入（月5.8万円以上）があるすべての被用者に適用拡大した場合 →この賃金収入があれば、非適用事業所（個人事業所の非適用業種や、5人未満個人事業所など）の被用者も適用拡大の対象とし、短時間労働者については、週20時間未満、学生、雇用契約期間期間1年未満の者も対象とする	ケースⅢで4.8%上昇 ケースⅤで4.5%上昇

オプション試算B（保険料拠出期間の延長等）による所得代替率への影響

オプションB-①	基礎年金の加入期間を現行の20〜59歳から20〜64歳に延長した場合	ケースⅢで6.8%上昇 ケースⅤで6.4%上昇
オプションB-②	65歳以上の在職老齢年金の基準を緩和・廃止した場合	廃止した場合は、ケースⅢ、Ⅴともに0.4%低下
オプションB-③	厚生年金の加入年齢の上限を現行の70歳から75歳に延長した場合	ケースⅢで0.3%上昇 ケースⅤで0.2%上昇

た場合で、保険料の拠出期間が40年から45年に延長され、年金額が40分の45倍に増えるため、**所得代替率がケースⅢで6.8%上昇**します。

　オプションBの内容は、2020年改正には盛り込まれませんでしたが、B-①の**拠出期間45年化**については、2020年改正法の附帯決議で今後の検討課題とされています。

　第4章（少子高齢化と年金）で説明しましたとおり、平均余命の伸びに伴い、就労期間が伸びていることから、保険料拠出期間も40年から45年が標準の時代と考えることが自然です。

（3）2020年の追加試算（調整期間一致と基礎年金45年化）

　2020年の年金改正法の成立の後、2020年12月に社会保障審議会年金数理部会に、年金局から、「財政検証の追加試算」を提出しています。

　これは、基礎年金と厚生年金（報酬比例）のマクロ経済スライド調整期間の乖離が大きくなり、将来の基礎年金水準の低下の要因となっていることから、基礎年金と報酬比例との調整期間を一致させた場合について、試算したものです。さらに、これに基礎年金の保険料拠出期間の45年化を組み合わせた場合の試算を行っています。

　これにより、基礎年金水準の低下を防ぎ、年金制度の所得再分配機能を確保し、ほぼすべての所得層で年金水準の低下を防ぐ効果があります。

　図表6-9のとおり、追加試算では、まず、2019年財政検証結果に、2020（令和2）年年金改正

法を反映した現行制度（法改正後）を試算しています。2019年財政検証のケースⅢでは、2047年度に調整が終了し、所得代替率が50.8％となる試算でしたが、被用者保険の適用拡大の効果で0.2％改善して、2046年度に調整が終了し、所得代替率が51.0％となる試算になっています。

これに対して、**調整期間を一致させた追加試算①では、ケースⅢで、2033年度に調整が終了し、所得代替率は55.6％**となります。

さらに調整期間一致と併せて基礎年金を45年化し、5年間の延長期間分に係る給付に2分の1の国庫負担がある場合の追加試算②では、所得代替率は62.5％になります。また、国庫負担がなく保険料財源で賄うとした場合の追加試算③でも、60.5％となります。

追加試算②と③のいずれの場合でも、調整終了後の所得代替率は、現行制度のままと比べて大幅に改善し、現在の2019年度の所得代替率61.7％と同程度の水準が維持できる見通しとなります。

また、ケースⅤでも、現行制度では調整終了後の所得代替率が50％を下回りますが、調整期間一致と45年化を行った追加試算①～③では、50％台を確保できる見通しです。

これについては、第7章（基礎年金の拠出期間45年化の意義）や、第8章（マクロ経済スライド調整期間の一致の意義）で、詳しく論じます。

図表6-9　**財政検証追加試算（2020年12月公表）**

2019年度	現行制度 （2020年法改正施行後） （40年加入）	追加試算① 調整期間一致 （40年加入）	追加試算② 調整期間一致 +45年加入 （延長部分に 1/2国庫負担あり）	追加試算③ 調整期間一致 +45年加入 （延長部分に 1/2国庫負担なし）
61.7% 比例:25.3% 基礎:36.4%	**ケースⅢ** 給付水準調整終了後の所得代替率 **51.0%（2046）** 給付水準調整の終了年度 比例:24.5%（2025） 基礎:26.5%（2046）	**55.6%（2033）** 比例:22.6%（2033） 基礎:32.9%（2033）	**62.5%（2033）** 比例:25.4%（2033） 基礎:37.0%（2033） うち40年分 55.5% 比例:22.6% 基礎:32.9%	**60.5%（2035）** 比例:24.6%（2035） 基礎:35.8%（2035） うち40年分 53.7% 比例:21.9% 基礎:31.9%
	ケースⅤ 44.7%（2057） 比例:22.5%（2032） 基礎:22.2%（2057）	**50.0%（2039）** 比例:20.3%（2039） 基礎:29.6%（2039）	**56.2%（2039）** 比例:22.9%（2039） 基礎:33.3%（2039） うち40年分 49.9% 比例:20.3% 基礎:29.6%	**53.8%（2042）** 比例:21.9%（2042） 基礎:31.9%（2042） うち40年分 47.8% 比例:19.5% 基礎:28.4%

注：人口の前提は、中位推計（出生中位、死亡中位）

第 **7** 章　基礎年金の拠出期間45年化の意義

1．基礎年金の仕組み

(1) 基礎年金は分立していた既存の各公的年金制度の１階部分を共通化した仕組み

(2) 基礎年金の拠出期間が40年であるのは、当時の一般的な就労年齢に由来する

(3) 第３号被保険者は、被用者保険の制度から切り出して作った制度

(4) 20歳以上60歳未満で第２号・第３号被保険者でない者が、第１号被保険者

2．基礎年金の拠出期間45年化の議論の必要性

(1) 平均余命と就労期間が伸びた現状に、現行制度は合わなくなっている

(2) 財政検証のオプション試算で提起され、国会の附帯決議が付されている

3．基礎年金の45年化が実現するとどのように変わるのか

(1) 老齢基礎年金の満額が12.5％増える

(2) 国民年金第１号被保険者は、国民年金保険料を納付して基礎年金を増やせる

(3) 厚生年金被保険者は、保険料は同じで、基礎年金が増える

(4) 厚生年金被保険者の被扶養配偶者も、基礎年金が増える

(5) 厚生年金保険料を納付しても１階部分に結びつかない期間を解消できる

(6) 障害基礎年金や遺族基礎年金の年金額も増える

4．延長する５年分の給付の２分の１国庫負担相当分の財源確保の課題

1　基礎年金の仕組み

（1）基礎年金は分立していた既存の各公的年金制度の１階部分を共通化した仕組み

　基礎年金は、1985（昭和60）年の年金改正でつくられた制度で、従来の厚生年金保険制度、国民年金制度を活かした上で、国内に住所を有するすべての人に共通して適用する制度です。

　当時、日本の公的年金制度は、8制度に分立していました。厚生年金、国民年金、船員保険の3つの社会保険と、国家公務員、地方公務員等、公共企業体職員等、私立学校教職員、農林漁業団体職員の5つの共済組合です。(国民年金以外は被用者保険であり、現在では、2階部分の年金は、すべて厚生年金に一元化されています。)

　このため、給付と負担の両面で制度間の格差や重複給付などが生じていました。また、第１次産業就業者の減少と第２次・第３次産業就業者の増加、自営業者の減少と雇用労働者の増加、特定の職域の就業者の減少など、産業構造、就業構造の変化等によって財政基盤が不安定に

【昭和60年改正前】〈各制度が分立〉

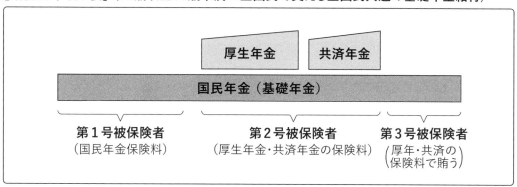

【昭和60年改正後】〈20歳以上60歳未満の全国民で支える全国民共通の基礎年金給付〉

なる制度が生じていました。そこで、図表7-1のように、全国民共通の基礎年金を創設した上で、厚生年金等を基礎年金に上乗せする2階部分の報酬比例年金として再編成したものです。

　その際、厚生年金等の被保険者は、自動的に国民年金法の第2号被保険者にも加入し、国民年金法の被保険者としての加入状況に応じて基礎年金を受給する仕組みとしました。基礎年金の財源は、各制度が被保険者の人数に応じて基礎年金拠出金を拠出して賄う仕組みです。

（2）基礎年金の拠出期間が40年であるのは、当時の一般的な就労年齢に由来する

　現行の基礎年金制度の拠出期間は、20歳以上60歳未満の40年間です。

　基礎年金制度が作られた1985年の当時、厚生年金の被保険者資格に年齢制限はありませんでしたが、支給開始年齢は60歳（女性は55歳）でした。

　第4章（少子高齢化と年金）の2（2）で説明しましたように、戦前から戦後の高度成長期にかけては、55歳定年制が一般的で、平均余命の伸びに合わせて、1970年代から少しずつ60歳定年への移行が進み、1986年に制定された高年齢者雇用安定法で、定年を定める際には60歳を下回らない努力義務が定められたという時代です。

　また、国民年金法は、1961（昭和36）年に制定された際、20歳以上60歳未満の40年間が被保険者期間であり、年金給付は65歳からという制度でした。国民年金の拠出期間は、基礎年金の創設時よりさらに25年近く前の社会の状況を反映しています。

国民年金の被保険者期間が、1961年の制度創設時に20歳から60歳までとされた理由について、「国民年金法の解説」（小山進次郎1959年）では、次のように説明しています。

　「59歳までとしたのは、老齢年金の支給開始年齢が65歳となっているので、もし54歳までとすると、老齢年金を受けるための待機期間が10年間となり、いささか長きに失する嫌いがあること、および被用者の定年が一般に55歳であるのに対し、自営業者の場合は所得活動に従事する期間がこれより長いことを考慮したからである。60歳に達するまでは、被保険者として保険料の納付義務を課し、5年の待機をとって65歳に達した時に老齢年金を支給する構成をとったのは、60歳までは一般的に保険料の負担が可能であるが、60歳をこえれば所得能力が減退し、保険料を負担する能力はなくなるが、なんらかの所得活動に従事し、自己の生活を賄う程度の所得があるのが通例であって、65歳に至れば、それすら不可能になるというのが、本制度の対象者の生活実態であるとの考えにもとづくものである。」としています。

　このように、基礎年金制度が制定された当時は、一般的な就労年齢は60歳までであったことや、**国民年金の拠出期間が40年であった**ことを背景に、基礎年金制度は、20歳から60歳までの40年間を拠出期間とする制度として定められたものです。

（3）第3号被保険者は、被用者保険の制度から切り出して作った制度

　国民年金第3号被保険者の制度は、厚生年金などの被用者保険から切り出されて作られたものと考えると分かりやすいです。

　図表7-2のとおり、もともと、**厚生年金制度では、夫婦2人分の生活費を考慮し、厚い定額部分に加え、被扶養配偶者がある場合は、加給年金の給付があり**、これらを厚生年金保険料で賄っていました。そのため、1961年に国民年金制度ができた時も、厚生年金被保険者の被扶養者は、国民年金の加入義務はありませんでした。（任意加入は可能）

　基礎年金の制度化に当たって、**第3号被保険者に対する基礎年金は、この厚生年金の定額部分の一部と配偶者の加給年金を切り出して、独立した基礎年金給付とした**ものです。

　第3号被保険者分の基礎年金拠出金を、厚生年金保険料で賄う仕組みになっているのも、この厚生年金制度からの切り出しに由来します。

　また、現行の厚生年金の配偶者の加給年金は、被扶養配偶者が65歳となって自身の基礎年金の受給権を得るまでの間、支給されます。これは、1985（昭和60）年改正前の厚生年金制度での配偶者の加給年金のうち、基礎年金に移行しなかった部分が残っているものです。

　第3号被保険者制度と配偶者の加給年金については、第13章で詳しく説明します。

　なお、基礎年金の創設時には、併せて全体の給付水準の調整も行われており、第4章（少子高齢化と年金）の2（1）で説明しています。

（4）20歳以上60歳未満で第2号・第3号被保険者でない者が、第1号被保険者

　厚生年金と国民年金の被保険者の範囲と両者の関係は、年齢に応じて、図表7-3のとおりです。少し複雑ですので、国民年金被保険者の第2号、第3号、第1号の順に、説明します。

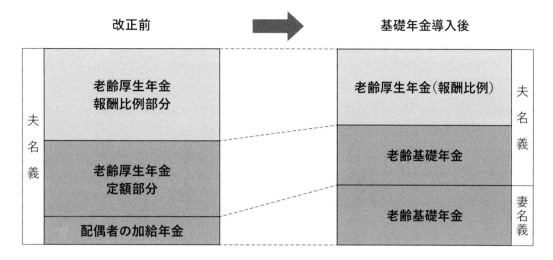

図表7-2　基礎年金導入と給付設計の見直し

基礎年金の導入に当たって、
・夫婦世帯と単身世帯の給付水準を分化させる
・サラリーマンの妻に本人名義の年金を保障する
などの考え方に立った給付設計の見直し

〈第2号被保険者〉

　国民年金法では、厚生年金の被保険者のうち65歳未満の者を、「国民年金第2号被保険者」と位置づけています。65歳以上の厚生年金被保険者でも、受給資格期間が10年に満たないことにより老齢年金の受給権がない場合は、国民年金第2号被保険者になります。

　なぜ65歳未満だけかというと、1985（昭和60）年改正では、65歳が一般的な引退年齢であるとして、被保険者としての現役世代ではなくなると整理し、被保険者は65歳未満までとしていたからです。65歳は老齢基礎年金の支給開始年齢です。従来は、厚生年金の被保険者資格に年齢制限が無い代わりに、在職中は年金の支給開始年齢になっても年金は支給されませんでした。昭和60年改正では、厚生年金の被保険者資格を65歳未満までとすることで、65歳以上は在職中も厚生年金を全額支給するとしたのです。なお、厚生年金を現在のように70歳未満まで加入としたのは、2000（平成12）年改正です。

　上記のとおり、国民年金第2号被保険者には、20歳未満と60歳以上65歳未満が含まれていますが、老齢基礎年金の年金額につながる「納付済期間」に算入したり、基礎年金拠出金の算定対象となるのは、このうち、20歳から60歳未満の期間に限られます。

〈第3号被保険者〉

　国民年金法では、第2号被保険者の被扶養配偶者（自身が第2号被保険者である者を除く）のうち、20歳以上60歳未満の者を、「国民年金第3号被保険者」と位置づけています。

　第3号被保険者の人数に応じた基礎年金拠出金は、厚生年金制度から負担されており、厚生年金被保険者全体の保険料で賄われています。

図表7-3　厚生年金と国民年金の被保険者の範囲

	20歳未満	20～59歳	60～64歳	65～69歳	70歳以上
厚生年金被保険者	厚生年金強制適用				厚生年金任意適用（老齢年金の受給権がない者）
	国民年金第2号被保険者			老齢年金の受給権がない者のみ　国民年金第2号被保険者	
	合算対象期間に算入	老齢基礎年金の納付済期間に算入	合算対象期間に算入		
第2号被保険者の被扶養配偶者	（対象外）	国民年金第3号被保険者（注1）	（対象外）		
		老齢基礎年金の納付済期間に算入			
国民年金被保険者	（対象外）	国民年金義務加入	国民年金任意加入（老基満額480月を満たさない者）	国民年金特例任意加入（受給資格期間10年を満たさない者）	（対象外）
		第1号被保険者	（第1～3号以外の国民年金被保険者）		
		老齢基礎年金の納付済期間に算入			

（注1）国民年金第3号被保険者は、国民年金第2号被保険者の被扶養配偶者と規定されており、65歳以上の厚生年金被保険者（老齢年金の受給権がない者を除く）の被扶養配偶者は、該当しない

（注2）「**老齢基礎年金の納付済期間に算入される期間**」は、「**基礎年金拠出金の算定対象の期間**」となる

　なお、先に説明したとおり第2号被保険者が65歳未満に限られていますので、**65歳以上の厚生年金被保険者の被扶養配偶者が60歳未満であっても、第3号被保険者にならずに、第1号被保険者になります。**同じ厚生年金被保険者の被扶養配偶者でありながら、年齢差が離れていると、対象にならない現状は、改善の余地があると思います。

〈第1号被保険者〉

　国民年金法では、20歳以上60歳未満の国内に住所を有する者のうち、第2号被保険者や第3号被保険者でない者を、「国民年金第1号被保険者」としています。

　国民年金第1号被保険者は、自営業者や農林漁業者のイメージでとらえられがちですが、そうではなくて、第2号、第3号に該当しない「その他」が、第1号被保険者です。このため、**第1号被保険者は、厚生年金の適用対象となっていない被用者（短時間労働者や非適用事業所の労働者）や、無職の人（学生を含む）の方が、自営業者よりも、多くなっています。**2020（令和2）年国民年金被保険者実態調査によると、第1号被保険者の就業状況は、自営業主19.4％、家族従業者7.5％、常用雇用6.3％、パートアルバイト臨時雇用32.6％、無職31.2％となっています。

　一方、60歳以上65歳未満の者（厚生年金被保険者を除く）で、保険料納付済期間の月数が老

齢基礎年金満額の480月を満たさない者は、国民年金に任意加入することができ、国民年金保険料を納付することで基礎年金を増やすことができます。65歳未満までであるのは、65歳が老齢基礎年金の支給開始年齢だからです。

さらに、**65歳以上70歳未満の者**（厚生年金被保険者を除く）で、**基礎年金の受給資格期間10年を満たしていない者**は、**国民年金に特例任意加入**できます。70歳未満となっているのは、60歳未満の義務加入期間の加入期間が少ししかない人でも、任意加入で10年の資格期間を満たせるようにするためです。

この国民年金の任意加入者や特例任意加入者は、第１号被保険者と同様に、老齢基礎年金納付済期間に算入され、基礎年金拠出金の算定対象にも含まれます。

以上により、基礎年金は、①国民年金の保険料納付済期間、②20歳以上60歳未満の第２号被保険者の期間、③第３号被保険者の加入期間を合計した期間の月数に基づいて、年金額を計算します。基礎年金の拠出期間が40年間という意味は、このような仕組みのことを言います。

2　基礎年金の拠出期間45年化の議論の必要性

（1）平均余命と就労期間が伸びた現状に、現行制度は合わなくなっている

この連載の第４章（少子高齢化と年金）で説明しましたように、基礎年金制度が導入された1985年から、既に35年以上が経過し、65歳時点の平均余命は、当時より女性で６年、男性で4.5年長くなっています。

また、定年制度も、基礎年金制度が導入された頃の1986年に、定年を定める時は60歳を下回らない努力義務が定められた時代でしたが、2000年には65歳までの雇用確保措置が努力義務化され、2025年には、65歳までの雇用確保措置の義務化が完成します。

厚生年金の支給開始年齢の60歳から65歳への引上げが段階的に進められ、65歳支給開始が男性では2025年、女性では2030年に完成します。

このように、平均余命が５年程度伸び、65歳までの就労が一般化する中で、基礎年金制度は、60歳までの40年拠出のままとなっています。このため、次のような不合理が生じています。

厚生年金では、70歳までは被保険者で、同じように保険料を負担していますが、60歳までしか基礎年金に結びつきません。60歳以降も、厚生年金の加入期間が40年に達するまでは、経過的加算（３（５）で後述）の対象になりますが、それ以外の人は、同じ18.3%の保険料負担をしながら、１階の年金は増えません。

また、国民年金の人も、60歳台前半は保険料を拠出することができず、年金を増やしたくても増やすことができません。未納・未加入期間があって、40年に達していない人のみが任意加入できるにとどまります。国民年金保険料は、社会保険料控除の対象となり、税制上の配慮がありますし、基礎年金には２分の１の国庫負担分の支援もありますが、このような措置は、40年の拠出期間に限られてしまっています。

このように、平均余命が伸び、就労期間が伸びた現状に、現行制度は合わなくなっています。

（2）財政検証のオプション試算で提起され、国会の附帯決議が付されている

　基礎年金の拠出期間を65歳までの45年間に延長し、基礎年金を増額できるようにすることについては、2014（平成26）年の財政検証と2019（令和元）年の財政検証で、オプション試算として提起されました。

　また、社会保障審議会年金部会の2019（令和元）年12月27日の議論の整理では、今後の年金制度改正の方向性の中で、「今後は、基礎年金の所得再分配機能を維持する更なる方策として、保険料拠出期間の延長についても、必要となる財源確保の在り方も検討した上で、就労期間の長期化等の高齢者の雇用実態等も踏まえて検討すべきである。」としています。

　さらに、2020（令和2）年年金改正法の国会の与野党一致の附帯決議にも、盛り込まれています。

　衆議院厚生労働委員会の附帯決議では、「将来の所得代替率の低下が見込まれる基礎年金の給付水準の引上げ等を図るため、国民年金の加入期間を延長し、老齢基礎年金額の算定の基礎となる年数の上限を45年とすることについて、基礎年金国庫負担の増加分の財源確保策も含め、速やかに検討を進めること。」とされています。

　また、参議院厚生労働委員会の附帯決議では、「基礎年金制度の創設時において、基礎年金が国民の老後生活の基礎的部分を保障するものとして設定された経緯も踏まえ、将来の所得代替率の低下が見込まれる基礎年金の給付水準の引上げ等を図るため、国民年金の加入期間を延長し、老齢基礎年金額の算定の基礎となる年数の上限を45年とすることについて、基礎年金国庫負担の増加分の財源確保策も含め、速やかに検討を進めること。」とされています。

　2025年の次期年金制度改正に向けて、基礎年金の45年化は、検討課題となっています。

3　基礎年金の45年化が実現するとどのように変わるのか

（1）老齢基礎年金の満額が12.5％増える

　基礎年金の拠出期間を現行の40年（20〜59歳）から45年（20〜64歳）に延長した場合には、拠出期間が伸びた分に合わせて基礎年金を増額することとなり、図表7-4のイメージ図のように、全被保険者共通の給付である基礎年金が充実します。

　基礎年金の年金額の計算式は、「老齢基礎年金満額×（保険料を納付した月数／480月）」です。満額の金額に、40年分である480月のうち保険料を納付した月数の割合を乗じて計算します。

　この「老齢基礎年金満額」は、2024（令和6）年度の新規裁定年金で月額68,000円です。また、「保険料を納付した月数」は、①国民年金保険料の納付済月数（全額免除期間は2分の1の月数、半額免除期間は4分の3の月数）と、②20歳以上60歳未満の国民年金第2号被保険者（厚生年金被保険者）であった期間の月数、③国民年金第3号被保険者（厚生年金被保険者の被扶養配

| 図表7-4 | **基礎年金の保険料拠出期間を45年に延長した場合** |

> 基礎年金の拠出期間を現行の40年（20〜59歳）から45年（20〜64歳）に延長した場合には、その分給付を増額することとなり、全被保険者共通の給付である基礎年金が充実する。

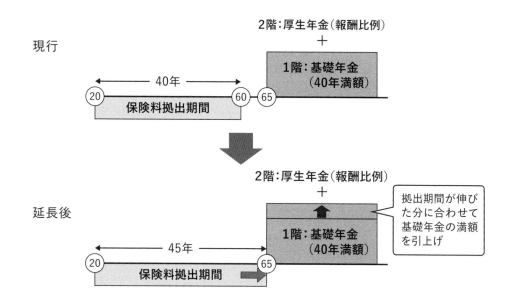

偶者）であった期間の月数の合計です。

　基礎年金の拠出期間が45年化されると、この「老齢基礎年金満額」は、12.5％増えた額に増額されます。40年が45年になるため、40分の45に増えるからです。そして、45年分である540月のうち保険料を納付した月数の割合を乗じて、年金額を計算することになります。

（2）国民年金第1号被保険者は、国民年金保険料を納付して基礎年金を増やせる

　基礎年金の拠出期間45年化の効果については、図表7-5のとおり、国民年金第1号、第2号、第3号被保険者により異なりますので、順番に見ていきましょう。

　60歳台前半で、厚生年金の被保険者やその被扶養配偶者でない人は、基礎年金が45年化された場合は、国民年金第1号被保険者となり、保険料を納付すると、基礎年金が増えます。

　収入が少なく、保険料納付が困難な場合は、国民年金保険料には全部又は一部の免除制度がありますので、申請により免除を受けることができます。その場合でも、例えば全額免除を受けた月数の2分の1が、基礎年金の給付に結びつき、年金が増額します。

　基礎年金の45年化について、負担増ではないかと誤解する人もいますが、保険料を負担した分だけ年金が増えますので、社会保障の充実、権利の拡大です。

　国民年金保険料は、全額が社会保険料控除の対象となりますので、保険料の納付額に、その人の所得税と住民税の税率をかけた額だけ、税金が安くなります。国民年金保険料の月額16,980円（2024年度）の1年分は203,760円ですので、所得税20％・住民税10％が適用されて

基礎年金の拠出期間の45年（20歳〜64歳）への延長

	第1号被保険者	第2号被保険者	第3号被保険者
負担	国民年金保険料 ※5年分を追加負担	現在の厚生年金保険料と同じ（70歳未満加入） ※追加負担なし	
給付	40年分の基礎年金と同じ1年あたり単価により、5年分を加算して増額		

〈国民年金第1号被保険者、第3号被保険者の場合〉

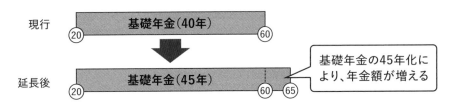

〈厚生年金被保険者の場合〉

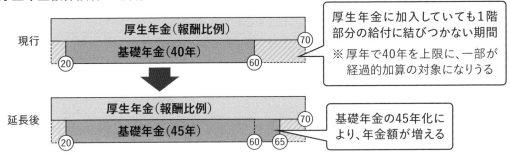

いる方の場合は、約6万円の減税効果があります。また、**基礎年金には、2分の1国庫負担相当分**が含まれますので、納付した保険料に対して、有利な年金額となります。

　このように、国民年金保険料の拠出期間が5年伸びることは、大きなメリットがあります。

　また、60歳台前半に対象を拡大した場合に、保険料納付率を心配するご意見もあるかもしれません。しかし、現在、**国民年金保険料は、年齢が高いほど納付実績が高い**です。

　2020年国民年金被保険者実態調査によると、図表7-6のとおり、第1号被保険者の年齢階級別の納付状況は、**年齢が上がるにつれて、完納者の割合が上昇し、免除・猶予者の割合が低下**しています。50歳台後半の納付状況を見ると、**約67%が保険料納付者**となっています。50歳台後半は、他の年齢層に比べて大幅に高くなっています。

　次に、図表7-7の左側のグラフは、第1号被保険者の年齢階級別の就業状況であり、**50歳台後半では、33.6%が無職**となっています。一方、図表7-7の右側のグラフは、無職者についての保険料納付状況であり、これを見ると、**50歳台後半の無職者のうち、約66%が納付者**であり、50歳台後半の全体の納付状況とほとんど変わりません。

　60歳台前半に保険料納付の対象を拡大した場合でも、50歳台後半と同様な比較的高い納付が期待できると考えられます。

図表7-6　国民年金第1号被保険者の年齢別の保険料納付状況（男女計）

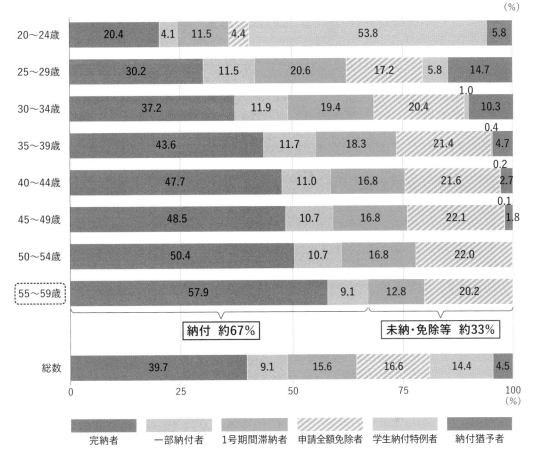

（資料）令和2年国民年金被保険者実態調査

（3）厚生年金被保険者は、保険料は同じで、基礎年金が増える

　厚生年金の被保険者は、70歳未満まで厚生年金の加入資格がありますので、基礎年金の拠出期間が45年化されても、保険料負担は変わりません。

　現状では、60歳台で厚生年金に加入していても、基礎年金は増えませんが、保険料が安くなるわけではありません。厚生年金保険料は、報酬比例の厚生年金の財源に充てる部分と、基礎年金の財源に充てる部分が、あらかじめ区分されていないので、本来は基礎年金に充てるはずの財源の一部が、厚生年金に使われていることになります。基礎年金が45年化されれば、その財源が基礎年金に充てられることになります。

　厚生年金被保険者には、（5）で説明します経過的加算の仕組みがあり、60歳台前半のうち、経過的加算の対象となる月数については、経過的加算が基礎年金に振り替わるので年金額は変わりませんが、経過的加算の対象とならない月数については、基礎年金が出るようになることで、実際の年金額が増額します。

図表7-7　国民年金第1号被保険者の就業状況と保険料納付（男女計）

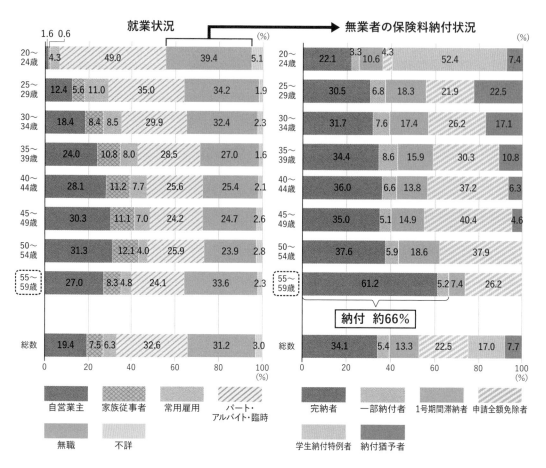

(資料)令和2年国民年金被保険者実態調査

（4）厚生年金被保険者の被扶養配偶者も、基礎年金が増える

　厚生年金被保険者の被扶養配偶者は、現状では、第3号被保険者になるのは20歳以上60歳未満の場合に限られ、60歳以上の被扶養配偶者は、第3号被保険者ではありません。

　基礎年金が45年化され、現行制度が5年延長されると、65歳未満の被扶養配偶者は、第3号被保険者となり、基礎年金が増額します。

　なお、1（4）で説明しましたように、現行では、第2号被保険者は65歳未満に限られていますので、65歳以上の厚生年金被保険者の被扶養配偶者が60歳未満であっても、第3号被保険者になりません。このようなケースは年齢差が5年以上ある夫婦で生じます。しかし、基礎年金が45年化され、第3号被保険者の範囲が65歳未満となると、例えば夫が65歳で妻が63歳など年齢差が小さい夫婦でも、被扶養配偶者が65歳未満であるにもかかわらず第3号被保険者にならない場合が生じるようになるため、該当ケースが増えると見込まれます。このため、**65歳以上の厚生年金被保険者についても第2号被保険者として扱い、その被扶養配偶者は、65歳未満であれば第3号被保険者になれるようにすることが妥当**と考えます。

第3号被保険者の制度については、公平でないという意見もあり、基礎年金を45年化した場合でも、第3号被保険者制度は60歳未満まで、という意見もあります。しかし、第3号被保険者制度は、第2号被保険者全体の保険料で賄われており、2004（平成16）年改正において、第2号被保険者の負担した保険料は夫婦で共同負担したものと認識する規定（厚生年金保険法第78条の13）が明記されています。また、公的年金制度は、「1人あたり賃金が同じ世帯であれば、片働きでも、共働きでも、単身世帯でも、1人分の年金額は同じ」という点で、公平な制度になっています。

　第3号被保険者には、病弱で働けない人や、失業中の人、育児や介護のために一時的に離職している人を含め、多様な方々がおられますので、その方々の将来の基礎年金を確保することは重要であり、私は、第3号被保険者制度もそのまま5年延長すべきと考えます。その上で、被用者保険の適用拡大を進めることで、第3号被保険者を減らしていく方向であることは、60歳台前半についても、同じです。

　第3号被保険者制度については、第13章で詳しく説明します。

（5）厚生年金保険料を納付しても1階部分に結びつかない期間を解消できる

　60歳台で厚生年金に加入して保険料を納付しても、現行では、1階部分の年金に結びつかない期間がありますが、基礎年金の45年化により、65歳まで基礎年金に結びつくようになります。その際、厚生年金の経過的加算の制度をどのようにしていくか、併せて検討が必要です。

　1985（昭和60）年改正で基礎年金制度が作られた際に、従来の厚生年金の定額部分の給付のうち、基礎年金の対象とならない部分を、引き続き、厚生年金の経過的加算として支給することとしました。

　現在では、定額部分と老齢基礎年金の単価はほぼ同額なので、実質的には、**基礎年金拠出期間外の厚生年金被保険者期間（20歳未満・60歳以上）に応じて、1階部分に相当する額を老齢厚生年金に加算する制度**となっています（単価差を補う部分は廃止して良いと思います）。

　従来の厚生年金の定額部分には、40年の上限があり、厚生年金の加入期間がそれより長くても、定額部分は40年分が満額という仕組みでした。このため、**経過的加算も、厚生年金の加入期間のうち40年（480月）の上限を超えた部分については、対象とならない仕組み**です。

　例えば、**図表7-8の事例Aは、大学卒業後23歳から70歳まで会社員として働いて、厚生年金に48年間加入した場合**です。大学生の2年間は国民年金第1号被保険者で、就職後59歳までの38年間は国民年金第2号被保険者で、合計40年分の基礎年金になります。厚生年金期間のうち38年は基礎年金の対象になっていますので、**40年の上限の範囲であと2年分を、厚生年金の経過的加算として受給できます。残りの8年分は、1階部分に結びつきません。**

　また、**事例Bは、高卒で18歳から70歳まで会社員として働いて、厚生年金に52年間加入した場合**です。20歳から59歳までの40年間が国民年金第2号被保険者で、基礎年金に結びつきます。しかし、20歳前と60歳以降の12年間は、1階部分に結びつきません。

　一方、**事例Cは、高卒で18歳から30歳までの12年間と45歳から70歳までの25年間を会社員として働いて合計37年間の厚生年金期間があり、途中15年間の第1号又は第3号被保険者期間がある場合**です。この場合は、**12年分の経過的加算が受給でき、1階部分に結びつかない期間**

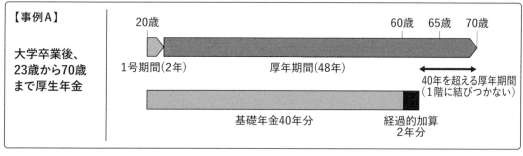

図表7-8　厚生年金の経過的加算と基礎年金（現行）

【事例A】

大学卒業後、23歳から70歳まで厚生年金

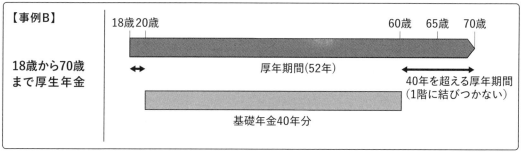

【事例B】

18歳から70歳まで厚生年金

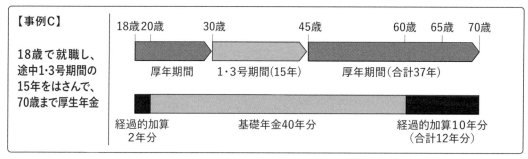

【事例C】

18歳で就職し、途中1・3号期間の15年をはさんで、70歳まで厚生年金

は生じません。

　この各事例のように、現行制度では、長く就労した場合、途中の第1号・第3号期間の長さにより、経過的加算や1階部分に結びつかない期間の長さが異なります。

　基礎年金が45年化されれば、事例Aでは、経過的加算2年からの振り替わりを含め、5年分の基礎年金が増えます。事例Bでは、5年分の基礎年金が増えます。事例Cでは、経過的加算5年分が基礎年金5年分に振り替わります。これにより、60歳台前半で、1階部分に結びつかない期間が解消します。

　基礎年金の45年化をした場合でも、厚生年金期間のうち20歳未満と65歳以上の期間は残りますので、経過的加算の制度は、名称は変えた方が良いと思いますが、引き続き必要です。

　その際、経過的加算の40年上限の仕組みについては、現行制度を5年延長して、45年上限（540月）に改めることも考えられます。また、高齢者就労が増えている中で、1階部分に結びつかない期間を完全に解消するため、上限を廃止することも考えられます。定額部分には、保険料財源の中での所得再分配効果があり、賃金水準が低かった人が長期就労で年金額を増やせる効果は、上限を廃止した方が大きくなります。

（6）障害基礎年金や遺族基礎年金の年金額も増える

　遺族基礎年金と障害基礎年金2級の年金額は、加入期間の長さにかかわらず、老齢基礎年金の満額と同額です。障害基礎年金1級は、その1.25倍の額です。

　年金制度の考え方として、**障害・遺族の保険事故は、老齢という保険事故の前倒し（早く事故が発生した）と考えますので、老齢基礎年金の満額と同じ額に設定されています。**

　基礎年金の45年化がされた場合は、老齢基礎年金の満額が、40分の45の金額になりますので、障害基礎年金や遺族基礎年金の額も、その額に増えることになります。

　障害基礎年金や遺族基礎年金も、マクロ経済スライド調整により、将来、所得代替率で見た給付水準が低下していきますが、とりわけ障害基礎年金は、若い頃に障害になった場合には、長い間続きますし、老齢年金と違って、就労期間の伸びに合わせて拠出期間を伸ばすことにより、水準の低下を補うということも難しいです。このため、加入者全体で拠出期間を45年に伸ばす効果を、障害基礎年金などにも及ぼして、水準の低下を防ぐ必要があります。

　その際、45年化後の年金額を適用する対象者の範囲については、検討が必要です。

　一つの方法として、施行日よりも後に発生した保険事故について45年水準とするという考え方もあると思います。ただし、この場合は、若くして障害となった人は、将来、45年化後の老齢基礎年金の受給者が一般的になった後でも、40年分の低い額にとどまってしまうことに留意が必要です。

　また、別の方法として、障害・遺族の保険事故は、老齢という保険事故が早く発生したものですから、施行日における受給者の年齢で対象者の範囲を決めることとし、45年拠出の対象年齢の人にはその水準の年金額を支給するという考え方もあると思います。この場合は、現在の既存の多くの障害基礎年金・遺族基礎年金の受給者の年金額が、早期に増えます。私は、この方法の方が望ましいのではないかと考えます。

4　延長する5年分の給付の2分の1国庫負担相当分の財源確保の課題

　基礎年金の拠出期間の45年化は、2014（平成26）年の財政検証と2019（令和元）年の財政検証で、オプション試算で提起されましたが、実現に向けた議論にならなかったのは、**延長する5年分の給付についての2分の1国庫負担相当分の財源をどうするか、という課題**があるからです。

　そこで、第6章（財政検証と年金水準の将来見通し）の図表6-10でも紹介しましたが、年金局が2020年12月に公表した追加試算では、基礎部分と報酬比例部分のマクロ経済スライド調整期間の一致と組み合わせて基礎年金の45年化を実施する場合に、**延長分に国庫負担が入る場合と、保険料財源だけで行う場合の両方の試算**がされています。延長部分に国庫負担が有る場合は、無い場合と比べて、調整期間の終了が2年早く、所得代替率が2％程度高くなると試算されています。

　この論点については、基礎年金の拠出金の2分の1に国庫負担をする仕組みですから、基礎年金の拠出期間が45年に延長されれば、当然にその部分に国庫負担が入るべきであるというご

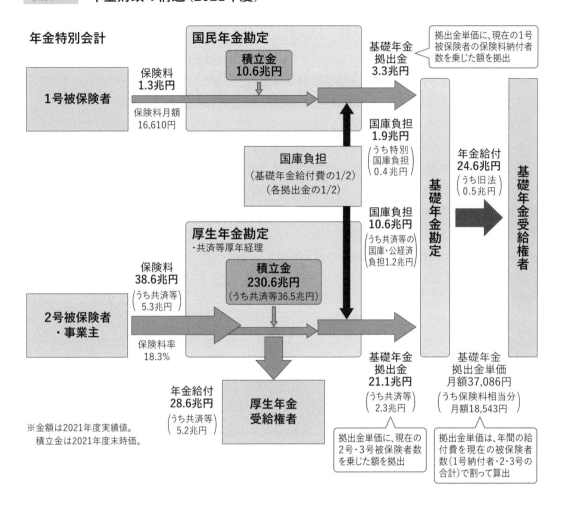

意見も強いと思います。

　しかし、そのためには、将来1兆円程度の追加の税財源が必要であり、国民に追加の税負担を
ご理解いただく必要があります。子育て、医療、介護などを含めて、社会保障費をどう賄うかとい
う議論の中で、考える必要もあります。

　国庫負担の役割を見る上で、図表7-9により、基礎年金の財政の仕組みを見てみます。

　基礎年金の給付は、年金特別会計の基礎年金勘定から行われますが、基礎年金勘定には積
立金が無く、毎年度必要な額を、国民年金勘定と厚生年金勘定からの基礎年金拠出金で賄って
います。国民年金勘定からは、その時点の第1号被保険者の保険料納付者の数に応じて、厚生
年金勘定からは、その時点の20歳以上60歳未満の第2号・第3号被保険者の数に応じて、人数
割りで分担して拠出します。2分の1国庫負担は、この各拠出金に対して、行われています。す
なわち、国庫負担は、保険料の納付時に行われるのではなくて、基礎年金の給付時に行われる
仕組みです。

　追加試算では、基礎年金45年化の際に5年の延長分に国庫負担をする場合としない場合を試
算していますが、延長分に国庫負担をしない場合というのは、基礎年金給付費のうち、延長分の

金額を計算し、基礎年金拠出金のうちこれに対応する部分には、2分の1国庫負担をしないということです。国庫負担がされない部分は、保険料と積立金の財源から拠出することになりますので、マクロ経済スライド調整期間の長さに影響することになります。

　基礎年金の拠出期間を45年化する場合に、どの年齢から拠出期間を延長するかについては、2020年12月の追加試算では、「2027年度以降、60歳に達する者から45年加入に延長と仮定」として試算しています。**延長部分の加入期間を持つ受給者は、時間をかけて増えていき、45年加入者が90歳になって、多くの受給者が45年加入という時代になるのは、30年後になります。**

　このため、**延長する5年分の給付についての2分の1国庫負担相当分の金額は、当初は金額が小さく、長い年数をかけて少しずつ大きくなります。**従って、国庫負担を入れることとした上で、規模に応じた財源確保策を検討していくのか、あるいは、財源確保できるまでは保険料財源で行うこととした上で、財源確保ができた時点から国庫負担を行うのかなど、様々な工夫も考えられます。

　国庫負担を入れるのか入れないのか。国庫負担を入れる場合には、どのように税財源を確保するのか。課題を先送りせず、検討する必要があります。

第8章 マクロ経済スライドの調整期間の一致の意義

1. **基礎年金のマクロ経済スライド調整期間の長期化とその問題点**
   - （1）報酬比例部分より基礎年金の調整期間が長期化している
   - （2）基礎年金の水準低下は、年金制度の所得再分配機能を低下させる

2. **マクロ経済スライド調整期間が異なる理由**
   - （1）国民年金と厚生年金のそれぞれの財政均衡を図る2段階方式で調整期間を決定
   - （2）基礎年金の調整期間が長くなると報酬比例部分の調整期間が短くなるメカニズム
   - （3）デフレ経済によるマクロ経済スライド等の発動の遅れは、年金財政全体を悪化させた
   - （4）基礎年金と報酬比例部分の年金額計算式の違いは、国民年金の財政をより悪化させた
   - （5）女性や高齢者の労働参加は、厚生年金の財政により多くの好影響を与えた

3. **調整期間の一致は、どのような効果をもたらすのか**
   - （1）マクロ経済スライド調整を早期に終了させ、所得代替率の低下を防ぐ
   - （2）基礎年金の低下の防止により、厚生年金の所得再分配機能が維持される
   - （3）基礎年金の低下防止は、国庫負担の減少を防ぎ、ほぼすべての人の年金の低下を防ぐ

4. **調整期間の一致について、どのように考えるか**
   - （1）調整期間の一致は、マクロ経済スライドの調整期間を年金財政全体で決めるもの
   - （2）問題の本質は、国民年金と厚生年金の関係ではなく、基礎年金と報酬比例部分の関係
   - （3）基礎年金拠出金の仕組みを、調整期間の一致を前提とした仕組みに見直す必要
   - （4）国庫負担の低下の防止について、どのように考えるか

1 基礎年金のマクロ経済スライド調整期間の長期化とその問題点

（1）報酬比例部分より基礎年金の調整期間が長期化している

　マクロ経済スライド調整は、平均余命の伸びと少子化が進む中で、将来の保険料の高騰を防ぐために、保険料の上限を固定して財源の範囲内で給付を行うよう、給付水準を少しずつ調整していく仕組みです。制度の必要性や具体的な仕組みは、第4章（少子高齢化と年金）の3（3）と、第5章（年金額改定の仕組みと考え方）の2で説明したとおりです。

　一方で、第6章（財政検証と年金水準の将来見通し）の2（2）で説明したように、**基礎年金のマクロ経済スライド調整期間が長期化し、基礎年金の水準の低下**が見込まれています。

　図表8-1のとおり、マクロ経済スライドが導入された時の**2004年財政再計算**では、基礎年金と

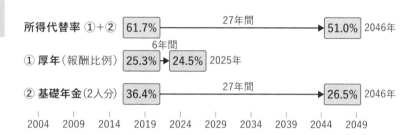

　報酬比例部分の調整期間は、同じ19年間で2023年に終了の見込みでした。その後、デフレ経済の下でマクロ経済スライド調整が機能しなかった間に、調整期間の長さにずれが生じています。

　2019年財政検証（追加試算・2020年改正施行後の現行制度）のケースⅢでは、報酬比例部分は2025年度に調整が終了する一方、基礎年金はその後2046年度まで21年も長く調整が続きます。ケースⅤでも、所得代替率50%を下回って機械的に調整を進めた場合、報酬比例部分は2032年度に調整が終了する一方、基礎年金はその後2057年度まで25年も長く調整が続く見込みです。

　報酬比例部分の調整が終了した後も、延々と基礎年金だけにマクロ経済スライド調整をかけ続ける事態になれば、国民の理解はとうてい得られず、政治も行政も説明が立ちゆかなくなってしまいます。年金制度にとって危機と言うべきでしょう。

（2）基礎年金の水準低下は、年金制度の所得再分配機能を低下させる

　低年金の人ほど基礎年金に頼る部分が大きいですから、基礎年金の水準の低下により、生活に困る高齢者が増えます。第1章（公的年金制度の意義と役割）の3で説明しましたように、公的年金制度は、定額の基礎年金と報酬比例の厚生年金の2階建て構造であるため、所得再分配機能がありますが、基礎年金部分の比率の低下は、この所得再分配機能を低下させます。

　また、公的年金の財政は、保険料、税、積立金とその運用収入で賄われていますが、税財源は、

大部分が基礎年金の国庫負担2分の1に充てられていますので、基礎年金の水準が低下すると、国庫負担の総額が減少し、年金財政の総財源が縮小します。

　厚生年金保険料は、保険料率18.3％で固定されていますので、基礎年金の水準が低下すれば、本来は基礎年金に充てられるはずの財源が、報酬比例部分の給付に回ることになります。

　2020（令和2）年の年金改正法案の国会審議でも、この調整期間の長さのずれの問題が指摘され、与野党一致による国会修正で検討規定が追加され、附帯決議も付されました。

　衆議院厚生労働委員会の附帯決議では、「今後の年金制度の検討に当たっては、これまでの財政検証において、国民年金の調整期間の見通しが厚生年金保険の調整期間の見通しと比較して長期化し、モデル年金の所得代替率に占める基礎年金の額に相当する部分に係るものが減少していることが示されていることを十分に踏まえて行うこと。」とされています。

　2020年改正法の附則第2条第3項の検討規定も、これと同様の内容です。

　この問題は、次期制度改正に向けた大きな課題です。

2　マクロ経済スライド調整期間が異なる理由

（1）国民年金と厚生年金のそれぞれの財政均衡を図る2段階方式で調整期間を決定

　では、基礎年金と報酬比例部分のマクロ経済スライド調整期間がずれるのはなぜでしょうか。それは、図表8-2のとおり、終了年度の決定方法が、そもそも2段階方式だからです。

　マクロ経済スライドは、5年ごとの財政検証で、100年間の財政計算を行い、財政均衡期間の終了時に給付費1年分程度の積立金を保有できるようにバランスする時点で、終了します。その際、財政単位の異なる国民年金と厚生年金の双方において、財政が均衡するまで行います。

　国民年金については、支出の大部分が基礎年金拠出金ですから、基礎年金の給付水準調整によって財政の均衡を図る必要があります。このため、給付水準調整は、

　①まず、国民年金の長期的な財政が均衡するように、基礎年金の給付水準調整期間を決定し、

　②次に、①で決定した基礎年金の給付水準を踏まえて、厚生年金の財政が均衡するように報酬
　　比例部分の給付水準調整期間を決定する

という2段階方式で調整期間を決定します。

　このような2段階方式の決め方ですから、基礎年金の調整期間と、報酬比例部分の調整期間は、必ずしも一致しないのがもともとの制度的な仕組みです。

　しかし、調整期間の大きなずれは、最初から想定されていたわけではなく、制度を導入した2004（平成16）年改正当時は、当時の社会経済の将来見通しの下で、基礎年金と報酬比例部分の調整期間が一致するように厚生年金、国民年金の保険料水準が定められました。当時の年金局では、将来ずれが生じるとしても、大きなものにはならないと考えられていたようです。

　しかしながら、その後の経済は、想定と異なる動きとなったため、基礎年金と報酬比例部分の調整期間が大きく異なるという想定外の事態になってしまいました。

マクロ経済スライド調整の終了年度の決定方法（現行の２段階方式）

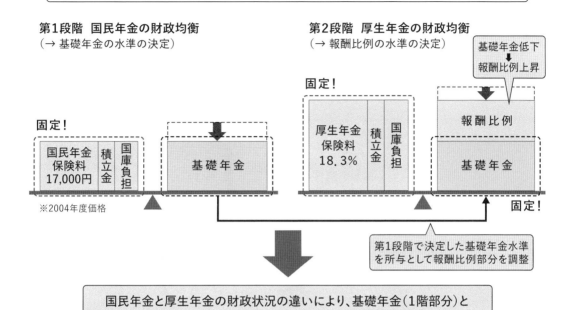

第１段階：基礎年金の調整終了年度の決定　←　国民年金の財政均衡により決定
第２段階：報酬比例の調整終了年度の決定　←　厚生年金の財政均衡により決定

第1段階　国民年金の財政均衡
（→ 基礎年金の水準の決定）

第2段階　厚生年金の財政均衡
（→ 報酬比例の水準の決定）

固定！

国民年金
保険料
17,000円　積立金　国庫負担　基礎年金

※2004年度価格

固定！

厚生年金
保険料
18.3%　積立金　国庫負担

基礎年金低下
報酬比例上昇

報酬比例

基礎年金

固定！

第1段階で決定した基礎年金水準
を所与として報酬比例部分を調整

国民年金と厚生年金の財政状況の違いにより、基礎年金（1階部分）と
報酬比例（2階部分）の調整終了年度が異なる。

（2）基礎年金の調整期間が長くなると報酬比例部分の調整期間が短くなるメカニズム

　基礎年金の調整期間が長くなると、報酬比例部分の調整期間が逆に短くなって、乖離が大きくなってしまうメカニズムは、図表8-3のように、基礎年金拠出金の仕組みにあります。

　1985（昭和60）年改正で、従来の厚生年金制度と国民年金制度を活かしながら、共通の１階部分として基礎年金制度を作りましたので、年金財政は、実は現在でも、厚生年金財政と国民年金財政を分けて管理しています。

　年金財政は、国の「年金特別会計」で管理されており、厚生年金財政を管理する「厚生年金勘定」と、国民年金財政を管理する「国民年金勘定」、そして基礎年金の給付を行うための「基礎年金勘定」に区分されて、管理されています。

　基礎年金勘定は、基礎年金の給付を行っていますが、その財源は、厚生年金勘定と国民年金勘定から、毎年度、必要な額を基礎年金拠出金として受け入れています。

　国民年金勘定は、国民年金第１号被保険者から国民年金保険料を収入として受け取り、支出の大部分は、基礎年金拠出金です。入る金額と出る金額の差額として過去に蓄積されたもの（及びその運用益）が、国民年金の積立金としてプールされています。

　一方、厚生年金勘定は、第２号被保険者と事業主が労使折半で負担した厚生年金保険料を収入として受け取り、支出は、基礎年金拠出金と、厚生年金（報酬比例部分等）の給付の両方です。

図表8-3　**国民年金の積立金が先に不足すると、基礎年金の調整期間が長くなり、報酬比例部分の調整期間は逆に短くなるメカニズム**

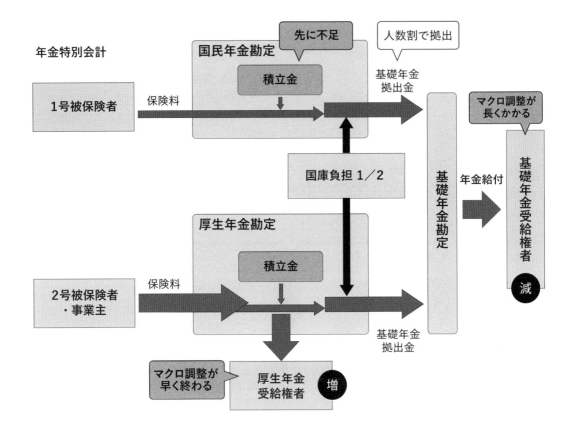

同様に、入る金額と出る金額の差額として過去に蓄積されたもの（及びその運用益）が、厚生年金の積立金としてプールされています。

　ここで、毎年度必要となる基礎年金拠出金を、国民年金勘定と厚生年金勘定で分担する分け方は、人数割です。国民年金勘定からは、その時の国民年金保険料の納付者数に応じて、厚生年金勘定からは、その時の20歳以上60歳未満の第2号被保険者と第3号被保険者の人数に応じて拠出します。

　公的年金は賦課方式であり、全員共通の基礎年金を全体で支えるという理念の下で、その時の加入者の人数割で負担する仕組みです。年金受給者が、過去に国民年金被保険者であった期間や、厚生年金被保険者であった期間などに応じて分担する訳ではありません。

　国民年金勘定に着目すると、収入が国民年金保険料で、支出の大部分が国民年金保険料の納付者数に応じた基礎年金拠出金です。従って、基礎年金拠出金の1人あたりの額が国民年金保険料の額を上回る場合は、積立金を使って拠出金を賄います。このため、国民年金勘定の積立金が先に不足すると、国民年金の財政を均衡させるため、基礎年金のマクロ経済スライド調整を長期化させ、水準を引き下げることになります。

　こうして基礎年金の水準が低下すると、同時に、厚生年金勘定が負担する基礎年金拠出金も少なくて良いことになります。その結果、厚生年金勘定は1階の基礎年金に充てる財源が減少す

るので、2階の報酬比例部分に充てる財源が相対的に増加し、逆に、報酬比例部分の調整期間は短縮することになるのです。

　加入者数では、国民年金（第1号被保険者）が1,449万人に対して、厚生年金（第2号及び第3号被保険者）は5,306万人です。規模が小さい国民年金の財政状況が、厚生年金の1階と2階のバランスを変動させてしまうという、いささか疑問のある結果になってしまっています。

（3）デフレ経済によるマクロ経済スライド等の発動の遅れは、年金財政全体を悪化させた

　2004（平成16）年の改正で、マクロ経済スライドによる給付水準調整が導入されましたが、その後、デフレ経済が続き、物価が上昇しないだけでなく、賃金が物価よりさらに低下し、実質賃金の伸びがマイナスとなる状況が生じました。このため、賃金や物価が上昇した場合に年金の伸びを抑制する**マクロ経済スライド調整は、2015（平成27）年度まで一度も発動しませんでした**。

　その上、このような経済状況で、賃金スライドを基本とする**新規裁定年金**（67歳に達する日の属する年度までの年金）の年金額改定率と、物価スライドを基本とする**既裁定年金**（68歳に達する日の属する年度以降の年金）の年金額改定率が、同一のものとなり、既裁定年金の伸びを賃金の伸びより抑制する効果も発動しませんでした。

　公的年金の保険料収入は賃金上昇に伴い増加する仕組みであるため、マクロ経済スライドや既裁定年金の物価スライドにより年金額改定率が賃金よりも抑えられると、財政状況は改善します。

　これまでの財政検証では、これらの効果を見込んでいましたが、その効果が発揮されませんでした。この結果、**マクロ経済スライド調整期間を長期化させる要因**となっていますが、これは、**国民年金の財政と厚生年金の財政に等しくマイナスの影響を及ぼしています**。

（4）基礎年金と報酬比例部分の年金額計算式の違いは、国民年金の財政をより悪化させた

　国民年金と厚生年金の両方の財政が悪化した中で、**国民年金の財政が厚生年金の財政よりも相対的により悪化した**ことから、（1）と（2）で説明した調整期間の決め方の結果、**基礎年金の調整期間が、報酬比例部分の調整期間よりも長期化**しました。国民年金の財政が、厚生年金の財政よりも相対的に悪化した要因については、（4）と（5）で説明する**2つの要因**があります。

　一つ目の要因は、**実質賃金上昇がマイナスという経済状況**が、図表8-4のように、年金額の算定式の違いにより、**国民年金の財政に対してより大きなマイナスの影響を与えた**ことです。

　2004（平成16）年改正による年金額改定ルールでは、新規裁定年金は賃金スライド（現役の賃金水準とのバランスを維持）で、既裁定年金は物価スライド（購買力を維持）が原則です。しかし、名目賃金の変動がマイナスであって、かつ、賃金が物価を下回って変動する場合には、「賃金＜物価＜0」のケースでは、本来は賃金変動率で引き下げる必要がある新規裁定年金も、既裁定年金と同じ物価スライドとして引下げ幅を緩和し、「賃金＜0＜物価」のケースでは、新規裁定年金も既裁定年金も据え置きとして引下げを回避するという特例的なルールでした。

　名目賃金の変動がマイナスの時に、保険料収入への影響はどうなるかを見ると、**厚生年金保険料は定率保険料ですから保険料額は安くなり、国民年金保険料には賃金スライドが適用されて**

マイナス改定（保険料が安くなる）しますので、厚生年金財政も国民年金財政も、保険料収入は賃金の低下に応じて低下します。

　一方の支出である給付への影響を見ると、報酬比例部分は、年金額が賃金を基礎に計算されますので、賃金が下がった見合いで将来の給付額も自動的に低下するため、財政影響を中期的に吸収することができます。しかし、定額の基礎年金は、上記の特例的な年金額改定ルールにより、賃金ほど低下しないため、足下の所得代替率が上昇（年金額の賃金に対する比率が上昇）し、年金財政に悪影響を与えます。

　このため、デフレ経済は、基礎年金拠出金が支出の大部分を占める国民年金の財政に対し、厚生年金の財政に対してよりも大きな悪影響を与えました。

　なお、2016（平成28）年改正法で、賃金がマイナスであって、かつ、賃金が物価を下回って変動する場合は、年金額は賃金で改定するように見直され、2021（令和3）年度から施行されており、今後はこのような作用は生じません。2016年改正による改定ルールの見直しについては、第5章（年金額改定の仕組みと考え方）の4（6）で説明しています。

図表8-4　デフレ経済は、国民年金の財政により多くの悪影響を与えた

報酬比例の年金額の算定式

被保険者期間の平均報酬額　×　給付乗率（5.481／1000）　×　被保険者期間

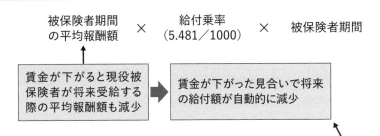

| 賃金が下がると現役被保険者が将来受給する際の平均報酬額も減少 | ➡ | 賃金が下がった見合いで将来の給付額が自動的に減少 |

この違いの分、基礎年金の方が賃金低下による年金財政悪化の影響が大きい　※

基礎年金の年金額の算定式

基礎年金満額　×　保険料納付月数／480

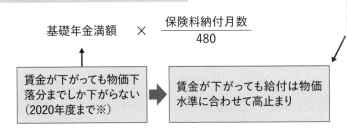

| 賃金が下がっても物価下落分までしか下がらない（2020年度まで※） | ➡ | 賃金が下がっても給付は物価水準に合わせて高止まり |

※**2021年度以降**については、賃金変動が物価変動を下回る場合、**賃金変動**に合わせて年金額を改定するよう、年金額改定のルールが見直されたため、**その後は、算定式の違いによる差は生じない。**

実質賃金マイナスの場合（賃金＜物価）の額改定

2021年度から、将来世代の給付水準の確保のため、**賃金**に合わせて改定

物価　賃金　既裁　新裁

賃金　物価　既裁　既裁

（5）女性や高齢者の労働参加は、厚生年金の財政により多くの好影響を与えた

　二つ目の要因は、女性や高齢者の労働参加による被保険者の構成の変化が、国民年金の財政にも好影響を与えましたが、厚生年金の財政により大きな好影響をもたらしたことです。

　図表8-5のとおり、2004年以降の公的年金の被保険者数の動向を見ると、女性や高齢者の労働参加の進展に伴い、厚生年金被保険者が増加し、第1号被保険者と第3号被保険者が減少しています。

　2004年財政再計算でも一定の労働参加の進展は見込んでいたものの、実際は、当時の想定を大きく上回って進展し、2020年度の厚生年金の被保険者数で見ると、2004年財政再計算における見通しが3,458万人であったのに対し、実際には4,534万人となっており、当時の見通しを1,000万人以上（30％以上）上回っています。また、第3号被保険者は1割程度の減少を見込んでいましたが、実際には、3割程度減少しています。

　この被保険者数の変化のうち、**第3号被保険者の減少と厚生年金被保険者の増加は、厚生年金の財政を改善**させるものであり、報酬比例部分の所得代替率の上昇に寄与しています。

　一方、第1号被保険者も想定より大きく減少し、これは、被保険者1人あたりの積立金を増加させる効果を有しますので、国民年金の財政を改善させる要因となっています。しかし、全体で見れば、厚生年金の財政により大きな好影響を与えました。

　以上の（4）と（5）で説明した2つの要因により、国民年金の財政が厚生年金の財政よりも相対的に悪化し、基礎年金の調整期間が報酬比例部分の調整期間よりも長期化することとなりました。

図表8-5　**女性や高齢者の労働参加は、厚生年金の財政により多くの好影響を与えた**

（万人）

	第1号被保険者数		厚生年金被保険者数		第3号被保険者数	
	実績	平成16年財政再計算の想定	実績	平成16年財政再計算の想定	実績	平成16年財政再計算の想定
2005年	2,180	2,189	3,772	3,699	1,094	1,117
2020年	1,427	1,857	4,534	3,458	803	1,017

第1号の減少が想定より大きい　　第2号が想定とは逆に大幅増加　　第3号の減少が想定より大きい

国民年金の財政に好影響
（国民年金勘定が負担する基礎年金拠出金が減る）

厚生年金の財政に、より大きな好影響
（保険料収入が増える）

3　調整期間の一致は、どのような効果をもたらすのか

（1）マクロ経済スライド調整を早期に終了させ、所得代替率の低下を防ぐ

　マクロ経済スライドの調整期間の一致とは、**長期化した基礎年金の調整期間を短くし、短くなっている報酬比例の調整期間を長くして、調整期間を一致させるものです。**

　第6章（財政検証と年金水準の将来見通し）の3（3）でも説明しましたが、2020年12月に年金局が社会保障審議会年金数理部会に提出した財政検証の追加試算では、図表8-6のように、調整期間を一致させた場合の将来の給付水準を試算しています。

　調整期間を一致させた場合、図表8-7のとおり、ケースIIIの場合、基礎年金のマクロ経済スライド調整期間は、2046年から2033年に、13年短縮されます。一方、厚生年金の調整期間は、2025年から2033年に、8年伸びます。両者の調整期間は、2033年で一致します。

　2019年度の所得代替率は61.7%ですが、経済前提ケースIIIでは、2020（令和2）年改正法の施行後の現行制度で試算すると、2046年度に調整が終了し、所得代替率は51.0%に低下する見込みです。これに対して、**調整期間を一致させた追加試算①では、2033年度に調整が終了し、所得代替率は55.6%**となります。

図表8-6　**財政検証追加試算（2020年12月公表）**

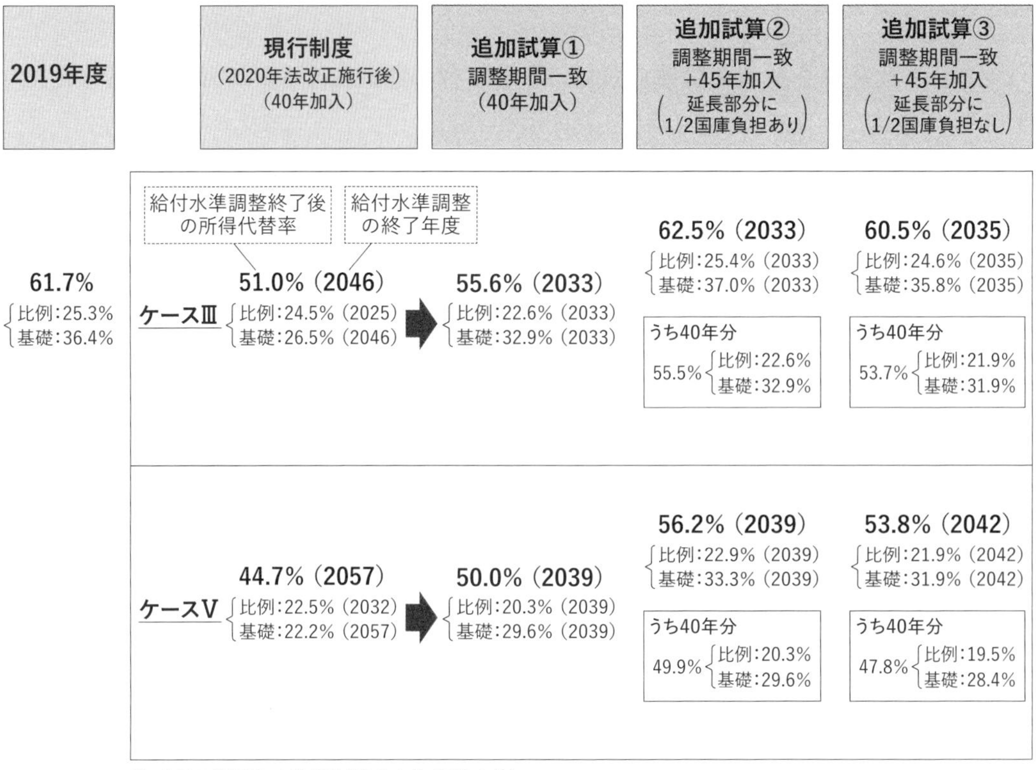

注：人口の前提は、中位推計（出生中位、死亡中位）

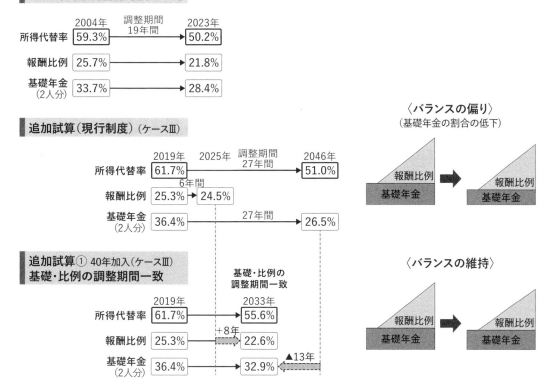

また、経済前提ケースⅤでは、現行制度で、2057年度に所得代替率は44.7％となりますが、調整期間一致の追加試算①では、2039年度に調整が終了し、50.0％と試算されています。

なお、追加試算では、調整期間の一致と基礎年金の45年化を組み合わせた場合も試算しており、延長部分に２分の１国庫負担のある場合の追加試算②と、国庫負担がない場合の追加試算③の両方の試算をしています。

これは、本来は、基礎年金の拠出期間を45年に延長する場合には、延長部分にも基礎年金拠出金の国庫負担２分の１が措置されることが自然ですが、国庫負担の明確な増加を伴う制度改正になるため、当面、国庫負担を入れずに45年化を先行させるとした場合の試算も行ったものです。延長部分に国庫負担が入らない45年化は、調整期間一致と組み合わせることで、年金財政上、可能となります。

国庫負担が入る追加試算②の方が、国庫負担が入らない追加試算③よりも、調整期間の終了が２年早く、所得代替率が２％程度高くなる試算です。

（2）基礎年金の低下の防止により、厚生年金の所得再分配機能が維持される

調整期間一致の効果の一つは、図表8-8の上段のとおり、基礎年金水準の低下の防止により、所得再分配機能の低下を防ぎ、低中所得層の年金水準の低下を防ぐことです。

基礎年金と報酬比例のマクロ経済スライド調整期間の一致による効果

①厚生年金の所得再分配機能の低下の防止

基礎年金水準の低下の防止により、**厚生年金の所得再分配機能の低下を防ぎ、
低中所得層の年金水準の低下を防ぐ**

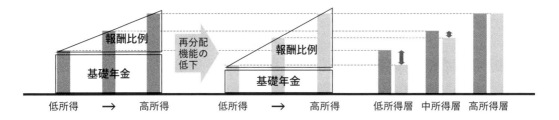

②保険料固定方式の下での総給付費の低下の防止

基礎年金水準の低下に伴う国庫負担の低下の防止により、**給付原資の全体の縮小を防ぎ、
ほぼすべての層で年金水準の低下を防ぐ**

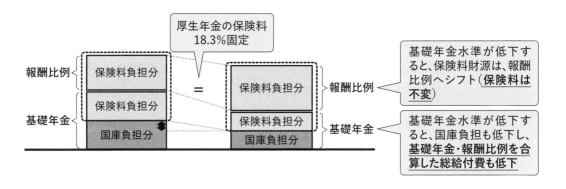

　厚生年金は、保険料は報酬比例である一方、年金給付は定額の基礎年金と報酬比例の厚生年金の２階建て構造ですから、所得再分配機能があります。基礎年金のマクロ経済スライド調整期間が長期化して、基礎年金の水準が低下すると、この所得再分配機能が低下します。

　調整期間を一致させると、基礎年金と報酬比例部分のバランスが、現在のまま維持されますので、所得再分配機能が維持できます。

　調整期間の一致は、基礎年金の調整期間を短くする代わりに、報酬比例部分の調整期間を長くするので、**報酬比例部分の額が多い上位所得者は年金が減るのではないか、上位所得者の年金を削って下位所得者の年金を厚くする施策なのではないか、という誤解**があります。

　しかし、そうではなく、追加試算①の試算では、**賃金水準がモデル年金の約3.4倍未満のすべての世帯では、基礎年金と報酬比例部分を合計した年金額の所得代替率が上昇**する計算です。

　このモデル年金の約3.4倍の賃金水準というのは、夫婦２人世帯では世帯年収が1,790万円で、単身世帯では年収890万円です。生涯の加入期間の平均年収ですので、極めて高い水準であり、現在の受給者の生涯年収を基に粗く試算すると、全体の0.2%〜0.3%に限られます。

（3）基礎年金の低下防止は、国庫負担の減少を防ぎ、ほぼすべての人の年金の低下を防ぐ

　なぜそのような良い結果になるかというと、図表8-8の下段のように、保険料固定方式の下での総給付費の低下の防止の効果があるからです。

　下段の図の左側のように、基礎年金の給付は、保険料負担分と国庫負担分からなっており、報酬比例部分の給付は、保険料負担によります。

　これが、下段の図の右側のように、基礎年金のマクロ経済スライドの長期化によって、基礎年金の水準が低下すると、国庫負担の総額も減少してしまいます。これにより、年金給付全体の原資が縮小してしまうことになります。

　一方、厚生年金保険料は18.3％で固定されていますので、保険料財源のうち、基礎年金に充てる部分が縮小すれば、報酬比例部分の財源に回ることになり、総額では変わりません。

　調整期間の一致により、基礎年金水準の低下を防止すると、国庫負担の額の低下も防止されることになり、年金の給付原資の全体の縮小を防ぐことができるため、ほぼすべての層で年金水準の低下を防げることになります。

　以上の（1）（2）（3）で説明した効果をまとめると、図表8-9のようなイメージとなります。

図表8-9　**マクロ経済スライドの調整期間の一致の効果**

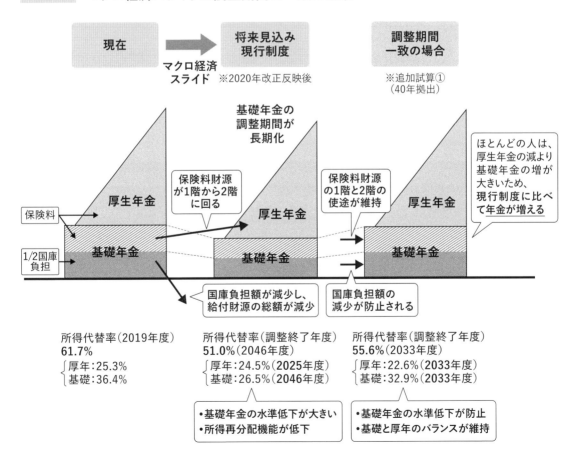

4 調整期間の一致について、どのように考えるか

（1）調整期間の一致は、マクロ経済スライドの調整期間を年金財政全体で決めるもの

　現行制度では、2（1）で説明した「調整期間を2段階方式で決定する方法」をとっているため、基礎年金の調整期間は、国民年金の財政均衡により決定することになっています。

　しかし、基礎年金は、全員に共通する制度であり、それが、国民年金財政だけの事情で水準を左右されることには、違和感があります。加入者数で比べても、厚生年金の方が国民年金よりもはるかに大きいです。

　また、国民年金の財政状況（積立金の積立具合）により、厚生年金を含めた公的年金全体が、所得再分配機能の低下や、国庫負担の低下による給付原資の縮小といった悪影響を受けてしまう現在の仕組みは、納得感が低いと思います。

　調整期間の一致は、基礎年金の給付水準を、「公的年金全体」の財政均衡により決定する仕組みに見直すということであり、その方が、「全員共通の基礎年金を全体で支える」という基礎年金の理念とも整合的と考えます。

（2）問題の本質は、国民年金と厚生年金の関係ではなく、基礎年金と報酬比例部分の関係

　これまでの説明で、基礎年金の水準低下が大きくなる理由を、財政状況が弱くなった国民年金の積立金が先に不足することから生じると説明しましたので、調整期間の一致を、厚生年金が国民年金を財政支援することという誤解が生じたかもしれません。

　しかし、この問題の本質は、国民年金と厚生年金の関係（制度間の横の関係）ではなく、基礎年金と報酬比例部分の関係（1階と2階の上下の関係）にあります。

　厚生年金は基礎年金と報酬比例部分の2階建ての制度ですが、保険料や積立金が、1階用と2階用にあらかじめ区分があるわけではありません。このため、基礎年金の水準が低下し、1階と2階のバランスが崩れると、バランスがそのままであれば1階に使われたはずの厚生年金の財源が2階に回ります。

　重要なのは、厚生年金制度における基礎年金と報酬比例部分との間での財源配分の問題であり、調整期間一致とは、1階と2階のバランスを維持することにより、1階に使う財源を引き続き1階に使うということです。1階に使う財源を引き続き1階に使うということですから、財政支援ではありません。

（3）基礎年金拠出金の仕組みを、調整期間の一致を前提とした仕組みに見直す必要

　基礎年金と報酬比例部分のマクロ経済スライド調整期間がずれる原因について、2（1）では、図表8-2で「調整期間を2段階方式で決定する方法」を説明しました。また、2（2）では、図表8-3で「基礎年金の調整期間が長くなると、報酬比例の調整期間部分が短くなるメカニズム」を

説明しました。

　これをよく見ると、**調整期間がずれる要因は、基礎年金拠出金の仕組みにある**ことが分かります。従って、「調整期間一致」を大前提に置いて、それに合うように基礎年金拠出金の仕組みを見直す必要があると考えます。

　基礎年金制度は、厚生年金制度と国民年金制度の2つの制度を活かしたまま、1階部分を共通の基礎年金制度に統合したものです。このため、厚生年金制度のお財布（厚生年金勘定）と、国民年金制度のお財布（国民年金勘定）から、基礎年金を給付するためのお財布（基礎年金勘定）へ、基礎年金拠出金を拠出して、給付を行います。その際、「全員共通の基礎年金を全体で支える」という考え方ですから、拠出金は、2つの制度で公平に分担することが必要です。

　現行の基礎年金拠出金の仕組みでは、図表8-10のように、厚生年金からの拠出金と国民年金からの拠出金は、加入者数により按分して拠出する仕組みです。現在、20歳以上60歳未満の第2号・3号被保険者数は4,783万人で、保険料を納付している第1号被保険者数は663万人ですから、この比率で拠出金を分担しています。

　2021年度の1人あたりの基礎年金拠出金単価（保険料相当分）は、月18,543円であり、このうち、保険料で賄われている部分は、国民年金保険料の月額16,610円の部分です。厚生年金保険料については基礎年金に充てる部分が定まっているものではありませんが、厚生年金保険料についても国民年金保険料相当が基礎年金に充てられていると考えることができます。

　現在、基礎年金拠出単価は、国民年金保険料よりも高くなっており、その差額は積立金から賄う仕組みであり、積立金で賄っている部分も現在の加入者数による按分で拠出しています。

図表8-10　**現行の基礎年金拠出金の仕組みの課題**

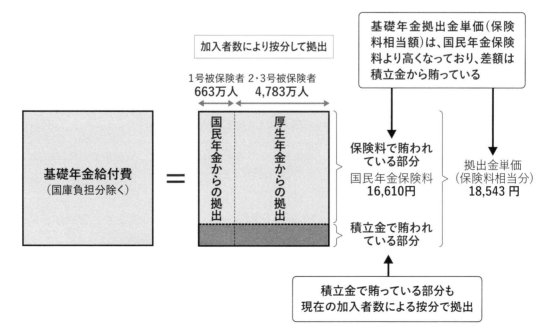

(注) 数値は2021年度の実績。加入者按分に用いる1号被保険者 663 万人は、免除者等を除いた人数。
　　2・3号被保険者 4,783 万人のうち2号被保険者 (4,008 万人) は、20歳以上60歳未満の者の人数。

拠出金の財源のうち、毎年の保険料で賄う部分については、国民年金の加入者も、厚生年金の加入者も、公平に支えるわけですから、厚生年金制度と国民年金制度が、加入者の人数割で拠出金を分担する現在の仕組みは、合理的です。

一方、積立金は、厚生年金と国民年金のそれぞれのお財布で、収入と支出の差額が積み立てられてきたものです。積立方式ではないので、厚生年金、国民年金の制度間で加入者が移動しても、積立金は移しませんから、それぞれの積立金は、必ずしも現在の被保険者や現在の受給者が積み立てたものではありません。そのように考えると、積立金で賄う部分については、人数割は必然とは言えません。

基礎年金制度を作った当初は、毎年の給付費は保険料収入で賄えていて、積立金は積み上げる一方でしたが、今後は、基礎年金拠出金の財源に、保険料に加えて、積立金やその運用益も活用する時期に入りつつあります。このため、積立金で賄う部分については、拠出金の仕組みを見直す時期に来ていると言えます。

その際の視点は、（2）で述べたように、国民年金と厚生年金との関係ではなくて、基礎年金と報酬比例部分という関係から考えることです。

そのように考えると、私は、図表8-11のように考えるのが良いと思います。

国民年金勘定の積立金は、基礎年金の財源です。一方、厚生年金勘定の積立金は、基礎年金の財源にも充てられますが、報酬比例部分の財源にも充てられます。厚生年金の積立金は、1階

図表8-11　**調整期間の一致と公平な基礎年金拠出金の分担**

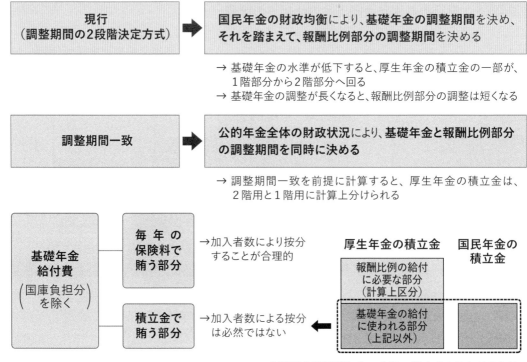

用と2階用が区分されて会計管理されているわけではありませんが、**調整期間一致を前提として財政計算を行えば、計算上で区分できます**。

　そうすれば、**国民年金勘定の積立金と、厚生年金勘定の積立金のうち基礎年金に充てる部分は、いわば、1階部分の共通の積立金**であると考えることができます。そのように考えると、基礎年金拠出金のうち積立金で賄う部分については、国民年金の積立金と、厚生年金の1階部分の積立金の**残高に応じて拠出金を分担**する、といった方法が合理性があると考えられます。

　マクロ経済スライドは、財源の範囲内で賄えるように、給付水準を少しずつ調整する仕組みです。5年ごとの財政検証で100年間の財政計算を行い、100年間の財政均衡期間の終了時に給付費1年分程度の積立金を保有できるようにバランスする時点で、調整を終了します。

　上記のように考えれば、調整期間一致の前提の下で、1階部分の積立金も、2階部分の積立金も、給付費1年分程度の積立金を保有できるようにバランスする時点で、マクロ経済スライド調整を終了することができます。

(4) 国庫負担の低下の防止について、どのように考えるか

　前述の3（3）で、調整期間一致による基礎年金の低下の防止は、国庫負担の減少を防ぐため、ほぼすべての者の年金の低下を防止することを説明しました。

　私は、これは、**国庫負担を増やすものではなく、減らしすぎることを止めるだけであり、新たな財政需要を生むものではない**と考えます。

　しかし、**別の見方をすれば、現行制度のまま減らした場合に比べれば、国庫負担は増える**ことになります。

　2023年11月21日の社会保障審議会年金部会に、図表8-12のとおり、「調整期間の一致」や「調整期間の一致＋45年加入」を行った場合の国庫負担の見通しの変化の試算が提示されています。なお、この試算について、年金局の資料では、「調整期間の一致により、基礎年金の調整が早く終了する結果、将来の基礎年金の水準が上昇し、現行制度と比べて国庫負担が増加。このため、国庫負担については追加財源の確保が必要。」と説明されています。

　調整期間一致による国庫負担への影響は、直ちに生じるものではなく、**調整期間を一致させることによって、マクロ経済スライド調整が早期に終了した時点以後**（追加試算①の場合、ケースⅢで2033年度以後）にはじめて生じて、その後、少しずつ拡大し、現行制度のままの場合にマクロ経済スライド調整が終了する時期（ケースⅢで2046年度）に、差額が満額となります。

　2019年の現在の国庫負担額は12.7兆円（GDP比2.3％）ですが、現行制度で調整期間が終了する2046年度には、**現行制度では、国庫負担は9.9兆円に低下し、GDP比も1.9％に低下**します。

　調整期間一致をした場合は、2046年度において、国庫負担は11.9兆円と見込まれ、現在の12.7兆円に比べると低下しますが、低下幅が現行制度よりも小さくなります。GDP比は2.3％と見込まれ、現在のGDP比と同じです。

　一方、「**調整期間の一致＋基礎年金45年化**」で、基礎年金の拠出期間の延長部分に国庫負担2分の1を入れる場合は、国庫負担は、2046年度において、**12.8兆円、GDP比2.4％**と見込まれ、2019年の**現時点に比べて、若干の増加**と見込まれます。

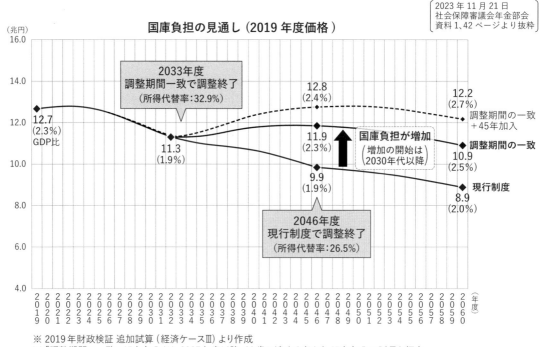

図表8-12　調整期間一致と基礎年金45年化による国庫負担の変化

国庫負担の見通し（2019年度価格）

2023年11月21日
社会保障審議会年金部会
資料1、42ページより抜粋

※ 2019年財政検証 追加試算（経済ケースⅢ）より作成
※「調整期間の一致＋45年加入」は、2027年度以降、60歳に達する者から45年加入に延長と仮定
※「2019年度価格」とは、賃金上昇率（国民年金の保険料改定率）により、2019年度の価格に換算したもの
※「所得代替率」は基礎年金2人分
※ 国庫負担額には、地方公務員共済組合の基礎年金拠出金に係る地方負担分等を含む

　基礎年金の水準低下の防止は、調整期間一致のほかに、**被用者保険の適用拡大**でも生じます。図表8-13のイメージ図のように、被用者保険の適用拡大は、国民年金第1号被保険者数を減らすため、人数割で計算した場合の基礎年金拠出金の国民年金勘定からの負担を減らし、国民年金の積立金が長持ちすることになりますので、**基礎年金の調整期間を短くする効果**を持ちます。

　被用者保険の適用拡大は、勤労者の社会保障を充実することと、働き方に中立的な社会保障制度とする目的で行われますが、基礎年金の調整期間を短くするという副次的効果を持ちます。

　2019年財政検証のオプション試算では、月収5.8万円以上のすべての雇用者に適用を拡大する**1,050万人規模の徹底した適用拡大**を行った場合（オプションA-③）は、ケースⅢで、**基礎年金の調整期間が8年短縮**（報酬比例部分の調整期間は6年延長）し、**全体の所得代替率が4.8％上昇する試算**となっています。

　この場合でも、基礎年金の調整の終了は2039年度で、報酬比例部分の2031年度よりまだ8年も長いので、調整期間一致には至りませんが、基礎年金の水準低下を防止することにより、国庫負担の減少を一定程度防ぐ効果があります。

　調整期間一致により、国庫負担の減少を防ぐ効果は、被用者保険の適用拡大による同様の効果を包含しつつ、さらに上乗せをするものと考えることができます。図表8-12で試算されている国庫負担の減少を防ぐ効果（現行制度のまま減少していく場合と比べれば増加する）は、今後行う被用者保険の適用拡大により生じる効果も含んだものです。

被用者保険の適用拡大を行うに当たって、国庫負担の追加財源が必要という議論はされていませんから、私は、調整期間一致を行うために追加財源が必要かどうか、という論点があるとしても、勤労者皆保険の施策による被用者保険の適用拡大の効果に上乗せする部分についての論点ではないかと思います。

　いずれにしても、国の財政は、恒常的に財政赤字が続いていますので、将来の社会保障費の国庫負担の財源確保の方策については、真剣に考えていかないといけないと思います。

図表8-13　被用者保険の適用拡大による基礎年金の調整期間の短縮

- 適用拡大によって被保険者が国民年金から厚生年金に移ると、その分、国民年金の支出は減少するが、国民年金の積立金はそのまま活用可能であるため、国民年金の財政が改善
- これにより、基礎年金のマクロ経済スライド調整期間が短縮し、水準低下が防止される。

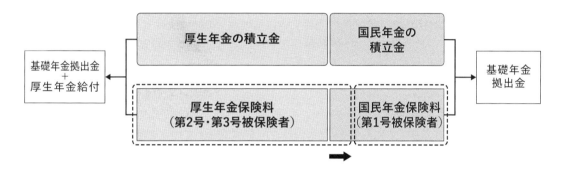

2019年財政検証　オプション試算A

	現行制度	適用拡大（約325万人） 週20時間以上の短時間労働者につき、賃金／企業規模要件を廃止	適用拡大（約1,050万人） （月5.8万円以上の全雇用者）
ケースⅢ	50.8%（2047） 比例：24.6%（2025） 基礎：26.2%（2047）	51.9%（2045） 比例：24.4%（2026） 基礎：27.6%（2045）	55.7%（2039） 比例：23.7%（2031） 基礎：31.9%（2039）
ケースⅤ	44.5%（2058） 比例：22.6%（2032） 基礎：21.9%（2058）	45.4%（2056） 比例：22.4%（2033） 基礎：22.9%（2056）	49.0%（2047） 比例：21.7%（2037） 基礎：27.2%（2047）

第9章 被用者保険の適用拡大

---

1. 被用者保険の適用拡大のこれまでの経緯

   (1) 被用者保険の適用拡大とは、厚生年金・健康保険の被保険者の範囲を広げること

   (2) 短時間労働者への被用者保険の適用拡大は、何回もの法律改正で少しずつ進んできた

   (3) 個人事業所の適用業種は、昭和28年以来初めて令和2年改正で1業種追加された

2. 130万円の基準と106万円の基準の違い

   (1) 130万円の被扶養者認定基準を超えると、被扶養から外れ、国年・国保になる

   (2) 週20時間・月8.8万円の適用基準を超えると、厚年・健保の短時間被保険者になる

   (3) 3号→1号は負担が増えても給付が増えない「壁」だが、3号→2号は壁ではない

   (4) 週20時間・月8.8万円は、所定労働時間・基本給等であり、残業等は含まない

3. 企業規模要件を設定したパート労働者への段階的な適用拡大

   (1) 企業規模要件の「従業員数」は、適用拡大以前の通常の被保険者の人数による

   (2) 適用拡大による事業主負担への影響

   (3) 被用者保険の適用拡大による年金の充実

   (4) 単身者など国民年金・国民健康保険の人には、特にメリットが大きい

4. パート適用と就業調整

   (1) 就業時間を延長して加入する人がいる一方、時間短縮して加入を回避する人がいる

   (2) 被用者保険の適用で手取りを減らさないよう、労働時間の延長を促すことが対応策

5. 被用者保険の適用拡大を進める意義

   (1) 働き方や勤め先による区別なく、被用者にふさわしい社会保障を享受できるようにする

   (2) 働き方や雇用の在り方に対して、中立的な社会保障制度としていく

   (3) 社会保障費用を価格に反映し、無理なく負担を共有できる社会経済システムを作る

---

1 被用者保険の適用拡大のこれまでの経緯

(1) 被用者保険の適用拡大とは、厚生年金・健康保険の被保険者の範囲を広げること

   厚生年金と健康保険は、事業所に使用されている人が被保険者となり、本人と事業主が保険料を労使折半で負担し、事業主が適用や納付の手続きを行うので、「被用者保険」と呼ばれます。「社会保険」と呼ぶこともあります。その対象とならない人は、国民年金、国民健康保険の被保険者となり、被保険者本人が手続きを行い、保険料を負担します。

被用者保険が適用される（＝被保険者となる）には、まず、勤めている事業所が「適用事業所」であることが必要です。**法人の事業所**は、使用される者が１人でもいれば、すべて適用事業所ですが、**個人事業主**が経営する事業所は、従業員５人未満の事業所や、非適用業種の事業所は、適用事業所になりません。（任意適用はあります）

その上で、適用事業所に使用されている場合でも、**パートタイマー・アルバイト等の短時間労働者**は、勤務時間等の要件を満たさなければ、被保険者となりません。また、**２か月以内の期間を定めて一時的・臨時的に使用される者**も、被保険者となりません。

法人の事業所では、社長さんも法人から給与を得ているので、適用事業所に「使用される者」であり、被保険者になりますが、**個人事業所の事業主**は、「使用される者」ではないので、被保険者になりません。

被用者保険の適用拡大は、被用者保険（厚生年金と健康保険）の適用範囲を広げて、社会保障の充実を図る取組みです。

（2）短時間労働者への被用者保険の適用拡大は、何回もの法律改正で少しずつ進んできた

図表9-1のとおり、短時間労働者への被用者保険の適用については、従来は、「**所定労働時間及び所定労働日数が通常の就労者の概ね４分の３以上であるかどうか**」により判定する運用が行われてきました。これに該当する被保険者を、「**一般被保険者**」と呼びます。

これは、かつては、フルタイム勤務が一般的で、パート労働は、主婦の家計補助的な労働と見られていた時代だからです。しかし、その後、労働力の正規雇用から非正規雇用への置き換えが進み、非正規雇用の単身者や、夫婦ともに非正規雇用であるなど、不安定な就労で、社会保障も薄い労働者が増えてきました。

短時間労働者への被用者保険の適用拡大の課題は、長年の懸案であり、2000（平成12）年の年金制度改正の時にも検討されましたが、事業者団体等の反対が強く、改正に至りませんでした。次の2004（平成16）年の年金制度改正の時にも検討されましたが、事業者団体等の反対が強くて改正に至らず、改正法附則で、短時間労働者に対する厚生年金の適用について５年を目途に検討する旨の検討規定が置かれるにとどまりました。その後、2007（平成19）年には、適用拡大を一部盛り込んだ法案（共済組合を厚生年金に統合する被用者年金一元化が主な内容）が提出されましたが、不安定な政治状況の中で、法案自体が廃案となってしまいました。

こうした中で、ようやく2012（平成24）年の改正では、①週労働時間20時間以上、②月額賃金8.8万円以上、③勤務期間１年以上見込み、④学生は適用除外、⑤従業員500人超の企業（改正法附則の当分の間の経過措置）、という５つの要件の下で、短時間労働者への適用拡大を図ることとなり、2016（平成28）年10月から施行されました（「**短時間被保険者**」と呼びます。）。

これは、事業主団体の反対が強かった中で、まずは、当面の措置として企業規模要件を設け、大企業に限定して適用拡大するとともに、十分な準備期間を設けることとしたものです。

その次の2016（平成28）年の年金制度改正では、法案の提出時点では、前回の改正法の適用拡大が施行日前であったこともあり、適用拡大については、小さい改正にとどまりました。具体的には、2017（平成29）年４月から、500人以下の企業で、労使の合意に基づき、企業単位で

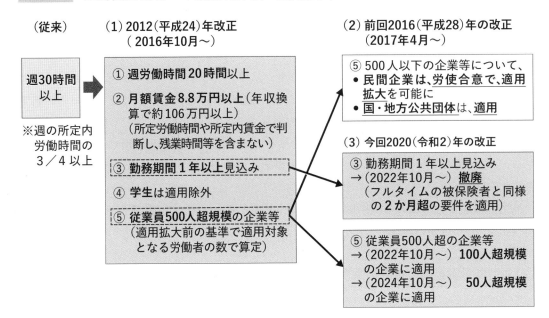

図表9-1　短時間労働者への被用者保険の適用拡大

（従来）

週30時間以上

※週の所定内労働時間の3／4以上

（1）2012（平成24）年改正（2016年10月～）

① 週労働時間20時間以上

② 月額賃金8.8万円以上（年収換算で約106万円以上）（所定労働時間や所定内賃金で判断し、残業時間等を含まない）

③ 勤務期間1年以上見込み

④ 学生は適用除外

⑤ 従業員500人超規模の企業等（適用拡大前の基準で適用対象となる労働者の数で算定）

（2）前回2016（平成28）年の改正（2017年4月～）

⑤ 500人以下の企業等について、
● 民間企業は、労使合意で、適用拡大を可能に
● 国・地方公共団体は、適用

（3）今回2020（令和2）年の改正

③ 勤務期間1年以上見込み
→（2022年10月～）撤廃
（フルタイムの被保険者と同様の2か月超の要件を適用）

⑤ 従業員500人超の企業等
→（2022年10月～）100人超規模の企業に適用
→（2024年10月～）50人超規模の企業に適用

〔パート労働者への適用拡大の経緯〕

・2000年（平成12年）の改正時　→　検討されたが、事業者団体等の反対が強く、改正に至らなかった。
・2004年（平成16年）の改正時　→　検討されたが、事業者団体等の反対が強く、改正に至らなかった。改正法附則で、短時間労働者に対する厚生年金の適用について、5年を目途に検討する旨の検討規定。
・2007年（平成19年）の被用者年金一元化法案時
　　　　　　　　　　　　　　　　　→　300人超の企業等で適用する改正を盛り込んで国会提出するが、廃案。

短時間労働者への被用者保険の適用拡大を行うことが可能となりました。また、国・地方公共団体の適用事業所に使用される短時間労働者で、労働時間要件など他の要件をすべて満たすものは、事業所の規模にかかわらず被用者保険の適用対象にされました。

　そして、次の2020（令和2）年の年金法改正で、上記の5要件のうち、③の勤務期間1年以上見込みの要件を撤廃するとともに、⑤の企業規模要件を、2022（令和4）年10月から100人超規模、2024（令和6）年10月から50人超規模に引き下げ、適用拡大することとされました。

　当初、⑤の企業規模要件については、2012（平成24）年改正法附則の当分の間の経過措置であることから、要件の撤廃が目指されましたが、中小企業の経営について配慮してほしいという事業者側からの声が強く、企業規模要件を撤廃した場合の約半数が新たに適用になると見込まれる50人超規模までの企業を対象とし、50人未満については、その後の検討事項とされました。

　また、③の勤務期間要件の撤廃により、2022（令和4）年10月からは、雇用期間に基づく適用の判断に当たっては、短時間労働者もフルタイムの労働者と同じ取扱いとなりました。その際、雇用期間が2か月以内の場合であっても、当該定めた期間を超えて使用されることが見込まれないことが確実な人以外については、当初から被用者保険が適用されるよう改正が行われました。

　なお、この改正により新たに被用者保険に適用される人数は、法案提出時には約65万人と推計されました。

（3）個人事業所の適用業種は、昭和28年以来初めて令和２年改正で１業種追加された

　被用者保険の適用拡大のもう一つの課題は、フルタイム労働者でも被用者保険が適用されない個人事業所の非適用業種等の問題です。

　図表9-2のとおり、被用者保険では、法人の事業所は、従業員等が１名以上いれば適用事業所となりますが、**個人事業所の場合、法定16業種に該当する常時５人以上の従業員を使用する事業所に限って強制適用**となっています。これ以外の事業所も、**任意で適用**できますが、2022年時点で**約10万事業所**にとどまっています。

　もともと、健康保険法が1922（大正11）年に創設された時には、強制適用は、工場法、鉱業法の適用を受ける事業所に限られていました。その後、1934（昭和９）年、1941（昭和16）年の改正で拡大し、1942（昭和17）年に労働者年金保険法が創設され、1944（昭和19）年改正で厚生年金保険法へ改正された時点で、①物の製造、③鉱物採掘、④電気、⑤運送、⑥貨物積卸し、⑦焼却・清掃、⑧物の販売、⑨金融・保険、⑩保管・賃貸、⑪媒介周旋、⑫集金の事業が強制適用となりました。ただし、常時５人未満の事業所は適用除外でした。

　その後、1953（昭和28）年の改正で、②土木・建築等、⑬教育・研究、⑭医療、⑮通信・報道、⑯社会福祉が加わり、**法定16業種**となりました。そして、1984（昭和59）年（健康保険）、1985（昭

図表9-2　個人事業所の非適用業種の見直し

```
┌──────────────────────────────────┐    ┌────────────────────────────────────┐
│ 現行                              │    │ 今回改正（2022 年 10 月〜）          │
│ ┌──────────────────────────┐     │    │ ○法律・会計事務を取り扱う士業を      │
│ │ ①常時１名以上使用される者がいる│     │    │  適用業種に追加（法定 17 業種に）   │
│ │  法人事業所              │     │    │ ┌────────────────────────────┐ │
│ └──────────────────────────┘     │→強制│ │ 弁護士・司法書士・行政書士・土 │ │
│ ┌──────────────────────────┐  適用│ │ 地家屋調査士・公認会計士・税理士・│ │
│ │ ②常時５名以上使用される者がいる│     │    │ │ 社会保険労務士・弁理士・公証人・│ │
│ │  個人の事業所（法定 16 業種のみ）│─────→│ │ 海事代理士              │ │
│ └──────────────────────────┘     │    │ └────────────────────────────┘ │
│ ③上記以外 ➡強制適用外            │    │                                      │
│ （労使合意により任意に適用事業所 ）│    │ ■個人事業所の非適用業種              │
│ （となることは可能＝任意包括適用 ）│    │ 農業・林業・漁業                     │
└──────────────────────────────────┘    │ 宿泊業、飲食サービス業               │
                                          │ 洗濯・理美容・浴場業、娯楽業、警備業  │
  強制適用事業所　　…　約 253 万事業所      │ デザイン業、経営コンサルタント業      │
  任意包括適用事業所 …　約　10 万事業所     │ 政治・経済・文化団体、宗教　等        │
　　　　　　　　　（2022 年 7 月末現在）   └────────────────────────────────────┘
```

※**適用業種（16業種→17業種）** ・法定16業種は、1953（昭和28）年以来、改正されていなかった。

①物の製造、加工、選別、包装、修理又は解体の事業
②土木、建築その他工作物の建設、改造、保存、修理、変更、破壊、解体又はその準備の事業
③鉱物の採掘又は採取の事業
④電気又は動力の発生、伝導又は供給の事業
⑤貨物又は旅客の運送の事業
⑥貨物積卸しの事業
⑦焼却、清掃又はと殺の事業
⑧物の販売又は配給の事業
⑨金融又は保険の事業
⑩物の保管又は賃貸の事業
⑪媒介周旋の事業
⑫集金、案内又は広告の事業
⑬教育、研究又は調査の事業
⑭疾病の治療、助産その他医療の事業
⑮通信又は報道の事業
⑯社会福祉法に定める社会福祉事業及び更生保護事業法に定める更生保護事業
⑰弁護士、公認会計士その他政令で定める者が法令の規定に基づき行うこととされている法律又は会計に係る業務を行う事業（2022（令和4）年10月施行）

和60）年（厚生年金）の改正で、法人の事業所は、5人未満でも適用対象に加えられましたが、個人事業所の5人未満事業所は非適用のままで残りました。

個人事業所の法定16業種は、1953（昭和28）年以来、一度も見直されてきませんでしたが、本来、被用者には、事業形態、業種、従業員数などにかかわらず、被用者にふさわしい保障を確保する必要があります。

2020（令和2）年改正では、5人以上の個人事業所のうち、弁護士・公認会計士・社会保険労務士等の法律・会計事務を取り扱う士業について、他の業種と比べても個人事業所の割合が著しく高いこと、社会保険の事務能力等の面からの支障はないと考えられることなどから、適用業種に追加され、法定17業種となりました（2022（令和4）年10月施行）。

なお、この2020（令和2）年改正による士業の適用業種への追加により新たに被用者保険に適用される人数は、法案提出時には約5万人と推計されています。

個人事業所の残る非適用業種には、農林水産業、宿泊業、飲食サービス業、生活関連サービスの一部などがあります。今後は、被用者には被用者保険を適用するとの考え方に立ち、個人事業所に係る非適用業種については、解消を早急に図る必要があります。

2　130万円の基準と106万円の基準の違い

（1）130万円の被扶養者認定基準を超えると、被扶養から外れ、国年・国保になる

130万円、106万円、20時間などの基準については、その違いが十分理解されていないことが多いので、まず、図表9-3で、この基準の性質や違いを説明します。

この図は、横軸に被扶養配偶者の週労働時間を、縦軸に年収をとった図です。斜めの点線より右下の濃い網掛けをした部分は、最低賃金との関係で、該当者がいない範囲です。

年収130万円の基準は、被扶養者の認定基準であり、この図では、年収130万円のところの横方向の太い線です。

厚生年金・健康保険の被保険者の配偶者は、これを下回ると被扶養と認定され、国民年金第3号被保険者・健康保険の被扶養者となります。これを上回ると、被扶養から外れますので、国民年金第1号被保険者・国民健康保険被保険者となり、独自の保険料が必要となります。

配偶者が厚生年金・健康保険の被保険者でない場合や、単身者は、年収130万円を下回っていても、国民年金第1号被保険者・国民健康保険被保険者です。

（2）週20時間・月8.8万円の適用基準を超えると、厚年・健保の短時間被保険者になる

1週間の所定労働時間と1か月の所定労働日数が、同一の事業所に使用される通常の労働者の4分の3以上である場合は、短時間労働者であっても、従来から、厚生年金・健康保険の適用対象（一般保険者）です。一般的に、フルタイム労働者の所定労働時間は、労働基準法の法定

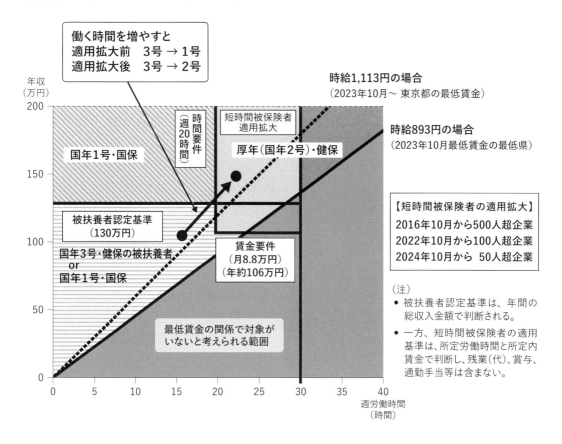

労働時間の週40時間ですから、4分の3とは通常、週30時間です。図表9‐3では、週30時間のところの縦の太い線より右側が、一般被保険者としての適用対象です。

　一方、短時間労働者への被用者保険の適用拡大では、所定内労働時間が週20時間以上・30時間未満であって、かつ、所定内賃金が月8.8万円以上の短時間労働者を、短時間被保険者として、厚生年金・健康保険の被保険者とするものです。

　月8.8万円の12月分は105.6万円ですから、年収106万円の基準と通称されています。法律に規定されているのは、月8.8万円の方です。

　1か月を4.333週（365日÷7日＝年52週、年52週÷12月＝4.333週）として計算すると、時給1,016円で週20時間働くと、月8.8万円を超えます。（1,016円×20時間×4.333週＝88,046円）。最低賃金がこれ以上の場合は、月8.8万円（年収概ね106万円）の賃金要件に達する前に、週20時間の時間要件に達します。この場合、短時間被保険者の賃金要件は意味をなさなくなり、週20時間の時間要件だけを意識すれば良いことになります。

　東京都では、2023年の最低賃金は時給1,113円ですから、既にこれを超えています。今後、ほかの地域でも、最低賃金の上昇により、今後数年のうちに超えると見込まれます。図表9‐3では、最低賃金が時給1,113円の場合の斜めの点線を見ていただくと、労働時間を増やすと、週20時間の賃金要件の縦線に交わっています。

（3）3号→1号は負担が増えても給付が増えない「壁」だが、3号→2号は壁ではない

　図表9-3で、斜め右上の方向で書かれている太い矢印の線は、被扶養の範囲で働いていた短時間労働者が、週20時間以上に労働時間を伸ばした場合の動きを表したものです。

　短時間労働者への被用者保険の**適用拡大前**は、この矢印のような動きをすると、被扶養から外れて、国民年金第3号被保険者・健康保険被扶養者から、国民年金第1号被保険者・国民健康保険被保険者に変わっていました。これが、適用拡大後は、厚生年金（国民年金第2号被保険者）・健康保険被保険者（本人）に変わることになります。

　図表9-4にありますように、**適用拡大前**は、年収130万円の被扶養者認定基準を超えて働くと、配偶者の被扶養から外れて、国民年金・国民健康保険加入となり、保険料負担が生じます。年収130万円ぐらいですと、国民年金保険料と国民健康保険料を合わせて月2万2,700円ぐらいです。けれども、年金給付は、基礎年金だけで変わりませんし、医療保険の給付も変わりません。負担が増えるのに給付が増えないので、いわゆる「130万円の壁」として、就業調整する人もいます。

　一方、**適用拡大後**は、所定内賃金が月8.8万円（年収106万円）・所定労働時間が週20時間以上で働くと、厚生年金・健康保険加入となり、ご自分の保険料負担が生じますが、会社が半分負担してくれるので、本人負担は低くすみます。年収106万円ぐらいですと、厚生年金・健康保険の保険料の本人負担は月1万2,500円程度です。その上に、年金給付は厚生年金が付くので、年金が増えます。さらに、医療保険からも傷病手当金・出産手当金を受給できるようになります。負担

図表9-4　年収130万円の壁と被用者保険の適用拡大

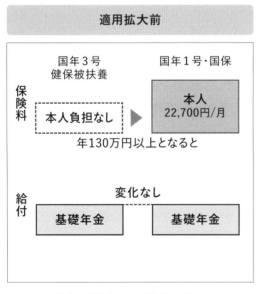

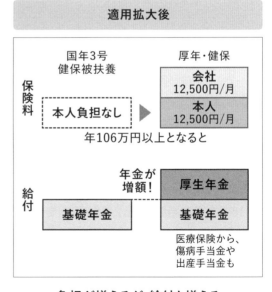

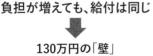

が増える分、本人にメリットがあります。

　130万円の壁と違って、週20時間・月8.8万円（年106万円）は、壁ではありません。「壁」というより「段差」です。一段登ればステップアップできます。適用拡大は、130万円の被扶養者認定基準を意識せずに働けるようになるメリットがあります。

（4）週20時間・月8.8万円は、所定労働時間・基本給等であり、残業等は含まない

　年収130万円の被扶養者認定基準と、月8.8万円の被用者保険の適用基準は、収入の範囲と判断の仕方が違います。

　図表9-5のとおり、年収130万円の被扶養者認定基準は、年間の総収入金額で判断します。一方、月8.8万円の短時間労働者の被用者保険の適用基準は、所定労働時間と所定内賃金の基本給等で判断します。

　このため、給与以外の収入（不動産収入、事業収入、配当収入）はもちろんのこと、1月を超える期間ごとに支払われる賃金（賞与等）、臨時に支払われる賃金（結婚手当等）、時間外労働に対して支払われる賃金（時間外手当）、休日労働及び深夜労働に対して支払われる賃金（休日手当、

図表9-5　**130万円の基準と106万円の基準の収入範囲等の違い**

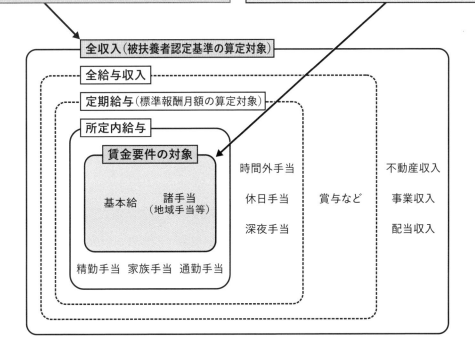

深夜手当）、最低賃金において算入しないことを定める賃金（精皆勤手当、通勤手当及び家族手当）は、年収130万円の判定には含みますが、月8.8万円の賃金要件の判定には含みません。

130万円の基準は、年間の総収入の結果で判定するので、例えば、年末の忙しい時に、扶養の範囲で働くパートの方が、残業や追加のシフトを嫌うということが生じます。週20時間・月8.8万円は、あらかじめ決まっている所定労働時間と所定内賃金で判定するので、そのようなことは生じません。

130万円と106万円の計算方法が違うのは、分かりにくいという人もいますが、この違いには、理由があるのです。130万円の基準は、被扶養であるのか、一定以上の経済力があるのかの判定ですから、実際に得たすべての収入額で判定することが合理的です。一方、月8.8万円（年106万円）の基準は、被用者保険の適用基準ですから、雇用契約を締結して働き始めた時に、適用か非適用かの関係が決まっていなければならないため、臨時に生じて変化する残業等は含めずに判定することが合理的です。

3 企業規模要件を設定したパート労働者への段階的な適用拡大

（1）企業規模要件の「従業員数」は、適用拡大以前の通常の被保険者の人数による

週20時間・月8.8万円以上の短時間労働者への被用者保険の適用拡大は、中小企業に配慮して、企業規模要件を付して段階的に進められています。

まず、2016年10月から、従業員500人超の企業から適用が始められ、2022年10月から従業員100人超規模、2024年10月から50人超規模の企業に適用となっており、企業規模要件の撤廃は、2025年の次期年金改正法の課題となっています。

なお、企業規模要件の「従業員数」は、適用拡大以前の通常の被保険者の人数を指し、それ以外の短時間労働者を含みません。フルタイムの労働者や、週労働時間が通常の労働者の4分の3以上の短時間労働者の人数で判断します。

また、月ごとに従業員数をカウントし、直近12か月のうち6か月で基準を上回ったら適用対象となります。従業員数のカウントは、法人は同一の法人番号を有する全事業所単位、個人事業主は個々の事業所単位で行います。

（2）適用拡大による事業主負担への影響

短時間労働者への被用者保険の適用拡大は、中小企業への影響に配慮して、企業規模要件を設けて段階的に進めていますが、事業主負担にどのような影響があるか、見てみましょう。

2016年に従業員500人超企業に適用拡大した時の実績で見ると、図表9-6のとおりです。事業主負担が適用拡大によりどのくらい増えるのかをイメージするために、まず、人数ベースで、一般被保険者数に対する短時間被保険者数の規模感を比較すると、影響の大きい「飲食店」で

適用拡大に伴う負担増加割合（500人超企業における実績値）

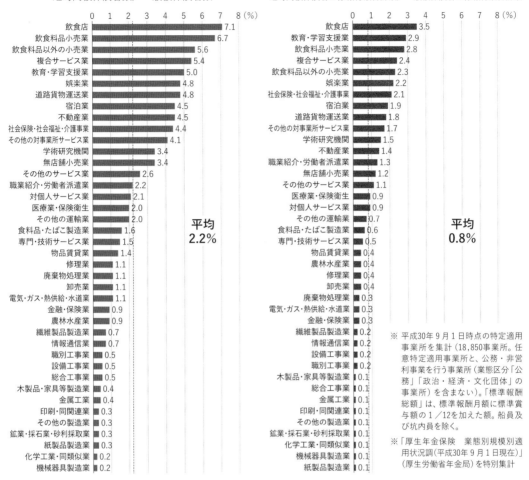

人数ベース
短時間被保険者数／一般被保険者数

業種	割合(%)
飲食店	7.1
飲食料品小売業	6.7
飲食料品以外の小売業	5.6
複合サービス業	5.4
教育・学習支援業	5.0
娯楽業	4.8
道路貨物運送業	4.8
宿泊業	4.5
不動産業	4.5
社会保険・社会福祉・介護事業	4.4
その他の対事業所サービス業	4.1
学術研究機関	3.4
無店舗小売業	3.4
その他のサービス業	2.6
職業紹介・労働者派遣業	2.1
対個人サービス業	2.1
医療業・保険衛生	2.0
その他の運輸業	2.0
食料品・たばこ製造業	1.6
専門・技術サービス業	1.5
物品賃貸業	1.4
修理業	1.1
廃棄物処理業	1.1
卸売業	1.1
電気・ガス・熱供給・水道業	1.1
金融・保険業	0.9
農林水産業	0.9
繊維製品製造業	0.7
情報通信業	0.7
職別工事業	0.5
設備工事業	0.5
総合工事業	0.5
木製品・家具等製造業	0.4
金属工業	0.4
印刷・同関連業	0.3
その他の製造業	0.3
鉱業・採石業・砂利採取業	0.3
紙製品製造業	0.3
化学工業・同類似業	0.2
機械器具製造業	0.2

平均 **2.2%**

標準報酬総額ベース
短時間被保険者の標報総額合計額／一般被保険者の標報総額合計額

業種	割合(%)
飲食店	3.5
教育・学習支援業	2.9
飲食料品小売業	2.8
複合サービス業	2.4
飲食料品以外の小売業	2.3
娯楽業	2.2
社会保険・社会福祉・介護事業	2.1
宿泊業	1.9
道路貨物運送業	1.8
その他の対事業所サービス業	1.7
学術研究機関	1.5
不動産業	1.4
職業紹介・労働者派遣業	1.3
無店舗小売業	1.2
その他のサービス業	1.1
医療業・保険衛生	0.9
対個人サービス業	0.9
その他の運輸業	0.7
食料品・たばこ製造業	0.6
専門・技術サービス業	0.5
物品賃貸業	0.4
農林水産業	0.4
修理業	0.4
卸売業	0.4
廃棄物処理業	0.3
電気・ガス・熱供給・水道業	0.3
金融・保険業	0.3
繊維製品製造業	0.2
情報通信業	0.2
設備工事業	0.2
職別工事業	0.2
木製品・家具等製造業	0.1
総合工事業	0.1
金属工業	0.1
印刷・同関連業	0.1
その他の製造業	0.1
鉱業・採石業・砂利採取業	0.1
化学工業・同類似業	0.1
機械器具製造業	0.1
紙製品製造業	0.1

平均 **0.8%**

※ 平成30年9月1日時点の特定適用事業所を集計（18,850事業所。任意特定適用事業所と、公務・非営利事業を行う事業所（業態区分「公務」「政治・経済・文化団体」の事業所）を含まない）。「標準報酬総額」は、標準報酬月額に標準賞与額の1／12を加えた額。船員及び坑内員を除く。

※「厚生年金保険　業態別規模別適用状況調（平成30年9月1日現在）」（厚生労働省年金局）を特別集計

7.1%、「飲食料品小売業」で6.7%であり、平均では2.2%となっています。

　パートの多い業種であっても、週30時間以上勤務しているパート従業員は、既に適用済であり、週20時間未満や学生が今回の適用拡大の対象外ですから、実際に影響があるのは、それほど大きい割合ではありません。

　さらに、実際の保険料の事業主負担の増加につながる標準報酬総額ベースで見ると、「飲食店」で3.5%、「飲食料品小売業」で2.8%、平均では0.8%にとどまっています。短時間労働者の賃金は、フルタイム労働者の賃金よりも少ないので、保険料負担の増加割合は、人数ベースで見るよりも、**小さくなる**のです。

　これを、適用拡大に伴って企業が負担する1人あたりの追加コストという観点で見ると、**短時間被保険者に係る平均的な標準報酬額は年172.8万円**であり、厚生年金保険料率は18.3%（事業主負担分9.15%）、健康保険料率（協会けんぽの平均料率）は10%（事業主負担分5%）、40～65歳の被保険者の介護保険料率（協会けんぽの料率）が1.82%（事業主負担分0.91%）ですから、

事業主負担の増加は、短時間被保険者１人あたり年間24.5万円程度（40～65歳の人の場合＋約1.5万円）ということになります。

　また、人件費全体の視点から見ると、企業はこれらの労働者に対し、賃金を支払うほか、福利厚生費や教育訓練費等の人件費を負担しています。また、一般労働者として被用者保険に既に適用されている人や、引き続き被用者保険が適用されない20時間未満や学生の人も含めた人件費があります。**人件費全体の中で見れば、適用拡大に伴い発生する追加コストは、その一部にとどまります。**

　事業主には、こうした追加コストが発生する一方で、被用者保険の適用拡大を通じて**雇用や働き方に中立的な制度が実現すれば、希望する人が労働時間を延ばす効果**が期待されるほか、**労働条件の改善を通じて企業運営に必要な人材が確保されやすくなる**といったメリットが期待されます。

（3）被用者保険の適用拡大による年金の充実

　被用者保険の適用拡大を進めるに当たっては、**適用拡大のメリットを理解**していただいて、事業主の方にも、従業員の方にも、適用拡大は良いことだ、と感じてもらうことが重要です。

図表9-7　**被用者保険の適用拡大による年金の充実**

適用拡大前の区分	適用拡大による負担の変化と給付の充実
①国民年金第１号被保険者	・国民年金保険料と比べて、本人負担が下がるケースがある。 ・未納や免除が多い国民年金と異なり、確実に基礎年金に結びつく。 ・報酬比例の厚生年金が付く。
②国民年金第３号被保険者	・本人負担が新たに生じる。 ・報酬比例の厚生年金が付く。
③国民年金非加入（20歳未満又は60歳以上）	・本人負担が新たに生じる。 ・報酬比例の厚生年金が付く。 ・厚生年金の加入期間が40年に満たない場合は、経過的加算（基礎年金額に相当）が加算される。

週20-30時間・月収8.8万円以上のパート労働者の被保険者区分
（2016年10月末、年金局集計）

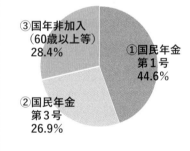

③国年非加入（60歳以上等）28.4%
①国民年金第１号 44.6%
②国民年金第３号 26.9%

厚生年金保険料と年金額の目安（2024（令和６）年度）			年間給与				
			120万円	150万円	200万円	250万円	300万円
年金保険料（月額）の目安			8,967円	11,529円	15,555円	18,300円	23,790円
増える報酬比例部分の年金額（月額）の目安 →終身の給付	加入期間	１年	497円	639円	862円	1,015円	1,319円
		10年	4,973円	6,395円	8,628円	10,150円	13,196円
		20年	9,947円	12,790円	17,256円	20,301円	26,392円
		30年	14,921円	19,185円	25,884円	30,452円	39,588円
＋老齢基礎年金（40年加入で月額68,000円）　＋さらに経過的加算が加算される場合がある							

（注）報酬比例部分の年金額の目安は、該当する標準報酬月額に、給付乗率5.481/1000、令和６年度の期間の再評価率0.926、加入期間の月数を乗じて計算した月額

適用拡大による負担と給付の変化は、図表9-7のように、適用拡大前の被保険者区分によって異なります。

一つ目の国民年金第1号被保険者の場合、厚生年金保険料の半分は事業主が負担しますので、賃金が低い場合は、国民年金保険料と比べて、保険料の本人負担が下がるケースも生じます。

保険料負担が下がって、報酬比例部分の年金が増えるのですから、従業員にとって、明らかにメリットが大きいです。また、国民年金第1号被保険者の場合、保険料が納付できずに、免除や未納の方も多いので、基礎年金が確実に付くメリットも大きいです。

二つ目の国民年金第3号被保険者の場合は、本人負担が新たに生じますが、報酬比例部分の年金が新たに付くため、将来の年金が充実します。

三つ目の20歳未満や60歳以上の方は、国民年金の加入対象でありませんので、厚生年金被保険者となることで、保険料負担が新たに生じますが、報酬比例部分の年金が新たに付くほか、厚生年金の加入期間が40年に満たない場合は、さらに厚生年金の経過的加算（基礎年金額に相当）が加算され、将来の年金が大きく充実します。

厚生年金に加入することにより、将来増える年金額の目安は、図表9-7の下段のとおりです。年収120万円（標準報酬月額9万8千円）のパート労働者の場合、本人分の年金保険料（月額）は、8,967円であり、20年加入した場合、報酬比例の厚生年金が月額9,947円（2024年度年金額）増え、これを終身で受け取ることができます。この年金額は、将来の賃金や物価の上昇に伴い増額されます。これに加えて、基礎年金が確実に付き、さらに、厚生年金の経過的加算が付くこともあります。保険料の負担に応じて、給付が充実するメリットがあります。

（4）単身者など国民年金・国民健康保険の人には、特にメリットが大きい

上記のように、国民年金第1号被保険者の人には、保険料負担が下がって、報酬比例部分の年金が増えるのですから、従業員にとって、特にメリットが大きいです。

例えば、月収8.8万円の例では、適用前は、国民年金と国民健康保険料が合計で月19,400円程度です。これが、被用者保険を適用すれば、厚生年金と健康保険で本人負担は月12,500円程度と負担が安くなります。

労働時間が週20時間～30時間で、賃金が月8.8万円以上のパート労働者の被保険者区分を見ると、図表9-7のとおり、①国民年金第1号が44.6％、②国民年金第3号が26.9％、③国民年金非加入（20歳未満及び60歳以上）が28.4％です。（厚生労働省「公的年金加入状況等調査（平成28年）」の調査票情報を年金局で独自集計したもの）。

国民年金第3号被保険者は4分の1程度にとどまり、メリットが大変大きい国民年金第1号被保険者や高齢者が、多くを占めることが分かります。

また、適用拡大前に国民年金第1号被保険者であった人について、国民年金保険料の納付状況をみると、納付は51％にとどまり、未納が15％、全部又は一部の免除が28％、納付猶予等が6％となっています（500人規模の適用拡大時の年金局による特別集計）。

約半数が免除又は未納で、将来、低年金となるところであり、被用者保険の適用拡大は、低年金の防止に大きく効果があります

4　パート適用と就業調整

（1）就業時間を延長して加入する人がいる一方、時間短縮して加入を回避する人がいる

　週20時間・月8.8万円以上の短時間労働者への適用拡大の実施の際に、働き方がどのように変化したか、労働政策研究・研修機構（JILPT）の「社会保険の適用拡大に伴う働き方の変化等に関する調査」（2018及び2022）の結果を見てみると、図表9-8のとおりです。

　2016年10月の従業員500人超規模企業の適用拡大の際には、第3号被保険者でも、時間短縮して加入回避した人が30%であったのに対し、時間延長して加入した人が42%であり、**時間を減らした人よりも、増やした人の方が多い結果**でした。また、被用者保険を適用すると負担が減る第1号被保険者では、時間短縮した人6.8%に対し、時間延長した人28.8%であり、時間を増やした人が大多数を占めました。

　ところが、**2022年10月の従業員100人超規模企業の適用拡大の際には、第3号被保険者では、時間短縮して加入回避した人が増えました。** 時間短縮して加入回避した人が48.1%であり、時間延長して加入した人20.8%の2倍を超えました。また、被用者保険を適用すると負担が減る第1号被保険者でも、時間短縮した人22.4%にのぼり、時間延長した人20.5%を上回りました。

図表9-8　**短時間労働者への適用拡大（週20時間以上／月8.8万円以上）の影響**

2016年10月の適用拡大時（500人超規模企業）

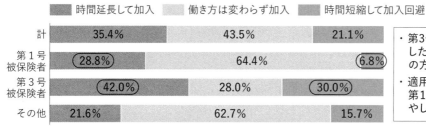

（出所）労働政策研究・研修機構（JILPT）「社会保険の適用拡大に伴う働き方の変化等に関する調査」（2018）より作成

2022年10月の適用拡大時（100人超規模企業）

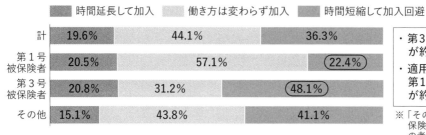

（出所）労働政策研究・研修機構（JILPT）「社会保険の適用拡大に伴う働き方の変化等に関する調査」（2022）より作成

企業規模によって、短時間労働者の働き方への考え方がこれほど異なるとは、考えにくいので、事業主側の要因があった可能性が考えられます。従業員500人超規模の大きな企業では、企業の側が、短時間労働者に対して、**被用者保険適用のメリットをしっかり説明して、時間延長して加入することを促す努力を十分に行った**のに対し、**従業員100人超規模の企業では、従業員への説明が必ずしも十分でなかった**可能性が考えられます。

　また、従業員100人超規模の企業では、本人の負担が減るはずの第1号被保険者でも、就業調整をした人が多かったことを見ると、**事業主負担の増加を懸念して、時間短縮による加入回避を望んでいた事業主も多かった**可能性も考えられます。

（2）被用者保険の適用で手取りを減らさないよう、労働時間の延長を促すことが対応策

　被用者保険の適用により、将来の年金給付が増えるとしても、現在の手取り収入を減らしたくない人も多いです。このため、手取りが減らないよう、労働時間を増やす人も、多くいます。

　図表9-9は、例えば、時給1,016円で週20時間働いて月収8.8万円の人が、被用者保険の適用拡大により、保険料負担が生じて、手取りが減少した場合でも、働く時間を週3～4時間増やすことにより、同じ手取りを得ることができる、という計算をしたものです。

　週20時間以上の適用拡大の対象となった事業所では、従業員に対して、そのような説明をして、

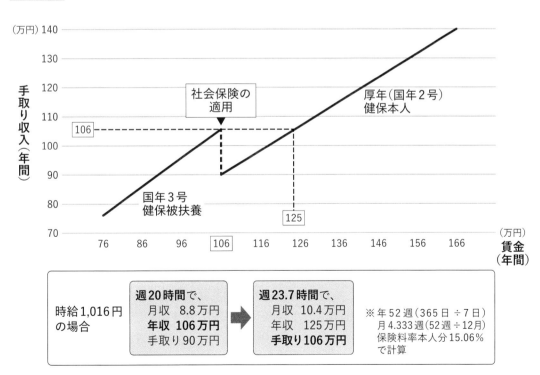

　図表9-9　**手取り収入を減らさないための労働時間の延長**

※手取り収入の計算は、給与から社会保険料（厚生年金保険料、健康保険料、介護保険料）のみを控除した金額とし、税金等については考慮していない。令和5年度の厚生年金保険料率18.3%、健康保険料率（協会けんぽの全国平均）10.0%、介護保険料率1.82%の合計（30.12%）の半分（労使折半）を、本人の保険料負担として計算。

働く時間を増やすように働きかけることが重要です。

　労働時間を短縮して適用を回避した人は、労働時間を短縮したのですから、手取りも減少してしまいますし、将来の年金額も増えません。

　週20時間働く人が、あと3〜4時間多く働くと、概ね手取りの減少が回復する計算になり、さらに長く働けば、手取りも増加します。従って、社会保険の適用のメリットについての理解を促進し、働く時間を増やすことによって、手取りの逆転を生じないようにすることが、この問題への対応策です。

5　被用者保険の適用拡大を進める意義

（1）働き方や勤め先による区別なく、被用者にふさわしい社会保障を享受できるようにする

　被用者保険の適用拡大を進める意義の一つ目は、被用者が働き方や勤め先による区別なく、被用者にふさわしい社会保障を享受できるようにすることです。

　年金では、国民年金に加入していた人（第1号・第3号被保険者）が厚生年金に移行することにより、年金の老齢・障害・遺族の三つの保障が充実します。基礎年金に加えて報酬比例の厚生年金が支給されることに加え、障害厚生年金は、障害等級3級や障害手当金もあり、障害基礎年金に該当する状態よりも軽度な障害でも保障されます。

　医療保険でも、国民健康保険から健康保険に移ることにより、業務災害以外での傷病等による休業期間中に賃金の3分の2を支給する傷病手当金や、産休期間中の出産手当金も支給されます。

　また、保険料については、社会保険料の半分は事業主が負担しますので、賃金が低い場合は、保険料の本人負担が下がるケースも生じます。例えば、月額賃金8.8万円で国民健康保険・国民年金に加入している人（第1号被保険者）の場合、毎月19,400円程度の保険料を自身で納付する必要がありますが、被用者保険の被保険者であれば、半分は事業主が負担するため、本人負担は月額12,500円程度になります。

（2）働き方や雇用の在り方に対して、中立的な社会保障制度としていく

　労働者の働き方や企業による雇い方の選択において、社会保険制度における取扱いによってその選択が歪められたり、不公平が生じたりすることがないようにすることが重要です。

　現行の制度では、事業主にとって、社会保険料の事業主負担を回避するために、フルタイムの従業員を減らして、社会保険料が適用されないパート労働者に置き換えようという動機が働きます。

　また、配偶者の被扶養の範囲で働くパート労働者の中には、被用者保険の適用を回避するために、就業調整をする方もいます。

　被用者保険の適用拡大を通じて雇用や働き方に中立的な制度が実現すれば、被扶養者認定基準や社会保険の適用基準を気にせず、自らの希望する働き方ができるようになるほか、企業運

営に必要な人材が確保されやすくなることで、事業主側にも大きなメリットが期待されます。

（3）社会保障費用を価格に反映し、無理なく負担を共有できる社会経済システムを作る

　被用者保険の適用拡大の意義としては、私は、上記の（1）と（2）に加えて、「社会保障費用を適正に価格転嫁して無理なく負担を共有していける社会経済システムを作る」という意義があると考えます。これは、第3章（経済と年金）の3（3）で説明しました。

　人への投資が求められる社会経済の中で、人の勤労の対価に、社会保険料コストを上乗せし、それが最終的に消費者に価格転嫁がされていくようにし、過当競争による負担回避が生じない普遍的な強制適用を行うことにより、無理なく負担を共有していく社会経済システムを作るという意義があると考えています。（第3章の図表3-6参照）

　事業主負担をしている事業主は、その財源を売り上げの中で賄っており、価格に転嫁しています。一方で、非適用の労働者を使う事業主は、その負担を回避しています。**公正な競争環境**が確保されていません。

　被用者保険の適用拡大を徹底して進めることにより、働き方にかかわらず、事業主が社会保険料負担をすることとなれば、この面での過当競争が生じず、価格転嫁がしやすくなるはずです。

　また、賃金の引上げや勤労者の社会保険料の適正負担による人件費の上昇は、個々の企業の経営上は難しい課題となりますが、**経済全体で見れば、機械化、IT化、事業内容のシフトにより、社会全体の生産性の向上を促し、経済発展に寄与します。**

　そういった意味で、被用者保険の適用拡大は、社会経済システムを変えていく大変意義深いものであり、実現していくべき大きな課題です。

第10章 勤労者皆保険の実現に向けて

1. 勤労者皆保険の取組み

   （1）勤労者皆保険という言葉

   （2）全世代型社会保障構築会議の報告書で、勤労者皆保険の実現に向けた方針が示された

2. 週20時間未満の短時間労働者へ適用拡大するための3つの手法

   （1）いわゆる年収の壁を解消するには、週20時間未満・月8.8万円未満への適用拡大が必要

   （2）週1時間からの社会保険の適用が望ましいが、まずは、週10時間以上への適用拡大を

   （3）国民年金保険料との整合性の論点については、調整を要しないとする意見もある

   （4）第1号被保険者には、重複する厚年保険料の基礎年金部分の負担を還付する手法

   （5）第1号被保険者には、厚年保険料と国年保険料との差額の負担を求める手法

3. 週20時間未満に適用拡大するための3つの手法の比較

   （1）3つの手法の同じ部分と異なる部分

   （2）3つの手法における被保険者本人の保険料負担額の比較

   （3）3つの手法における所得再分配の構造の比較

   （4）各案を比較・検討した上で、適用拡大を急ぐことが望まれる

4. 複数の事業所で勤務する者への適用方法

   （1）短時間の労働者に適用拡大する際には、複数事業所勤務の事務の簡素化が必要

   （2）複数の事業所の勤務時間を合算して適用する場合には、本人に届出を求める必要がある

5. フリーランス等に適用拡大するための手法と課題

   （1）被用者ではないフリーランス等に適用拡大するには、新しい仕組みの検討が必要

   （2）雇用類似の関係に着目したアプローチ

   （3）事業所得に着目したアプローチ

6. 勤労者皆保険のアプローチで公的年金制度の一元化をめざす

---

1 勤労者皆保険の取組み

（1）勤労者皆保険という言葉

　「勤労者皆保険」は、はじめは「勤労者皆社会保険」と呼ばれていました。この言葉が、政府・与党の文書で使われた最初は、自由民主党の政務調査会の「財政再建に関する特命委員会」の下に置かれた「2020年以降の経済財政構想小委員会」（委員長：橘慶一郎衆議院議員、委員

長代行：小泉進次郎衆議院議員、事務局長：村井英樹衆議院議員）が、2016（平成28）年10月にとりまとめた政策提言「人生100年時代の社会保障へ」です。

この提言では、『社会保障も、多様な働き方を前提とした見直しが必要だ。現在の社会保障は、終身雇用を前提に設計されており、新しいライフスタイルに対応できない。例えば、企業の社会保険は正規雇用のみを対象にしている。一定の所得・勤務時間に満たない勤労者は、企業の厚生年金や健康保険に加入できず、十分なセーフティーネットの対象になっていない。今後は、いかなる雇用形態であっても、企業で働く方は全員、社会保険に加入できるようにして、充実した社会保障を受けられるようにすべきだ。いわば「勤労者皆社会保険制度（仮称）」の実現である。』としています。

「社会保険」とは、厚生年金と健康保険のことであり、事業所に使用されている人が被保険者となり、本人と事業主が保険料を労使折半で負担するので、「被用者保険」とも呼ばれます。その対象とならない人は、国民年金、国民健康保険の被保険者となり、被保険者本人が保険料を負担します。

日本では、1961（昭和36）年に国民健康保険法と国民年金法が全面実施され、国民のすべてがいずれかの公的医療保険制度と公的年金制度に加入する「国民皆保険・皆年金」が実現していますが、勤労者はすべて厚生年金・健康保険の方に加入するようにする政策ですから、「勤労者皆社会保険」という言葉になりました。

その後、2018（平成30）年5月に、自由民主党政務調査会の「人生100年時代戦略本部」（本部長：岸田文雄政調会長、事務局長：小泉進次郎衆議院議員）がとりまとめた政策提言「選択する社会保障」にも、「社会保険の適用拡大：「勤労者皆社会保険制度（仮称）」の実現」が盛り込まれました。

この提言では、当面の改革アプローチとして、『「勤労者皆社会保険制度（仮称）」について、どのようなプロセスを踏んで実現するか検討し、工程表を策定する。まずは、適用拡大について、年金機能強化法の検討規定に基づき、国民年金との関係、労働市場の状況なども踏まえながら、検討を進め、段階的に実現する。』としています。

これは、その年の6月に政府で閣議決定された骨太方針2018（経済財政運営と改革の基本方針）に盛り込まれ、『働き方の多様化を踏まえ、勤労者が広く被用者保険でカバーされる勤労者皆保険制度の実現を目指して検討を行う。』とされ、勤労者皆保険制度という言葉について、脚注で「被用者保険の更なる適用拡大」と説明が付けられています。

このように、当初は「勤労者皆社会保険」という言葉が使われ、その後、短縮された「勤労者皆保険」という言葉に変わりました。社会保険をすべての勤労者にという考え方であり、被用者保険の適用拡大と同義の言葉として使われています。段階的に実現していくという考え方も示されています。

その後、翌年2019（令和元）年5月の自由民主党の人生100年時代戦略本部がまとめた「人生100年時代の社会保障改革ビジョン」や、同年6月に政府が閣議決定した骨太方針2019では、「勤労者皆社会保険」の言葉が使われていましたが、2021年10月の岸田総理の所信表明演説で、「勤労者皆保険の実現」という言葉が使われて以降、この言葉が定着しています。

この言葉が政府・与党で使われ始めた時期は、2020（令和2）年の年金制度改正法案提出に

向けた検討を行っていた時期であり、法案には、労働時間週20時間以上・賃金月8.8万円以上の短時間労働者について、企業規模50人超までの適用拡大等が、盛り込まれました。

当時はまだ、勤労者皆保険の対象範囲は、雇用労働者と理解されていましたが、2021（令和3）年10月の岸田文雄総理の国会での所信表明演説で、「将来への不安が、消費の抑制を生み、経済成長の阻害要因となっています。兼業、副業、あるいは、学びなおし、フリーランスといった多様で柔軟な働き方が拡大しています。大切なのは、どんな働き方をしても、セーフティーネットが確保されることです。働き方に中立的な社会保障や税制を整備し、「勤労者皆保険」の実現に向けて取り組みます。」と演説しました。

これ以降、勤労者皆保険の対象は、雇用労働者に限らず、フリーランスやギグワーカーについても、検討対象に加えられるようになり、そのことは、岸田総理の国会答弁で示されました。

（2）全世代型社会保障構築会議の報告書で、勤労者皆保険の実現に向けた方針が示された

内閣官房に設けられた全世代型社会保障構築会議の2022（令和4）年12月の報告書では、「勤労者がその働き方や勤め先の企業規模・業種にかかわらず、ふさわしい社会保障を享受できるようにするとともに、雇用の在り方に対して中立的な社会保障制度としていく」として、課題への対応を着実に進めていくべき、としています。

図表10-1のとおり、報告書では、まず、①週20時間以上勤務する短時間労働者について、「企業規模要件の撤廃について早急に実現を図るべき」としています。また、②5人以上を使用する個人事業所の非適用業種については、「解消を早急に図るべき」とし、2つの優先課題を明示しています。

その上で、③週労働時間20時間未満の短時間労働者についても、「適用拡大を図ることが適当と考えられることから、そのための具体的な方策について、実務面での課題や国民年金制度との整合性等を踏まえつつ、着実に検討を進めるべき」としています。また、「複数の事業所で勤務する者（マルチワーカー）で、いずれの事業所においても単独では適用要件を満たさないものの、労働時間等を合算すれば適用要件を満たす場合については、実務的な課題の解決を図ったうえで、被用者保険の適用に向けた具体的な検討を進めるべき」としています。

さらに、④5人未満を使用する個人事業所についても、「被用者保険の適用を図る道筋を検討すべき」としています。

加えて、⑤フリーランス・ギグワーカーについて、現行の労働基準法上の「労働者」に該当する方々については、「被用者性」も認められ、「適用が確実なものとなるよう、必要な対応を早急に講ずるべき」とした上で、それ以外の「労働者性」が認められないフリーランス・ギグワーカーに関しては、「新しい類型の検討も含めて、被用者保険の適用を図ることについて、フリーランス・ギグワーカーとして働く方々の実態や諸外国の例なども参考としつつ、引き続き、検討を深めるべき」としています。

検討の優先順位や留意点を示して、検討の方向が示されており、段階的な取組みを進めて、適用を実現していくことが是非必要です。

このうち、①の週20時間以上の短時間労働者についての企業規模要件の早期撤廃や、②の5

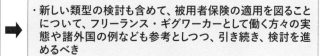

図表10-1　勤労者皆保険の実現に向けた段階的取組み

2022年12月17日の全世代社会保障構築会議の報告書

①パート労働者（週20〜30時間） ・企業規模要件を設け、順次適用拡大中 ・（2024年10月〜）50人超	➡	・企業規模要件の撤廃について早急に実現を図るべき
②非適用業種の5人以上の個人事業所の従業員 ・1953年以後、法定16業種のまま ・（2022年10月〜）士業を追加	➡	・非適用業種については、解消を早急に図るべき ※農業・林業・漁業、宿泊業、飲食サービス業、洗濯・理美容・浴場業、娯楽業、警備業、デザイン業、経営コンサルタント業 等
③パート労働者（週20時間未満） ・週20時間以上・月賃金8.8万円以上 ・最低賃金が上昇すると、賃金要件は実質無意味になる	➡	・適用拡大を図ることが適当と考えられることから、そのための具体的な方策について、実務面での課題や国民年金制度との整合性等を踏まえつつ、着実に検討を進めるべき ・複数の事業所で勤務する者（マルチワーカー）で、労働時間等を合算すれば適用要件を満たす場合については、実務的な課題の解決を図ったうえで、被用者保険の適用に向けた具体的な検討を進めるべき
④5人未満の個人事業所の従業員 ・法人は、1985年改正で1人から適用	➡	・適用を図る道筋を検討すべき
⑤フリーランス、ギグワーカー ・現行でも労働基準法上の労働者に該当する場合は適用対象 ・それ以外の者は適用外	➡	・新しい類型の検討も含めて、被用者保険の適用を図ることについて、フリーランス・ギグワーカーとして働く方々の実態や諸外国の例なども参考としつつ、引き続き、検討を進めるべき

人以上個人事業所の非適用業種の解消については、2020年の年金改正法の国会の附帯決議でも求められており、2025年の次期年金制度改正で、是非実現が必要と考えます。

　また、近年課題となっている「いわゆる年収の壁」の解消のためには、③の週20時間未満・月8.8万円未満の短時間労働者への適用についても、次期制度改正に向けて、検討を急ぐ必要がある課題です。

　この③の週20時間未満・月8.8万円未満の短時間労働者や、⑤のフリーランス、ギグワーカーへの適用については、それを可能とするための制度的な工夫が必要です。この２つの課題について、どのような方策が考えられるか、本稿の執筆時点では厚生労働省から検討案は示されていませんので、本章では、私の私見として、論じてみたいと思います。

　また、④の５人未満の個人事業所の従業員への適用拡大については、法人については従業員１人から適用しているので、適用事務は基本的には同じであり、そこで働く労働者が、将来、低年金にならないように、社会保険の適用拡大を図る必要があります。一方で、零細の個人事業所の経営への配慮が必要ですから、段階的な取組みの中で、適用を図る道筋を検討していく課題と考えます。

　適用拡大の対象者のうち、雇用労働者については、2023年５月の年金部会の資料では、図表10-2のとおり推計されています。

70歳以上を除く雇用者全体は5,660万人ですが、このうち、現在適用されているフルタイムが4,480万人、短時間被保険者（従業員500人超規模）が52万人です。2020年の改正法による適用拡大により、短時間被保険者（従業員50人超規模）が180万人程度、士業の個人事業所が5万人程度が加わるものと推計されています。

　今後、①の企業規模要件の撤廃で約130万人程度、②の非適用業種の解消で、フルタイム20万人、短時間被保険者9万人程度が対象となると推計されています。

　③の20時間未満は、560万人と推計されていますが、そのうち月賃金5.8万円以上では350万人と推計されています。（注：5.8万円は健康保険の最低標準報酬月額）

　また、④の5人未満個人事業所は、フルタイムで90万人と推計され、そのほかに短時間も見込まれます。

　このほか、適用義務のある未適用者が、2019年度末の推計で、フルタイム92万人、短時間13万人と推計されていますが、これは、適用促進の取組みにより、今後減少が見込まれます。

図表10-2　**適用拡大の効果と対象者数の推計（2020年（令和2年）改正時）**

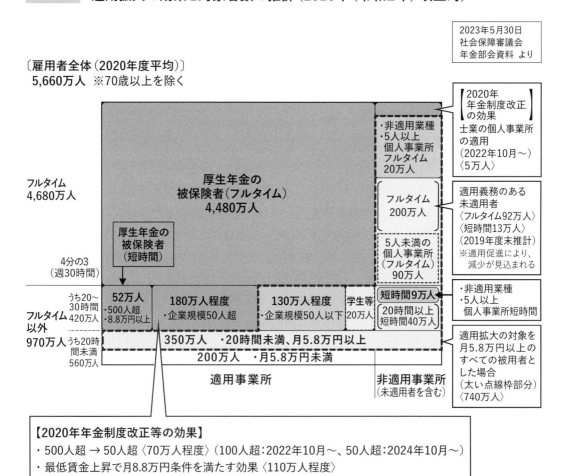

2　週20時間未満の短時間労働者へ適用拡大するための3つの手法

（1）いわゆる年収の壁を解消するには、週20時間未満・月8.8万円未満への適用拡大が必要

　現在の短時間被保険者の適用は、労働時間が週20時間以上で、かつ賃金が月8.8万円以上である人に限られています。このため、社会保険料の負担を回避するために、**労働者本人が就業時間を調整したり、事業主が基準を下回る雇用の仕方を選択する誘因**が働きます。

　いわゆる「年収の壁」については、被用者保険の適用により、賃金収入の手取りが減る「段差」ではあるが、その分、給付も増えるので、「壁」と呼ぶべきではない、という意見も多くあり、私もそう思います。ことさら「年収の壁」と呼ぶことによって、かえってその意識を助長してしまいます。「壁」ではなくて、「**被用者保険にステップアップ**」することを強調した説明をすべきだと思います。

　その上で、現実にそのような行動をする人がいることも事実ですから、**制度的な見直しによって、手取りの段差が生じない制度**にすることが急がれます。いわゆる年収の壁を制度的に解消するには、どうすれば良いか、図表10-3で図解しました。

　図表10-3の①の「週20時間・月8.8万円未満に適用拡大」では、事業主も労働者も、段差が

図表10-3　いわゆる年収の壁を解消する方法 → ①が唯一の解決方策

①週20時間・月8.8万円未満に適用拡大

〈事業主・労働者〉

保険料 / 賃金

適用拡大 / 週20時間以上 月8.8万円以上

- ✓ 段差が解消し、働き方に中立的
- ✓ 公平な負担
- ✓ 生産性の向上を促し、日本経済を強くする

②手取りが減少しないよう、保険料を軽減

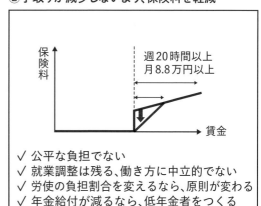

- ✓ 公平な負担でない
- ✓ 就業調整は残る、働き方に中立的でない
- ✓ 労使の負担割合を変えるなら、原則が変わる
- ✓ 年金給付が減るなら、低年金者をつくる

③国民年金第3号被保険者・健康保険被扶養配偶者制度を廃止し、国年保険料・国保保険料を徴収

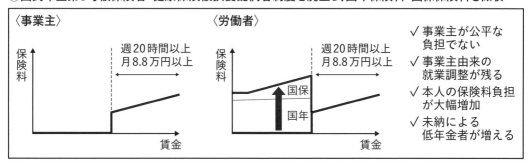

- ✓ 事業主が公平な負担でない
- ✓ 事業主由来の就業調整が残る
- ✓ 本人の保険料負担が大幅増加
- ✓ 未納による低年金者が増える

解消し、働き方に中立的な制度になります。また、賃金に比例した保険料負担となるので、公平です。社会保険料の事業主負担が不要な安い労働力を使うことができなくなる事業主は、コスト削減のために機械化、システム化の投資をしたり、人手をできるだけ使わないような事業方法を工夫するため、**社会全体として生産性の向上を促し、日本経済を真に強くします**。

　一方、②の「手取りが減少しないよう、保険料を軽減」する方法では、様々な問題が生じます。適用基準の周辺で、保険料を軽減することで、段差をなだらかにすることができますが、一部の人を対象に保険料を軽減することは、**軽減対象でない人から見ると、不公平な制度**になります。その一方で、段差はなだらかになったとしても、負担が無い方が良い、という労働者や事業主はいますので、**就業調整は残り、働き方に中立的ではありません**。また、本人の保険料負担を軽減するために、労使の負担割合を変えて、**事業主負担割合を高めるなら、労使折半負担の社会保険の原則が崩れます**。高い負担割合を避けて、負担が生じない雇用の仕方を選択する事業主も増えるでしょう。また、保険料負担を軽減した分、**年金給付も減るのなら、低年金者を作ってしまいます**。

　また、③の「**国民年金第3号被保険者・健康保険被扶養配偶者制度を廃止し、国年保険料・国保保険料を徴収**」という方法でも様々な問題が生じます。適用基準を下回る場合は、事業主の社会保険料負担が生じないため、**事業主負担が公平ではありませんし、事業主に由来する就業調整が解消できません**。また、労働者本人の保険料負担が大幅に増加し、**厚生年金が無く、国民年金保険料も未納や免除となることによる低年金者が増加**します。

　配偶者の扶養の範囲で働こうとして就業調整をする人がいることから、年収の壁を無くすためには、第3号被保険者制度を廃止すれば良いのでは無いか、と考える意見もあります。しかし、2022年10月の適用拡大時（企業規模要件100人超）に、第1号被保険者でも22.4%が就業時間を短縮して加入を回避したという結果（第9章の図表9-8参照）に見られるように、仮に第3号制度を廃止しても就業調整が残ることから、いわゆる**年収の壁の問題は、第3号被保険者制度の議論とは切り離して考えるべき**です。

　このようなことを考えると、いわゆる年収の壁を制度的に解消する方策は、①の「**週20時間・月8.8万円未満への適用拡大**」が唯一の解決方策であることがわかります。

（2）週1時間からの社会保険の適用が望ましいが、まずは、週10時間以上への適用拡大を

　いわゆる年収の壁を解消し、働く側にとっても、雇う側にとっても、働き方に中立的な制度とするためには、**最終的には、労働時間や賃金による基準を撤廃し、段差を無くすことが望ましい**と考えます。

　また、将来の低年金を防ぐためには、労働時間が少ない場合でも、働いた分だけ厚生年金に結びつけることが重要です。**時間や賃金で区分してしまうと、それに満たない労働が、社会保障につながりません**。

　もちろん、臨時的・一時的な就労まで適用したのでは、実務的に非効率ですし、実益も乏しいですから、**一般の被保険者と同様に、雇用期間2か月以内の臨時的・一時的な就労は、適用除外**という基準は、維持して良いと考えます。

　しかし、いきなり週1時間から適用とするのでは、影響が大きいことを考慮すると、段階として、

まずは、「週10時間以上」に適用拡大するならば、適用を避けようと考えても、労働者にとっては賃金が稼げませんし、事業主にとっては働き手が確保できませんので、それ未満にとどめる就業調整は少ないのではないかと考えられます。

　雇用保険制度では、現在、週の所定労働時間が20時間以上の雇用労働者を雇用保険法の適用対象としていますが、雇用労働者の中で働き方や生計維持の在り方の多様化が進展していることを踏まえ、雇用のセーフティネットを拡げる観点から、雇用保険の適用対象を週の所定労働時間が10時間以上の労働者まで拡大し、2028（令和10）年10月1日に施行することとされました。このため、2024年の通常国会に雇用保険法の改正法案が提出されました。

　雇用保険と、厚生年金保険や健康保険の社会保険とでは、給付の内容や目的が異なりますから、適用範囲は同一である必要は必ずしもありませんが、社会保険においても、まずは、雇用保険と同様に、週10時間以上への適用拡大を急ぐことが必要と考えます。

　なお、「2030年代半ばまでに最低賃金の全国加重平均が1,500円となることをめざす」と政府が掲げている中で、時給が1,300円程度になれば、週10時間で月額賃金が5.8万円に近くなり、現在の健康保険の最低標準報酬月額の水準となります。時間要件と賃金要件の両方があると、複雑になりますし、賃金要件があると、賃金が上昇すると適用基準を超えるという事象も生じますので、所定内労働時間の時間要件のみとするのが良いと考えます。

（3）国民年金保険料との整合性の論点については、調整を要しないとする意見もある

　内閣官房の全世代型社会保障構築会議の報告書（2022年12月17日）では、「週労働時間20時間未満の短時間労働者についても、（中略）、適用拡大を図ることが適当と考えられることから、そのための具体的な方策について、実務面での課題や国民年金制度との整合性等を踏まえつつ、着実に検討を進めるべきである。」としています。

　この「国民年金制度との整合性」とは、労働時間が短く賃金月額が少ないと、国民年金保険料との逆転が生じてしまう、という論点です。

　厚生年金保険料率は18.3％ですから、賃金月額8.8万円の場合の保険料額は16,104円です。一方、国民年金保険料は、月額16,980円（2024年度）です。これより低い賃金月額の人にも適用すると、国民年金保険料より少ない保険料で、基礎年金だけでなく報酬比例部分も付くことになります。

　2012（平成24）年の改正法で、短時間労働者への適用拡大を従業員500人超の企業について行った改正では、当初の政府提出の法律案は、賃金月額7.8万円以上という案でした。当時は民主党政権で、野党の自民党から、国民年金の保険料より低い負担で基礎年金に加えて厚生年金を受けられることに対する不公平感が指摘され、3党合意で、賃金月額8.8万円以上に修正した上で、法案が成立したという経緯もあります。

　一方、この論点については、被用者グループの中での所得再分配であるとして、国民年金保険料との調整は必要ないとする考え方もあります。社会保障審議会年金部会の委員をされている慶応義塾大学経済学部の駒村康平教授も、その旨の意見を年金部会で発言しています。

　国民年金保険料の月額1万6,500円程度と、最低標準報酬月額の8万8,000円に18.3％を掛け

て、この２つのバランスが取れる下限が8.8万円だという説明は、**厚生年金保険料のうち、概ね３分の２が報酬比例部分の給付に充当され、概ね３分の１が基礎年金拠出金に充当されています**から、表面的に厚生年金と国民年金の保険料を比較して、その**バランスが取れるような賃金水準で下限をつくったという説明には、合理的根拠が無い**、という指摘です。

また、厚生年金の最低標準報酬月額8.8万円に保険料率18.3％を乗じると16,104円であり、現在は、国民年金保険料（2024年度）の16,980円に近い額になっていますが、**今後、国民年金保険料は賃金スライドで上昇が見込まれるため、乖離は拡大すると見込まれます**。

厚生年金制度では、報酬比例で保険料を賦課しつつ、給付は定額の基礎年金と報酬比例の厚生年金を組み合わせることで、**被用者グループの中での所得再分配の機能があります**。一方、現行の国民年金制度は、定額保険料であるため、保険料による所得再分配機能はありません。この制度の違いによるものですから、被用者グループの中で最も再分配が効いている低賃金の者の厚生年金保険料の金額と、国民年金保険料の金額を比べてバランスを取る必要は無い、という考え方は、一つの考え方だと思います。

（4）第1号被保険者には、重複する厚年保険料の基礎年金部分の負担を還付する手法

一方、国民年金の保険料より低い負担で基礎年金に加えて厚生年金を受けられるのは、不公平感があるという考え方に立つと、**国民年金保険料との調整の仕組みが必要となります**。この問題に対しては、社会保険料の労使折半の原則にとらわれない手法で解決を図ろうとする提案もありますが、本稿では、**労使折半の原則を維持しながら調整を行う方法**として、2つの手法の案を紹介し、（3）で説明した調整を要しないとする案を含めて、3案の比較を論じます。

その一つの案は、図表10-4のとおりで、本稿では**A案**と呼びます。

現行制度では、厚生年金被保険者は、国民年金法では第2号被保険者と位置づけられていますが、この案では、週労働時間20時間未満・月額賃金8.8万円未満の短時間労働者にも厚生年金制度を適用した上で、**保険料が少額の厚生年金被保険者**については、国民年金法上は、**第2号被保険者とせずに、第1号又は第3号被保険者と位置づける**仕組みとします。

その上で、少額の厚生年金保険料と国民年金保険料の両方の負担が生じる人については、**基礎年金部分についての保険料負担が重複しないよう、少額の厚生年金保険料のうち基礎年金に充てられる部分は、国民年金保険料の納付者に還付する調整を行ってはどうか**というものです。

現行の短時間被保険者の企業規模要件と学生除外要件を撤廃すれば、現行の一般被保険者と短時間被保険者の区別は不要となります。週20時間の時間要件と月8.8万円の賃金要件を廃止し、あるいは、当面は、週10時間以上の時間要件のみに改めて、**2か月を超えて雇用される雇用労働者は、厚生年金被保険者に適用した上で、標準報酬月額の等級が月8.8万円より低い人を、「少額労働被保険者（又は少額被保険者）」と名付けて区分**すれば、シンプルで分かりやすいと思います。

少額労働被保険者とする区分を、労働時間要件によるのか、賃金要件によるのかについては、時給が高ければ、短い労働時間でも国民年金保険料との逆転は生じませんから、逆転防止の手段としての線引きとしては、賃金要件が合理的です。また、標準賞与額も勘案しようとすると、リア

図表10-4 月8.8万円未満の短時間労働者に適用拡大するための国民年金保険料との調整方法（重複する基礎年金部分の負担を還付する案）〈A案〉

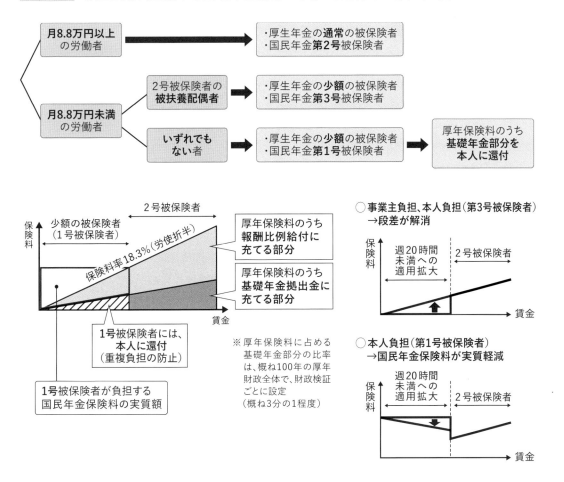

ルタイムでの判定ができなくなりますので、**標準報酬月額の等級だけで区分する仕組みが合理的**で、事務も容易です。

　その上で、「厚生年金の少額労働被保険者」は、国民年金法上は、第2号被保険者とせず、第1号被保険者又は第3号被保険者と位置づけます。少額労働被保険者は第2号被保険者としないことにより、少額労働被保険者の被扶養配偶者は、第3号被保険者になりません。少ない保険料負担で、第3号被保険者の給付も賄う仕組みにはできないからです。

　現行制度では、厚生年金の標準報酬月額の等級の下限は、8.8万円ですが、それよりも下の等級を新設し、賃金に応じた保険料とします。

　厚生年金保険料のうち基礎年金に充てられる部分を還付することについては、厚生年金保険料は、基礎年金部分に充てる部分と報酬比例の厚生年金に充てる部分が、あらかじめ区分されているわけではありませんが、**厚生年金保険料に占める基礎年金部分の比率は、概ね100年間の年金財政全体から計算し、財政検証毎に設定**することとします。これは、概ね3分の1程度になります。

　「厚生年金の少額労働被保険者」が国民年金第1号被保険者として、国民年金保険料を納付

した場合は、重複分を事業主負担分を含めて本人に還付することで、実質、国民年金保険料が軽減されることになります。なお、第1号被保険者が国民年金保険料を未納である場合は、基礎年金に結びつかないことや、免除手続を受けた場合は、国庫負担相当分が基礎年金に結びつく仕組みは、現行と同じです。

　国民年金保険料は、2年前納・1年前納・6か月前納の割引、口座振替で当月末の振替えとすることによる割引（早割）、クレジットカード払い、申請免除や納付猶予など、様々な納付方法があるので、これをそのまま活かすことができます。その上で、国民年金保険料の納付を要件に、厚生年金保険料の一部を翌年以降、1年分まとめて本人の銀行口座に還付する方法ならば、システムで処理すれば、実務として可能です。

　一方、「厚生年金の少額労働被保険者」が国民年金第3号被保険者である場合は、厚生年金保険料に含まれている基礎年金充当分は、基礎年金の財源に使います。現行の第3号被保険者は、独自の保険料負担がありませんが、厚生年金の少額労働被保険者となることにより、報酬額に応じて保険料を負担することになります。

　ここまで、厚生年金の適用の方法について説明しましたが、健康保険については、国民年金保険料との整合性のような問題は生じませんので、このような調整は必要ありません。

　上記のような制度を導入するには、システム整備を含めた準備の時間が必要ですが、実務上の課題の解決は可能だと思います。

（5）第1号被保険者には、厚年保険料と国年保険料との差額の負担を求める手法

　国民年金保険料との調整を行うもう一つの手法として、図表10-5のように、第1号被保険者には、国民年金保険料との差額の負担を求める案があります。本稿ではB案と呼びます。

　これは、社会保障審議会年金部会の委員をしている大和総研の是枝俊悟主任研究員が、年金部会での発言で提案した「1.5号被保険者／2.5号被保険者」案です。

　この案は、第1号被保険者が、報酬額が少ない厚生年金被保険者となる場合は、1号と2号の中間の「1.5号」として扱い、第3号被保険者が、報酬額が少ない厚生年金被保険者となる場合は、3号と2号の中間の「2.5号」として扱うものです。

　1.5号被保険者は、報酬の18.3％の厚生年金保険料を労使折半で負担した上で、この労使合計の保険料が国民年金保険料に満たない時は、被保険者本人が差額の国民年金保険料を負担するものです。給付は、差額の国民年金保険料を納めることで基礎年金を満額支給され、報酬比例年金は通常の厚生年金被保険者と同様の給付とします。

　2.5号被保険者も、報酬の18.3％の厚生年金保険料を労使折半で負担しますが、労使合計の保険料の合計が国民年金保険料に満たなくとも、第3号被保険者と同様に、差額の納付は必要ないものとします。給付は、第3号被保険者と同様に、基礎年金は満額支給され、報酬比例部分も通常の厚生年金被保険者と同様の給付となります。

　標準報酬月額の等級が月8.8万円より低い人を、「厚生年金の少額の被保険者」として区分して、1.5号又は2.5号の対象とすれば、シンプルで分かりやすいと思います。逆転防止の手段としての線引きとしては、賃金要件で線引きする方が合理的であることや、標準賞与額も勘案しようとすると、

リアルタイムでの判定ができなくなりますので、**標準報酬月額の等級だけで区分する仕組みが合**理的で、事務も容易であることは、A案と同じです。

1.5号被保険者が負担する国民年金保険料との差額は、翌年度に計算して、賦課決定する方法であれば、実務として可能です。年度の間で、1.5号被保険者であった期間に係る厚生年金保険料について、標準報酬月額に対する保険料と標準賞与額に対する保険料を合計し、同じ期間に係る国民年金保険料の合計額から差し引いて、差額がある場合に、本人に対する国民年金保険料の差額として賦課決定し、原則として本人の銀行口座の口座振替で納付します。

国民年金保険料の納付期限は、本来、納付対象月の翌月末日ですが、2年間の徴収時効の範囲で遅れて納付する人もいますから、差額の賦課決定と納付が翌年度になることは、許容できると考えます。

図表10-5 **月8.8万円未満の短時間労働者に適用拡大するための国民年金保険料との調整方法（第1号被保険者には国年保険料との差額の負担を求める案）〈B案〉**

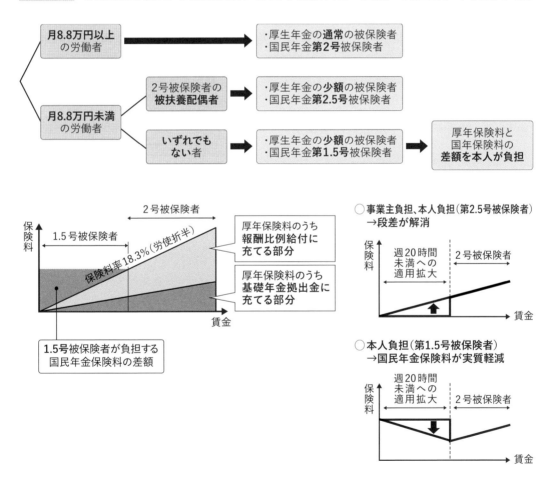

週20時間未満に適用拡大するための3つの手法の比較

（1）3つの手法の同じ部分と異なる部分

　週20時間未満・月8.8万円未満に適用拡大する際の方法は、労使折半の原則を維持しながら行う方法としては、上記のA案、B案のほか、2（3）で説明した国民年金保険料との調整を要しないとする案（C案）が考えられ、これを一覧表で比較すると、図表10-6のとおりです。

　この表では、標準報酬月額が少額の厚生年金被保険者について、現行制度で第3号被保険者である者、現行制度で第1号被保険者である者の順に、分けて比較しています。

　現行制度で**第3号被保険者である者**については、どの案でも、負担と給付は同じです。現行制度では、独自の保険料負担はなく、基礎年金の給付がありますが、厚生年金が適用されることで、賃金に応じた保険料負担が生じる一方で、基礎年金に加えて厚生年金が給付されます。

　国民年金法での制度的な位置づけは、A案では、引き続き**国年第3号被保険者**と位置づけられ、B案では、第3号と第2号の中間である**国年第2.5号被保険者**と位置づけられ、C案では、通常の厚生年金被保険者と同様に、**国年第2号被保険者**となることが違います。

　一方、現行制度で**第1号被保険者である者**については、厚生年金の保険料と、基礎年金に加

図表10-6　**少額の厚生年金被保険者についての3案の比較**

		A案 厚年保険料の基礎部分を 本人に還付する案	B案 国年保険料と厚年保険料との 差額を本人が負担する案	C案 国年保険料と調整せず 適用拡大する案
第3号からの移行	国民年金法上の位置づけ	第3号被保険者	第2.5号被保険者 （第3号と第2号の中間）	第2号被保険者
	厚年保険料	賃金の18.5%（労使折半）		
	国年保険料	なし		
	年金給付	基礎年金＋厚生年金		
	基礎年金拠出金	厚年財政で負担		
第1号からの移行	国民年金法上の位置づけ	第1号被保険者	第1.5号被保険者 （第1号と第2号の中間）	第2号被保険者
	厚年保険料	賃金の18.5%（労使折半）		
	国年保険料	国年保険料を本人が負担した上で、厚年保険料の約3分の1の基礎年金分を本人に還付	国年保険料と厚年保険料の差額を本人が負担	なし
	年金給付	基礎年金＋厚生年金 ※国年保険料が未納の場合は基礎年金に結びつかない		基礎年金＋厚生年金
	所得再分配効果	なし	あり（厚年保険料の範囲内）	あり
	基礎年金拠出金	国年保険料を納付した場合に、1号の人数に算入	国年保険料と厚年保険料の比率に応じて、1号と2号の人数に算入	2号の人数に算入

えて厚生年金が給付されることは、どの案でも同じですが、国民年金保険料の負担の扱いと、基礎年金拠出金の扱いが異なります。

国民年金保険料の負担の扱いは、A案では、国年保険料を本人が負担した上で、「厚年保険料の約3分の1の基礎年金分」を本人に還付することから、実質的に、国年保険料と「厚年保険料の約3分の1の額」との差額を本人が負担することとなります。B案では、国年保険料と「厚年保険料」との差額を本人が負担することとなります。C案では、国年保険料の負担は生じません。

基礎年金拠出金の扱いは、A案では、国年保険料を納付した場合に、1号の人数に算入するのに対し、B案では、国年保険料と厚年保険料の比率に応じて、1号と2号の人数に算入し、C案では、2号の人数に算入するという違いが生じます。

（2）3つの手法における被保険者本人の保険料負担額の比較

3つの案で、実質的に相違があるのが、現行制度で第1号被保険者である場合ですから、この場合の被用者本人の自己負担について図解して比較すると、図表10-7のとおりです。

現行制度は、厚生年金被保険者と国民年金第1号被保険者の対象者が分かれているため、厚生年金保険料の適用基準より少ない賃金の場合は、定額の国民年金保険料となり、本人負担は、制度の適用関係により、段差が生じます。

図表10-7 **少額の短時間労働者に適用拡大する際の保険料負担**

【現行】

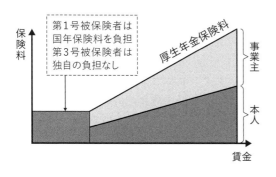

【B案：国年保険料との差額を本人が負担】

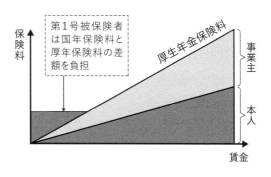

【A案：厚年保険料の基礎部分を本人に還付】

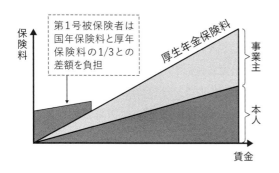

【C案：単純適用拡大】

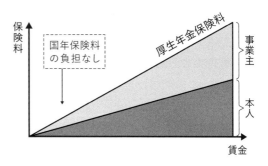

A案は、少額の賃金の厚生年金被保険者は、厚生年金保険料の自己負担分を負担しつつ、第1号被保険者である場合は、実質的に国年保険料と「厚年保険料の1／3」との差額を負担することになります。このため、厚生年金保険料の半分の本人負担分を加えると、**現行制度に比べて、若干の負担増**となります。ただし、本人は、**厚生年金の給付を受けることができるようになるので、**応分の負担と言えます。

B案は、少額の賃金の厚生年金被保険者は、厚生年金保険料の自己負担分を負担しつつ、第1号被保険者である場合は、国年保険料と厚年保険料の差額を負担することになります。このため、**現行制度に比べて、若干の負担減**になりつつ、さらに、厚生年金の給付を受けることができるようになります。

C案は、少額の賃金の厚生年金被保険者は、被扶養配偶者でなくても、国民年金第1号保険料の負担が不要となります。このため、現行制度で第1号被保険者であった者は、**本人の保険料負担が軽減**されつつ、さらに、厚生年金の給付を受けることができるようになります。

本人負担は、A案＞B案＞C案となります。A案は現行制度に近く、C案は短時間労働者に最も優しい案であり、B案はA案とC案の中間です。

（3）3つの手法における所得再分配の構造の比較

上記の（2）のような本人負担の違いが生じる理由は、**厚生年金制度での所得再分配効果の及ぶ範囲が異なるため**です。本人負担の多寡を比較して、単純に負担と給付の公平・不公平を論じることは、適切ではありません。

所得再分配の構造を比較すると、図表10-8のとおりです。ここでは、厚生年金保険料のうち基礎年金拠出金に充てられる分が約3分の1で、厚生年金給付に充てられる分が約3分の2であることに基づいて図示しています。

現行の厚生年金制度は、報酬比例の厚生年金保険料に対して、定額の基礎年金給付と報酬比例の厚生年金給付を行うため、図の【現行】のような所得再分配機能が働きます。厚生年金被保険者と国民年金第1号被保険者の対象者が分かれているため、当然、この**所得再分配機能は、国民年金第1号被保険者には働きません。**

A案では、少額の賃金の厚生年金被保険者で、被扶養配偶者でない者は、国民年金第1被保険者として、国民年金保険料を負担しつつ、厚生年金保険料のうち基礎年金部分である1／3の還付を受けます。このため、**厚生年金制度の所得再分配機能は及びません。所得再分配効果の範囲は現行と同じ**です。

B案では、少額の賃金の厚生年金被保険者で、被扶養配偶者でない者は、国民年金第1.5号被保険者として、国民年金保険料と厚生年金保険料の差額を本人が負担します。このため、**所得再分配効果の範囲が拡大します**が、**厚年保険料の額に限定**されます。

C案では、少額の賃金の厚生年金被保険者は、被扶養配偶者でなくても、国民年金第1号保険料の負担が不要となります。通常の厚生年金被保険者と同じ扱いとなり、**所得再分配効果の範囲が拡大します。厚年保険料の額に限定されません。**

所得再分配の及ぶ範囲は、**A案＜B案＜C案**となります。A案は現行制度と同じで、C案が最も広

【現行】

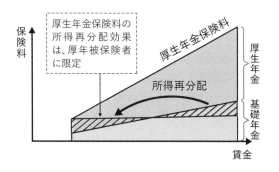

【B案：国年保険料との差額を本人が負担】

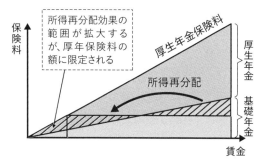

【A案：厚年保険料の基礎部分を本人に還付】

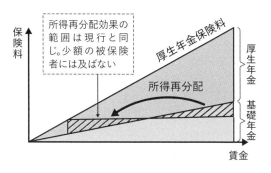

【C案：単純適用拡大】

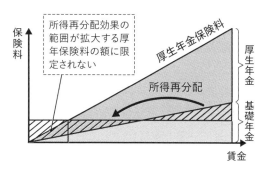

く、B案はA案とC案の中間です。

（4）各案を比較・検討した上で、適用拡大を急ぐことが望まれる

　週20時間・月8.8万円未満の短時間労働者についても、被用者保険を適用して社会保障を充実することや、働き方に中立的な制度にすることが、急がれます。とりわけ、**人手不足が進む中で、就業調整が生じない仕組みに早く改善してほしいという経済界の声**は高まっています。

　政府は、パート・アルバイトで働く人々が、いわゆる「年収の壁」を意識せずに働ける環境づくりを後押しするため、2023（令和5）年10月から、「**年収の壁・支援強化パッケージ**」を実施していますが、これは、**期間限定の当面の対応策**です。同年6月に閣議決定された経済財政運営と改革の基本方針（**骨太2023**）でも、「いわゆる「年収の壁」について、当面の対応として被用者が新たに106万円の壁を超えても手取りの逆転を生じさせない取組みの支援などを本年中に決定した上で実行し、さらに、**制度の見直しに取り組む。**」としています。

　被用者保険の適用拡大により、事業主負担が増えるという面がありますが、賃金と物価が上がる社会になっているため、以前に比べれば、**コストを価格に反映しやすい経済**になっていると思います。

　人手不足が強まる中で、就業調整が起きない仕組みに早くすることにより、**働き手が増えて、経**

済に対してプラスの効果がありますから、週20時間・月8.8万円未満の適用拡大は急がれます。私は、2025年に予定される次期年金制度改正で、この課題に道筋を付ける必要があると考えます。

その際、労使折半の保険料負担の原則を変えることについては、様々な異論がありますので、労使折半を維持した上で、方法を検討することが適切と考えます。

また、第13章（第3号被保険者と配偶者の加給年金）の2（5）で論じましたように、第3号被保険者制度については、様々な事情で就労できない人の年金権を確保する意義がありますし、本章の2（1）で説明しましたように、3号制度を廃止しても就業調整は解消されません。このため、現行の第1号、第2号、第3号被保険者の基本的な仕組みは存続させた上で、被用者保険の適用拡大により第3号の対象者を縮小していくことが適切と考えます。

その場合の手法については、A案、B案、C案の3つが考えられます。私は、どの案も制度論として成り立つと考えます。また、そのほかの案があるかもしれません。各案のメリット・デメリットがありますから、よく議論をした上で、決めれば良いと考えます。

実務的に実施が最も容易で、分かりやすいのは、C案です。しかし、C案については、少ない保険料で満額の基礎年金が給付されるのが良いのか、厚生年金の所得再分配の仕組みを、そこまで拡大するのが良いのか、とりわけ、自営業所得が多い人が短時間の賃金労働を兼業する場合にもそれで良いのか、という意見があると思います。

この点については、週1時間からでも適用するのならその矛盾は拡大しますが、当面、週10時間以上を適用するのなら、許容範囲ではないか、という考え方もあると思います。また、将来の方向性として、勤労者皆保険を徹底し、フリーランスや自営業者も含め、報酬比例の厚生年金制度を一元的に適用していく方向をめざすのであれば、国民年金保険料とのバランスにこだわらずに、所得再分配の仕組みに包含していくことは、意義があるという考え方もあると思います。

一方、国民年金保険料との調整が必要だと考える場合、A案とB案のどちらが良いかについては、所得再分配効果を現行より広げないA案が良いか、限定的な所得再分配効果に包摂するB案が良いかの選択であると思います。A案よりB案の方が、短時間労働者に優しい案です。

A案では、厚生年金保険料の一部の還付、B案では国民年金保険料の差額の徴収の事務が加わることから、C案に比べると事務がやや複雑になりますが、翌年度に一括して本人の銀行口座に還付（A案）、又は口座振替による納付（B案）をする方法であれば、システム化をすれば難しくはないと考えます。

いずれにしても、必要となるシステム改修に要する期間を勘案して、実施時期を検討する必要があります。中小企業の経営に配慮して、企業規模要件により段階的に実施することも考えられます。

4 複数の事業所で勤務する者への適用方法

（1）短時間の労働者に適用拡大する際には、複数事業所勤務の事務の簡素化が必要

　現行の社会保険の「二以上事業所勤務届」の事務は繁雑ですので、見直しが必要です。週20時間未満に適用拡大をすると、複数の事業所での勤務を掛け持ちする短時間労働者の適用が増えます。

　この論点については、2019（令和元）年12月27日の「社会保障審議会年金部会における議論の整理」でも、被用者保険の適用拡大の項の中で、「短時間労働者への適用拡大により、複数の事業所において短時間就労で保険適用を受ける者が今後増加する可能性もあり、複数事業所就業者に係る適用事務を合理化し、事業主の事務負担軽減を図るよう、関係者の意見を広く聞きつつ検討を進めるべきである。」としています。

　本稿の執筆時点では、厚生労働省から具体案は示されていませんが、私は、図表10-9のイメージにあるような事務の簡素化をしてはどうかと考えます。

　現行の厚生年金と健康保険の仕組みでは、複数の適用事業所に勤務して、それぞれ適用要件

図表10-9　**複数事業所に勤務する場合の適用徴収事務の簡素化のイメージ**

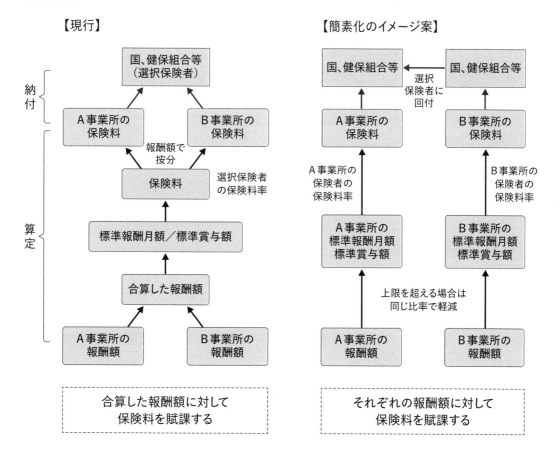

を満たしている場合には、「二以上事業所勤務届・所属選択届」を、被保険者が、年金事務所（及び必要な場合は健康保険組合等）に提出します。

　所属する主たる事業所を選択するのは、健康保険では、勤務する事業所により保険者や保険料率が異なる場合があり、保険給付を行う保険者を一つに決める必要があるためです。全国健康保険協会が行う健康保険は、日本年金機構が厚生年金と一体的に適用・徴収の事務を行っていますが、都道府県単位で保険料率が異なりますし、健康保険組合は組合ごとに保険料率が異なります。

　現行の仕組みでは、この場合に、**各事業所での報酬額を合算して、1人に1つの標準報酬月額・標準賞与額を設定**し、それにより**計算した保険料**（健康保険では選択事業所の保険者の保険料率による）を、**各事業所における報酬額で按分**する仕組みとなっています。

　健康保険の保険料の納付先は、被保険者が選択した**選択保険者**となっています。厚生年金（共済組合を除く）と全国健康保険協会の健康保険の保険料の納付先は、国（年金特別会計の歳入徴収官）であり、事業所が異なっても同一ですが、健康保険組合の場合は異なります。

　このため、**各事業所が自社の給与から保険料を計算できず**、特別の手間がかかります。また、**保険料の納付先も、他の従業員と異なる場合**が生じますので、特別の手間がかかります。

　そこで、この計算方法を改めて、**複数勤務する事業所ごとに、その従業員の標準報酬月額・標準賞与額を設定**し、その事業所に適用されている保険料率を乗じて、**それぞれの事業所がそれぞれの保険者に納付**する仕組みとした上で、標準報酬月額・標準賞与額の上限に該当するときのみ、上限に収めるための軽減率を乗じて適用した標準報酬月額・標準賞与額を適用する、という仕組みにしてはどうかと考えます。

　そうすれば、多くの場合は、各事業所が自社の給与から保険料を計算できるようになり、保険料の納付先も他の従業員と同じなので、事業所と保険者の事務を簡素化できます。パート・アルバイトの掛け持ちのケースでは、上限に該当することは通常ありません。ただし、健康保険では、非選択保険者から選択保険者への保険料回付の事務を、毎年1回まとめて行うなど、効率的に行うことが必要となります。

　なお、1人が同じ期間に異なる事業所で複数の標準報酬額の記録を持っていた場合（二以上事業所勤務届を提出しなかった場合）に、これを合算して年金額を計算するシステムは、既に日本年金機構の年金給付システムに設けられています。

（2）複数の事業所の勤務時間を合算して適用する場合には、本人に届出を求める必要がある

　全世代型社会保障構築会議の報告書では、「**複数の事業所で勤務する者（マルチワーカー）**で、いずれの事業所においても単独では適用要件を満たさないものの、**労働時間等を合算すれば適用要件を満たす場合**については、**実務的な課題の解決を図ったうえで、被用者保険の適用に向けた具体的な検討を進めるべき**」としています。

　将来、労働時間や賃金による適用要件が撤廃された場合は、このような論点は生じませんが、それに至るまでの間の対応としての検討事項です。

　実務的な課題としては、事業主は、労働者の他の事業所での勤務の有無や、他の事業所の就

図表10-10　複数事業所での勤務時間を合算して適用する方法のイメージ

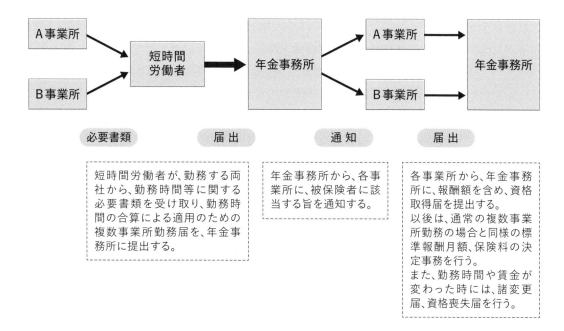

業条件について、正確に把握することができず、合算すると要件を満たすようになるのか、知ることができないため、適用の手続ができないことがあげられます。

　そこで、現行の「二以上事業所勤務届」と同様に、該当する労働者本人に、年金事務所への届出義務を課すことで対応する方法が考えられます。仕組みとしては、例えば、図表10-10のようなイメージです。

　現行の「二以上事業所勤務届」の制度は、上記（1）で説明しましたように、複数の事業所において、それぞれで適用基準を満たして被保険者となっている場合に、各事業所の賃金を合算して、標準報酬月額等を設定し、保険料を決めるためのものです。

　これと似た仕組みとして、個々の事業所では適用基準を満たさず、被保険者となっていない場合でも、複数の勤務を合算すれば適用基準を満たす短時間労働者が、「勤務時間の合算による二以上事業所勤務届」を年金事務所に提出する仕組みを設けることが考えられます。

　その際、合算して適用要件を満たすかどうかを判定するためには、各事業所が作成した所定労働時間を示す書類を添付する必要があります。

　基準を満たす場合は、日本年金機構から各事業所に、被保険者に該当する旨を通知し、各事業所から日本年金機構（及び健康保険組合）に、資格取得届を提出し、機構から各事業所へ標準報酬月額決定通知を送る事務の流れとすることが考えられます。

　社会保険の適用は、任意適用ではなく義務適用ですから、届出は義務とする必要があります。しかし、本人が届け出るまで、個々の事業所も年金事務所も、適用すべきことを知らないという事情を考えると、事業主から一般的な周知をしてもらうにしても、届出遅れ、届出漏れがある程度生じることは、避けられないと思います。

　また、勤務時間を合算することにより被保険者となった人が、その後、一つの事業所を退職した

り、所定労働時間が短くなったことにより、適用基準を満たさなくなった場合には、他の事業所も含めて被保険者の資格を喪失することにも、留意が必要です。

　雇用保険では、2022（令和4）年1月から、マルチジョブホルダー制度が65歳以上で施行されています。これは、2つの事業所での労働時間を合計して週20時間以上となる場合に、本人からハローワークに申し出を行うことで、申し出を行った月から、雇用保険の被保険者となる制度です。この制度では、手続に必要な証明（雇用の事実や所定労働時間など）は、本人が事業主に記載を依頼して、適用を受ける2社の必要書類をそろえてハローワークに申し出る仕組みとなっています。

5　フリーランス等に適用拡大するための手法と課題

（1）被用者ではないフリーランス等に適用拡大するには、新しい仕組みの検討が必要

　全世代型社会保障構築会議の報告書では、「フリーランス・ギグワーカーについて、その被用者性の捉え方などの検討を深め、必要な整理を行うとともに、より幅広い社会保険の在り方を検討する観点からの議論を着実に進めるべきである。具体的には、まずは、「フリーランスとして安心して働ける環境を整備するためのガイドライン」に照らして、現行の労働基準法上の「労働者」に該当する方々については、「被用者性」も認められ、適用除外の対象となる場合を除いて被用者保険が適用される旨を明確化した上で、その適用が確実なものとなるよう、必要な対応を早急に講ずるべきである。そのうえで、上記以外の、「労働者性」が認められないフリーランス・ギグワーカーに関しては、新しい類型の検討も含めて、被用者保険の適用を図ることについて、フリーランス・ギグワーカーとして働く方々の実態や諸外国の例なども参考としつつ、引き続き、検討を深めるべきである。」としています。

　フリーランスとは、「フリーランスとして安全に働ける環境を整備するためのガイドライン」（2021年3月26日、内閣官房・公正取引委員会・中小企業庁・厚生労働省）では、「実店舗がなく、雇人もいない自営業主や一人社長であって、自身の経験や知識、スキルを活用して収入を得る者」と定義されています。

　また、2023（令和5）年4月に国会で可決・成立された「フリーランス・事業者間取引適正化等法」（特定受託事業者に係る取引の適正化等に関する法律）では、フリーランス（法律では「特定受託事業者」）とは、「業務委託の相手方である事業者であって従業員を使用しないものをいう。」と定義されています。

　ギグワーカーは、インターネットを通じて短期・単発の仕事を請け負い、個人で働く就業形態です。ギグワーカーは、プラットフォーマーを介して仕事を受けますが、プラットフォーマーは、顧客と就業者の間で、仕事を仲介する関係にあります。

　フリーランス等は、企業と雇用契約を結ぶ「雇用労働者」と比べて、年金や健康保険等の社会保障が薄くなっています。

　しかも、フリーランスといっても多様です。自らの判断で自由度の高い働き方をしている人がい

る一方で、**働く場所や時間を決められ、雇用労働者に近い働き方をする人も増えています。**　業務委託であるのに、毎日出社して社員と同じように働く「**常駐型フリーランス**」と呼ばれる人もあり、労働基準法等による保護もなく、被用者保険の適用もありません。

　雇用か委託かという働き方の違いにかかわらず、**勤労者には勤労者にふさわしい社会保障を享受できるようにすること**が重要です。また、現行制度では、社会保障の事業主負担を避けるために、**雇用労働をフリーランスへの委託に置き換えようという誘因が働いてしまっており、働き方に中立的な社会保障制度とすることが必要です。このためには、フリーランス等への被用者保険（社会保険）の適用拡大が必要**と考えます。

　被用者でないフリーランス等に被用者保険（社会保険）を適用拡大するには、新しい仕組みの検討が必要です。具体的な方法については、まだあまり議論されていませんが、私は、図表10-11のように、**雇用類似の関係に着目するアプローチ**と、**事業所得に着目するアプローチ**の二つがあると考えます。前者だけでは対象にできる人が限られますので、後者の方法によるか、両方の併用が良いと思います。

　このような制度を実現するためには、事業者の事業経営への影響を考慮して、**時間をかけて段階的に行う必要があります**し、実際の**実務に即して十分な検討**を行った上で、効率的に行うための**システム整備**にも十分な時間をかける必要があります。

　今後の議論の一助として、考えられるイメージの一例を、次の（2）と（3）で説明します。

図表10-11　**被用者でない者に社会保険を適用する方法の検討例**

雇用類似の関係に着目したアプローチ

- **特定の発注者**から継続して**一定額以上の個人による役務提供の業務委託を受ける者**に義務適用
  →　「**使用される者**」と見なして、「**被保険者**」とする
- その**発注事業者**　→　「**事業主**」と見なす
- その**委託費**　→　「労働の対償として受ける報酬」と見なして、**標準報酬月額／賞与額**を設定
- 保険料　→　**労使折半**で、事業主（発注事業者）から徴収、本人分は委託費から差し引く

事業所得に着目したアプローチ

- **前年の事業所得が一定額以上の者**を「**自営業被保険者**」として義務適用
  →　「**事業主**」＝「**被保険者**」
- 所得税法の**事業所得（必要経費控除後）**
  →　**標準報酬月額／賞与額**を設定
- 保険料　→　**本人が全額を負担**（保険料が未納の場合は、年金給付に反映しない）

前年の事業所得に基づき
概算標準報酬月額・賞与額を設定
→ 毎月、**概算保険料**の徴収

事業所得が確定した後に
確定標準報酬月額・賞与額を決定
→ **精算保険料**の徴収・還付

※事業所得の額は、マイナンバー情報連携で取得し、届け出を要さずに行う

（2）雇用類似の関係に着目したアプローチ

　雇用類似の関係という概念については、確立した定義はありませんが、**厚生労働省の「雇用類似の働き方に係る論点整理等に関する検討会中間整理」**（2019年6月28日）では、「『雇用類似の働き方』として保護の在り方を検討すべき対象者については、**発注者から仕事の委託を受け、主として個人で役務を提供し、その対償として報酬を得る者**を中心として考えることが適当である。」としています。

　雇用類似の関係に着目して被用者保険を適用する手法としては、外形的に判定できる何らかの定義を定めて、これに該当する受託者と委託者を、「使用される者」と「事業主」と見なして適用することとし、標準報酬月額等の設定方法等については特別の取扱いを定める、という手法が考えられるのではないかと思います。

　例えば、図表10-12の検討例のような仕組みです。**他人を雇用せずに個人で役務を提供し、その対償として報酬を得る者で、特定の発注者から、一定期間以上継続して月8.8万円以上の報酬で業務の委託を受ける者を、社会保険の適用に当たっては、「使用される者」と見なす。この場合の発注事業者を「事業主」と見なす。そして、その委託費を「労働の対償として受ける報酬」と見なして、標準報酬月額・賞与額を設定し、事業主から、労使折半で保険料を徴収する**、というものです。

図表10-12	**被用者でない者に社会保険を適用する方法の検討例（雇用類似の関係に着目したアプローチ）**

位 置 づ け	• **通常の厚生年金・健康保険被保険者**と同じ位置づけ。国民年金法では第2号被保険者 • 雇用類似の働き方の特性に基づき、被保険者に該当する者の範囲、標準報酬額の設定方法等について、特別の取扱いを定める
適用事業所	• 通常の厚生年金・健康保険の適用事業所
被 保 険 者	• 雇用類似の働き方の者として、 ① 他人を雇用せず、**個人で役務を提供**し、その**対償として報酬**を得る者で、 ② **特定の発注者**（社会保険の適用事業所に限る）から、 ③ **一定期間以上継続**して、平均して**月額8.8万円以上の報酬**で業務の委託を受ける個人 　（ギグワーカーの場合は仕事の仲介を受ける者） を、「**使用される者**」と見なして、厚生年金・健康保険の被保険者とする
事 業 主	• 発注事業者（ギグワーカーは仲介事業者）を「**事業主**」と見なす
標準報酬額	• **委託費を「労働の対償として受ける報酬」と見なして、標準報酬月額を設定** • 労務の提供を主とする働き方を対象とするため、必要経費は控除しない • 月による変動がある場合は、少ない月でも見込まれる額に基づいて標準報酬月額を設定し、これを超えた委託費の半年ごとの累積額により、**標準賞与額を設定**
届 出	• 事業主（発注事業者）が行う
保険料徴収	• **事業主（発注事業者）**から、**労使折半**で保険料を徴収 • 事業主（発注事業者）は、**本人負担分を委託費から差し引く**ことができることとする

委託費の額から標準報酬月額・賞与額を設定するためには、機械的に設定できるルールを定める必要があります。労務の提供を主とする働き方が対象ですので、賃金から給与所得控除をしないで標準報酬月額等を設定していることと同様に、必要経費は控除しないで設定することが考えられます。月による変動がある場合には、少ない月でも見込まれる額に基づいて標準報酬月額を設定し、超過額は標準賞与額で調整することが考えられます。また、事業主は本人負担分を、委託費から差し引くことができることとすることも必要です。

ギグワーカーについて、雇用類似のアプローチを検討するならば、雇用類似の関係と言えるような一定の要件を設けた上で、**プラットフォーマー（仲介事業者）を「事業主」と見なし、仕事の仲介を受けるギグワーカーを「使用される者」と見なして**、社会保険を適用することが考えられます。

社会保険制度で、労使折半で事業主負担の義務を課している理由は、①社会保険の加入により、労働者が安心して就労できる基盤の整備が、事業主の責任であること、②労働者の健康の保持及び労働生産性の増進が図られることが、事業主の利益にも資すること、と説明されています。

雇用類似の関係に着目する方法では、他人を雇用せず個人で役務を提供し、その対償として報酬を得る関係が、労働者性があるとまでは言えない場合でも、雇用に類似した関係であり、特に、特定の発注者への専属性が高い場合は、雇用関係の使用者に準じて、発注者に同様な責任があるとともに、発注者の利益に資すると言えることから、事業主負担と同様な負担を発注者に負ってもらう理由を説明できるのではないかと思います。

（3）事業所得に着目したアプローチ

二つ目の事業所得に着目して社会保険を適用する手法としては、**働いて収入を得ている個人事業主は、自らが「事業主」であると同時に「使用される者」でもあります**ので、事業所得に着目しながら、できる限り被用者保険の仕組みに当てはめて適用するという、新しい類型を作る案が考えられるのではないかと思います。

例えば、図表10-13の検討例のような仕組みです。**前年の事業所得が年106万円（8.8万円×12月）以上ある者は、義務適用とします。社会保険の制度上、事業主であり、かつ、被保険者である**と位置づけます。前年の所得税法の事業所得（必要経費控除後）に基づいて、一定の計算ルールにより概算標準報酬月額・賞与額を決定し、概算保険料を徴収します。その後、次の年に年間所得が確定してから、確定標準報酬月額・賞与額を決定し、精算保険料を徴収又は還付（当年の概算保険料から控除）します。

事業所得の額は、届け出によらずにマイナンバー情報連携を活用して取得し、システムにより効率的に事務処理を行うことが前提です。個人事業主である本人が保険料の全額を負担し、**保険料が未納の場合は、年金給付には反映しません。**また、**事業主負担分に相当する分を、発注額や販売価格に上乗せするルールを設けてはどうかと思います。**

このような新しい類型を設ける場合、通常の被用者保険の被保険者と区分して、「**自営業被保険者**」と呼んではどうかと思います。厚生年金の自営業被保険者は、国民年金法では通常の厚生年金被保険者と同様に、第2号被保険者に該当することとします。

事業所得に着目する方法では、被保険者本人に、事業主負担分を含めた負担義務を課すこと

図表10-13	**被用者でない者に社会保険を適用する方法の検討例** **（事業所得に着目したアプローチ）**

位置づけ	• 通常の被保険者と区分した**自営業被保険者**。国民年金法では第2号被保険者 • 自営業者に社会保険による社会保障を適用するための新たな仕組み
適用事業所	• 個人事業所（既存の適用事業所でない1人事業所も含む）
被保険者	• **前年の事業所得が年106万円以上**の者を義務適用（8.8万円×12月＝106万円）
事業主	• **事業主 ＝ 被保険者**
標準報酬額	• **所得税法の事業所得（必要経費控除後）**から、給付への反映のため、**標準報酬月額・賞与額を決定** • 一定の計算ルールで**概算**標準報酬月額・賞与額を決定し、9月分から翌年8月分まで適用 • 事業所得額が確定した後の翌年9月頃に、**確定**標準報酬月額・賞与額を決定
届出	• 資格取得届・資格喪失届は、個人事業主本人が行う • 届出や通知は、原則として電子的に行う • **事業所得の額は、マイナンバー情報連携で取得**し、届出を要さず標準報酬額を決定
保険料徴収	• 概算標準報酬月額・賞与額に基づいて、**概算保険料を徴収** • 確定標準報酬月額・賞与額の決定後に、**精算保険料を徴収・還付** • **本人が全額を負担**（保険料が未納の場合は、年金給付に反映しない） • 事業主負担相当分を、委託契約は委託額に、物やサービスの販売は価格に上乗せするルールを設ける

になります。**雇用労働者である被保険者の本人負担と比べて、2倍の負担になってしまうという懸念**があるかもしれませんが、自営業者は、事業主であるとともに被用者であり、**法人の会社でも、事業主負担は、製品やサービスを売った利益から賄っているという点では、同じことであると考え**ます。実際、1人法人の社長さんは、両者を負担しています。

　事業主負担相当分を発注額に上乗せするルールは、発注者・受注者の双方に向けた訓示規定のようなものにとどまらざるを得ませんが、発注額の協議に当たって、一定の効果を生むと考えられます。このようなルールを設けることは、働き方に中立的な社会保障制度を構築する意義や、人の勤労の対価に社会保険料コストを適切に上乗せし、物やサービスの価格に反映させることによって、無理なく負担を共有する社会経済システムをつくる意義があると思います。

　この方法では、**サラリーマンと自営業者の所得把握の違い**を指摘する意見もあると思います。自営業者については、必要経費控除後の事業所得に基づいて標準報酬額を設定するので、賃金額に基づいて標準報酬額を設定するサラリーマンと異なることとなります。

　この点は、かねてより、自営業主に報酬比例年金を作ろうとする議論で提起されてきた課題です。しかし、**厚生年金は、保険料に応じた報酬比例の給付**ですから、割り切って考えることも必要だと思います。また、自営業主は、本人負担分と事業主負担分の両方を負担しなければならないことも含めて考えると、乗り越えられない課題ではないと考えます。保険料率と給付設計を同じにするのであれば、財政単位を分ける意味もありません。

なお、本稿は、年金制度の議論を中心としているため、健康保険の論点は省略しますが、事業所得に着目して被用者でない者に社会保険を適用する仕組みを健康保険にも導入しようとすると、残る国民健康保険制度の在り方に大きく影響しますので、別途の議論が必要です。

6　勤労者皆保険のアプローチで公的年金制度の一元化をめざす

　「勤労者皆保険」という言葉から想像するものは、何でしょうか。国語辞典での意味を見てみると、広辞苑（岩波書店）では、「勤労による所得で生活する階層。俸給生活者・小商工業者・労働者・農民などの総称。」とあります。大辞林（三省堂）では、「勤労して得た収入で生活する者」とあります。

　私は、働き方の違いにかかわらず、働いて得た収入で生活するすべての人が、その収入に応じて保険料を負担し、将来、定額の基礎年金と報酬比例の厚生年金を受けられるようにすることが、公的年金制度の将来めざすべき方向であると考えます。

　「被用者保険の適用拡大」は、被用者保険（厚生年金、健康保険）の適用範囲を拡大することですが、政府が実現を目指す「勤労者皆保険」では、フリーランスやギグワーカーのように、雇用労働者でない者にも、被用者保険（社会保険）の適用範囲を拡大しようとしています。

　フリーランスは雇い人がいない自営業主ですが、社会保険をフリーランスにまで適用拡大するのであれば、雇人がいる自営業主にも適用拡大しない理由は、考えられません。今後、5人未満を使用する個人事業所の従業員にも適用拡大をしていくと、従業員の社会保障は手厚くなるのに、個人事業主は適用されないままで良いのか、ということにもなります。

　また、フリーランス新法の定義では、フリーランスは、業務委託の相手方である事業者ですが、被用者保険をフリーランスにまで適用拡大するのであれば、業務委託の相手方ではないが、物の生産・販売等を行う個人事業主にも、適用拡大しない理由は考えられません。

　したがって、雇い人の有無や、事業内容の種類にかかわらず、自営業主に厚生年金・健康保険を適用する必要があると考えます。

　上記の5（3）の事業所得に着目するアプローチは、フリーランスにとどまらず、すべての自営業者に適用できる方法です。

　このような制度を実現するためには、事業者の事業経営への影響を考慮して、時間をかけて段階的に行う必要がありますし、実際の実務に即して十分な検討を行った上で、効率的に行うためのシステム整備にも十分な時間をかける必要があります。

　「勤労者皆保険」は、時間をかけて段階的に取り組んでいく課題ですが、最終的には、働き方の違いにかかわらず、働いて収入のある人すべてに社会保険制度による社会保障を実現していくべきと考えます。

　自営業者にも報酬比例年金を、という考え方は、現在の年金制度の基礎が作られた昭和の時代からしばしば論じられていました。「公的年金制度の一元化」とも呼ばれます。また、労働組合の連合の「社会保障構想」でも、将来構想として、「自営業者等も含めてすべての働く者が同じ所得比例年金制度に加入する。公平性を確保するため、保険料は所得に応じて負担し、納付した

保険料に応じて年金を受給する制度とする。」としています。

　制度を抜本的に作り直すことは、現実的ではありません。現行制度を基本としながら、そのままでは適用できない人にも適用拡大できる工夫をしていくことが、早道だと思います。

　私は、図表10-14のように、日本の公的年金制度の長年の懸案である「公的年金制度の一元化」は、勤労者皆保険のアプローチで段階的に実現していくべきものと考えます。

図表10-14　**勤労者皆保険のアプローチによる公的年金制度の一元化**

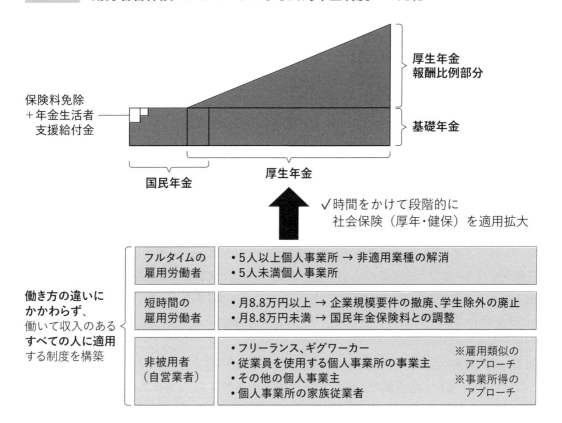

第11章 遺族年金の仕組みと課題

1. 遺族基礎年金の仕組み

(1) 遺族基礎年金は、子を育てている配偶者又は子に支給される

(2) 支給要件には、短期要件と長期要件があり、短期要件には保険料納付要件がある

(3) 年金額は、老齢基礎年金満額と同じであり、子の人数に応じた加算額がある

2. 遺族厚生年金の仕組み

(1) 遺族厚生年金の支給対象者には、子のない配偶者や父母等も含まれる

(2) 支給要件には短期要件と長期要件があり、長期要件は高齢期の年金で役割が大きい

(3) 遺族厚生年金の額は、死亡した人の老齢厚生年金の報酬比例部分の4分の3の額

(4) 現役期の子のない妻には、40歳から65歳まで、中高齢寡婦加算が加算される

(5) 高齢期の年金は、本人の老齢厚生年金を優先して、差額を遺族厚生年金で受け取る

3. 遺族年金の受給状況

4. 遺族厚生年金の課題

(1) 遺族厚生年金は、男性が主たる家計の担い手であった時代の古い給付設計となっている

(2) 遺族厚生年金の見直しの方向性は、平成27年の年金部会の議論の整理で示されている

(3) 4つの機能に分けて考える遺族厚生年金の見直しの検討方向の一例

5. 遺族基礎年金の課題

(1) 離婚した元配偶者に子が引き取られると、子の遺族基礎年金が支給停止となる課題

(2) 子の加算額が、第3子以降は、第1子・第2子よりも少ないという課題

---

1 遺族基礎年金の仕組み

(1) 遺族基礎年金は、子を育てている配偶者又は子に支給される

　遺族年金は、死亡した被保険者等によって生計を維持されていた人の生活を保障するための給付です。

　遺族年金には、定額の遺族基礎年金と報酬比例の遺族厚生年金がありますが、「**遺族基礎年金**」は、**子どもを育てている配偶者や子どもに支給**される遺族年金という特徴があります。

　一方、「**遺族厚生年金**」は、遺族基礎年金の受給者への上乗せ給付という役割のほか、**子どもを育てていない配偶者等へも支給**される遺族年金であり、また、65歳以上の**高齢期**には、老齢基

礎年金の上乗せ給付として、老齢厚生年金を補完して、**配偶者を亡くした人の老後生活の保障の役割も果たしており、より広い役割があります。**

遺族基礎年金の概要は、図表11-1のとおりです。遺族基礎年金の「**支給対象者**」は、**死亡した人に生計を維持されていた「子のある配偶者」又は「子」です**。子のない配偶者は支給対象となりません。

遺族基礎年金において、「**子**」とは、**18歳になった年度の3月31日までの人、又は20歳未満で障害年金の障害等級1級又は2級の状態の人であり、婚姻をしていない人**を言います。

父（又は母）が死亡した場合、母（又は父）と子に遺族基礎年金の受給権が発生しますが、**母（又は父）に遺族基礎年金の受給権がある場合は、子の遺族基礎年金は支給停止**となります。

また、遺族年金は、死亡した被保険者等によって生計を維持されていた人の生活を保障するための給付ですから、生計維持要件があります。「**生計維持要件**」は、死亡の当時、死亡した者と生計を同じくしていた者（生計同一）であって、死亡時の**前年の年収が850万円未満**（所得の場合は655.5万円未満）であることとされています。

この年収850万円という収入要件は、厚生年金の被保険者の上位約10%の年収額を基に定められています。生計維持要件は、受給権の発生要件ですから、著しく高い収入を得ている人以外

図表11-1　遺族基礎年金の概要

支給対象者	**死亡した者に生計を維持されていた次の遺族に支給** 　**①子のある配偶者** 　**②子**（配偶者に受給権がある時、生計を同じくする父母がある時は、支給停止） 　※子とは、**18歳到達年度の末日までにある子**、又は1級・2級の障害の状態にある20歳未満の子 　※「生計を維持されていた遺族」とは、①死亡した被保険者と**生計を同じくし**、②恒常的な収入が将来にわたって**年収850万円**以上にならないと認められること、という要件を満たす遺族
支 給 要 件	次のいずれかに該当すること 　〈短期要件〉① **国民年金の被保険者**が死亡した時 　　　　　　② 国民年金の被保険者であった者で、日本国内に住所を有し、**60歳以上65歳未満である者**が死亡した時 　〈長期要件〉③ **老齢基礎年金の受給権者**（25年以上の受給資格期間がある者に限る）又は**25年以上の受給資格期間がある者**が死亡した時 保険料納付要件 　短期要件の場合は、**保険料納付済期間と免除期間の合計が2／3以上であること**（ただし、2026（令和8）年3月31日までの間の特例として、死亡日の属する月の前々月までの**1年間に保険料の滞納がない場合**は、これに限らず支給）
年 金 額 ※2024年度	**816,000円（老齢基礎年金の満額と同額）+ 子の加算額** 　子の加算額：第1子・第2子・・・・ 各234,800円 　　　　　　　第3子以降 ・・・・・・・・ 各 78,300円 　　　　　　　※2024年度（昭和31年4月2日以後生まれの場合）

は、遺族給付の支給対象とするという考え方に基づいています。

（2）支給要件には、短期要件と長期要件があり、短期要件には保険料納付要件がある

　遺族基礎年金の「支給要件」は、次のいずれかに該当することです。①②を短期要件、③を長期要件と呼びます。
　　①国民年金の被保険者が死亡した時
　　②国民年金の被保険者であった人が日本国内に住所を有している60歳以上65歳未満の期間
　　　に死亡した時
　　③老齢基礎年金の受給権者（25年以上の受給資格期間がある人に限る。）又は25年以上の受
　　　給資格期間がある人が死亡した時
　ここで、「国民年金の被保険者」とは、国民年金第1号、第2号、第3号被保険者のことです。
　また、短期要件の場合は、支給要件に「保険料納付要件」があり、死亡日の前日において、死亡日の属する月の前々月までの被保険者期間について、**保険料納付済期間と保険料免除期間を合わせた期間が3分の2以上あることが条件**となります。ただし、この3分の2要件には現在、特例が設けられており、死亡日が2026（令和8）年3月31日までにあるときは、死亡日の前日において、死亡日の属する月の前々月までの**直近1年間に保険料の未納がない**場合、特例として条件を満たしたものとなります。
　なお、「保険料納付済期間」とは、国民年金の保険料納付済期間、第2号被保険者（厚生年金保険の被保険者）期間、第3号被保険者期間の合計です。
　「受給資格期間」とは、保険料納付済期間と保険料免除期間と合算対象期間の合計です。**老齢年金の受給資格期間は、2012（平成24）年の年金制度改正で、25年から10年に短縮されましたが、遺族年金の長期要件**では、従来どおり、25年以上の受給資格期間を必要としています。
　また、「合算対象期間」とは、年金給付額には反映しないが、受給資格の判定の際には合算する期間のことで、国民年金に任意加入できた人が任意加入しなかった期間、日本国内に住所がない人の日本国籍を有していた期間（いずれも20歳以上60歳未満の期間）などの期間です。

（3）年金額は、老齢基礎年金満額と同じであり、子の人数に応じた加算額がある

　遺族基礎年金の年金額（2024年度）の年額は、子のある配偶者が受け取る時は、**老齢基礎年金満額（816,000円）に、子の加算額を加えた額**です。子の加算額は、**1人目及び2人目の子の加算額は各234,800円**で、**3人目以降の子の加算額は各78,300円**です。
　子が受け取る時は、子が1人の場合は、老齢基礎年金満額（816,000円）の額です。子が2人の場合は、2人目の子の加算額234,800円を加えた額です。子が3人以上の場合は、これに3人目以降の子の加算額78,300円を加えた額です。それぞれ、子の数で割った額が、1人あたりの額となります。

2 遺族厚生年金の仕組み

(1) 遺族厚生年金の支給対象者には、子のない配偶者や父母等も含まれる

遺族厚生年金の概要は、図表11-2のとおりです。

遺族厚生年金の支給対象者は、死亡した人に生計を維持されていた次の遺族のうち、最も優先順位の高い人です。(①と②は同順位で最も優先順位が高く、以下、順に低くなる。)

①配偶者(夫は妻の死亡当時に55歳以上である人に限る)

②子(配偶者に受給権がある時は支給停止)

③父母(死亡当時に55歳以上である人に限る)

④孫

⑤祖父母(死亡当時に55歳以上である人に限る)

このように、遺族厚生年金の支給対象者は、子のある配偶者と子に限られている遺族基礎年金

図表11-2 遺族厚生年金の概要

支給対象者	死亡した者に生計を維持されていた次の遺族に支給される (③④⑤は先順位者がない時のみ) ①配偶者 ※夫は、妻の死亡時に55歳以上の場合に60歳から支給 (遺族基礎受給者は55歳から) ※夫の死亡時に30歳未満で子がいない妻は、5年間の有期給付 ②子(配偶者に受給権がある時は、支給停止) ③父母(55歳以上、60歳から支給)、 ④孫、 ⑤祖父母(55歳以上、60歳から支給) ※「子」、「生計を維持されていた遺族」の要件は、遺族基礎年金と同じ
支給要件	次のいずれかに該当すること 〈短期要件〉① 厚生年金保険に加入中に死亡した時 ② 厚生年金保険に加入中に初診日のある病気・けがで5年以内に死亡した時 ③ 1級・2級の障害厚生年金の受給権者が死亡した時 〈長期要件〉④ 老齢厚生年金の受給権者(25年以上の受給資格期間がある者に限る)又は25年以上の受給資格期間がある者が死亡した時 保険料納付要件 短期要件の①、②の場合は、遺族基礎年金と同様の保険料納付要件を満たすことが必要
年 金 額	死亡した者の報酬比例の年金額 × 3／4 ※報酬比例の年金額は、老齢厚生年金の計算による。ただし、支給要件が短期要件の場合は、被保険者期間が300月未満の時は300月(25年)と見なして計算 【中高齢寡婦加算】 次のいずれかに該当する妻には、65歳までの間、遺族基礎年金の額の3／4(612,000円)を加算 ①夫の死亡時に40歳以上65歳未満で、子がいない妻 ②40歳時点で遺族基礎年金の受給権を有する子があったが、子が18歳到達年度の末日に達した等の理由で、遺族基礎年金の受給権を失った妻

の支給対象者よりも広くなっています。遺族基礎年金を受給できる遺族は、遺族基礎年金もあわせて受給できます。

「子」や「孫」は、18歳になった年度の3月31日までにある人、又は20歳未満で障害年金の障害等級1級又は2級の状態にある人であり、婚姻をしていない人に限られます。

また、夫については、妻の死亡当時に55歳以上である人に限られますが、その場合でも、受給開始は60歳からです。ただし、子があることにより遺族基礎年金をあわせて受給できる場合は、55歳から60歳の間でも遺族厚生年金を受給できます。

父母、祖父母も、死亡当時に55歳以上である人に限られ、受給開始は60歳からです。

一方、夫の死亡当時に子のない30歳未満の妻については、2004（平成16）年の年金制度改正により、5年間のみ受給できる有期給付となっています。なお、遺族基礎年金の受給権を失権した当時30歳未満である妻（夫の死亡当時にいた子がその後いなくなった場合など）も、遺族基礎年金の受給権を失権した時点から5年後までの受給となります。

（2）支給要件には短期要件と長期要件があり、長期要件は高齢期の年金で役割が大きい

遺族厚生年金の「支給要件」は、次のいずれかに該当することです。①②③を短期要件、④を長期要件と呼びます。

①厚生年金保険の被保険者が死亡した時

②厚生年金の被保険者期間に初診日がある病気やけがが原因で、初診日から5年以内に死亡した時（「初診日」とは、障害の原因となった病気やけがについて、初めて医師等の診療を受けた日のことを言います）

③1級・2級の障害厚生年金の受給権者が死亡した時

④老齢厚生年金の受給権者（25年以上の受給資格期間がある人に限る）又は25年以上の受給資格期間がある人が死亡した時

また、短期要件の①②の場合は、遺族基礎年金と同様の「保険料納付要件」を満たすことが必要です。

現役世代で配偶者を亡くした場合の遺族厚生年金は、短期要件が中心となります。在職中に亡くなった場合は、①の要件に該当しますし、在職中の傷病が原因で退職後に亡くなった場合にも、②の要件に該当すれば、遺族厚生年金の対象となります。

一方、退職して高齢期になってから配偶者を亡くした場合は、長期要件による遺族厚生年金が中心となります。受給資格期間25年以上の老齢厚生年金は、受給権者の死亡後に、配偶者の遺族厚生年金に振り替わります。死亡した配偶者の老齢厚生年金の額が大きかった一方で、遺族配偶者に老齢厚生年金が無いか金額が少ない場合には、これが役立ちます。

（3）遺族厚生年金の額は、死亡した人の老齢厚生年金の報酬比例部分の4分の3の額

遺族厚生年金の年金額は、死亡した人の老齢厚生年金の報酬比例部分の4分の3の額となります。

若い時に死亡した場合、被保険者期間が短いことから、そのままでは、報酬比例部分の金額は小さいものになってしまいますので、**短期要件に基づく遺族厚生年金の場合、報酬比例部分の計算において、死亡した人の厚生年金の被保険者期間が300月（25年）未満の場合は、300月と見なして計算**することとなっており、低い年金額にならないよう配慮されています。

（4）現役期の子のない妻には、40歳から65歳まで、中高齢寡婦加算が加算される

　次のいずれかに該当する妻が受ける遺族厚生年金には、40歳から65歳になるまでの間、中高齢寡婦加算として、遺族基礎年金の４分の３の額（年額612,000円（2024年度））が加算されます。

①夫が亡くなったとき40歳以上65歳未満で、生計を同じくしている子がいない時

②遺族厚生年金と遺族基礎年金を受けていた子のある妻（40歳に到達した当時、子がいるため遺族基礎年金を受けていた65歳未満の妻）が、子が18歳到達年度の末日に達した（障害の状態にある場合は20歳に達した）等のため、遺族基礎年金を受給できなくなった時

　中高齢寡婦加算の支給が65歳未満とされているのは、妻が65歳になると、自身の老齢基礎年金が支給されるようになるためです。

　中高齢寡婦加算が設けられたのは、制度が設けられた当時は、夫を亡くした中高齢の女性が就労して十分な所得を得ることが難しかったからです。

　1985（昭和60）年改正で基礎年金制度ができる前の遺族厚生年金には、報酬比例部分と定額部分がありました。この定額部分は遺族基礎年金に移行しましたが、遺族基礎年金が子のない妻には支給されず、また子のある妻であっても子が18歳の年度末に到達するなどで要件を満たさなくなれば遺族基礎年金の受給権を失うため、中高齢で就労が困難である寡婦について、定額部分の給付を遺族厚生年金に加算して行うこととされたものです。

（5）高齢期の年金は、本人の老齢厚生年金を優先して、差額を遺族厚生年金で受け取る

　65歳以上で老齢厚生年金を受け取る権利がある人が、配偶者の死亡による遺族厚生年金を受け取る時は、A「死亡した人の老齢厚生年金の報酬比例部分の額の４分の３の額」とB「死亡した人の老齢厚生年金の報酬比例部分の額の２分の１の額と自身の老齢厚生年金の額の２分の１の額を合算した額」を比較し、いずれか高い方が遺族厚生年金の額となります。

　そして、**自身の老齢厚生年金の全部を受け取った上で、遺族厚生年金の額から自身の老齢厚生年金の額を差し引いた額を、遺族厚生年金として受け取る**こととなります。（遺族厚生年金の額のうち老齢厚生年金に相当する額が支給停止となる。）

　AとBの高い方とされたのが、1994（平成６）年改正による見直しであり、自身の老齢厚生年金を優先する併給調整の仕組みとされたのが、2004（平成16）年改正による見直しです。

　亡くなった夫の老齢厚生年金の額が大きく、妻の老齢厚生年金との金額の差が大きい場合は、図表11-3の左の図のようにA>Bとなりやすくなります。一方、夫婦の老齢厚生年金の金額の差が小さい時は、図表11-3の真ん中の図のようにB>Aとなりやすくなります。妻の老齢厚生年金の方が大きい時は、図表11-3の右の図のように、遺族厚生年金は支給されません。

図表11-3 　遺族厚生年金と老齢厚生年金の併給調整

> 65歳以上で、自らの老齢厚生年金の受給権がある者は、以下の方法で併給調整
> ① **自らの老齢厚生年金は全額支給**
> ② 次のAとBの額を比較して、高い方の額が遺族厚生年金の額となり、これが①より高い場合に、①
> 　　との差額が遺族厚生年金として支給される
> 　　A. 死亡した配偶者の老齢厚生年金の3／4
> 　　B. 死亡した配偶者の老齢厚生年金の1／2と自らの老齢厚生年金の1／2を合計した額

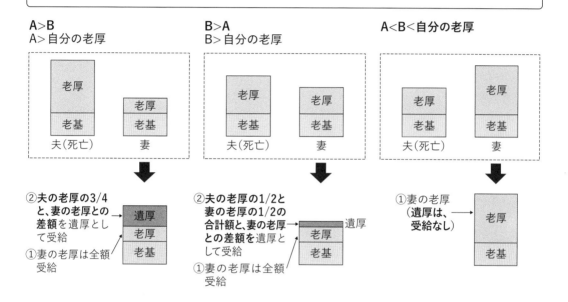

3 　遺族年金の受給状況

　遺族年金の受給状況は、図表11-4のとおりです。

　遺族基礎年金の受給者数は8.3万人で、子の加算額を含めた**平均年金月額は8.9万円**です。母子家庭の母が6.2万人、父子家庭の父が1.4万人で、子が受給しているのは0.7万人です。

　遺族厚生年金の受給者数は571.4万人で、**平均年金月額は8.2万円**です。受給者は、**妻が大部分**を占めています。

　支給総額は、**遺族基礎年金が879億円**であるのに対し、**遺族厚生年金は5兆5,821億円**であり、支給総額からも、高齢期の遺族厚生年金の部分が大きいことが分かります。

　遺族年金の受給者の年齢別の構成割合を見ると、**遺族基礎年金**は、原則18歳未満の子を扶養する遺族に支給されることから、「遺族基礎年金のみ」と「遺族厚生年金と遺族基礎年金の両方」では、**40歳～49歳の受給者が全体の半数以上**を占めています。一方、「遺族厚生年金のみ」では、**60歳以上の受給者が、全体の96.8％**を占めています。

　このことは、受給権発生時の年齢の構成割合を見ても明らかで、「遺族基礎年金のみ」と「遺族

厚生年金と遺族基礎年金の両方」では、50歳未満が全体の９割近くを占め、「遺族厚生年金のみ」では、60歳以上が８割近くを占めています。

図表11-4 **遺族年金の受給状況**

遺族年金の受給者数、平均年金月額（2021年度）

		遺族基礎年金		遺族厚生年金（1号厚年のみ）	
		受給者数	平均年金月額	受給者数	平均年金月額
計		**8.3万人**	8.9万円	**571.4万人**	8.2万円
内訳	妻	6.2万人	9.1万円	**554.6万人**	8.4万円
	夫	1.4万人	9.2万円	9.2万人	1.8万円
	子	0.7万人	5.5万円	2.4万人	7.2万円
	その他	−	−	5.2万人	2.6万円
支給総額		879億円		5兆5,812億円	

（注1）遺族基礎年金の平均年金月額は、子の加算額を含む。

（注2）子の遺族基礎年金額が低いのは、1人の死亡した被保険者に対し、受給者となる子の人数が複数いる場合があるため。

（注3）遺族厚生年金の平均年金月額は、遺族基礎年金がある人はその額を含む。

（資料）厚生労働省「厚生年金保険・国民年金事業年報」（2021年度）

遺族年金の受給者の年齢別の構成割合（2020年度末）　　　　　　　　　　　（単位：％）

年齢（歳）	遺族年金受給者の「現在」の年齢							遺族年金受給者の「受給権発生時」の年齢						
	～39	40～49	50～59	60～69	70～79	80～89	90～	～39	40～49	50～59	60～69	70～79	80～89	90～
遺族基礎年金のみ	13.9	53.5	31.5	1.1	0.1	0.0	0.0	40.6	47.7	11.4	0.3	0.0	0.0	0.0
								88.3%						
遺族厚生年金と遺族基礎年金の両方	13.0	51.7	33.2	1.9	0.2	0.1	0.0	42.6	45.3	11.2	0.7	0.2	0.0	0.0
								87.9%						
遺族厚生年金のみ	0.0	0.3	2.8	9.9	30.1	40.3	16.5	1.3	5.2	15.0	27.9	32.6	16.7	1.2
					96.8%							78.4%		

（注）受給者には子及び孫は含まれていない

（資料）年金局数理課調べ「公的年金受給者に関する分析②―遺族年金の受給状況―」

4　遺族厚生年金の課題

（1）遺族厚生年金は、男性が主たる家計の担い手であった時代の古い給付設計となっている

　遺族年金制度は家計を支える人が死亡した場合に、残された遺族の所得保障を行う制度ですが、現行の遺族厚生年金の制度は、**男性が主たる家計の担い手であった時代の古い給付設計のままとなっており、男女がともに就労することが一般化している今の時代に合うように、見直しが必要です。**

　遺族基礎年金は、子がある配偶者又は子に対する年金であり、2012（平成24）年の社会保障・税一体改革の年金改正法により、**遺族基礎年金の支給対象を、それまでの母子家庭のみから父子家庭へも拡大され、2014（平成26）年４月から施行されています。**

しかし、**遺族厚生年金は、妻に対しては、子がない場合でも終身で給付され、さらに、40歳から65歳までの間は中高齢寡婦加算という定額部分**（遺族基礎年金の４分の３相当）も支給されます。

一方、夫に対しては、**妻が死亡した時に55歳以上であった場合に、60歳から支給されるのみと**なっています。養育する子がいる場合には、子に遺族厚生年金が支給されるため、事実上、男女差は無いとも言えますが、養育する子がいない場合には、大きな男女差があるのが現状です。

遺族厚生年金の制度が作られた時代は、**夫が就労し、妻が家事・育児・介護等の形で家庭を支えるという家族構成が典型的であった社会状況**でした。また、**中高齢女性の就労が難しく、就労ができても賃金が低いという労働環境**がありました。

そのような中で、主たる家計の担い手である夫の死亡は、世帯の稼得能力の低下を招き、その状態は将来にわたって続くと見込まれたことから、妻を主たる支給対象とする無期給付として制度設計されたものです。

しかし、男女がともに就労することが一般化し、雇用環境も当時と大きく異なっている今の時代には、この制度は合わなくなっており、見直しが必要です。

遺族厚生年金の男女の要件の違いを図で示すと、図表11-5のとおりです。また、これを、男女、子のあるなし、死別時の年齢等でタイプ分けして比べると、図表11-6のとおりです。

図表11-5　遺族厚生年金の男女の要件の違い

18歳未満の子のいる場合		18歳未満の子のいない場合	
夫（妻が死亡）	**妻**（夫が死亡）	**夫**（妻が死亡）	**妻**（夫が死亡）
（夫）　　（子） 遺族厚生年金（夫が55歳以上）／遺族厚生年金（夫が55歳未満） 遺族基礎年金	遺族厚生年金（※） 遺族基礎年金	遺族厚生年金（夫が55歳以上）	遺族厚生年金（※） 中高齢寡婦加算（40〜65歳の妻）
※遺族基礎年金は、父子家庭の父に支給される。 ※遺族厚生年金は、妻の死亡時に55歳未満であった夫には支給されないが、子に支給される。	※30歳前に遺族基礎年金の受給権を失った場合、遺族厚生年金は、その日から5年後までの給付	※妻の死亡時に55歳以上であった夫は、遺族厚生年金の支給対象者となるが、支給は60歳から開始	※夫の死亡時に30歳未満で子のない妻は、遺族厚生年金は5年間の有期給付

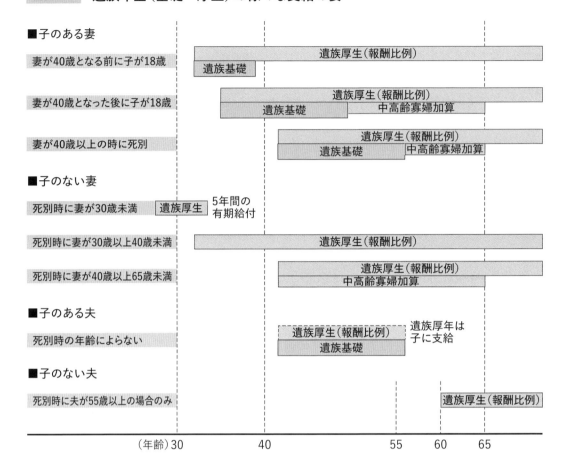

図表11-6　遺族年金（基礎・厚生）の様々な受給の姿

■子のある妻

妻が40歳となる前に子が18歳
遺族厚生（報酬比例）
遺族基礎

妻が40歳となった後に子が18歳
遺族厚生（報酬比例）
遺族基礎
中高齢寡婦加算

妻が40歳以上の時に死別
遺族厚生（報酬比例）
遺族基礎
中高齢寡婦加算

■子のない妻

死別時に妻が30歳未満
遺族厚生
5年間の有期給付

死別時に妻が30歳以上40歳未満
遺族厚生（報酬比例）

死別時に妻が40歳以上65歳未満
遺族厚生（報酬比例）
中高齢寡婦加算

■子のある夫

死別時の年齢によらない
遺族厚生（報酬比例）
遺族基礎
遺族厚年は子に支給

■子のない夫

死別時に夫が55歳以上の場合のみ
遺族厚生（報酬比例）

（年齢）30　40　55　60　65

（2）遺族厚生年金の見直しの方向性は、平成27年の年金部会の議論の整理で示されている

　遺族年金制度の見直しの方向については、これまで、2015（平成27）年1月21日の「社会保障審議会年金部会における議論の整理」で、次のように整理されています。

「○　遺族年金制度は家計を支える者が死亡した場合に、残された遺族の所得保障を行うものであるが、**現行の制度は、制度の成り立ちから、依然として、男性が主たる家計の担い手であるという考え方を内包した給付設計**となっている。

　　　一方で、今後、少子高齢化が進行する中で、社会経済の活力を維持するためにも、女性や高齢者の労働参加が重要になるが、そのような社会では**男女がともに就労することが一般化していく**ことが想定される。そうした中で、**遺族年金についても、社会の変化に合わせて制度を見直していくことが必要**である。

　　　（中略）

○　諸外国の遺族年金の制度設計は、**養育する子がいる間は支給されるが、若い時代に養育する子がいない場合には給付がないか、有期の給付**となっているものが多い。これは、子の養育には男性も女性もともに責任を負うため、どちらが死亡しても保障の必要性は高いが、

養育する子がいない場合には、男性も女性も就労するという考え方に立つならば、保障の必要性は必ずしも高くないという整理になっているものと考えられる。

○ 女性の就業をめぐる先述したような社会の変化や要請を踏まえれば、男性も女性もともに生計を維持する役割を果たしているという考え方のもと、**制度上の男女差はなくし、若い時代に養育する子がいない家庭については、遺族給付を有期化もしくは廃止するというのが、共働きが一般化することを前提とした将来的な制度の有り様である**と考えられる。

○ 一方で、配偶者の年金から発生する受給権が仮になくなることになると、現実に今、配偶者が亡くなって、それによって生計を立てている方が、たちまち困窮に陥ることになる。**実態を踏まえて現実にどう改革を展開していくかというのは、十分に考慮する必要がある。**」

　社会保障審議会年金部会では、2023年7月28日の第6回の会合で、遺族年金制度について、基礎的な資料を提示して、議論が行われたところです。本稿の執筆時点では、まだ遺族年金についての具体的な方向は示されていませんので、2015（平成27）年の議論の整理で提起されている方向性に沿いながら、具体的にどのようにしていくことが考えられるか、私の私見として、論じたいと思います。

（3）4つの機能に分けて考える遺族厚生年金の見直しの検討方向の一例

　このような将来の方向に向けて、どのように具体化をしたら良いでしょうか。制度を白地で作るのではありませんから、**現行制度からの円滑な移行を十分に考慮**しなければなりません。

　また、現行の遺族年金制度は、現役期に死別した受給者が高齢期に達した場合と、高齢期に死別した場合の両方を一体的に対象とする制度であり、現役期の保障と高齢期の保障が連続した仕組みの下で行われている特徴があることから、**現役期の年金と高齢期の年金が円滑に接続**するようにすることにも、十分な留意が必要です。

　遺族厚生年金の機能は、

　　（A）子のある遺族配偶者又は子への給付
　　（B）子のない現役期の死別後一定期間の遺族配偶者への給付
　　（C）子のない現役期の中高齢の遺族配偶者への給付
　　（D）高齢期の遺族配偶者への給付

の4つの部分に分けられます。そこで、この4つの機能に分けながら、考えられる検討の方向の例を挙げてみると、図表11-7のとおりです。順番に見ていきましょう。

（A）子のある遺族配偶者又は子への給付

　現行制度では、**遺族厚生年金は、母子家庭では母に、父子家庭では子に支給されます。妻を亡くした夫については、支給対象が死別時に55歳以上の場合に限定されていますが、子の養育には男性も女性も等しく責任がありますから、この夫の年齢制限は撤廃する必要があると考えます。**

　父子家庭では、遺族厚生年金は子に支給されているので、実質は変りませんが、母子家庭で母に支給されていることと同様に、父子家庭でも父に支給されるように改めることにより、**男女の支給要件の違いを解消**する必要があると考えます。

図表11-7　遺族厚生年金の見直しの考えられる検討の方向（例）

			現行制度	考えられる検討の方向（例）
現役期	子がある	(A)子のある遺族配偶者又は子への給付	・妻は全年齢 ・夫は死別時に55歳以上の場合に限定 ・遺族基礎年金と2階建て	・夫の年齢要件を廃止して、男女同一の要件としてはどうか ※父子家庭では、遺族厚生年金も子に支給から、父への支給に改める。
	子がない（18歳到達を含む）	(B)子のない現役期の死別後一定期間の遺族配偶者への給付	妻：30歳未満で死別 → 5年間の有期給付 30歳以上で死別 →無期給付＋40〜65歳に中高齢寡婦加算 夫：55歳以上で死別 →60歳から無期給付	・男女同一の要件で、5年の有期給付を基本としてはどうか ※妻は有期給付とする範囲を、死別時30歳未満から40歳未満に引き上げてはどうか
		(C)子のない現役期の中高齢の遺族配偶者への給付		・方向1：当面、40歳以上の妻のみ現行と同じ無期給付を維持してはどうか ・方向2：当面、40歳以上の妻と夫に所得による支給停止を設けて無期給付としてはどうか ※いずれも、現行と同様の中高齢加算ありとしてはどうか
高齢期		(D)高齢期の遺族配偶者への給付	・無期給付 ・自分の老齢厚生年金を優先して併給調整 ・老齢基礎年金と2階建て	・現行制度を維持してはどうか

(B) 子のない現役期の死別後一定期間の遺族配偶者への給付

　現行制度では、夫を亡くした妻に対しては、30歳未満で死別し、子がない場合は、5年間の有期給付であり、30歳以上で死別した場合は、子の有無にかかわらず、終身の無期給付となっています。一方、妻を亡くした夫に対しては、55歳以上で死別した場合に支給され、その場合も子がない場合は支給開始は60歳からとなっています。

　2015（平成27）年1月の年金部会の議論の整理では、「女性の就業をめぐる先述したような社会の変化や要請を踏まえれば、男性も女性もともに生計を維持する役割を果たしているという考え方のもと、制度上の男女差はなくし、若い時代に養育する子がいない家庭については、遺族給付を有期化もしくは廃止するというのが、共働きが一般化することを前提とした将来的な制度の有り様であると考えられる。」とされています。

　現在、妻について無期給付である制度を急に無くしてしまうことは、現実的とは言えませんので、まずは、子がない妻については、現行30歳未満の死別となっている5年の有期給付の範囲を、例えば40歳未満に引き上げることを検討してみることが考えられると思います。

　また、子がない夫については、年齢を問わず、5年の有期給付とすることが考えられると思います。

　男女による支給要件の違いの解消と、子のない現役期の配偶者遺族への給付の有期化を図り、この部分については、**男女ともに5年間の有期給付を基本としてはどうか**と考えます。

　なぜ5年なのかについては、現行で30歳未満の子のない妻に対して、5年の有期給付となって

いますので、この適用範囲を拡大してはどうかというものですが、新しい生活を作るまでの準備期間として、5年というのは妥当な期間だろうと思います。

（C）子のない現役期の中高齢の遺族配偶者への給付

現行制度では、夫を亡くした妻には、無期給付の遺族厚生年金に、40歳から65歳までの間は、遺族基礎年金の4分の3の額の中高齢寡婦加算がついて、手厚い給付が行われています。

これについては、将来は、現役期の子のない遺族への給付は有期化していくという方向性を持ちつつも、現実として、現在もなお、中高齢期の就労には厳しさがあることも考慮が必要と考えます。

その際の方向として、私は2つ考えられると思います。

一つの方向は、当面、夫を亡くした40歳以上の妻には、遺族厚生年金を無期給付で行い、中高齢寡婦加算も行う現行制度のまま残す方向が考えられます。これは、現行制度を経過的に残すという意味合いから、当面は、男女差が残ることを許容し、将来、就労環境の変化を見た上で、段階的に見直していこうとするものです。

もう一つの方向は、40歳以上の男女に、所得による支給停止の要件付きで無期給付とし、中高齢寡婦加算と同様な中高齢加算も行うとする方向が考えられます。これは、中高齢期の遺族給付の継続の必要性があるのは、男女にかかわらず、安定的な就労収入を得るに至っていない人だと考え、給付要件の男女差の解消を早期に実現するものです。

この場合、事務負担ができるだけ生じないよう、所得税で把握された前年の所得の額を、マイナンバー情報連携によりシステムで取得して判定するなどの仕組みとする必要があります。また、勤労意欲をできるだけ阻害しないよう、なだらかな傾斜を付けた全部又は一部の支給停止とする必要もあります。

中高齢の女性の就労環境が一般的には男性よりも厳しいとはいえ、男性でも低賃金で不安定な非正規雇用の人はいますし、女性でも安定的な就労所得を得ている人もたくさんいます。

男女の性別ではなく、十分な所得を得ているかどうかにより判断して、生活再建に至っていない人に対象を限定した上で、無期給付を継続するという考え方も、一つの考え方ではないでしょうか。結果として、継続的に給付されるのは、女性が多く男性は少なくなると思います。

拠出に対する給付という保険原理に照らすと、所得による支給停止は適切でないという意見もあると思いますが、老齢厚生年金では、在職老齢年金の支給停止の制度があり、賃金が一定額以上の場合には、年金の全部又は一部が支給停止されます。子のない現役期の中高齢遺族に対する遺族厚生年金についても、実際に安定的な就労収入を得るに至ったかにより、「保障の必要性」が継続しているかどうかを判定すると考えれば、保険の考え方と、必要に応じた給付の考え方を、適度に組み合わせている社会保険制度では、とりうる選択肢ではないかと考えます。

（D）高齢期の遺族配偶者への給付

65歳以上の高齢期については、現行制度では、男女ともに、無期給付の遺族厚生年金の対象としつつ、自分の老齢厚生年金を優先して、足りない分を遺族厚生年金で受給し、老齢基礎年金と2階建てという仕組みです。

夫婦共働きが一般的な社会といえども、様々な事情でそうではない夫婦もいます。自身の老齢

厚生年金の方が高い場合は、遺族厚生年金は支給されませんが、配偶者と死別した人が、現役期に標準報酬が低かったり、就労期間が短かったりして、ご自身の老齢厚生年金を十分に増やすことができなかった場合は、遺族厚生年金によって不足を補う現行制度の仕組みは重要です。**遺族厚生年金で老齢厚生年金を補う現行制度の役割は、今後とも必要であり、高齢期の遺族厚生年金については、現行制度の維持で良いと考えます。**

　高齢期の遺族配偶者への給付には、65歳以上の高齢期になってから死別した場合と、現役期に死別した遺族配偶者が、65歳以上になった場合があります。

　子のない現役期の遺族厚生年金を有期給付とした場合に、その後に65歳になった人については、現役期の自己の厚生年金保険料の納付実績が十分でない人への配慮も必要です。

　このために考えられる仕組みとしては、例えば、現役期の遺族厚生年金の**有期給付の期間が経過した時点では、失権ではなく支給停止とし、65歳になった時点で支給停止を解除して遺族厚生年金を再開する構成をとれば、現行制度と比べて高齢期の年金額が変わらないようにできます。**制度の境界の前後で死別した年齢により高齢期の遺族年金の額に段差が生じることがないよう、現役期と高齢期の制度がうまく接続する仕組みが必要と思います。

　この論点については、離婚時分割を参考に、亡くなった者の年金記録を**死亡時年金分割**などの形で配偶者に分割し、老齢年金の水準を高める形で、高齢期の所得保障を老齢年金が担うこととしてはどうか、という意見があります。この場合は、現行制度と比べて年金額が減るケースも生じることや、死亡した年齢によって年金額の段差が生じることに留意が必要です。

5　遺族基礎年金の課題

（1）離婚した元配偶者に子が引き取られると、子の遺族基礎年金が支給停止となる課題

　遺族基礎年金については、遺族厚生年金に比べて、大きな論点はありませんが、いくつか個別の論点があります。

　遺族基礎年金は、国民年金の被保険者又は被保険者であった者が死亡した場合に、その者によって生計を維持されていた「子のある配偶者」又は「子」に支給されます。その際、**子に対する遺族基礎年金は、「（a）配偶者が遺族基礎年金の受給権を有するとき」**や、**「（b）生計を同じくする父若しくは母があるとき」は、支給停止となります。**（b）の支給停止規定は、遺族厚生年金にはなく、遺族基礎年金の特有の規定です。

　（b）の支給停止の規定については、2015（平成27）年1月の社会保障審議会年金部会の議論の整理でも、論点が指摘されています。父が亡くなって、子が母に育てられているときは、母に遺族基礎年金が支給されますので、子の支給停止は問題ありませんが、例えば、離婚して再婚していない元配偶者に子が引き取られたケースでは、生計同一の母（又は父）があるために子に対する遺族基礎年金が支給停止となる一方、離婚した元配偶者には遺族基礎年金の受給権がないため、子から見れば死別の母子（父子）家庭でありながら、このような世帯には、遺族基礎年金が

支給されません。

　この点については、**子の育成支援の観点や、遺族厚生年金の規定と整合的にする観点から**、(b) の支給停止要件を見直して、このような場合でも、子が遺族基礎年金を受給できるようにしてはどうかと考えられます。

　一方で、単純に支給停止規定を削除すると、残された配偶者が再婚したことによって遺族基礎年金が失権した場合でも、子に支給されることとなります。また、残された配偶者が高収入であったことにより生計維持要件を満たしておらず、遺族基礎年金の受給権が生じない場合でも、子に支給されることとなります。

　このような場合には、支給する必要性は高くないという考え方もあり、受給できるようにする対象を、離婚して再婚していない元配偶者に子が引き取られるようなケースに限定するか、あるいは、子に着目して、遺族厚生年金の整理に合わせると割り切ってしまうか、検討が必要です。

(2) 子の加算額が、第3子以降は、第1子・第2子よりも少ないという課題

　1 (3) で説明しましたように、遺族基礎年金の子の加算額は、2024年度で、1人目と2人目の子の加算額は各234,800円（月額19,566円）で、3人目以降の子の加算額は各78,300円（月額6,525円）です。

　3人目以降の子の加算額が、1人目・2人目と比べて、大幅に少なくなっていますが、妥当とは言えないと思います。このため、**3人目以降についても、1人目・2人目の額と同額に引き上げる必要**があると考えます。

　これは、**障害基礎年金の子の加算額や、老齢厚生年金の子の加給年金額でも同様**です。

　基礎年金の財源には、2分の1国庫負担がされていますから、加算額の引上げを行うには、年金制度の他の部分の見直しなどにより、財源確保を図ることも検討しなければならないことに、留意が必要です。

　これまで、年金制度については、老齢年金についての議論が急がれたために、遺族年金制度や障害年金制度の議論は、不十分となりがちでしたが、次期年金制度改正に向けては、しっかりとした議論をしていくことが必要と考えます。

第12章 障害年金の仕組みと課題

1. 障害年金の仕組み

（1）障害基礎年金は１級と２級、障害厚生年金には１級と２級のほか３級がある

（2）初診日要件により、障害基礎年金のみか、障害厚生年金の対象にもなるかを区別する

（3）保険料納付要件は、3分の2要件のほか、特例として直近１年間要件がある

（4）障害要件については、障害認定基準で傷病ごとに細かく基準が定められている

（5）障害認定日による障害認定では、障害認定日から受給権が発生する

（6）事後重症による障害認定では、請求日から受給権が発生する

（7）20歳前傷病による障害基礎年金は、無拠出の年金であるため所得制限がある

2. 障害年金の受給状況

（1）障害年金の受給者数、平均年金月額等の状況

（2）障害年金の認定事務の改善

3. 障害年金の課題

（1）障害厚生年金の初診日要件についての課題

（2）事後重症による障害年金の受給権の発生日についての課題

（3）障害年金の給付水準についての課題

---

1 障害年金の仕組み

（1）障害基礎年金は１級と２級、障害厚生年金には１級と２級のほか３級がある

　障害年金は、制度加入中の病気や事故によって生活や仕事などが制限されるようになった場合に、生活を支えるために支給される年金です。

　公的年金制度は、**稼得能力の喪失に対する所得保障を目的**としており、通常は**加齢に伴って起こる稼得能力の喪失**に対して、老齢年金が給付されます。障害年金は、この稼得能力の喪失が、**現役期に障害状態となることで早期に到来**したものとして、給付を行うものです。

　障害年金の給付の全体像は、図表12-1のとおりです。すべての被保険者に共通の制度として、**障害基礎年金1級・2級**があります。厚生年金被保険者には、**障害厚生年金1級・2級**が上乗せされるほか、2級より軽い障害でも対象となる**障害厚生年金3級**や**障害手当金**があります。

　障害基礎年金の年金額は、2級が老齢基礎年金の40年加入の満額の年金額と同額（年額816,000円（2024年度、以下同じ）です。1級はその1.25倍（年額1,020,000円）です。

　また、障害基礎年金では、受給権者が生計を維持している子（18歳になった後の最初の3月31

日までの子、又は20歳未満で障害等級１級又は２級の状態にある子）がいる時は、**子の加算額**をあわせて受け取ることができます。子の加算額は、２人まで１人につき年額234,800円、３人目以降は１人につき年額78,300円です。

　一方、障害厚生年金の年金額は、加入期間、標準報酬と障害等級に応じて決まります。障害厚生年金２級の年金額は、老齢厚生年金の報酬比例部分の年金額と同じ計算式であり、１級はその1.25倍です。年金額（年額）の基本的な計算式は、本人の**平均標準報酬額**（賞与を含んで全加入期間を平均した月額。過去の賃金は再評価率を乗じて賃金スライド等で現在価値に再評価。）に、**給付乗率である1000分の5.481**を乗じてから、これに**被保険者期間の月数を乗じて**計算します。

　ただし、報酬比例部分の計算において、**厚生年金の被保険者期間が300か月（25年）未満の場合は、年金額が少ない額とならないよう、300か月と見なして計算**されます。

　また、障害等級１・２級の場合に、受給権者に生計を維持されている65歳未満の配偶者がいる時は、配偶者の加給年金額（年額234,800円）が加算されます。

　障害等級３級の年金額は、報酬比例の年金額ですが、障害基礎年金が支給されず、報酬比例部分のみとなりますので、少ない年金額とならないよう、**障害基礎年金２級の４分の３の金額（年額612,000円）が、最低保障額**となっています。

　このほか、厚生年金に加入している間に初診日のある病気・けがが初診日から５年以内に治り、３級の障害よりやや軽い程度の障害が残った場合、年金の代わりに一時金として、障害手当金を

図表12-1　**障害等級と給付内容**

金額は2024年度
（昭和31年４月２日
以後生まれの場合）

| 厚生年金（2階） | **障害厚生年金（１級）報酬比例額 × 1.25** | **障害厚生年金（２級）報酬比例額** | **障害厚生年金（３級）報酬比例額** | **障害手当金（一時金）** |

| | 配偶者加給234,800円 | 配偶者加給234,800円 | | |

- 報酬比例額の計算では、被保険者期間が300月に満たない場合は300月と見なす
- 障害厚生年金３級では、報酬比例額について、障害基礎年金２級の４分の３の額が、最低保障額
- 障害手当金は、報酬比例額の２年分

| 基礎年金（1階） | 障害基礎年金（１級）1,020,000円老齢基礎年金×1.25 | 障害基礎年金（２級）816,000円 | | |

| | 子の加算各234,800円 | 子の加算各234,800円 | | |

※子の加算額は、
　第３子以降は各78,300円

受給することができます。この場合も、障害基礎年金を受け取るのに必要な保険料納付要件（後述）を満たしていることが必要です。

障害手当金の額は、「報酬比例の年金額 ×2」です。障害等級3級に該当する者に支給される障害厚生年金の最低保障額の2倍の額（1,224,000円）が、障害手当金の最低保障額となっています。

（2）初診日要件により、障害基礎年金のみか、障害厚生年金の対象にもなるかを区別する

障害年金の支給要件としては、図表12-2のように、**初診日要件、保険料納付要件、障害要件**の3つの要件があります。

一つ目の「**初診日要件**」とは、初診日における加入の状況です。公的年金制度は「保険の仕組み」ですから、**被保険者である期間に「保険事故」が生じたこと**、すなわち、障害の原因となった傷病の初診日があることが基本です。

「初診日」とは、「障害の原因となった傷病について、初めて医師又は歯科医師の診療を受けた

図表12-2　**障害年金の支給要件**

	障害基礎年金	障害厚生年金
①初診日要件	障害の原因となった傷病の初診日が、次のいずれかの期間にあること ①国民年金の被保険者である期間（第1号〜第3号） ②被保険者の資格を失った後60歳以上65歳未満で日本国内に住所を有している期間	初診日に、厚生年金の被保険者であること
②保険料納付要件	初診日の前日において、初診日の月の前々月までの被保険者期間のうち、保険料納付済期間と保険料免除期間を合わせた期間が2／3以上であること （ただし、特例として、初診日が2026（令和8）年3月31日までにある時は、初診日の属する月の前々月までの直近1年間に保険料の滞納がない場合は、要件を満たす。）	障害基礎年金と同じ
③障害要件	障害認定日に、障害の程度が1級・2級に該当すること 〈事後重症〉障害認定日に該当しなかった場合でも、65歳に達する日の前日までの間に障害が重くなり、1級・2級に該当した時は、受給できる	障害認定日に、障害の程度が1級〜3級に該当すること （障害基礎年金と同様に、事後重症による請求あり）
備考	〈20歳前傷病による障害基礎年金〉 20歳前に初診日がある場合には、20歳に達した時（障害認定日が20歳以後の時は障害認定日）に、1級又は2級の障害の状態にあれば、障害基礎年金を支給 　所得制限：扶養親族等がない場合、所得が370.4万円を超える場合には年金額の1／2相当額に限り支給停止とし、472.1万円を超える場合には全額支給停止	〈障害手当金〉 厚生年金の被保険者期間中に初診日のある傷病が、初診日から5年以内に治り、障害厚生年金を受けるよりも軽い障害が残った場合に、一時金として支給 （上記と同じ保険料納付要件）

日」のことです。保険事故発生時点の確認に当たっては、障害の原因となる傷病の発生時点を事後に一義的に判定することは技術的に困難ですから、客観的に把握できる「初診日」をもって、保険事故の発生時点としています。

けがの場合は、けがを負った日は比較的特定しやすいですが、誰かに証明してもらうためには、初診日の方が客観的に特定できます。また、病気による障害の時は、いつから病気が生じたかの特定は、非常に難しいですから、客観的に把握できるのは、初診日です。

初診日は、障害年金の認定において、非常に重要な意味を持ちます。初診日において、国民年金（第1号被保険者・第3号被保険者）と厚生年金（第2号被保険者）のいずれの制度に加入しているかにより、受け取れる障害年金が、障害基礎年金だけか、障害厚生年金も対象になるのか、結果が分かれるからです。

障害基礎年金の初診日要件は、障害の原因となった傷病の初診日が、国民年金の被保険者である期間にあることが基本です。この場合の国民年金の被保険者とは、国民年金第1号被保険者、第2号被保険者、第3号被保険者を意味しますので、20歳以上60歳未満の人はすべて該当します。

また、基礎年金の加入期間が20歳以上60歳未満の40年間ですから、被保険者の資格を失った後60歳以上65歳未満で日本国内に住所を有している期間に生じた場合も、障害基礎年金の初診日要件を満たします。

また、20歳未満の期間に初診日がある場合も、20歳前傷病による障害基礎年金として、無拠出であるため所得制限が付きますが、障害基礎年金の対象となります。

（3）保険料納付要件は、3分の2要件のほか、特例として直近1年間要件がある

障害年金は、保険の仕組みですから、支給要件の二つ目の「保険料納付要件」も重要です。

これは、図表12-3のとおり、初診日の前日において、初診日の月の前々月までの被保険者期間のうち、保険料納付済期間と保険料免除期間を合わせた期間が3分の2以上であること、という要件です。

ただし、特例として、初診日が2026（令和8）年3月31日までにある時は、初診日の属する月の前々月までの直近1年間に保険料の滞納がない場合は、要件を満たすとされています。

初診日の前日で保険料納付要件を判定する理由は、保険事故が発生した後で保険料を納付することで保険料納付要件を満たすことができてしまうと、保険の考え方に合わないからです。また、保険料の納付期限は、納付対象月の翌月末日ですから、初診日の前日に納期限が経過している保険料は、前々月までの分です。このため、保険料納付要件の判定は、初診日の属する月の前々月までの期間について行うことになっています。

直近1年間要件は、1985（昭和60）年改正法の附則で規定され、当初は10年間の特例でしたが、その後、1994（平成6）年、2004（平成16）年、2013（平成25）年の改正で、10年ずつ延長されています。国民年金保険料の過去の未納期間が長く3分の2要件を満たせない人を救済する効果があり、今後に向けての国民年金保険料納付のインセンティブにもなるので、期限の再延長は、検討課題です。

図表12-3　障害年金の「保険料納付要件」

保険料の納付要件 … 以下のいずれかを満たしていること

① 初診日の属する月の前々月までの被保険者期間のうち、保険料納付済期間と保険料免除期間とを合算した期間が2／3以上であること

　　※保険料免除期間には、学生納付特例期間、納付猶予期間を含む

② 初診日が2026（令和8）年3月31日までの場合は、初診日の属する月の前々月までの直近1年間のうちに保険料の未納期間がないこと

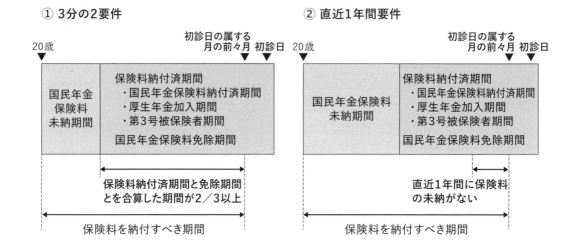

① 3分の2要件　　　② 直近1年間要件

（4）障害要件については、障害認定基準で傷病ごとに細かく基準が定められている

　支給要件の三つ目は「障害要件」です。障害年金が支給される「障害の状態」とは、国民年金法施行令・厚生年金保険法施行令別表に定める程度の障害の状態があることです。

　認定基準や認定要領は、厚生労働省が定める「**障害認定基準**」で、定められています。障害認定基準では、**身体機能の障害**（眼、聴覚、鼻腔機能、平衡機能、そしゃく・嚥下機能、音声又は言語機能、肢体の各障害）、**精神の障害**（精神疾患、知的障害）、**神経系統の障害**、**内部障害**（呼吸器疾患、心疾患、腎疾患、肝疾患、血液・造血器疾患、代謝疾患、悪性新生物、高血圧症、その他の疾患による障害）、**重複障害**の種類に応じて、詳しく書かれています。また、精神の障害については、「精神の障害に係る等級判定ガイドライン」が定められています。

　各障害等級の障害の状態の基本は、図表12-4のとおり、1級は、「日常生活の用を弁ずることを不能ならしめる程度（他人の介助を受けなければほとんど自分の用を弁ずることができない程度）」。2級は、「日常生活が著しい制限を受けるか又は日常生活に著しい制限を加えることを必要とする程度（必ずしも他人の助けを借りる必要はないが、日常生活は極めて困難で、労働により収入を得ることができない程度）」。3級は、「労働が著しい制限を受けるか又は労働に著しい制限を加えることを必要とする程度」です。

図表12-4　障害等級と障害認定基準

	障害の状態の基本（障害認定基準の基本的事項より）	政令で定める基準の例
1級	身体の機能の障害又は長期にわたる安静を必要とする病状が**日常生活の用を弁ずることを不能ならしめる程度**のものとする。 　この日常生活の用を弁ずることを不能ならしめる程度とは、**他人の介助を受けなければほとんど自分の用を弁ずることができない程度**のものである。	・両眼の視力がそれぞれ0.03以下のもの ・両上肢のすべての指を欠くもの ・両下肢を足関節以上で欠くもの
2級	身体の機能の障害又は長期にわたる安静を必要とする病状が、**日常生活が著しい制限を受けるか又は日常生活に著しい制限を加えることを必要とする程度**のものとする。 　この日常生活が著しい制限を受けるか又は日常生活に著しい制限を加えることを必要とする程度とは、**必ずしも他人の助けを借りる必要はないが、日常生活は極めて困難で、労働により収入を得ることができない程度**のものである。	・両眼の視力がそれぞれ0.07以下のもの ・一上肢のすべての指を欠くもの ・一下肢を足関節以上で欠くもの
3級	**労働が著しい制限を受けるか又は労働に著しい制限を加えることを必要とする程度**のものとする。 　また、「傷病が治らないもの」にあっては、労働が制限を受けるか又は労働に制限を加えることを必要とする程度のものとする。	・両眼の視力がそれぞれ0.1以下のもの ・一上肢の3大関節（肩関節、肘関節、手関節）のうち、2関節の用を廃したもの ・一下肢の3大関節（股関節、膝関節、足関節）のうち、2関節の用を廃したもの
障害手当金	「傷病が治ったもの」であって、労働が制限を受けるか又は労働に制限を加えることを必要とする程度のものとする。	

（5）障害認定日による障害認定では、障害認定日から受給権が発生する

　障害状態要件については、いつの時点の障害の状態を障害等級と照らして認定するのかが重要です。

　基本となる認定方法は、図表12-5の上段の「障害認定日による障害認定」です。

　「障害認定日」とは、障害の原因となった傷病の初診日から起算して1年6か月を経過した日のことです。又は1年6か月以内にその傷病が治った場合は、その治った日（症状が固定した日を含む）を言います。認定をした日ではなくて、障害の程度の「認定を行うべき日」であり、初診日から起算した特定の日が定められています。

　「傷病が治った場合」とは、障害認定基準によると、「器質的欠損若しくは変形又は機能障害を残している場合は、医学的に傷病が治った時、又は、その症状が安定し、長期にわたってその疾病の固定性が認められ、医療効果が期待し得ない状態に至った場合をいう。」と定義されています。治ったとは、文字通り傷病前の健康な身体の状態に戻ることではなく、例えば腕を失った場合は、腕の傷口の治療が終わったという意味です。

　主治医に、障害認定日における障害の状態について診断書を書いてもらって、障害年金の認定請求を行います。日本年金機構では、認定医が、診断書等に基づいて、障害等級の障害の状態に該当するかどうか審査します。

実際の障害年金の請求では、障害認定日よりしばらく後で、主治医に障害認定日における状況について診断書を書いてもらい、遅れて請求することがよくあります。この場合でも、**障害認定日が受給権（基本権）の発生日であり、障害認定日の属する月の翌月から障害年金が支給開始**されます。

受給権（基本権）とは、定期的に年金給付を受ける根拠となる権利のことです。支分権とは、基本権に基づいて支払い期月ごとに年金給付の支給を受ける権利のことです。

障害認定日から何年も後で請求する場合は、年金の裁定請求をする権利には時効はありませんが、**年金の支給を受ける権利は5年で時効消滅**しますから、請求日から5年前までの分に限り、一括して受け取ることができます。

図表12-5　障害の状態を認定する時点

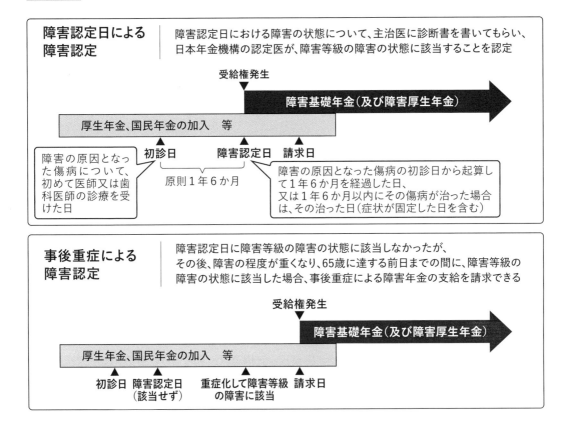

（6）事後重症による障害認定では、請求日から受給権が発生する

一方、このほかの認定方法として、図表12-5の下段の「**事後重症による障害認定**」があります。

障害認定日において障害等級表に定める障害の状態に該当しなかった人でも、その後に症状が悪化し、障害等級表に定める障害の状態になった時には、主治医に請求時点の障害の状態の診断書を書いてもらい、障害年金の請求をすることができます。

これは、障害認定日に障害の状態にないために障害年金を受給できないという事態を避けるた

めに、1966（昭和41）年の国民年金法改正で設けられた仕組みです。

　事後重症による障害認定の場合は、**請求日に受給権（基本権）が発生し、請求日の属する月の翌月から障害年金を受給**できます。

　障害認定日による請求と異なり、請求した日の翌月分からの支給となるため、請求が遅くなると障害等級表に定める障害の状態になっていても、請求までの間は障害年金を受給できませんから、障害等級表に定める障害の状態になった場合には、速やかに請求することが重要です。また、請求書は65歳に達する日の前日までの間に提出する必要があります。

　このほかに、「**初めて2級以上による障害認定**」という仕組みもあります。これは、既に先発の傷病による障害（先発障害）を持つ人が、後発の傷病（基準傷病）による障害（基準障害）を持ち、この両方の障害を併合して認定すると、初めて1級又は2級の障害の状態になった場合の認定方法です。

　初めて2級以上の障害認定では、後発の基準傷病について、初診日要件と保険料納付要件を満たす必要があります。併合して等級が上がるケースは、障害認定基準で定められています。

　この場合、請求のあった日が属する月の翌月から障害年金を受給することができます。

（7）20歳前傷病による障害基礎年金は、無拠出の年金であるため所得制限がある

　20歳前に初診日のある人が、障害認定日以後に20歳に達した時（障害認定日が20歳以後の時は障害認定日）に、障害等級に該当する程度の障害の状態にある時は、障害基礎年金を受けることができます。

　ただし、保険料を拠出することなく障害基礎年金を受けることができる制度ですので、所得制限が設けられており、**本人に一定以上の所得がある場合には、年金額の全額又は一部が支給停止**となります。

　所得制限は2段階制であり、前年の所得が**472.1万円を超える場合は全額停止**となり、**370.4万円を超える場合は2分の1が支給停止**となります。10月分から翌年9月分までが、前年所得に基づく支給対象の期間です。また、扶養親族がいる場合は、この所得制限の限度額に、1人につき38万円が加算されます。（老人控除対象配偶者や老人扶養親族の場合は48万円、特定扶養親族や控除対象扶養親族（19歳未満の人に限る）は63万円が加算されます。）

　20歳未満の時からの障害者には、基礎年金制度ができる以前は、無拠出制の障害福祉年金が支給されていましたが、1986（昭和61）年度以後は、障害基礎年金に裁定替えされ、所得制限を除けば、拠出制の障害基礎年金と同じ額となりました。

　この所得制限の限度額は、国民年金の創設当初の障害福祉年金は、地方税非課税限度額に準拠して設定され、その後、順次引き上げられてきました。1981年（国際障害者年）に障害福祉年金の**支給率が99%**となるよう所得限度額を引き上げ、1994（平成6）年改正以降、現行の2段階制に基づいて設定されています。

　20歳前障害基礎年金は、無拠出制であるため、**給付費の20%の特別国庫負担**が行われており、これを除く部分は、通常の基礎年金拠出金（2分の1が保険料財源、2分の1が国庫負担）で賄われています。これを合わせると、**国庫負担割合は6割**と通常の基礎年金よりも高くなってお

り、4割は賦課方式の下で、保険料負担者全体で賄われています。

　20歳未満の児童を養育している人に対しては、**特別児童扶養手当**の制度が福祉制度で実施されています。20歳になった時点で、20歳前傷病による障害基礎年金を請求できます。20歳になると国民年金被保険者になりますが、**1級、2級の障害基礎年金の受給者は、国民年金保険料が全額免除（法定免除）**されます。

2　障害年金の受給状況

（1）障害年金の受給者数、平均年金月額等の状況

　障害年金の受給状況は、図表12-6のとおりです。

　障害基礎年金の受給者数は205.5万人ですが、その半数を超える111.3万人は、20歳前の傷病による障害基礎年金の受給者です。障害厚生年金は3級を含めても、48.6万人です。

　障害等級別に見ると、障害基礎年金は、1級の69.5万人よりも2級の136.1万人が多くなっています。障害厚生年金では、1級が7.7万人、2級が25.6万人、3級が15.3万人であり、2級が多くなっています。

　平均年金月額を見ると、**障害基礎年金の受給者は、1級で8.2万円、2級で6.7万円**です。**障害厚生年金の受給者は、1級で障害基礎年金を含めて15.2万円、2級で11.5万円**であり、3級は障害厚生年金のみの受給になりますので、5.5万円と少ない金額になっています。

　支給総額は、人数の多い**障害基礎年金**が、**年間1兆7,721億円**と多くなっているのに対し、**障害厚生年金は3,300億円**です。

　障害の原因となった傷病を見ると、**精神障害**が、障害基礎年金で3割、障害厚生年金で4割を占め、多くなっています。また、障害基礎年金では、20歳前からの障害も給付対象になりますから、**知的障害も3割**を占めており、多くなっています。

　また、視覚、聴覚、上肢下肢などの**身体機能の障害**だけでなく、腎疾患や糖尿病、悪性新生物（がん）などの**内部障害**も少なくありません。

（2）障害年金の認定事務の改善

　障害年金の審査事務は、主治医の診断書等に基づいて、個別事例ごとに、**日本年金機構の認定医の医学的総合判断により、障害等級に該当しているかの審査**が行われます。

　また、障害等級の認定は、新規の認定後も、障害の状態が変わることがあるため、受給権者の症状に応じ、**1年以上5年以内の個別に指定された期間内に、主治医の診断書を日本年金機構に提出し、再認定の審査を受ける**こととなっています（**有期認定**）。ただし、障害の状態が永続的に障害等級に該当すると認められるものについては、再認定を要しないこととされています。（**永久認定**）

障害年金の受給者数、平均年金月額（2021年度末）

		障害基礎年金			障害厚生年金（1号厚年）	
		受給者数	うち20歳前傷病による障害基礎年金	平均年金月額	受給者数	平均年金月額
計		205.5万人	113.3万人	7.2万円	48.6万人	10.2万円
内訳	1級	69.5万人	47.9万人	8.2万円	7.7万人	15.2万円
	2級	136.1万人	65.3万人	6.7万円	25.6万人	11.5万円
	3級	ー	ー	ー	15.3万人	5.5万円
支給総額		1兆7,721億円			3,300億円	

(注) 障害厚生年金の平均年金月額は、基礎年金額を含む。

（資料）厚生労働省「厚生年金保険・国民年金事業年報」（2021年度）

受給者の傷病名別の割合　　　　　　　　　　　　　　　　　　　　　　　　　　　　　　（単位：%）

	基礎年金	厚生年金
精神障害	33.1	40.3
知的障害	30.1	-
脳血管疾患	5.6	12.7
視器の疾患・外傷	4.0	3.8
循環器系の疾患	1.1	7.2
脊柱の外傷	0.5	2.7
上肢の外傷	1.1	2.2
下肢の外傷	0.8	1.5

	基礎年金	厚生年金
その他の外傷	0.8	2.1
耳の疾患・外傷	5.3	0.9
脊柱の疾患	2.0	1.1
関節の疾患	2.3	3.9
中枢神経系の疾患	6.5	3.9
呼吸器系の疾患	0.2	0.4
腎疾患	3.2	6.0
肝疾患	0.0	0.1

	基礎年金	厚生年金
消化器系の疾患	0.1	0.6
血液及び造血器の疾患	0.1	0.2
糖尿病	0.8	4.6
新生物	0.5	3.1
その他	1.7	2.5

（資料）厚生労働省「障害年金受給者実態調査」（2019年）

　障害厚生年金の認定事務は、従来から東京に集約して行われてきましたが、障害基礎年金の認定事務は、件数が多いこともあり、都道府県単位で行われてきました。

　このため、かつては、地域により「障害認定基準」の適用についてバラツキがあると言われてきました。そこで、厚生労働省の年金局では、2010（平成22）年から順次、障害の種類ごとに障害認定基準の見直しを行ってきました。

　また、2015（平成27）年に「障害基礎年金の障害認定の地域差に関する調査」を実施し、その結果、特に精神・知的障害に係る障害等級の認定については、地域差が大きく見られることが判明しました。そこで、2016（平成28）年には、「精神・知的障害年金等級判定ガイドライン」を制定し、障害年金診断書の「日常生活能力の程度」の評価と「日常生活能力の判定」の評価の平均との組み合わせが、どの障害等級に該当するのかの目安を含め、等級判定に当たっての考慮事項が整理されています。

　その後、日本年金機構では、2016（平成28）年に東京（新宿区）に障害年金センターを発足させ、2017年4月には、障害基礎年金の認定事務を集約し、障害厚生年金・障害基礎年金ともに、全国一体的な審査体制としました。障害年金センターでは、障害認定医の医学的な総合判断を特

に要する事例について、複数の認定医が認定に関与する仕組みを導入するなど、障害認定の判断の公正性を一層確保する取組みが進められています。

　2020年9月10日の社会保障審議会の年金事業管理部会に提出・公表された「障害年金の業務統計について」及び「精神の障害に係る等級判定ガイドラインの実施状況について」によると、都道府県別の支給決定割合の標準偏差が縮小し、地域差が改善されていることが示されています。

　このほか、近年では、2019年には、20歳前障害基礎年金受給者の所得状況届の提出省略（市町村からの所得情報の取得）、再認定時の診断書の作成期間の1か月以内から3か月以内への拡大、障害年金の不利益処分等に係る理由記載の充実、2020年には、障害状態の再認定の更新期間の見直し、20歳前障害基礎年金の初診日証明の簡素化を行うなど、運用の改善が図られてきています。

3　障害年金の課題

(1) 障害厚生年金の初診日要件についての課題

　社会保障審議会年金部会では、2023年6月26日の第5回の会合で、障害年金制度について、基礎的な資料を提示して、議論が行われたところです。本稿の執筆時点では、まだ障害年金についての具体的な方向は年金局から示されていませんので、私の私見として、課題を論じたいと思います。

　まず、障害厚生年金の初診日要件についての課題です。

　1 (2) で、障害の原因となった傷病の初診日において、国民年金・厚生年金のいずれの制度に加入しているかにより、支給される年金を決定することを説明しました。このため、**初診日より前は厚生年金被保険者であっても、初診日の時点では国民年金第1号被保険者であった場合は、障害基礎年金しか支給されません。**

　この厳密に仕分けをしている制度が、現実の中で、少し厳しいかもしれないと感じられる事例としては、次のようなものがあります。

　一つ目は、「**長期勤続して退職後の判明の事例**」です。例えば、長年、厚生年金の適用事業所に勤めていて、物忘れや仕事のミスが多くなってきたので途中退職したが、医師の診察を受けて若年認知症だと分かった初診日は、退職後だった、というような事例です。

　二つ目は、「**谷間の事例**」です。例えば、転職のため厚生年金の適用事業所を退職したが、再就職する前に事故でけがをして、後遺障害が残ったというような事例。あるいは、派遣社員のため、短期間で厚生年金の被保険者資格の取得・喪失を繰り返しており、厚生年金の被保険者期間は合計すれば長いけれども、たまたま初診日が谷間の国民年金の被保険者の期間にあったというような事例です。

　三つ目は、「**長期勤続後に生じた事故や疾病の事例**」です。長年、厚生年金の適用事業所に勤め、

50歳台半ばで早期退職に応じ、又はフリーランスに転じたが、その後、事故で後遺障害が残った、というような事例。あるいは、60歳まで厚生年金の適用事業所で勤めて定年退職したが、60歳台前半でがんで闘病中というような事例です。

　私の私見ですが、このようなケースに対応するために、**厚生年金の被保険者資格を喪失した後に初診日がある人であっても、一定以上の厚生年金被保険者期間を有する人については、加入実績を考慮し、障害厚生年金を支給することができないか**、検討してはどうかと考えます。

　例えば、初診日までの期間の3分の2以上が厚生年金の被保険者期間であった実績から、全体を通してみれば、「主として厚年被保険者であった者」として、障害厚生年金の対象と考えることができないでしょうか。

　あるいは、遺族厚生年金の長期要件（加入期間25年以上）では、厚生年金の被保険者期間でない期間の死亡の場合でも遺族厚生年金が支給されていますので、これと同様に、厚生年金の加入期間25年以上の人については、被保険者でない期間に初診日があっても障害厚生年金の対象とするという長期要件を設ける案もあるかもしれません。

　障害年金の場合には、若年で障害を持って長く生活していく人も多いですから、どういった要件であれば考えられるのか、検討してはどうかと思います。

（2）事後重症による障害年金の受給権の発生日についての課題

　次に、事後重症による障害年金の受給権の発生日についても課題があります。

　事後重症制度は、1（6）で説明しましたように、初診日から1年6か月後の障害認定日の時点では、障害等級に該当する障害の状態ではなかったが、その後、障害の程度が悪化し、障害等級に該当するようになった時は、障害年金の請求を行うことができるものです。請求日に受給権の基本権が発生し、請求日の翌月から支給開始となります。

　障害年金の請求では、**障害年金の支給要件に該当することを知らなかったり、知ってからも医師の診断書を書いてもらうのに時間がかかったりして、請求が遅れることは、むしろ一般的なこと**です。精神障害や内部障害などでは、症状が変わりやすいので、多いと思います。

　障害認定日による障害認定では、基本権の発生日が障害認定日であり、支給開始時期は障害認定日の属する月の翌月と規定されていますから、請求が遅れても、5年の時効消滅までの部分は、遡って受け取ることができます。しかし、事後重症による障害認定では、基本権の発生日は請求日と規定され、請求日の属する月の翌月から支給と法律で規定されており、遡っての受給はできません。

　このような不公平感を解消するためには、**事後重症制度について、「障害等級の障害の状態に該当したと認められる日」に基本権を発生させる**こととしてはどうかと考えます。該当したと認められる日は、主治医の診断書がいつの時点の障害の状態について書かれているかによることが考えられます。

　障害等級の障害の状態に該当した日に基本権を発生させる方が、保険事故が発生して支給事由（障害認定）に該当した場合にそれに応じた給付を行うという社会保険の原則に、より適合すると思います。

このようにすれば、障害認定日に障害の状態に該当していた可能性がありながらも、過去の障害認定日の時点の状況を医師の診断書に記載してもらうことができなくて、苦労している場合でも、活用できます。

　なお、1（6）で説明した「初めて2級以上の障害認定」の場合でも、基本権の発生は障害の状態に該当するに至った時と規定されていますが、請求日の属する月の翌月から支給と規定されており、同様の論点があります。

（3）障害年金の給付水準についての課題

　障害年金も、マクロ経済スライド調整により、将来、所得代替率で見た給付水準が今より低下します。若い頃に障害になった場合には、給付期間は長く続きます。老齢年金については、平均寿命の伸びに伴う就労期間の伸びにあわせて、個々人が厚生年金の加入期間を伸ばしていくことにより、給付水準の低下を補うことができますが、障害年金では、それはできません。

　第7章（基礎年金の拠出期間45年化の意義）の3（6）で説明しましたが、基礎年金の45年化がされた場合は、老齢基礎年金の満額が、40分の45の金額に増えますので、障害基礎年金の額も、その額に増えることになります。

　加入者全体で拠出期間を45年に伸ばす効果を、障害基礎年金にも及ぼして、将来の水準の低下を防ぐ必要があると考えます。

第13章 第3号被保険者制度と配偶者の加給年金

1．第3号被保険者制度が作られた理由

（1）第3号被保険者制度は、従来の厚生年金の給付から切り出して独立した給付にしたもの

（2）第3号被保険者制度の創設時には、「夫婦世帯と単身世帯の水準分化」が意図された

（3）1人あたり賃金が同じ世帯であれば、片働きでも、共働きでも、単身世帯でも、1人分の保険料負担と年金額は同じ

2．第3号被保険者制度に関するこれまでの議論と今後

（1）平成13年の「女性と年金検討会」を踏まえて、平成14年に「4つの見直し案」を検討

（2）平成16年改正で、「夫婦共同負担の基本認識」を法律上明記した

（3）民主党政権では、2分2乗方式を踏まえた検討の方針を掲げた

（4）平成27年1月の年金部会の議論の整理では、適用拡大による対象者の縮小方針で一致

（5）勤労者皆保険を徹底して進めた上で、第3号被保険者制度は維持するのが良い

3．老齢厚生年金の配偶者の加給年金と老齢基礎年金の振替加算の今後

（1）配偶者の加給年金は、基礎年金ができる前の制度が一部残っているもの

（2）老齢厚生年金の配偶者の加給年金は、必要性が低下しており、早急な廃止が妥当

（3）基礎年金の振替加算は、基礎年金創設時の経過措置であり、新規の支給は近く終了する

1 第3号被保険者制度が作られた理由

（1）第3号被保険者制度は、従来の厚生年金の給付から切り出して独立した給付にしたもの

基礎年金制度の仕組みは、第7章（基礎年金の拠出期間45年化の意義）の1で説明したとおりです。第3号被保険者制度については、様々な意見がありますので、まず、この制度ができた理由を見てみましょう。

図表13-1のとおり、1985（昭和60）年改正で基礎年金制度ができる前は、厚生年金は世帯単位の給付設計であり、夫の名義の年金で夫婦2人が生活する給付設計でした。厚生年金は厚めの定額部分と報酬比例部分からなり、年金受給者に被扶養配偶者がある場合は、配偶者の加給年金が加算されました。

このため、1961（昭和36）年に国民年金制度が発足した時点では、厚生年金など被用者年金の被保険者の妻（サラリーマン世帯の専業主婦）は、国民年金の強制適用の対象とせず、任意加入はできるようにしていました。

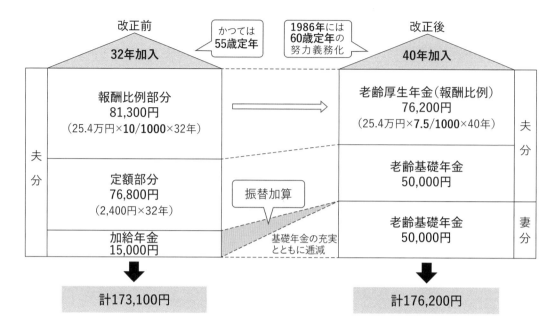

図表13-1　基礎年金制度の創設と第3号被保険者制度

（注）25.4万円は、当時の現役男子の平均標準報酬月額。32年は、改正前の平均加入期間。2,400円は、1980（昭和55）年改正時の単価2,050円を1984（昭和59）年度価格に換算したもの。

（注）給付乗率は、その後、2000（平成12）年改正で、さらに5％引き下げ（7.125/1000）られた上で、総報酬制（賞与にも保険料を課す）に伴う乗率の換算により、現在は5.481/1000となっている。

　その結果、妻が国民年金に任意加入していた場合は、夫婦2人分の水準である夫の厚生年金に加え、妻の国民年金が支給されることとなり、夫婦2人分の受給額は夫婦とも40年加入する頃には、現役時代の夫の収入よりも多くなることが予測されました。

　一方、妻が任意加入していない場合は、障害年金は受給できず、離婚した場合には自分名義の年金がないという問題がありました。

　そこで、1985（昭和60）年の年金改正で、サラリーマン世帯の専業主婦についても、**第3号被保険者として国民年金の強制適用対象とし、自分名義の年金権を得られるようにしました**。その際、第3号被保険者については、健康保険で被扶養配偶者は自ら保険料を負担せずに医療保険給付を受けているのと同様に、**独自の保険料負担を求めず、基礎年金給付に必要な費用は、被用者年金制度全体で負担する**こととしました。

　国民年金第3号被保険者の制度は、厚生年金から切り出されて作られたものと考えると分かりやすいです。

　もともと、厚生年金制度では、夫婦2人分の生活費を考慮し、厚い定額部分と報酬比例部分に加え、被扶養配偶者がある場合は、加給年金が加算され、これらを厚生年金保険料で賄っていました。基礎年金の制度化に当たって、第3号被保険者に対する基礎年金は、**厚生年金の定額部分や報酬比例部分の一部と配偶者の加給年金を切り出して、独立した基礎年金給付としたもの**です。第3号被保険者分の基礎年金拠出金を、厚生年金保険料で賄う仕組みになっているのも、この厚生年金制度からの切り出しに由来します。

基礎年金の創設時には、第4章（少子高齢化と年金）の2（1）で説明しましたように、32年加入から40年加入の時代に合わせた給付乗率の引き下げも行われていますが、平均的な標準報酬の場合、改正前は、報酬比例部分8.1万円、定額部分7.7万円、加給年金1.5万円で合計17.3万円であったものが、改正後は、報酬比例部分7.6万円と、老齢基礎年金5万円を2人分で、合計17.6万円という給付設計になっており、夫の定額部分・報酬比例部分の一部と加給年金を切り出して、妻の老齢基礎年金を作った姿が分かります。

（2）第3号被保険者制度の創設時には、「夫婦世帯と単身世帯の水準分化」が意図された

　第3号被保険者制度の創設時の厚生省の審議会の意見書等から、当時、どのような議論であったかを見てみましょう。

　1979（昭和54）年4月18日の年金制度基本構想懇談会報告「わが国年金制度の改革の方向−長期的な均衡と安定を求めて−」では、次のように書かれています。

　『現在のわが国の被用者年金の給付水準の問題点の一つとして、**単身の場合と夫婦の場合とで実質的な水準の相違がない**ということが挙げられる。

　単身の場合と夫婦の場合では、**世帯としての生活費には相当程度の相違**があり、諸外国においては、夫婦の場合には、単身の場合に比して5割程度高く給付水準を設定している例が多い。

　わが国の被用者年金の場合は、**夫婦を念頭においた給付水準が設定**されているが、その結果、**相対的に単身者は、夫婦に比し有利な水準設定**となっているということができよう。

　一方、夫婦共働き世帯で、夫婦がそれぞれ被用者年金から年金を受ける場合や、夫が被用者年金制度から、妻が国民年金から年金を受ける場合には、今後、加入期間の長期化に伴い、世帯として受ける年金額が相当高くなることが考えられる。さきに述べたように、今後長期的にみれば、個人個人がそれぞれ制度の本来的な年金を受けるようになることが見込まれるので、被用者年金においても、**単身と夫婦の給付水準を見直し、段階的に単身の水準を夫婦の場合に比し、適切で均衡のとれたものになるようにしていく必要**があり、また、世帯類型等に応じ、合理的な給付の調整を行う必要がある。』

　また、1983（昭和58）年7月15日の「厚生年金保険制度改正に関する意見」（社会保険審議会厚生年金保険部会）では、次のとおりです。

　『第二の課題は、年金の給付を夫婦単位で考えるか個人単位で考えるかという問題である。厚生年金保険をはじめとする被用者年金においては、年金の給付水準は世帯単位で構成されているが、**夫婦世帯と単身世帯との水準分化は不十分**である。これに対し、国民年金においては、夫婦世帯においても、夫・妻それぞれが被保険者、受給権者となるという構成である。さらに被用者の妻は国民年金に任意加入できるという複雑な仕組みになっている。こうした制度上の複雑さに加え、近年における婦人のライフサイクルの顕著な変化を反映して、夫婦の就業形態、年金加入の態様により、世帯における給付水準は極めて多様になっている。このため、厚生年金保険の給付水準を検討する場合においても、婦人の年金をどのように考えるかが重要な要素とならざるを得ない。

厚生年金保険の給付水準としては、**夫婦世帯と単身世帯のバランスを合理化**するものとし、一方、被用者の妻の大半がすでに国民年金に任意加入していること、任意加入していない妻が障害者になった場合や離婚した場合の年金保障が十分でないことを考慮して、**すべての婦人に独自の年金権を確立するという方向で検討すべきであろう。**』

　そして、1984（昭和59）年1月24日の「基礎年金の導入等に伴う改正について」（社会保険審議会答申）では、次のとおりとなっています。

　『今回の諮問案は、**全国民に共通する基礎年金を導入する**ことにより、（中略）被用者世帯における**夫婦世帯と単身世帯の給付水準の分化、婦人の年金権の確立及び給付と負担の適正化を図る**ことを主たる内容としている。これらは昨年7月当審議会厚生年金保険部会が提出した意見に沿ったものである。（中略）諮問案については、基本的に了承するので、その早期実現に努められたい。』

　これらを見ると、「**女性の年金権の確立**」とともに、「**夫婦世帯と単身世帯の給付水準の分化**」が、当時、社会保障の制度論として強く求められたことが分かります。

　当時の制度は、配偶者の加給年金で若干の調整はされていましたが、報酬比例部分や定額部分の本体の年金額が夫婦2人世帯を想定した金額となっており、夫婦世帯と単身世帯の給付水準の分化が不十分でした。このため、**夫婦世帯と単身世帯では、必要な生活費は違うにもかかわらず、単身者は、夫婦世帯よりも有利な給付設計となっており、給付水準の分化が必要だ**、と考えられていました。

　現在、厚生年金第3被保険者制度に批判的な意見では、同じ保険料であるにもかかわらず、第3号被保険者のいる夫婦世帯では、単身者と比べて基礎年金1人分の給付が多いとして不公平という意見がありますが、そもそも、制度創設時に求められたのは、夫婦世帯と単身世帯の給付水準の分化でした。

（3）1人あたり賃金が同じ世帯であれば、片働きでも、共働きでも、単身世帯でも、1人分の保険料負担と年金額は同じ

　第2章（年金制度の仕組みと世帯類型）の3で説明しましたように、現行の制度は、「1人あたり賃金が同じ世帯であれば、片働きでも、共働きでも、単身世帯でも、1人分の保険料負担と年金額は同じ」という構造になっています。

　図表13-2の左上で、夫婦のうち1人が賃金40万円で働き、他方が第3号被保険者であった場合は、2人分の基礎年金と賃金40万円に応じた厚生年金が、世帯の年金給付です。1人あたりでは、1人分の基礎年金と賃金20万円に応じた厚生年金となります。

　一方、この賃金40万円を、夫婦2人で20万円ずつ稼いだ場合を見ますと、この場合も、2人分の基礎年金と賃金40万円に応じた厚生年金が、世帯の年金給付です。1人あたりでは、1人分の基礎年金と賃金20万円に応じた厚生年金となり、片働きの場合と同じです。

　また、単身で20万円稼ぐ人の年金は、1人分の基礎年金と賃金20万円に応じた厚生年金であり、これも同じです。

　以上のように、**夫婦の片働き世帯、夫婦共働き世帯、単身世帯とも、「1人あたりの賃金水準が**

同じであれば、どの世帯類型でも1人あたりの保険料負担も年金額も同じ」になる構造となっています。この観点で見て、公平な制度となっています。

一方、第3号被保険者制度に批判的な意見では、比較の仕方が異なっており、図表13-2の「個人の賃金（40万円）が同じ世帯」の枠で囲った部分のように、個人の賃金水準を固定して比較します。単身世帯で40万円を稼ぐ人の場合の年金は、基礎年金1人分と賃金40万円に応じた厚生年金であり、片働きの夫婦世帯の1人が同じ40万円稼ぐ場合の方が、同じ保険料拠出に対して、基礎年金1人分多くなっていると指摘します。1人あたりの比較では、単身世帯で40万円稼ぐ方が、賃金、保険料拠出が多い分、年金額も大きいわけですが、公平の捉え方が異なります。

この両者は、世帯の合計賃金は40万円で同じであり、保険料拠出は同じですが、単身世帯夫婦世帯では、必要な生活費が異なりますから、基礎年金1人分の年金額が異なることは、その必要性を踏まえた給付設計です。

公的年金制度は、本連載の第1章（公的年金制度の意義と役割）の4で説明しましたように、「貢献に応じた給付」の考え方と、「必要に応じた給付」の考え方を、適切に組み合わせた制度であり、単身世帯と夫婦世帯では必要な生活費が異なることを考慮している現行の制度設計は、合理的な仕組みであると考えます。

図表13-2 **公的年金の負担と給付の構造（世帯類型との関係）**

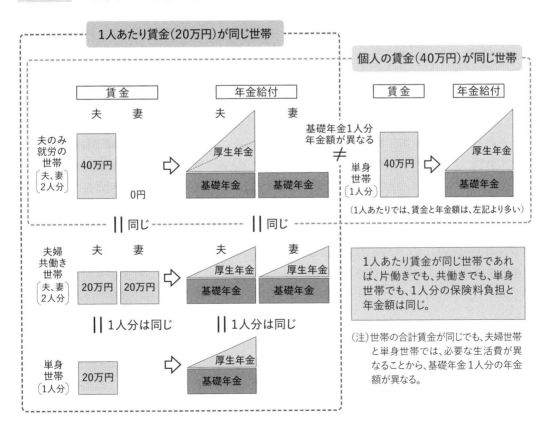

（1）平成13年の「女性と年金検討会」を踏まえて、平成14年に「4つの見直し案」を検討

　平成の時代に入ると、女性の就労とライフスタイルの多様化が進む中で、女性と年金についての様々な議論が提起されました。

　そこで、2000（平成12）年7月に、厚生労働省に「**女性のライフスタイルの変化等に対応した年金の在り方に関する検討会**」が設置され、17回の議論を経て、2001（平成13）年12月に報告書がまとめられました。（報告書は厚生労働省のホームページ参照）

　報告書は、84ページにもなる大作で、めざすべき方向と基本的な視点、社会保障制度としての年金制度の基本的論点とともに、①モデル年金の考え方、②短時間労働者等に対する厚生年金の適用、③第3号被保険者制度、④育児期間等に係る配慮措置、⑤離婚時の年金分割、⑥遺族年金制度の6つの課題について、論点を整理しています。その後、議論がまとまったものは、2004（平成16）年の年金制度改正等に反映されていきます。

　報告書では、第3号被保険者制度の論点について、「**第3号被保険者を抱える片働き世帯を優遇する制度であり、共働き世帯や単身世帯（ひとり親世帯を含む。）と比べて、老齢年金や遺族年金について給付と負担の関係が不公平**となっているほか、**短時間労働者が第3号被保険者に留まろうとして就業調整を行う原因**となり、女性の就労や能力発揮の障害となっている、（中略）といった意見があり、第3号被保険者制度の廃止又は見直しを求める声も、近年強くなってきている。」としています。

　一方、「第3号被保険者を抱える片働き世帯と共働き世帯の間で給付と負担の不公平があるという批判があるが、これについては、現行制度では、夫婦世帯で標準報酬の合計が同じであれば、保険料負担は同額で老齢年金の給付も同額となっている」ことなど、議論の前提を整理しています。

　その上で、第3号被保険者に係る保険料負担に関する**各方面からの意見や検討会で出された様々な提案**について、**6つの典型化した見直し案**に整理し、それぞれの提案の利点及び論点について、整理しています。

　その後、2002（平成14）年1月から、**2004（平成16）年改正に向けた社会保障審議会年金部会**での議論が始められましたが、2002（平成14）年12月の第12回年金部会で、年金局から「**年金改革の骨格に関する方向性と論点**」という資料が提出されました。第3号被保険者制度については、57ページから69ページにかけて、詳しく書かれています。（資料は、厚生労働省のホームページ参照）

　この資料では、女性と年金検討会報告書の6つの見直し案の考え方等を踏まえ、図表13-3のような**4つの案**を、それぞれの**論点**とともに、整理しています。

　方法Ⅰの「**夫婦間の年金権分割案**」は、第2号被保険者が納付した保険料について、給付算定上夫婦が共同して負担したものと見なすこととして、納付記録を分割しておき、この記録に基づき夫婦それぞれに基礎年金と厚生年金の給付を行うこととする案です。

　方法Ⅱの「**負担調整案**」は、第3号被保険者に対し、基礎年金という受益に着目した何らかの

保険料負担を求める案です。Ⅱ－１案では、基礎年金についての負担を、被用者グループでは、定率保険料と定額保険料を組み合わせます。Ⅱ－２案では、第３号被保険者に関する拠出金負担の費用を、第３号被保険者を抱える第２号被保険者の間で定率で負担する案です。

方法Ⅲの「給付調整案」は、第３号被保険者に対し、保険料負担を求めない代わりに、基礎年金給付を減額する案です。Ⅲ－１案では、第３号被保険者は、国民年金保険料の免除者と同様に、基礎年金給付は国庫負担相当分の２分の１の額とします。Ⅲ－２案では、第３号被保険者は、国民年金保険料の半額免除者と同様とすると基礎年金給付は４分の３の額となる案です。

方法Ⅳの「第３号被保険者縮小案」は、現行の第３号被保険者制度を維持しつつ、短時間労働者等に対する厚生年金の適用拡大により、その対象者を縮小していく案です。

その後、2003（平成15）年９月12日にまとめられた年金部会の意見書「年金制度改正に関する意見」では、第３号被保険者制度の見直しについて、「短時間労働者への厚生年金の適用拡大等により、第３号被保険者を縮小していく方向性については一致した。」としつつ、それ以外の案については、賛成論、反対論の両論の意見が掲げられています。

このうち、各案の反対論を見てみます。年金分割案については、「婚姻継続中の分割については、その必要性や夫婦間の財産関係についての他の社会制度との整理について問題が多い」との意見がありました。

図表13-3　平成14年12月の年金部会で年金局が示した４つの案

４つの案	仕組み	
夫婦間の年金権分割案 （方法Ⅰ）	・保険料負担は、従来どおり、第２号の標準報酬に応じた保険料。 ・年金給付は、第２号の標準報酬が、第３号との間で分割されたものとして評価する。第３号は、基礎年金に加え、報酬比例年金を受ける。	
負担調整案 （方法Ⅱ） 　第３号被保険者に対し、基礎年金という受益に着目した何らかの保険料負担を求める	Ⅱ－１	・基礎年金に関する負担について、被用者グループにおいて、応能負担（定率保険料）と応益負担（定額保険料）を組み合わせる。 ・例えば、第２号及び第３号に、一律に国民年金保険料の半額の定額保険料の負担を求め、残りの費用は第２号の間で定率で負担。
	Ⅱ－２	・まず第２号の定率保険料を、第３号の基礎年金に関する拠出金負担分を除いて設定。 ・第３号に関する拠出金負担に要する費用を、第３号を抱える第２号の間で定率で負担。
給付調整案 （方法Ⅲ） 　第３号被保険者に対し、保険料負担を求めない代わりに、基礎年金給付を減額する	Ⅲ－１	・第３号は国民年金の免除者と同様の取扱いとし、基礎年給付は国庫負担部分に限る。基礎年金給付は１／２となる。
	Ⅲ－２	・現行では、被用者年金の被保険者全体の保険料拠出により、第３号に関する保険料負担全額を賄っているが、これを保険料負担の一部分に限ることにより、基礎年金給付についても一部とする。 ・例えば、国民年金の半額免除者と同様の扱いとすると、基礎年金給付は３／４となる。
第３号被保険者縮小案 （方法Ⅳ）	・現行の第３号被保険者制度を維持しつつ、短時間労働者等に対する厚生年金の適用拡大により、その対象者を縮小していく。	

負担調整案については、「応能負担という厚生年金の原則を変更するのは不適当である」という意見、「世帯の合計賃金が同じでも、片働き世帯にだけ特別な負担を求めると、共働き世帯よりも保険料が高くなるので公平ではない」という意見、「事業主の負担や保険料徴収事務の問題がある」との意見がありました。

また、給付調整案については、「全国民共通のものとして高齢期の基礎的費用を賄う基礎年金の趣旨に反する」という意見がありました。

4つの案については、各案とも支持する意見がありつつ、反対意見もあって意見がまとまらず、少なくとも短時間労働者への厚生年金の適用拡大等により、第3号被保険者を縮小していく方向性については一致した、というのがこの時の議論の結論です。

（2）平成16年改正で、「夫婦共同負担の基本認識」を法律上明記した

このような議論を踏まえて、2004（平成16）年の年金制度改正では、方法Iの夫婦間の年金権分割案の考え方を活かして、離婚時についてのみ厚生年金の分割制度（合意分割、3号分割）を制度化するとともに、厚生年金保険法第78条の13に、「被扶養配偶者を有する被保険者が負担した保険料について、当該被扶養配偶者が共同して負担したものであるという基本的認識」が法律上明記されました。

離婚時の厚生年金の年金分割制度は、「婚姻期間中に負担した厚生年金保険料は、夫婦が共同して負担したものと見なす」という考え方に立つものです。このうち、合意分割の制度では、離婚した夫婦の合意（合意が整わない場合は家庭裁判所に申し立て）により、夫婦双方の標準報酬の合計の2分の1を上限として、分割の割合を決めることができます。また、3号分割の制度では、合意が不要で、第3号被保険者の請求のみで成立し、第2号被保険者の標準報酬の2分の1が分割されます。いずれも、離婚してから2年以内の請求が必要で、これにより、対象期間中の厚生年金の保険料の納付記録が分割されます。

（3）民主党政権では、2分2乗方式を踏まえた検討の方針を掲げた

その後、2009（平成21）年9月に発足した民主党政権の下で、社会保障・税の一体改革の議論が始められました。

民主党の「社会保障と税の抜本改革調査会」が2011（平成23）年5月26日にまとめた『「あるべき社会保障」の実現に向けて』では、公的年金制度の改革の方向性として、所得比例年金の年金額については、「個人単位で計算（有配偶者の場合、夫婦の納めた保険料を合算して二分したものを、それぞれの納付保険料とする＝2分2乗）」としていました。

そして、2012（平成24）年2月17日に閣議決定された「社会保障・税一体改革大綱」では、年金制度の現行制度の改善の項目として、「第3号被保険者制度に関しては、国民の間に多様な意見がなおあることを踏まえ、不公平感を解消するための方策について、新しい年金制度の方向性（2分2乗）を踏まえつつ、引き続き検討する。」としています。

これに先立つ2011（平成23）年9月29日の社会保障審議会年金部会では、年金局が「第3号

被保険者制度の見直しについて」という資料を提出して議論が行われており、同年12月16日にまとめられた年金部会の議論の整理では、第3号被保険者制度の見直しについて、様々な意見があったことが記載されています。

（4）平成27年1月の年金部会の議論の整理では、適用拡大による対象者の縮小方針で一致

その後、2015（平成27）年1月の年金部会の議論の整理でも、第3号被保険者制度について、議論がまとめられています。

議論の整理では、「この制度設計が公平かどうかについては、本部会における議論においても、評価は分かれている。」としながらも、「第3号被保険者を将来的に縮小していく方向性については共有した。」としています。

その上で、「第3号被保険者の実態をみると、短時間労働に従事している者、出産や育児のために離職した者、配偶者が高所得で自ら働く必要性が高くない者などが混在している状況にあることが確認できる。このことから、第3号被保険者制度については、この制度を単に専業主婦（夫）を優遇しているとの捉え方ではなく、多様な属性を持つ者が混在していることを踏まえた検討が必要であることについても、認識を共有した。」としています。

そして、「このような状況を踏まえると、まずは、被用者保険の適用拡大を進め、被用者性が高い人については被用者保険を適用していくことを進めつつ、第3号被保険者制度の縮小・見直しに向けたステップを踏んでいくことが必要である。」としています。

この見解については、2019（令和元）年12月の年金部会の議論の整理でも、維持されています。

（5）勤労者皆保険を徹底して進めた上で、第3号被保険者制度は維持するのが良い

第3号被保険者に関する議論の構造を、図表13-4にまとめてみました。これを踏まえた上で、私は、勤労者皆保険を徹底して進めた上で、第3号被保険者制度は維持するのが良いと考えています。

第3号被保険者制度についての論点は大きく分けて2つあり、一つ目は、この制度が公平なのかという論点です。二つ目は、短時間労働者が第3号被保険者に留まろうとして就業調整を生じさせる問題です。

このうち、二つ目の就業調整の問題については、勤労者皆保険を徹底して進め、週20時間未満・月8.8万円未満の短時間労働者を含め、すべての短時間労働者に被用者保険を適用すれば、手取り収入の段差がなくなるので、就業調整は解消します。その具体的な方法については、第10章（勤労者皆保険の実現に向けて）で説明したとおりです。

一方、一つ目の公平性の論点については、公平とは何かの見方の問題です。1（3）で説明しましたように、夫婦の片働き世帯、夫婦共働き世帯、単身世帯とも、「1人あたりの賃金水準が同じであれば、どの世帯類型でも1人あたりの保険料負担も年金額も同じ」になる構造であり、この観点で見れば、公平な制度です。

不公平と見る意見は、個人が納付した保険料と個人が受け取る年金額との対応関係に着目し

〈論点１ → この制度は公平か〉

応益負担・個人単位を基本とする考え方

応能負担・必要に応じた給付・世帯単位の要素を組み合わせる考え方

第３号被保険者制度への批判
- 片働き世帯を優遇している
- 保険料負担がなく基礎年金満額の給付があるのは、不公平
- 単身世帯と片働き夫婦世帯で、負担・給付が不均衡
- 配偶者の年金保障は、配偶者の負担に基づくべき

第３号被保険者制度の意義・役割
- 単身、共働き、片働きを問わず、世帯の1人あたり賃金が同じであれば、負担も給付も同じで公平
- 単身世帯、夫婦世帯いずれにも過剰でない必要に応じた給付
- 被扶養配偶者の年金権を確保

〈論点２ → 就業調整を生じさせる問題〉

⇒ 被用者保険の徹底した適用拡大により、問題は生じなくなる

〈これまでに議論された主な対応の方向性〉

① ２号被保険者が納付した保険料を夫婦が共同して負担したものとみなす
- 平成16年改正で、保険料の夫婦共同負担の基本的認識を法律に規定（厚年法第78条の13）し、離婚時の年金分割制度を新設

② ３号を有する世帯に追加負担を求める
- ✓ 応能負担という厚生年金制度の原則を変更すべきではない
- ✓ 同じ世帯収入の共働き世帯より片働き世帯の負担が重くなる
- ✓ ３号分の保険料の事業主負担、事業主経由の徴収は困難

③ ３号への基礎年金給付を減額する
- ✓ 全国民共通の保障としての基礎年金の趣旨に反する

④ 被用者保険の適用拡大により第３号被保険者制度の縮小へのステップを踏む
- 適用拡大で対象者を縮小していく方向性では、議論が一致
- 第３号被保険者には、短時間労働者のみならず、多様な属性を持つ者が混在していることを踏まえた検討が必要

ますが、これは、民間の個人年金の金融商品のような見方をしているのではないでしょうか。社会保障制度である公的年金は、「貢献に応じた給付」の考え方と、「必要に応じた給付」の考え方を、適切に組み合わせた制度であり、単身世帯と夫婦世帯では必要な生活費が異なることを考慮している現行の制度設計は、合理的な仕組みであると考えます。

　図表13-4の上段で、論点１の議論の構造を、図式化してみました。この制度が不公平だとする人は、応益負担・個人単位を基本とする考え方です。一方、この制度の意義・役割を評価する人は、公的年金制度について、応能負担・必要に応じた給付・世帯単位の要素を組み合わせる考え方です。長年、この議論がかみ合わないまま続いているのは、公的年金制度についての基本的な見方が異なるからです。

　図表13-4の下段に、これまでに議論された主な対応の方向性について、前述の４つの方法案に沿って、簡単に整理しました。

方法１の考え方に基づいて、2004（平成16）年改正で、厚生年金保険料の夫婦共同負担の基本認識が、法律上明記されました。このため、「第３号被保険者は、保険料を負担しないのに給付があるのは不公平ではないか」という論点については、既に法律上明確になり、解決していると言えるでしょう。

　方法２の追加負担や、方法３の基礎年金給付の減額については、それぞれ問題点があり、今後の見直しの方向とすることはできないと思います。

　方法４の被用者保険の適用拡大により第３号被保険者を縮小することについては、議論が一致しており、短時間労働者の適用拡大や、個人事業所の非適用業種の解消、５人未満個人事業所を含め、段階的に適用拡大を進めていきます。その上で、残った部分についてどう考えるか、という議論になります。

　この残る部分には、多様な属性を持つ人たちが混在しており、本人が病弱であったり、軽度の障害を持っていたり、子育て、介護、失業、学び直し、ボランティア活動などの様々な事情で、就労していない人が多数残ります。そのような人にも基礎年金を保障するためには、第３号被保険者制度は、大変有効な制度です。

　第３号被保険者の対象を、子育て、介護などの事情がある人に限定してはどうか、という意見もありますが、被用者保険の適用事務として、子育て、介護などの事情がある人であるか否かを判定する事務を行うことは、実務的に難しいと思います。

　夫（妻）が高所得者の世帯で、働く必要がないために専業主婦（夫）をしている人には、追加の保険料を負担してもらって良いではないか、という意見もあると思います。気持ちは分からないわけではありませんが、どこで所得の線引きをするか難しいですし、そもそも、報酬比例の保険料ですから、所得の高い世帯は、既に、平均的な所得の世帯よりも多く基礎年金財政に貢献しています。

　民主党政権の時に検討の方向として掲げた２分の２乗方式は、配偶者がある場合に、夫婦の納めた保険料を合算して２分したものを、それぞれの納付保険料とする方式です。2002（平成14）年の年金部会に提出された４つの案のうち、方法Ⅰ「夫婦間の年金権分割案」の考え方を進めて、「保険料の夫婦共同負担の基本的認識」を、片働きの場合だけでなく、共働きの場合にも適用し、報酬比例年金の年金額の基本的な計算方法にしようというものです。

　第３号被保険者制度にこの考え方を取り入れるとすると、現行制度で離婚時の厚生年金の分割で行われているような仕組みを、婚姻継続中も自動的に行うことになります。

　夫婦の厚生年金の標準報酬を合算して２分した額を、それぞれの保険料納付記録とする方法は、障害年金や遺族年金に大きな影響が生じます。配偶者のうち収入の多い方が障害になったり、死亡した場合でも、合算して２分した額が、障害厚生年金や遺族厚生年金の年金額の計算根拠となり、現行制度より給付額が少なくなってしまいます。

　障害や配偶者の死亡といった世帯の稼得能力の減少に対する保険給付という役割を考えると、２分２乗式よりも、現行方式の方が良いと考えます。

　私は、勤労者皆保険を徹底して進めた上で、第３号被保険者制度は維持するのが良いと考えています。

3 老齢厚生年金の配偶者の加給年金と老齢基礎年金の振替加算の今後

(1) 配偶者の加給年金は、基礎年金ができる前の制度が一部残っているもの

　厚生年金の加給年金は、老齢厚生年金・障害厚生年金の受給権発生当時に生計を維持する配偶者・子がいる場合に、その扶養の実態に着目し、年金給付の額に加給年金額を加算する仕組みです。

　先述の図表13-1の左側の図のように、**厚生年金ができた当初は、夫が家計の主たる担い手**という時代の中で、夫の年金に加給年金を加算し、夫分の年金で、夫婦2人分の老後の所得保障を図る仕組みでした。加給年金は、1954（昭和29）年の厚生年金保険法の全面改正時に作られた制度です。そして、1985（昭和60）年改正による基礎年金創設により、図表13-1の右側の図のように、**夫の老齢厚生年金の定額部分と報酬比例部分の一部と加給年金が切り出されて、妻の老齢基礎年金に移行**しました。

　現在の老齢厚生年金の配偶者の加給年金の仕組みは、図表13-5のとおりです。配偶者の加給年金は、従来の加給年金が、**夫が年上の夫婦の場合に、夫が65歳になって老齢厚生年金の支給が開始された時点から、妻が65歳となって自身の老齢基礎年金の受給が始まるまでの間に支給される加算**として残ったものです。（以下、夫と妻が逆も同じ）

　加給年金の支給要件は、**本人（夫）の厚生年金の被保険者期間が20年（240月）以上あること**と、受給権を取得した時に**生計を維持している65歳未満の配偶者があること**です。

　加算対象配偶者（妻）が、厚生年金の被保険者期間20年（240月）以上の老齢厚生年金を受給することができる場合は、妻が年金保障上独立しているとして、**加給年金の加算は停止**されます。

　また、老齢厚生年金の加算なので、**本人（夫）が老齢厚生年金を繰り下げ待機している間は、支給されません。**加給年金の部分は、繰下げ増額の対象にもなりません。

　加給年金の額は、年額234,800円（2024年度）ですが、配偶者の加給年金には、**特別加算額**が加算されますので、両者を合わせると、**年額408,100円（月額34,008円）**が支給されます。この配偶者加給の特別加算額は、1985（昭和60）年改正の衆議院での国会修正により、追加されたもので、加給年金額に特別加算額を合わせれば、**老齢基礎年金の満額の2分の1程度の額**になるようにされたものです。

(2) 老齢厚生年金の配偶者の加給年金は、必要性が低下しており、早急な廃止が妥当

　老齢厚生年金の配偶者の加給年金は、①**女性の就労が進展し、共働き世帯も増加する中で、必要性が低下してきていること**、②**妻が年下の場合のみ受給できる、夫・妻の年齢差が大きいほど累積受給額が多くなる**など、年齢に基づく不公平感があること、③繰下げ待機期間中は加算されないことから、**繰下げ受給の選択を歪めるおそれがあること**、という課題が指摘されています。このため、**廃止すべき**という意見があり、私もそのように考えます。

図表13-5　老齢厚生年金の配偶者の加給年金

老齢厚生年金の受給権発生時に生計を維持する配偶者について、その扶養の実態に着目した加算

基礎年金制度の施行前の加給年金制度のうち、基礎年金に移行しなかった65歳未満の部分が残っているもの

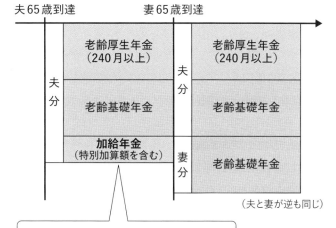

（夫と妻が逆も同じ）

支給要件

- 厚生年金の被保険者期間が20年（240月）以上ある**老齢厚生年金**の受給権者であること

- 受給権を取得したときに**生計を維持している65歳未満の配偶者があること**

- 老齢厚生年金の**繰下げ待機中は支給されない**（繰下げ増額の対象とならない）

- **加算対象の配偶者**が、厚生年金の**被保険者期間20年（240月）以上の老齢厚生年金**を受給することができる場合は、**支給停止**

加給年金の額（2024年度）

- 年234,800円（月19,566円）
- 配偶者加給の特別加算額を含めると、**年408,100円（月34,008円）**
→ 老齢基礎年金の1／2程度

　夫が家計の主たる担い手として就労し、中高年の女性の就労の機会が少なかった時代に、夫が退職して年金生活者となると、夫が扶養する妻について加給年金が必要、という古い時代の制度設計であり、いわば「昭和の遺制」であって、早急に廃止することが妥当と考えます。

　配偶者の扶養に着目した制度として、第3号被保険者制度と、配偶者の加給年金がありますが、私は、2（5）で述べたように、第3号被保険者制度は、被用者保険の適用拡大を徹底して、対象者を縮小しつつ、残る対象者については、現行制度の維持が必要と考えますが、加給年金については、早急な廃止が妥当と考えます。

　この違いは、**加給年金は、配偶者の65歳到達までの間の生活保障**であるのに対し、**第3号被保険者制度は、配偶者の65歳以降の生活保障であるという違い**があるからです。

　加給年金は、配偶者の65歳到達までの有期給付であり、**年金の支給開始年齢である65歳までの期間は、年金制度上、拠出期間であること**、また、**65歳までの就労、女性の就労の進展が見られること**といった状況を踏まえると、老齢厚生年金の配偶者加給を廃止すべきと考えます。基礎年金の拠出期間の45年化が行われれば、その必要性はさらに高まります。

　一方、第3号被保険者制度については、**勤労者皆保険が進んでも、病弱、子育て、介護、失業、学び直し、その他の理由で就労していない人も多く、配偶者の65歳到達以降の給付の必要性に変わりはないこと**、また、65歳以降は年金制度上で受給期間と位置付けられること、といった状況を踏まえ、制度は維持すべきと考えます。

また、厚生年金の加給年金には、「老齢厚生年金の子の加給」もありますが、18歳未満の子は、女性の就労の進展のような事情はなく、子育て支援の観点から、維持すべきと考えます。

　「障害厚生年金の配偶者加給」については、老齢と異なり予見できない保険事故により受給する年金給付であり、維持すべきと考えます。

　老齢厚生年金の配偶者の加給年金は、2021（令和3）年度末で対象者が95万人、年間の支給額が3,700億円です。支給期間が短いので廃止をしても影響が少なく、廃止により浮く財源を使って、厚生年金の他の給付の充実に振り向けることもできます。

（3）基礎年金の振替加算は、基礎年金創設時の経過措置であり、新規の支給は近く終了する

　配偶者の加給年金に関連する制度として、基礎年金の振替加算の制度があります。

　基礎年金の振替加算は、先述の図表13-1の図のように、1985（昭和60）年改正前の給付設計から、基礎年金導入後の給付設計への移行が成熟するまでの間の経過措置として設けられた制度です。

　夫に支給される厚生年金の一部を切り出して、妻分の基礎年金を独立させる過程で、制度改正後の妻の加入期間が短い人は、老齢基礎年金の額が少ない額となってしまうことから、加給年金から振り替えた「振替加算」を支給して補うもので、妻の加入期間が伸びて基礎年金が充実してい

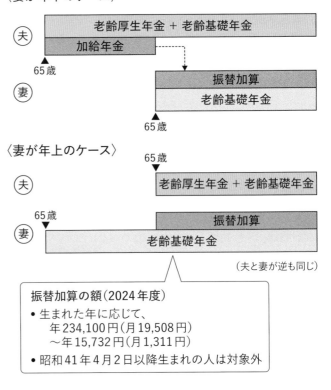

図表13-6　老齢基礎年金の振替加算

基礎年金制度の施行時に20歳以上であったために拠出期間が少ない人を対象とした経過的な加算制度

支給要件

- 老齢基礎年金の受給権者（大正15年4月2日から昭和41年4月1日までの間に生まれた者に限る。）が65歳に達した日において、その者の配偶者によって生計が維持されていること

- 65歳に達した日の前日において、配偶者が受給権を有する老齢厚生年金等の加給年金額の加算対象者となっていること

- 被保険者期間240月以上の老齢厚生年金等を受けることができる者でないこと

- 老齢基礎年金の繰下げ待機中は、支給されない（繰下げ増額の対象とならない）

〈妻が年下のケース〉

〈妻が年上のケース〉

（夫と妻が逆も同じ）

振替加算の額（2024年度）
- 生まれた年に応じて、
　年234,100円（月19,508円）
　〜年15,732円（月1,311円）
- 昭和41年4月2日以降生まれの人は対象外

くにつれて、「振替加算」は逓減していく仕組みです。(以下、妻と夫が逆も同じ)

　振替加算の仕組みは、図表13-6の図のとおり、妻が年下のケースと、妻が年上のケースで、支給の開始のタイミングが違います。

　妻が年下のケースでは、夫が65歳になって老齢厚生年金を受給すると、配偶者の加給年金が加算されます。そして、**妻が65歳になると**、妻自身の老齢基礎年金の支給が始まりますので、**夫の加給年金が終了**する代わりに、**妻の基礎年金に振替加算が加算**されます。

　また、**妻が年上のケースでは、**妻が65歳となった時点では、振替加算はされずに、**夫が65歳と**なった時点から、**妻の老齢基礎年金に振替加算が加算**されます。基礎年金制度導入前は、夫が65歳となった時点で夫の厚生年金に配偶者の加給年金が加算されましたが、これが無くなった代わりに、妻の基礎年金に振替加算が加算されるものです。

　支給要件は、妻の年齢が、基礎年金制度施行時に60歳未満で基礎年金制度が適用される1926(大正15)年4月2日生まれ以降から、基礎年金制度施行時に20歳以上で拠出期間が40年に満たない1966(昭和41)年4月1日生まれまでの人に限られます。また、妻が65歳に達した日において、夫に生計維持されていること、そして、妻が65歳に達した日の前日において、夫が受給権を有する老齢厚生年金等の加給年金額の加算対象者となっていることが必要です。

　妻が、被保険者期間240月(20年)以上の老齢厚生年金等を受けることができる者である場合は、加給年金が支給停止されることと同様、**振替加算も支給されません。**

　また、老齢基礎年金の加算なので、**妻が老齢基礎年金を繰り下げて待機している間は、支給されません。**振替加算の部分は、繰下げ増額の対象にもなりません。

　振替加算の金額は、生まれた年に応じて、年234,100円(月19,508円)から年15,732円(月1,311円)に逓減していきます。**1966(昭和41)年4月2日以降生まれの人は、1986(昭和61)年4月に基礎年金制度が創設された時点で20歳未満であり、**それから40年の拠出期間を満たすことができることから、**振替加算の対象外**です。

　1966(昭和41)年生まれの人が65歳に到達するのは、2031(令和13)年です。これ以降に65歳になる人からは、振替加算は経過措置の役目を終え、終了する制度です。

　これより前の生まれ年の人で、既に支給対象となっている人に対しては、基礎年金の成熟途中の人に対する加算ですから、振替加算は終身の支給が維持される必要があります。

第**14**章 繰下げ受給と在職老齢年金

1. 老齢年金の受給開始時期の選択の仕組みと留意点

（1）60歳から75歳までの間で受給開始時期を選択でき、繰上げ減額と繰下げ増額がある

（2）繰下げ増額の利用は、まだ少ないが、年々増えている

（3）70歳までの時点で、繰下げ増額した受給か、5年以内の分の一括受取りか、選択できる

（4）加給年金や振替加算は、繰下げ待機中は受けられず、繰下げ増額の対象とならない

（5）遺族年金の受給権があると、老齢年金の繰下げ制度を利用できない

（6）在職老齢年金で支給停止となった部分は、繰下げ増額に反映されない

（7）繰上げ減額率、繰下げ増額率は、平均余命から財政中立となるよう計算されている

（8）損益分岐点の解説もあるが、年金は損得ではなく、繰下げ増額で安心のメリットを

2. 在職老齢年金による支給停止の仕組みと課題

（1）賃金と年金を合わせた額が一定額以上の場合に、全部又は一部が在職支給停止される

（2）65歳以上の在職している年金受給権者の2割弱が支給停止の対象となっている

（3）60歳台前半の「低在老」と65歳以上の「高在老」の言葉の由来と考え方の違い

（4）在職老齢年金、在職支給停止の制度は、変遷を重ねてきた

（5）令和2年改正では、在職支給停止の廃止論もあったが、低在老の引上げのみ行った

（6）繰下げ増額の選択を妨げないためにも、在職支給停止の廃止又は基準の引上げが必要

1 　老齢年金の受給開始時期の選択の仕組みと留意点

（1）60歳から75歳までの間で受給開始時期を選択でき、繰上げ減額と繰下げ増額がある

　老齢年金は、「老齢による稼得能力の減退・喪失に対して所得保障を行う制度」ですが、実際に所得保障が必要となる時期や程度は、人によって異なります。このため、老齢基礎年金や老齢厚生年金は、個々の受給権者が所得状況や老後の生活設計に応じて、自分で受給開始時期を選ぶことができる仕組みです。

　制度として老齢年金の支給が開始される年齢を「**支給開始年齢**」と呼び、個々人が実際に受給を開始する時期を、「**受給開始時期**」と呼び、言葉を使い分けています。

　図表14-1のとおり、老齢基礎年金や老齢厚生年金の制度上の支給開始年齢が65歳に設定されている中で、65歳で受け取らずに**66歳以降75歳までの間で繰り下げる（繰下げ受給）**ことにより、増額した年金を受け取ることができます。この場合、**年金月額は1か月につき+0.7％増額**され、**70歳開始で+42％、75歳開始で+84％**です。受給開始後は、その増額率は生涯変わりません。

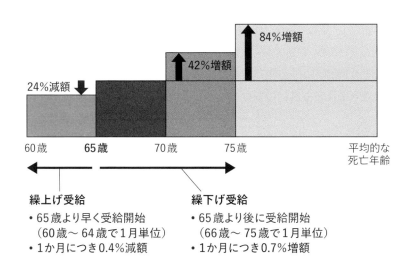

	請求時の年齢	減額・増額率
繰上げ	60歳	76.0%
	61歳	80.8%
	62歳	85.6%
	63歳	90.4%
	64歳	95.2%
	65歳	100.0%
繰下げ	66歳	108.4%
	67歳	116.8%
	68歳	125.2%
	69歳	133.6%
	70歳	142.0%
	71歳	150.4%
	72歳	158.8%
	73歳	167.2%
	74歳	175.6%
	75歳	184.0%

繰上げ受給
・65歳より早く受給開始（60歳〜64歳で1月単位）
・1か月につき0.4%減額

繰下げ受給
・65歳より後に受給開始（66歳〜75歳で1月単位）
・1か月につき0.7%増額

70歳時点の受給権者の繰上げ・繰下げ受給状況

	老齢基礎年金		老齢厚生年金
	繰上げ受給	繰下げ受給	繰下げ受給
2017（平成29）年度末	192,995人（9.4%）	26,557人（1.3%）	20,600人（1.2%）
2022（令和4）年度末	128,066人（8.3%）	42,868人（2.8%）	29,339人（2.1%）

（厚生年金保険・国民年金事業の概況）

　一方、65歳より早く受給を開始すること（繰上げ受給）も経過的に認められています。この場合は、年金月額は1か月につき▲0.4%減額され、60歳開始で▲24%です。受給開始後はその減額率は生涯変わりません。請求した後は、繰上げ受給を取り消すことはできません。生涯にわたって低い年金額となりますから、後で後悔しないよう注意が必要です。

　繰下げの制度は、老齢基礎年金と老齢厚生年金を、別々に繰り下げることもできます。一方、繰上げの制度は、老齢基礎年金と老齢厚生年金は、どちらか一方のみを繰上げ受給することはできず、同時に繰上げ受給の請求を行うこととなります。

　受給開始時期の選択の制度を活用することで、高齢者の多様な就労や、高齢者の老後の生活設計に多様な選択肢が生まれます。従来は繰下げ受給の選択肢は70歳まででしたが、2020（令和2）年の年金法改正で、選択できる範囲が75歳まで拡大されました。なお、1952（昭和27）年4月1日以前に生まれた人については70歳までです。

　なお、繰下げ受給の規定が、国民年金法と厚生年金保険法の本則に書かれているのに対し、繰上げ受給の規定は、国民年金法と厚生年金保険法の附則に「当分の間」の規定として書かれている経過措置です。

　これは、1961（昭和36）年の国民年金の導入時には、支給開始年齢が65歳では遅すぎるとの意見もあり、当分の間、60歳からの繰上げ受給が可能となったものです。また、2000（平成12）年

改正で、特別支給の老齢厚生年金（報酬比例部分）の支給開始年齢を60歳から65歳へと段階的に引き上げることとされた際に、老齢厚生年金についても、当分の間、老齢基礎年金と合わせて60歳からの繰上げ受給が可能となったものです。

本人の選択ではありますが、繰上げ受給を選択すると、生涯にわたり年金額が低くなってしまいますので、そのような選択肢をいつまでも残しておいて良いのか、若干疑問もあります。制度が設けられた頃よりも平均余命と就労期間が大きく伸びています。**将来、65歳までの就労が定着した時点では、繰上げ受給の廃止を検討しても良いのではないか**と考えます。

（2）繰下げ増額の利用は、まだ少ないが、年々増えている

「厚生年金保険・国民年金事業の概況」によると、2022（令和4）年度末時点の70歳の受給権者を対象として、老齢年金の繰下げ・繰上げの利用状況を見ると、**繰下げ受給者数は、老齢基礎年金は4.3万人で全体の2.8％**、**老齢厚生年金は2.9万人で全体の2.1％**となっています。繰下げ受給の利用率はまだ少ないですが、年々上昇しています。

他方、**繰上げ受給者数は、老齢基礎年金では12.8万人で全体の8.3％**であり、年々減少しています。（老齢厚生年金の繰上げ制度は、報酬比例部分の支給開始年齢の引上げに伴い導入されており、2022年度末時点で70歳の人は、繰上げ制度の対象となっていません。）

現在は、厚生年金の支給開始年齢の引上げ途上であるため、65歳到達前に特別支給の老齢厚生年金の受給が始まります。特別支給の老齢厚生年金は、繰下げ制度がありませんので、60代前半で既に年金収入を前提とした生活をはじめた人は、65歳到達後に、繰下げ受給のためいったん年金受給をやめる選択をすることは現実的に難しいことが考えられます。**厚生年金の支給開始年齢の65歳への引上げの完了は、男性は2025年度、女性は2030年度ですから、今後は、繰下げ受給を選択する人が増えていく**と考えます。

（3）70歳までの時点で、繰下げ増額した受給か、5年以内の分の一括受取りか、選択できる

65歳時点で老齢年金の受給権が発生しても、**年金の裁定請求を行うまでは、実際の年金受給は始まりません**。65歳より遅れて裁定請求をした場合は、5年の時効の範囲で、請求時から遡って5年以内の分を、一括して受け取ることができます。

また、繰下げ制度を利用する場合は、「繰り下げるので今は受給しない」という申請書を65歳時点で提出するのではなく、**年金の裁定請求を遅らせた上で、受給を開始しようとする時点で、年金の裁定請求を行うとともに、繰下げの申し出の手続きを行えば良い仕組み**です。

従って、70歳までの時点で、繰下げを選択して増額した年金を受給するのか（図表14-2の左上）、繰下げを選択せず本来の年金額で過去5年以内の分を一括して受給するのか（図表14-2の左下）、その時点でどちらかを選べる仕組みです。

2020（令和2）年改正で、繰下げの選択の範囲が75歳まで拡大された際、**70歳以降で請求し、請求時点における繰下げ申し出をしない場合**に、そのままでは5年より前の年金が時効消滅してしまいますので、「5年前時点での繰下げ申出みなし制度」が設けられました。

例えば、71歳から75歳までの時点での請求の場合、請求時点での繰下げ増額率での受給を始める（図表14-2の右上）か、請求時点の5年前の時点の増額率での受給をはじめ、5年分を一括して受け取る（図表14-2の右下）か、選べます。

図表14-2　**受給開始時期の選択（例）**

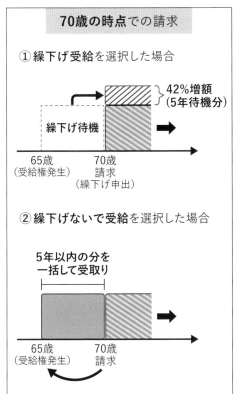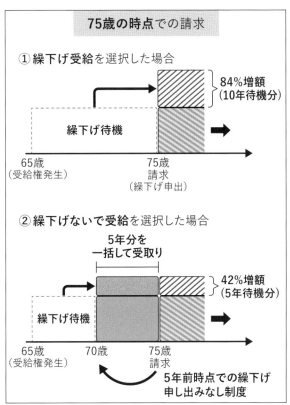

（4）加給年金や振替加算は、繰下げ待機中は受けられず、繰下げ増額の対象とならない

　繰下げ受給の制度の利用に当たっては、いくつか留意点があります。

　老齢厚生年金を繰り下げる場合は、繰下げ待機期間中には、老齢厚生年金に加算される**加給年金額**（扶養している妻や子がある時）**は支給されません。**加給年金額は、繰下げ増額の対象にもなりません。

　また、**老齢基礎年金を繰り下げる場合**は、繰下げ待機期間中には、老齢基礎年金に加算される振替加算額は支給されません。振替加算額は、繰下げ増額の対象にもなりません。

　このため、加給年金額や振替加算額の加算を受けながら、年金の繰下げを行いたいと考えた場合は、**老齢基礎年金のみの繰下げを請求**すれば、**老齢厚生年金の加給年金額が受けられます**。また、**老齢厚生年金のみの繰下げを請求**すれば、**老齢基礎年金の振替加算額を受けられます**。

　この不便さの問題は、繰下げ制度の課題というよりも、加給年金制度の問題です。第14章（第3号被保険者制度と配偶者の加給年金）の3で説明しましたように、**老齢厚生年金の配偶者の加**

給年金制度は、必要性が低下しており、年齢による不公平感や、繰下げ受給の選択を歪めることから、制度を廃止することが妥当と考えます。また、振替加算制度は、基礎年金制度創設時の経過措置であり、2031（令和13）年には新規の対象者がいなくなります。

（5）遺族年金の受給権があると、老齢年金の繰下げ制度を利用できない

現在の繰下げ制度では、既に他の公的年金（障害給付や遺族給付）の受給権がある人は、老齢年金の繰下げ受給の制度は利用できない仕組みとなっています。

特に残念との意見があるケースは、厚生年金加入期間が長い人が、厚生年金加入期間が少ない配偶者を早く亡くした時です。

遺族年金の仕組みは、第11章（遺族年金の仕組みと課題）で説明しました。

例えば、専業主婦だった妻が若い時に短い期間だけ厚生年金に加入していた場合も、少額ですが夫に遺族厚生年金の受給権が発生します。現行制度でも、遺族厚生年金は、夫についても、妻の死亡時に55歳以上の場合には60歳から支給されます。

共働きであった場合も、老齢厚生年金と遺族厚生年金の併給調整では、本人の老齢厚生年金が優先されますので、老齢厚生年金の額が遺族厚生年金の額よりも多い時は、遺族厚生年金は全額が支給停止です。

このような場合でも、法律上は、受給権が生じているため、繰下げ制度を利用できません。65歳より前の死別の場合は、遺族厚生年金の実際の受給期間が短いながらも生じますが、65歳以降の死別の場合は、遺族厚生年金の実際の受給がなくても、繰下げ制度を利用できないケースが生じます。

この点については、遺族厚生年金の受給権があっても、遺族厚生年金を実際に受給していない場合には、繰下げ制度の利用ができるように、法律の規定を改めてはどうかと考えます。

（6）在職老齢年金で支給停止となった部分は、繰下げ増額に反映されない

仮に65歳から年金受給を開始しつつ就労したとしたならば、在職老齢年金制度により年金の全部または一部が支給停止されていたであろう人については、在職支給停止相当分は繰下げによる増額の対象となりません。

在職支給停止の制度は、この章の2で後述しますように、在職中で賃金と年金額を合わせた額が十分高い場合は、生活を維持する上で年金受給の必要性が低いとして、支給の全部又は一部を停止する制度です。在職支給停止の仕組みは、老齢厚生年金の制度ですので、老齢基礎年金には影響ありません。

繰下げ受給を選択した場合に、支給停止を回避できたのでは、在職支給停止による年金財政の節約効果が生じませんので、そのようにならない仕組みとなっています。

この仕組みは、65歳を超えて長く働く一定以上の所得がある人に、繰下げ受給による増額の機会を失わせることから、見直しが必要と考えます。私は、在職支給停止の制度の廃止が望ましいと考えており、これについては、この章の2（6）で後述します。

（7）繰上げ減額率、繰下げ増額率は、平均余命から財政中立となるよう計算されている

　繰下げ増額率と繰上げ減額率は、どの時点で受給し始めた場合でも、65歳時点での平均余命まで生きた場合の受給総額（毎月の受給額×受給期間）が、数理的に年金財政上中立となることを基本として設計されています。

　2020（令和2）年改正により繰下げ受給の上限年齢が70歳から75歳に引き上げられた際、最新の生命表等による平均余命の伸びと75歳までの繰下げ期間の拡大とを勘案して、改めて計算されました。

　改正前の減額率と増額率は、2000（平成12）年改正時に、1995（平成7）年の完全生命表による年齢別死亡率に基づいて計算されました。この時点の65歳の平均余命は18.7年（男女平均）でした。今回の改正時は、2015（平成27）年の完全生命表による年齢別死亡率を用いて計算されています。この時点の65歳の平均余命は21.8年（男女平均）です。

　平均余命の伸びに伴い、繰上げ減額率は、1月あたり0.5%から0.4%に小さくなりました。

　同様に考えると、本来は繰下げ増額率も0.7%より小さくなるところですが、繰下げ受給の選択の幅が75歳まで伸び、この間を同一の増額率としたため、繰下げ増額率は引き続き1月当たり0.7%増額で変わらない計算となりました。

図表14-3　**繰上げ減額率・繰下げ増額率の算出方法**

・繰上げ減額率や繰下げ増額率の計算には、年齢別死亡率（生命表）や割引率（経済前提）の前提が必要。
・今回の繰上げ減額率・繰下げ増額率の設定に当たっては、次の前提を用いた上で、概ね平均となる値を算出。
【前提】　① 年齢別死亡率（生命表）　→　2015年完全生命表［65歳の平均余命21.8年（男女平均）］
　　　　　② 割引率（経済前提）　→　2019年財政検証のケースⅠ～ケースⅥ

〈生命年金現価が等しくなるための繰下げ増額率〉

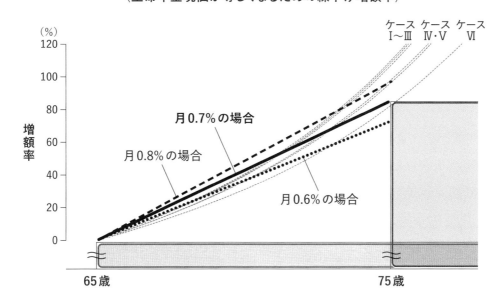

図表14-3のように、**生命年金現価が等しくなるための繰下げ増額率は、本来は曲線を描いて**いますが、**制度運用の分かりやすさのために、直線でつないでいます**。このため、75歳近辺と比べてそれ以前の方が、若干有利とみることもできます。

　生命年金現価とは、将来支給される各時点の年金額について、死亡率を考慮した期待値を考え、将来の支給時点から現在時点までの期間について割引率による割引計算を行い、現在時点の価値に換算（一時金換算）したものです。割引率は、実質運用利回り（対物価）が基本です。生命年金現価の基本的な計算式と、繰上げ減額率・繰下げ増額率の算定根拠については、2019（令和元）年10月18日の年金部会の資料１と参考資料に掲載されています。

（8）損益分岐点の解説もあるが、年金は損得ではなく、繰下げ増額で安心のメリットを

　受給開始時期の選択について解説する本や雑誌の記事で、図表14-4のような「損益分岐点」の説明がされることがあります。

　65歳支給開始の老齢基礎年金の年額（2024年度）は81万6,000円ですから、60歳受給開始の場合はその76%の年62万160円、70歳受給開始の場合はその142%の年115万8,720円、75歳受給開始の場合はその184%の150万1,440円を毎年受給して、累積額を単純に計算したグラフです。

　これを見ると、80歳の時点で、65歳受給開始が60歳受給開始を年金受給総額で上回ります。また、81歳の時点で、70歳受給開始が65歳受給開始を上回ります。65歳時点における平均余命の年齢は、男84.97歳、女89.88歳ですから、65歳の平均余命より前の時点に、損益分岐点があ

図表14-4　**受給開始年齢別の年金受給総額（基礎年金）（いわゆる「損益分岐点」）**

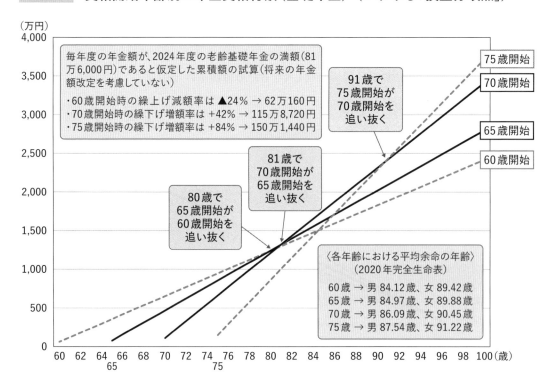

ることになります。

　しかも、（3）で説明しましたように、繰下げ受給は、70歳で請求する場合は、70歳受給開始と65歳受給開始（5年分を一括受給）を選べる仕組みです。70歳まで生きた人の平均余命の年齢は、男86.09歳、女90.45歳であることも考えると、あくまでご本人の選択ですが、できれば70歳ぐらいまでの繰下げ受給を検討することをお奨めしたいと思います。

　今後、マクロ経済スライドで所得代替率で見て2割程度の年金水準の調整がされると見込まれていますので、2～3年程度の繰下げ受給をすると、これを打ち消せる計算です。

　なお、これは累積受給額でみた単純比較であり、繰下げによる年金額の増額によって、医療保険・介護保険等の自己負担や保険料が増えたり、所得税・住民税が増える影響にも留意が必要です。

　もちろん、年金制度は、人が何歳まで生きるか分からない中で、終身の年金給付による所得保障を行う「保険」制度ですから、本来、何歳まで生きれば損か得か、といった議論にはなじみません。繰下げ受給をすることで、増額した年金を生涯受給できる安心を得られるメリットは、大変大きいと思います。

2　在職老齢年金による支給停止の仕組みと課題

（1）賃金と年金を合わせた額が一定額以上の場合に、全部又は一部が在職支給停止される

　在職老齢年金の制度は、就労し、一定以上の賃金を得ている60歳以上の老齢厚生年金受給者を対象に、老齢厚生年金の一部又は全部の支給を停止する仕組みです。老齢基礎年金は支給停止されません。

　この制度は、老齢年金が支給されている人に対して、①働いても不利にならないようにすべき、②現役世代とのバランスから、一定以上の賃金を得ている人については、年金給付の全部又は一部を停止し、年金制度の支え手に回ってもらうべき、という2つの要請の中で、たびたび制度改正が行われてきています。

　現在の仕組みは、図表14-5のとおりです。就労し、賃金を得ながら年金を受給している人は、賃金＋年金の合計額が、支給停止調整額（2024年度は50万円）を上回る場合は、賃金2に対し、年金を1停止となります。

　対象となる人は、厚生年金の被保険者と、70歳以上の厚生年金の適用事業所に使用される人です。自営業などで就労収入があっても、厚生年金の被保険者等でなければ、支給停止の対象となりません。

　対象となる賃金額は、「その月の標準報酬月額」＋「その月以前の1年間の標準賞与額÷12」です。これを「総報酬月額相当額」と呼びます。他の所得は含まれません。毎月この計算を行いますので、標準報酬月額や過去1年間の標準賞与額の金額の変動に応じて、支給停止額が変動することになります。「総報酬月額相当額」が変わった月の翌月から支給停止額が変わります。

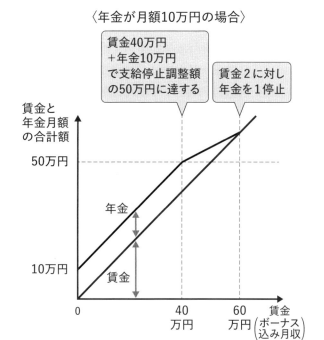

図表14-5　在職老齢年金、在職支給停止の仕組み

〈年金が月額10万円の場合〉

賃金＋年金（基礎年金は対象外）の合計額が支給停止調整額（2024年度は50万円）を上回る場合は、賃金2に対し、年金を1停止

※ 賃金は、「その月の標準報酬月額」＋「その月以前の1年間の標準賞与額÷12」

※ 70歳以上は、保険料負担はないが、70歳未満と同じ仕組み

※ 支給停止調整額は、名目賃金の変動に応じて改正

支給停止の対象者数　約49万人
在職受給者（287万人）の17%
支給停止額　約4,500億円
（65歳以上、2021年度末）

賃金40万円
＋年金10万円
で支給停止調整額
の50万円に達する

賃金2に対し
年金を1停止

賃金と年金月額の合計額
50万円
年金
10万円
賃金
0　40万円　60万円　賃金（ボーナス込み月収）

　対象となる年金額は、**加給年金額、繰下げ加算額及び経過的加算額を除いた老齢厚生年金の基本月額**であり、老齢基礎年金は含まれません。

　支給停止調整額は、**現役男子被保険者の平均月収（ボーナスを含む。）を基準として設定されました。**細かくは、2000（平成12）年改正時に、1998（平成10）年度末の現役男子被保険者の平均月収（ボーナスを含まない）に、2003年度からの総報酬制（賞与にも保険料を課す）の施行を勘案した比率を乗じて2004年度に設定したもので、法律上は2004年度価格で48万円です。これは、**名目賃金変動率に従い改定**することとなっており、**2024（令和6）年度は50万円**です。2019（令和元）年度から2022（令和4）年度までは47万円で、2023（令和5）年度は48万円でした。

　賃金が2増えるごとに、年金を1支給停止することとし、**賃金の増加に応じ、賃金と年金額の合計がなだらかに増加**するようにしています。

　図表14-5の図は、横軸が賃金額で、縦軸が賃金と年金（厚生年金基本月額）の合計額です。**年金額が10万円のケース**を例示しています。この場合、**賃金が月額40万円（年収480万円）**になると、年金と合わせて月額50万円の支給停止調整額に達します。そこから賃金が2増えるごとに年金が1支給停止となりますから、**賃金が20万円増えて月額60万円（年収720万円）**になると、**10万円の年金が全部停止**となります。

（2）65歳以上の在職している年金受給権者の2割弱が支給停止の対象となっている

　図表14-6のとおり、65歳以上の在職老齢年金制度について、2021年度末の賃金と年金の合計額の分布を見ると、20万円以上28万円未満の人が多くなっています。

2021年度では、在職支給停止が始まる基準額が47万円でした。そして、65歳以上の在職している年金受給権者のうち、在職停止者数は49万人であり、在職受給権者（287万人）の17%、受給権者（2,828万人）の1.7%を占めています。

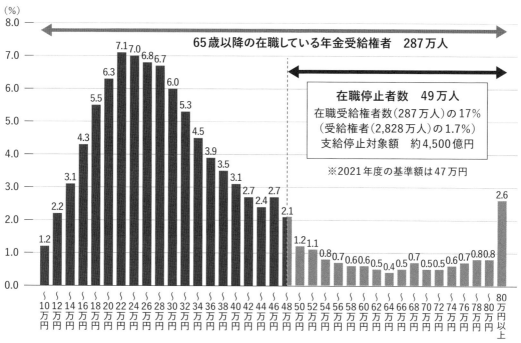

図表14-6 賃金（総報酬月額相当額）と年金の合計の階級別の在職老齢年金受給権者(65歳以上)の構成割合（2021年度末）

(注1) 支給停止は共済組合等が支給する年金額も含んで判定するが、上記分布の年金額には日本年金機構が支給する分であり共済組合等が支給する分は含んでいないため、基準額（47万円）（※2021年度の基準額）未満であっても支給停止されている者がいることに留意が必要。

(注2) 受給権者数及び在職停止者数は、第1号厚生年金被保険者期間を持つ者が対象であり、第2～4号厚生年金被保険者期間のみの者は含まれていないが、支給停止対象額には含まれている。

(資料) 年金局調べ

（3）60歳台前半の「低在老」と65歳以上の「高在老」の言葉の由来と考え方の違い

　60歳台前半の在職老齢年金は、「低在老」と呼ばれ、65歳以降の在職老齢年金は、「高在老」と呼ばれてきました。

　60歳台前半と65歳以降は、年金制度での位置づけが異なるため、在職老齢年金の考え方も異なり、2020（令和2）年改正で60歳台前半も「高在老」の仕組みに合わせる改正を行うまでは、支給停止の水準が高在老よりも低く設定されていました。

　60歳台前半の老齢厚生年金は、支給開始年齢の60歳から65歳への引上げの途上において、「特別支給の老齢厚生年金」として支給されている年金です。そして、60歳台前半の在職老齢年金は、60歳台前半が基本的には就労期間である中で、低賃金の在職者の生活を保障するために年金を支給する仕組みとして位置づけられていました。本来は、在職中は年金は支給しないのだ

けれども、低所得者については、年金を支給する、という意味で、「低所得者在職老齢年金（低在老）」と呼ばれました。

一方、65歳以上の在職老齢年金は、65歳以上は基本的には年金受給世代である中で、現役世代とのバランスから、一定以上の賃金を得ている人については、年金給付の全部又は一部を停止し、年金制度の支え手に回っていただく、という考え方の制度です。その意味で、「高所得者在職老齢年金（高在老）」と呼ばれたわけです。

在職老齢年金制度は、1965（昭和40）年の制度導入以来、高齢期の就労の在り方、年金の支給開始年齢や給付水準等を踏まえて、何度も改正されています。

2020（令和2）年改正では、60歳台前半に支給される特別支給の老齢厚生年金を対象とした在職老齢年金（低在老）の支給停止基準が、65歳以上の人に対する在職老齢年金（高在老）に揃えられ、60歳台前半の支給停止が緩和されることとなり、より分かりやすく、より就労に中立的な制度となっています。

（4）在職老齢年金、在職支給停止の制度は、変遷を重ねてきた

図表14-7により、制度の仕組みの変遷を見てみます。

1954（昭和29）年に厚生年金保険法を全面改正した際の考え方としては、老齢年金は退職（被保険者資格の喪失）を支給要件としており、在職中の人にはそもそも年金を支給しない仕組みでした。

その後、1965（昭和40）年改正で、当初の考え方を転換し、新たに65歳以上の在職者にも支給される年金として、在職老齢年金が導入されました。支給割合は、本来の年金額の一律8割を支給する、というものです（条文上は本来の年金額の2割の支給停止）。なお、この時は、65歳未満の在職者については、引き続き年金が支給されない制度のままでした。

次に、1969（昭和44）年改正では、65歳未満の人にも在職老齢年金を支給することとされました。標準報酬が一定額に満たない在職者については、8割、6割、4割、2割の老齢年金を支給するというものです。所得の低い人には年金を支給するという「低在老」の考え方による制度です。

その後、1989（平成元）年改正では、この低在老について、賃金が増えたにもかかわらず年金と賃金の手取額が減少する逆転現象が極力生じないよう、支給割合を8割〜2割の7段階に細分化する見直しが行われました。

一方、1985（昭和60）年改正では、基礎年金制度の導入と併せて厚生年金の適用年齢を65歳未満に設定したことから、65歳以上は被保険者ではなくなり、在職老齢年金の仕組みから除外され、在職中でも全額支給されることとなりました。

1994（平成6）年改正では、60歳台前半に支給される厚生年金について、高齢者雇用の促進の観点から、賃金の増加に応じ、賃金と年金の合計額がなだらかに増加するよう改正されました。ただし、就労時点で一律2割を支給停止する点が現在の仕組みと違います。これにより、それまでの7段階制で生じていた「賃金が増加したのに年金と賃金の手取りの合計が減少する」という逆転現象が解消されました。

その後、2000（平成12）年改正では、少子高齢化の進行を踏まえ、年金制度の支え手を増や

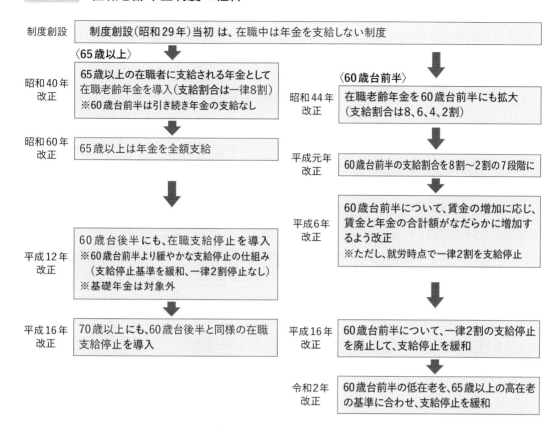

図表14-7　在職老齢年金制度の経緯

制度創設　制度創設（昭和29年）当初は、在職中は年金を支給しない制度

〈65歳以上〉

昭和40年改正　65歳以上の在職者に支給される年金として在職老齢年金を導入（支給割合は一律8割）※60歳台前半は引き続き年金の支給なし

〈60歳台前半〉

昭和44年改正　在職老齢年金を60歳台前半にも拡大（支給割合は8、6、4、2割）

昭和60年改正　65歳以上は年金を全額支給

平成元年改正　60歳台前半の支給割合を8割〜2割の7段階に

平成12年改正　60歳台後半にも、在職支給停止を導入※60歳台前半より緩やかな支給停止の仕組み（支給停止基準を緩和、一律2割停止なし）※基礎年金は対象外

平成6年改正　60歳台前半について、賃金の増加に応じ、賃金と年金の合計額がなだらかに増加するよう改正※ただし、就労時点で一律2割を支給停止

平成16年改正　70歳以上にも、60歳台後半と同様の在職支給停止を導入

平成16年改正　60歳台前半について、一律2割の支給停止を廃止して、支給停止を緩和

令和2年改正　60歳台前半の低在老を、65歳以上の高在老の基準に合わせ、支給停止を緩和

すという観点から、厚生年金の被保険者の適用範囲が65歳未満から70歳未満へと引き上げられ、60歳台後半の人についても厚生年金の被保険者とすることとされました。これに伴い、60歳台後半に在職支給停止の制度を再び設けることとなりました。ただし、その支給停止は、60歳台前半よりも緩やかな仕組み（より高い支給停止基準額、一律2割停止はなし。）とされました。高所得者の年金を支給停止するという「高在老」の考え方です。なお、その際、基礎年金は支給停止の対象外とされました。

　2004（平成16）年改正では、60歳台前半の在職老齢年金について、就労を阻害せず、働くことに中立的な制度とするため、一律2割を支給停止する仕組みを廃止しました。また、予想を上回る少子高齢化の進行の中、世代間の公平性や高齢世代内の公平性という観点から、厚生年金の被保険者の適用範囲は70歳未満までのままとした上で、就労して負担能力のある70歳以上の受給者にも、60歳台後半と同様の在職支給停止の仕組みを導入しました。

（5）令和2年改正では、在職支給停止の廃止論もあったが、低在老の引上げのみ行った

　2020（令和2）年改正に向けた議論では、より多くの人がこれまでよりも長く多様な形で働くという高齢期の就労状況の変化を年金制度に反映することが重要であるとの考え方の下、在職中の年金受給の在り方についても議論が行われました。

2019（令和元）年6月に閣議決定された骨太方針2019では、「高齢期における職業生活の多様性に応じた一人一人の状況を踏まえた年金受給の在り方について、高齢者雇用の動向、年金財政や再分配機能に与える影響、公平性等に留意した上で、繰下げ制度の柔軟化を図るとともに、就労意欲を阻害しない観点から、将来的な制度の廃止も展望しつつ在職老齢年金の在り方等を検討し、社会保障審議会での議論を経て、速やかに制度の見直しを行う。」としていました。

　そして、2019（令和元）年8月に公表された2019年財政検証のオプション試算B②では、65歳以上の在職老齢年金（高在老）について、支給停止を撤廃した場合は、厚生年金（報酬比例部分）の所得代替率を、▲0.4％引き下げる影響が生じること、また、支給停止の基準を47万円（当時）から62万円に引き上げた場合は、所得代替率を▲0.2％引き下げる影響が生じると試算されました。厚生年金の制度ですので、基礎年金の所得代替率には影響ありません。

　2019（令和元）年10月9日の社会保障審議会年金部会に提出された年金局の資料では、在職老齢年金制度の見直しの意義について、「年金制度は、保険料を拠出された方に対し、それに見合う給付を行うことが原則である中で、どのような方々に、年金給付を一定程度我慢してもらい、年金制度の支え手にまわってもらうか、在り方を検討する必要がある。高齢期の就労拡大に対応し、就労意欲を阻害しない観点から、就労により中立的となり、また、繰下げ受給のメリットも出るよう、在職老齢年金制度を見直す。」と説明しています。

　この資料では、基準額を62万円に引き上げるケースと、在職支給停止を撤廃するケースが説明されています。基準額を62万円に引き上げる案では、支給停止対象者は、41万人（在職受給者の17％）から23万人（同9％）に減り、1割程度の上位所得者に限定されます。

　この後、衆議院の厚生労働委員会の一般質疑で、一部の野党議員から、在職老齢年金制度の見直しによって、高所得者の年金額が増える一方で、マクロ経済スライドが進み、他の低所得者の年金額が低下することを懸念する質疑がありました。

　年金局では、同年11月13日の年金部会に、在職老齢年金制度の見直しの意義について改めて示すとともに、基準額の引上げを51万円とするケースの説明を追加しました。

　この案は、現役世代の平均的な賃金収入と平均的な年金収入がある人が支給停止の対象とならず、長期化する高齢期の経済基盤の充実を図ることができるようにする案です。51万円は、現役男子被保険者の平均月収（ボーナスを含む）の43.9万円と、65歳以上の在職受給権者全体の平均年金額（報酬比例部分）の7.1万円の合計額です。

　その後、与党の自由民主党、公明党での議論を踏まえ、今回の改正では、高在老の見直しは今後の検討課題として見送りとされるとともに、60歳台前半の低在老の支給停止の基準額（28万円）について、65歳以上の高在老と同じ基準額（47万円）へ見直すこととされました。

　この低在老の見直しは、①在職支給停止の仕組みによる65歳未満の人の就労への影響が一定程度確認されている、②60歳台前半の就労、特に2030年度まで特別支給の老齢厚生年金の支給開始年齢の引上げが続く女性の就労を支援する、③低在老を高在老と同じ支給停止基準とすることは、制度を分かりやすくするという利点もある、という観点によるものです。

　低在老は、65歳未満の特別支給の老齢厚生年金を対象としており、この制度が、男性では2025年度、女性では2030年度に終了することから、この見直しは、年金財政への長期的な財政影響は生じないものです。

（6）繰下げ増額の選択を妨げないためにも、在職支給停止の廃止又は基準の引上げが必要

　平均余命の伸びに伴い、働く意欲がある誰もが年齢にかかわりなくその能力を十分に発揮できるよう、高年齢者が活躍できる環境整備が求められています。

　2019年の「年金制度に関する総合調査」（厚生労働省年金局）では、60歳台の第2号被保険者のうち、「年金額が減らないように、収入が一定の額に収まるよう就業時間を調整しながら働く」と回答した人は、60歳〜64歳では56.4%を占め、65歳〜69歳でも39.9%を占めています。在職老齢年金の支給停止の仕組みは、高齢者の就労意欲に影響を与えています。

　2020（令和2）年に成立した高年齢者雇用安定法の改正（2021年4月施行）では、既に定められている事業主の65歳までの雇用確保義務に加え、新たに、70歳までの就業機会の確保の努力義務が定められました。今後一層、65歳以降の就労をする人の増加が見込まれます。

　総務省労働力調査による高齢者の就業率（2022年）は、65歳〜69歳では男性61.0%、女性41.3%、70歳〜74歳では男性41.8%、女性26.1%となっており、近年上昇しています。

　そのような中で、年金制度を就労の選択に中立であるように見直すことは、重要です。

　また、現行の在職老齢年金制度による調整は、適用事業所で適用要件を満たす形で働く被用者の賃金のみが対象であり、自営や請負契約などで就労した事業所得や、資産収入は対象となりません。このため、公平ではないという指摘もあります。

　年金制度は、社会保険の仕組みですから、保険料を拠出した人に対し、それに見合う給付を行うことが原則です。社会保障制度としての所得再分配機能は、報酬比例で保険料を納付しながら、定額部分の基礎年金と、報酬比例部分の厚生年金の2階建てで給付を行う仕組みにより、既に果たされています。

　現在の在職老齢年金制度の基準額である月額50万円（2024年度）は、現役男子被保険者の平均月収（ボーナスを含む）を基準として設定されているため、「高所得者」ではなく、普通の人より多い程度で該当します。厚生年金の額が10万円の場合、賃金が月額40万円（年収480万円）になると一部支給停止が始まり、賃金が月額60万円（年収720万円）になると、年金が全部停止となります。

　高齢期の就業が多様化する中で、現役期の働き方に近い形（フルタイムなど）で就労する高齢者も増加してきています。現役期の働き方に近い形での働き方や賃金水準で働く方々は、在職支給停止の対象となってしまいます。

　また、在職支給停止の制度は、該当した人に繰下げ受給による増額の機会を失わせています。十分な賃金がある人は生活を維持する上で年金の必要性は低いという理屈は、繰下げ受給の選択を前提としない考え方です。賃金と年金を合算した額で、支給停止の基準を適用するのは、繰下げ受給しない前提だからです。

　しかし、繰下げ受給の選択肢を前提に考えると、図表14-8のように、65歳を過ぎても現役期に近い働き方で就労を延長し、その間、年金を受給せずに繰り下げた上で、退職後に増額した年金を受給するというのが、今後、増えていく選択肢です。在職支給停止となることで、繰下げ受給を活用して繰下げ増額をする機会まで失ってしまうことは、適切でないと考えます。

　以上のことから、私は、在職老齢年金の在職支給停止の制度は、撤廃することが望ましいと考

えています。

2020（令和2）年改正に向けた議論では、**撤廃すると厚生年金の所得代替率を▲0.4％押し下げる影響**があるため、高所得者を優遇して、低所得者の年金が減るのは問題だという慎重意見があり、見直しは見送りとなりました。

しかし、**年金は社会保険ですから、保険料を拠出した人に対し、それに見合う年金給付を行うことが原則です**。所得の高い人の年金を現在は例外的に支給停止しているものを、本来のとおりの支給に戻すものですから、「高所得者の優遇」という指摘は、そもそも当たりません。

その上で、制度の見直しにより、マクロ経済スライドが進むことを、心配する意見もあります。そこで、私は、第13章（第3号被保険者制度と配偶者の加給年金）の3で説明しましたように、**老齢厚生年金の配偶者の加給年金を廃止すると、年間約3,700億円の厚生年金財政の節約になります**ので、65歳以上の在職老齢年金の支給停止の撤廃による影響額約4,500億円（2021年度）の相当分を打ち消すこともできますから、これを併せて行うという考え方もあると考えます。

また、仮に、在職支給停止の完全撤廃が難しく、基準の引上げにとどまる場合でも、現役世代に近い働き方をする高齢者が増えていく中で、現役期の所得の平均をある程度上回る範囲までの高所得者とは言えない一般的な水準の賃金を得ている人は、在職支給停止の対象とせずに、繰

<figure>
図表14-8　**在職老齢年金制度と繰下げ受給**

現行制度 → 繰下げ受給の利用を想定していない

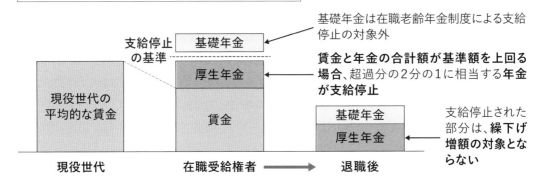

基礎年金は在職老齢年金制度による支給停止の対象外

賃金と年金の合計額が基準額を上回る場合、超過分の2分の1に相当する**年金が支給停止**

支給停止された部分は、**繰下げ増額の対象とならない**

繰下げ受給の利用を前提とした場合の考え方

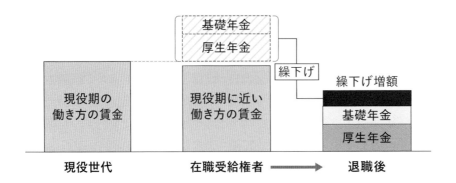
</figure>

下げ増額を利用できるように基準を十分に引き上げる必要があると考えます。

　さらに、現行制度では、70歳以上についても、在職支給停止を適用しています。被保険者の年齢でありませんので、このために適用事業所からは、70歳以上の使用している従業員の賃金額を年金事務所に届け出る特別な事務を行ってもらっています。また、保険料を長年納付してきたにもかかわらず、いつまでも支給停止の対象とするのは、社会保険の仕組みとして適切でないことから、**70歳以上については、在職支給停止の対象から外すのが良い**と考えます。

　平均余命の伸びに伴い、働く意欲がある誰もが、年齢にかかわりなく、その能力を十分に発揮できるよう、高年齢者が活躍できる環境整備が求められています。

第15章 国民年金保険料の免除と猶予

1. 国民年金保険料の免除・猶予制度の仕組み

(1) 国民皆年金の下で、無職者や低所得者も加入者とするため、保険料の免除制度がある

(2) 国民年金保険料の免除制度には、法定免除、申請全額免除、申請一部免除がある

(3) 国民年金保険料の納付を猶予する仕組みには、学生納付特例と納付猶予がある

(4) 産前産後期間の国民年金保険料は免除されている

2. 国民年金保険料の納付率と免除等の状況

(1) 国民年金保険料の納付率は、10年連続で上昇し、令和4年度に80.7%となった

(2) 未加入者の職権適用や、免除基準の明確化は、かつて、納付率の下押し要因となった

(3) 納付しやすい環境づくりと、地道な保険料収納対策で、無年金・低年金を減らす

(4) 免除・猶予制度の利用状況

3. 育児期間における国民年金保険料の免除

(1)「こども未来戦略」で育児期間における国民年金保険料の免除措置の創設が決められた

(2) 子が1歳になるまでの期間の父母の国民年金保険料が免除される

4. 無年金・低年金を防止するための免除・猶予制度の課題

(1) 無年金・低年金の防止を進めるために、免除・猶予制度には見直す課題がある

(2) 免除基準への該当を自動判定できるように、免除基準を一部見直してはどうか

(3) 免除基準に該当していれば、免除手続をせず未納のままでも、免除を適用してはどうか

(4) 学生も、学生納付特例による猶予のほかに、申請免除を選択できるようにしてはどうか

(5) 一部免除で未納の場合でも、免除分に応じた国庫負担相当分は給付してはどうか

(6) 納付猶予制度は、令和12年6月までの暫定制度であり、延長せずに終了してはどうか

1　国民年金保険料の免除・猶予制度の仕組み

(1) 国民皆年金の下で、無職者や低所得者も加入者とするため、保険料の免除制度がある

　我が国では、「国民皆年金」の理念の下で、20歳以上60歳未満の全員が被保険者となり、保険料納付義務を負う仕組みです。このため、低所得世帯は、申請等により納付義務が免除される仕組みが必要となります。

　諸外国（アメリカ、イギリス、ドイツ、フランス）では、保険料納付義務を負うのは、稼働所得（賃金や事業所得）がある者のみで、無業者は公的年金制度の適用対象外であることが一般的です。

社会保障制度の考え方からは、厚生年金と同様に、所得比例の保険料と年金とすることが望ましいのですが、国民年金制度の創設当時には、**対象者の職業や収入が多様であるため、公平で正確な所得の把握が難しい**として、定額保険料・定額給付とされた経緯があります。

そして、国民年金の**保険料が定額制**で、無所得者・低所得者も多く、しかも義務加入であることから、**保険料を免除・猶予**したり、それを後で**追納**したりする仕組みが設けられています。

国民年金第1号被保険者は、自営業者や農林漁業者のイメージで捉えられがちですが、国民皆年金の下で、第2号、第3号被保険者に該当しない「その他」が、第1号被保険者です。

このため、第1号被保険者は、無職の人（学生を含む）や、厚生年金が適用されていない被用者（短時間労働者や非適用事業所の労働者）の方が、自営業者よりも、多くなっています。2020年国民年金被保険者実態調査によると、第1号被保険者の就業状況は、**自営業主19.4%**、**家族従業者7.5%**、**常用雇用6.3%**、**パートアルバイト臨時雇用32.6%**、**無職31.2%**です。

なお、国民年金保険料は、個人に課されていますが、拠出能力がない世帯員についても保険料の徴収が可能なように、**世帯主と配偶者には、連帯納付義務**が課されています。

（2）国民年金保険料の免除制度には、法定免除、申請全額免除、申請一部免除がある

保険料の免除には、「法定免除」と「申請免除」があります。

「法定免除」は、①1級又は2級の障害基礎年金又は障害厚生年金の受給権者である時、②生活保護法の生活扶助を受けている時などに、該当します。これは、申請を要しませんが、該当者の把握のため、届け出の仕組みがあります。

「申請免除」には、「申請全額免除」と「申請一部免除」があります。保険料を納付しやすくするため、2000（平成12）年改正により、2002年4月から**半額免除**、2004（平成16）年改正により、2006年7月から**4分の1免除**、**4分の3免除**ができ、多段階免除の仕組みが設けられています。

国民年金保険料の多段階免除と、それに応じた給付割合は、図表15-1のとおりです。基礎年金の国庫負担割合が3分の1であった2008（平成20）年度までの免除期間と、国庫負担割合が2分の1に引き上げられた2009（平成21）年度以降の免除期間では、給付割合が異なっています。

2009（平成21）年度以降の期間については、**保険料納付分**と、**免除分に国庫負担率1/2を乗じた分**が給付に結び付くので、給付割合は、次のようになります。
- **全額免除の場合は、1/2給付**（＝全額免除分×国庫負担率1/2）
- **3/4免除の場合は、5/8給付**（＝1/4納付分＋3/4免除分×国庫負担率1/2）
- **1/2免除の場合は、3/4給付**（＝1/2納付分＋1/2免除分×国庫負担率1/2）
- **1/4免除の場合は、7/8給付**（＝3/4納付分＋1/4免除分×国庫負担率1/2）

また、**2008（平成20）年度までの期間**については、**保険料納付分**と、**免除分に当時の国庫負担率1/3を乗じた分**が給付に結び付くので、給付割合は、次のようになります。
- **全額免除の場合は、1/3給付**（＝全額免除分×国庫負担率1/3）
- **3/4免除の場合は、1/2給付**（＝1/4納付分＋3/4免除分×国庫負担率1/3）
- **1/2免除の場合は、2/3給付**（＝1/2納付分＋1/2免除分×国庫負担率1/3）
- **1/4免除の場合は、5/6給付**（＝3/4納付分＋1/4免除分×国庫負担率1/3）

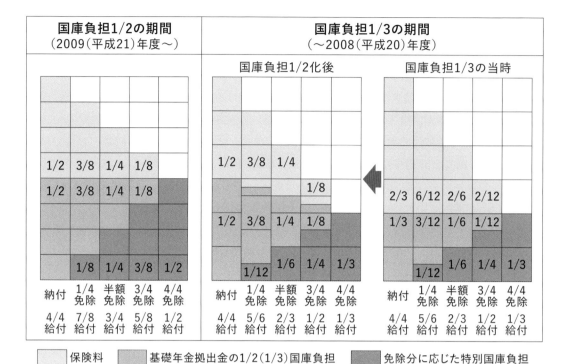

図表15-1　国民年金保険料の多段階免除と給付割合

上記の説明で、免除分に国庫負担率1/2や1/3を乗じた部分を、「**特別国庫負担**」と呼び、基礎年金の拠出金に対する2分の1国庫負担とは別枠で、年金給付時に国庫負担されます。基礎年金拠出金に対する国庫負担率が1/2に引き上げられた後も、2008年度までの免除期間の特別国庫負担率は据え置かれたため、従来と同じ給付割合となっているものです。

　保険料免除は、「**納付することを要しない**」と規定されており、保険料の全部又は一部の**納付義務を発生させない仕組み**です。免除された国民年金保険料は、追納申込みをすることで、**10年**間、追納することができます。なお、一部免除は、**免除されない部分の保険料を納付しなければ、一部免除の部分も免除期間とされません。**

　「申請免除」には、所得要件があり、**前年の所得**が、**扶養親族等の有無及び数に応じて政令で定める額以下である時**とされています。

　ただし、申請全額免除については、前年の所得が低い場合のほかに、災害、失業等により、保険料を納付することが著しく困難な場合も対象となります。

　申請免除の所得要件の所得の範囲及び計算方法については、国民年金法施行令で規定されています。また、**被保険者本人**だけでなく、連帯納付義務者である**世帯主**や**配偶者**の所得も、所得基準以下であることが必要です。現在の所得基準と、そのめやすは、図表15-2のとおりです。

　申請免除の免除期間は、過去期間については、保険料の納付期限から2年を経過していない期間（既に保険料が納付済の月を除く）です。将来期間については、**申請日の翌年の6月**（1月から6月までに申請した場合はその年の6月）までの期間です。

　7月で区切られているのは、所得税の確定申告の締め切りが3月15日で、前年の所得情報

の確定に時間を要するからです。また、申請全額免除については、**継続審査の申請**をしておくと、年度ごとに免除申請書を提出する必要はありません。

図表15-2　国民年金保険料の申請免除の所得基準

	申請免除の所得基準	所得基準のめやす　（　）は収入		
		4人世帯 夫婦・子2人	2人世帯 夫婦のみ	単身世帯
全額免除	（扶養親族等の数＋1）×35万円 ＋32万円	172万円 （257万円）	102万円 （157万円）	67万円 （122万円）
3/4免除 （1/4納付）	88万円 ＋（扶養親族等の数×38万円） ＋社会保険料控除額など	202万円 （300万円）	126万円 （191万円）	88万円 （143万円）
半額免除	128万円 ＋（扶養親族等の数×38万円） ＋社会保険料控除額など	242万円 （357万円）	166万円 （248万円）	128万円 （194万円）
1/4免除 （3/4納付）	168万円 ＋（扶養親族等の数×38万円） ＋社会保険料控除額など	282万円 （407万円）	206万円 （305万円）	168万円 （251万円）

※ 本人・世帯主・配偶者の前年所得
※「扶養親族等」は、所得税法に規定する同一生計配偶者及び扶養親族
※ 上記の「38万円」は、扶養親族等が、老人控除対象配偶者、老人扶養親族であるときは48万円、特定扶養親族（19歳以上23歳未満）、控除対象扶養親族（16歳以上19歳未満）であるときは63万円
※「めやす」は、控除額により変動する。配偶者は70歳未満、子は16歳未満と仮定。社会保険料控除は考慮していない。収入は、給与所得者である場合の年収ベース。

（3）国民年金保険料の納付を猶予する仕組みには、学生納付特例と納付猶予がある

国民年金保険料の納付を猶予する仕組みには、「**学生納付特例**」と「**納付猶予**」があります。

①学生納付特例制度

学生は、通例、所得を得る活動には入っておらず、その期間も短いことから、**1961（昭和36）年**の国民年金制度の創設当初は、学生は任意適用でした。しかし、任意加入しない間に障害を負った場合に、障害基礎年金を受給できないことが問題となり、1989（平成元）年の年金改正法により、学生も**1991（平成3）年4月から強制適用**となりました。その際、世帯主である親が低所得の場合には、保険料免除申請をできることとされました。

当時は20歳になっても資格取得届を出さない人も多かったことから、20歳到達者で届け出をしない人への職権適用が、1995（平成7）年度から段階的に行われました。

その後、2000（平成12）年の年金制度改正で、**2000年4月から「学生納付特例制度」**が導入されました。その際、学生は、それまで対象とされていた**申請免除の対象から除外**されました。

図表15-3のとおり、学生納付特例制度は、学生であって、**本人の所得が半額免除の基準以下**の場合に、申請により、**国民年金保険料を納付することを要しない**こととするものです。申請免除と異なり、**世帯主や配偶者の所得要件はありません**。

未納のままにしておく場合と比べて、学生納付特例の適用を受ければ、障害者になった場合に障害基礎年金を受給できますし、**10年間、追納が可能となることもメリット**です。しかし、申請免除では、国庫負担相当分の給付に結びつきますが、学生納付特例では、**保険料を追納しない限り、老齢基礎年金の給付にはつながりません。**

学生の範囲は、当初は、昼間部の大学生、専修学校等の学生でしたが、2002（平成14）年に夜間部、定時制、通信教育も含められ、2005（平成17）年には**各種学校**にも対象が拡大されました。

学生納付特例の承認期間は、申請免除と異なり、**4月から翌年3月までの年度単位**です。保険料の納付期限から2年を経過していない期間も、さかのぼって申請できます。

図表15-3　**国民年金保険料の免除と猶予**

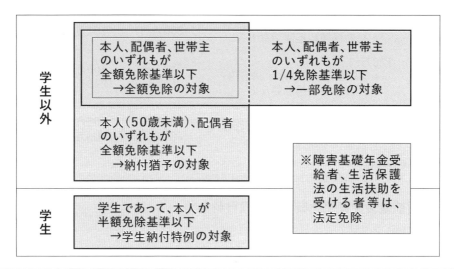

種類	所得基準額	所得基準の対象	期間等	年金給付	追納
申請免除	図表15-2参照	本人・世帯主・配偶者の前年所得	・7月〜翌年6月期間 ・学生は対象外 ・納付猶予は50歳未満が対象	国庫負担相当分の給付あり	10年間追納できる
納付猶予	全額免除の基準と同じ	本人・配偶者の前年所得		追納しないと給付に結びつかない	
学生納付特例	半額免除の基準と同じ	本人の前年所得	4月〜翌年3月期間		

②納付猶予制度

一方、「納付猶予制度」は、図表15-3にありますように、学生以外の50歳未満の者について、本人と配偶者の前年の所得が、申請全額免除基準以下である時に、申請により、保険料を納付することを要しないこととするものです。世帯主の所得要件はありません。

納付猶予の適用を受ければ、学生納付特例と同様、未納のままにしておく場合と比べて、障害者になった場合に障害基礎年金を受給できますし、10年間、追納が可能となることもメリットです。しかし、保険料を追納しない限り、老齢基礎年金の給付にはつながりません。

納付猶予制度にも、申請全額免除と同様に、**継続審査の申請**をしておくと、年度ごとに納付猶

予の申請書を提出する必要はありません。

　納付猶予の制度は、2004（平成16）年改正法の附則で、2025（令和7）年6月までの時限措置として、まず30歳未満を対象に、「若年者納付猶予制度」として設けられました。

　当時、就職氷河期と言われて、20歳台の若年者の雇用情勢や雇用形態が不安定な中で、就職が困難で所得が少なかったり、フリーターなどと呼ばれた低所得の若年者が増えましたが、所得がある世帯主の親と同居している場合に、申請免除に該当しませんでした。そこで、保険料未納のままで将来、無年金や低年金者となることを防止するため、**本人が将来就職し、保険料を負担できる状態になった時に、追納できる仕組み**として設けられました。

　その後、2014（平成26）年改正法の附則で、同じく2025（令和7）年6月までの時限措置として、50歳未満に対象が拡大されました。これは、就職氷河期世代が、30歳台、40歳台となっても不安定なままの人が多かったため、対象年齢の上限が引き上げられたものです。

　そして、2020（令和2）年改正法では、これらの期限を2030（令和12）年6月まで5年間延長しています。

（4）産前産後期間の国民年金保険料は免除されている

　次世代育成支援のため、図表15-4のとおり、国民年金第1号被保険者の**産前産後期間の保険料を免除し、免除期間は満額の基礎年金を保障する仕組み**となっています。2016（平成28）年

図表15-4　産前産後・育児休業期間の保険料免除

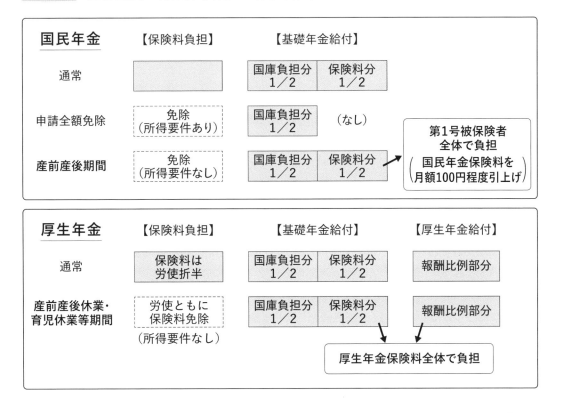

の年金改正法で設けられ、2019（平成31）年4月から施行されています。

　労働基準法では、出産前後の母体保護の観点から、産前産後の休業が規定されており、**厚生年金保険の保険料は、産前産後休業中は免除されています**。国民年金の第1号被保険者についても、母体保護の必要性は同じであるとして、免除制度が設けられたものです。

　産前産後期間は、**出産予定日（出産後に保険料免除の届出を行った場合は出産日）の前月から4か月間**です。多胎妊娠（2人以上の赤ちゃんを同時に妊娠）の場合は、出産予定日又は出産日の月の**3か月前から6か月間**です。どちらも、出産月の翌々月まで免除になります。

　産前産後期間の保険料は、「納付することを要しない」と法律に規定されており、申請は要件でありませんが、**対象者の把握のため、届け出が必要**です。すでに申請免除、納付猶予、学生納付特例が承認されている場合でも、優先します。保険料を納付している場合は還付されます。

　年金額を計算する場合には、この期間は、**免除期間ではなく、保険料納付期間**として扱われます。この財源として、2019（令和元）年度から、国民年金保険料を月額100円引き上げ、国民年金の被保険者全体で対応することとされました。

2 　国民年金保険料の納付率と免除等の状況

（1）国民年金保険料の納付率は、10年連続で上昇し、令和4年度に80.7％となった

　公的年金加入対象者は、図表15-5のとおり、2022（令和4）年度末で6,763万人です。このうち、厚生年金被保険者が4,628万人、国民年金第3号被保険者が721万人です。

　国民年金第1号被保険者は1,405万人で、このうち、保険料の納付者が709万人、免除者が383万人、納付猶予者が224万人、未納者が89万人です。

　第1号被保険者の43％が免除・猶予を受けていることになりますが、これは、第1号被保険者の制度が、対象者に無職者、学生、低所得者が占める割合が高いためです。免除・猶予者は、公的年金加入対象者全体で見ると、約9％です。

　国民年金保険料の納付率は、2010（平成22）年度には64.5％にまで低下しましたが、2020（令和2）年度分保険料の**2022（令和4）年度の最終納付率は「80.7％」となり、初めて80％の大台を回復**しました。

　「納付率」は、「納付月数」を「納付対象月数」で割ったものです。納付対象月数とは、法定免除月数、申請全額免除月数、学生納付特例月数、納付猶予月数及び産前産後免除月数を除いた、納付すべき月数です。保険料徴収権の消滅時効は2年ですから、納付期限（納付対象月の翌月末日）から2年間は納付可能であり、2年を経過してから確定するのが、最終納付率です。

　年金に結びつかない未納者・未加入者は、公的年金加入対象者でみると、約1％に過ぎません。未納者とは、国民年金第1号被保険者であって24か月の保険料が未納である者を言います。推計9万人の未加入者は、外国人等で加入手続が終わっていない者です。

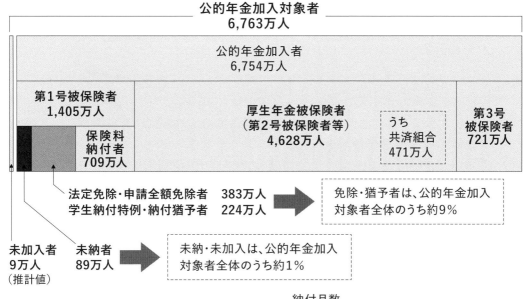

図表15-5　公的年金加入者の状況（2022（令和4）年度末）

国民年金保険料納付率は年々上昇し、直近で80.7%（2020年度分保険料の2022年度の最終納付率）

$$納付率 = \frac{納付月数}{納付対象月数} \times 100$$

※納付対象月数は、法定免除月数、申請全額免除月数、学生納付特例月数、納付猶予月数及び産前産後免除月数を含まない納付すべき月数
※未納者とは、国民年金第1号被保険者であって24か月の保険料が未納である者

（2）未加入者の職権適用や、免除基準の明確化は、かつて、納付率の下押し要因となった

　国民年金保険料の納付率の推移は、図表15-6のとおりです。

　国民年金保険料の納付率（現年度納付率）は、**1992（平成4）年度の85.7%をピークに毎年度低下を続け、2001（平成13）年度には70.9%に低下**しました。

　当時の納付率の低下は、**経済の低迷や、離職者、非正規雇用の増加**により、保険料負担能力の低い第1号被保険者が増加したことや、**若年者の納付率が低い傾向**も要因の一部です。

　しかし、影響が大きかったのは、**1995（平成7）年度から段階的に、20歳到達者の職権適用**（資格取得の届出を行わない人に対して、年金手帳の送付による適用手続）を開始したことです。未加入者が被保険者になっても保険料は未納の人が多く、見かけ上、納付率が低下しました。

　これにより、**第1号未加入者数**（公的年金加入状況等調査）は、1995（平成7）年度の158.0万人から2001（平成13）年度の63.5万人に**大幅に減少**した一方で、**未納者数**は、1995年度の172.2万人から2001年度の326.7万人に**大幅に増加**しています。

　また、**2002（平成14）年4月**には、国民年金保険料の**徴収事務の市町村から国への移管**（地方自治法の改正で機関委任事務の制度が廃止となったため、厚生労働省の社会保険庁の事務へ移管された。）に合わせ、保険料の公平な負担を図るため、**申請全額免除の免除基準を明確化する改正**が行われました。

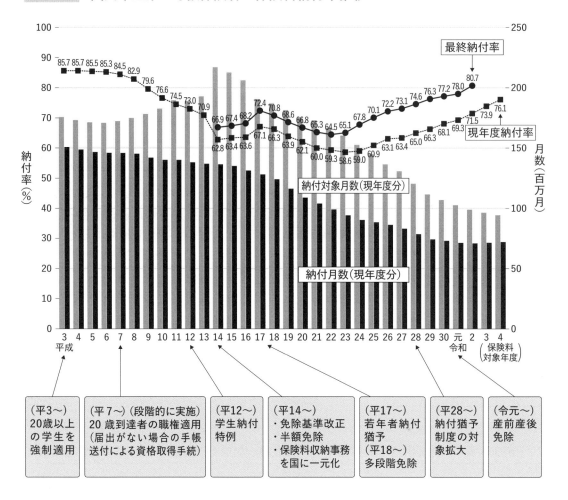

図表15-6　国民年金第1号被保険者の保険料納付率推移

それまでは、市町村における判断で、天災、失業、その他の理由により保険料の拠出が困難と認められる場合（所得、稼得能力、生活程度等を考慮）は、前年所得の多寡にかかわらず、特例により保険料免除が可能でした。これが、2002（平成14）年4月以降は、特例的に免除とする事由は、天災・失業等に限定され、この他は所得基準によることが明確化されました。

2002（平成14）年度に、納付率が前年度の70.9％から62.8％に急落したのは、免除基準の明確化により、免除から外れた人の納付率が低かったことが大きな要因です。

申請全額免除者数は、2001年度の277万人から2002年度は144万人にほぼ半減しました（このほかに新設された半額免除者が34万人）。**納付月数（納付率の分子）は概ね横ばい**（13,673万月→13,627万月）であったものの、**納付対象月数（納付率の分母）が大幅に増加**（19,275万月→21,712万月）し、**納付率を下げました**。

なお、その後も、毎年、住民基本台帳の情報を得て、20歳に加え、34歳、44歳、54歳の**節目年齢での職権適用**を進めてきた結果、**第1号未加入者数**は、その後も**着実に減少**し、2001年度の63.5万人から、2004年度には36.3万人に、そして2016年度には8.9万人にまで減少しています。

これらは、納付率には下押し材料でしたが、無年金・低年金を減らす重要な取組みです。

（3）納付しやすい環境づくりと、地道な保険料収納対策で、無年金・低年金を減らす

　このような中で、制度的には、2000（平成12）年の年金制度改正で、2000（平成12）年から**学生納付特例制度**、2002（平成14）年から**半額免除制度**が導入されました。また、2004（平成16）年の年金制度改正で、2005（平成17）年から**若年者納付猶予制度**、2006（平成18）年から**多段階免除制度**が導入されています。

　納めやすい環境づくりとして、2006年から**コンビニ納付とインターネット納付**、2007年から**口座振替割引制度**、2008年から**クレジットカード納付**、2023年から**スマートフォン決済アプリ納付**が導入されました。

　未納者に対しては、市町村からの所得情報に基づいて、**文書**（2022年度3,875万件）、**電話**（同1,944万件）、**戸別訪問**（同423万件）による**納付督励**や、**免除等の手続の勧奨**が行われています。

　さらに、控除後所得300万円以上かつ7月以上保険料滞納している人には、最終催告状、督促状を送付した上で、金融機関の口座の差し押さえ等により、**強制徴収**も行っています（2022年度12,784件）。

　このような取組みの結果として、**2022（令和4）年度に納付率80%の目標達成を実現**できました。これは単に、低下する以前の80%台の納付率を回復したことにとどまらず、大量の未加入をほとんど解消し、免除基準の運用も公平化した上で、負担能力のある人には確実に負担していただき、所得が低い人には申請免除を適用して、国庫負担相当分の給付に結びつける取組みを行った結果であり、以前の姿と比べて、より高いレベルの水準です。

（4）免除・猶予制度の利用状況

　2022年度末の免除・猶予制度の利用状況を見ると、第1号被保険者1,385万人のうち、法定免除者143万人、申請全額免除者240万人です。申請一部免除は、4分の3免除者17万人、半額免除者10万人、4分の1免除者6万人です。また、納付猶予は、学生納付特例者166万人、納付猶予者58万人です。産前産後免除者は1万人となっています。

3　育児期間における国民年金保険料の免除

（1）「こども未来戦略」で育児期間における国民年金保険料の免除措置の創設が決められた

　2020（令和2）年の年金改正法案の国会審議の衆議院における修正で、**育児期間の国民年金保険料の免除についての検討規定**が、改正法附則第2条第4項に追加され、「政府は、国民年金の第1号被保険者に占める雇用者の割合の増加の状況、雇用によらない働き方をする者の就労及び育児の実態等を踏まえ、国民年金の第1号被保険者の育児期間に係る保険料負担に対する配慮の必要性並びに当該育児期間について措置を講ずることとした場合におけるその内容及

び財源確保の在り方等について検討を行うものとする。」とされました。

その後、2023（令和5）年6月13日に閣議決定された「こども未来戦略方針」では、多様な働き方と子育ての両立支援の項目に、「**自営業・フリーランス等**の育児期間中の経済的な給付に相当する支援措置として、**国民年金の第1号被保険者について育児期間に係る保険料免除措置を創設する**ことととする。その際、現行の産前・産後期間の保険料免除制度や被用者保険の育児休業期間の保険料免除措置を参考としつつ、免除期間や給付水準等の具体的な制度設計の検討を早急に進め、2026年度までの実施を目指す。」とされました。そして、2023（令和5）年12月22日に閣議決定された「**こども未来戦略**」で、同じ内容で「**2026年度に施行するため、所要の法案を次期通常国会に提出する。**」とされました。

これを受けて、2024年2月に、子ども家庭庁から国会に提出された「**子ども・子育て支援法等の一部を改正する法律案**」に、国民年金法の一部改正も一括して盛り込まれました。改正案では、国民年金第1号被保険者の育児期間に係る保険料の免除措置を創設して、2026（令和8）年10月1日から施行することとされています。

（2）子が1歳になるまでの期間の父母の国民年金保険料が免除される

育児期間の国民年金保険料免除の具体的な仕組みについては、「こども未来戦略」が閣議決定された後、2023（令和5）年12月26日の年金部会の資料において、年金局から具体的な案が示されました。概要は、図表15-7のとおりです。

対象者については、「**共働き・共育てを推進するための経済支援**として、両親ともに育児期間の国民年金保険料免除を認めることとし、**子を養育する国民年金第1号被保険者を父母（養父母を含む）ともに措置の対象とする。**」とされました。

また、**免除の要件**については、「育児休業を取得することができる被用者とは異なり、自営業・フリーランス・無業者等の国民年金第1号被保険者については、育児期間における就業の有無や所得の状況はさまざまであることから、その多様な実態を踏まえ、育児期間における第1号被保険者全体に対する経済的な給付に相当する支援措置を講じることとし、**一般的に保険料免除を行う際に勘案する所得要件や休業要件は設けない。**」とされました。

対象となる**免除期間**の考え方については、「厚生年金保険の育児休業等期間の保険料免除制度では、育児・介護休業法に定める育児休業等をしている期間を免除の対象としているところ、育児休業制度・育児休業給付の対象期間が、原則として子が1歳に達するまでとしていることを踏まえ、経済的支援として行う今般の国民年金第1号被保険者に対する育児期間の保険料免除についても、原則として子を養育することになった日から**子が1歳になるまでを育児期間免除の対象期間**とし、産前産後免除が適用される**実母の場合は産後免除期間に引き続く9か月**を育児期間免除の対象期間とする。」とされました。

給付については、「育児期間免除の対象期間における基礎年金額については**満額を保障**する。」としています。

また、免除により納付することを要しないものとされた保険料に相当する額については、「子ども・子育て支援法」で新たに創設される「**子ども・子育て支援納付金**」により補塡するものとされ

ました。その理由として、「今回新設する、国民年金第1号被保険者の育児期間中の保険料免除は、既存の各制度による免除とは異なり、**必ずしも所得の減少を生じない者も含めて育児期の被保険者を広く支援の対象とする**ことから、被保険者間の支え合いによりその財源を拠出するという考え方になじまない面がある。このため、政府全体として子育て支援策を強化していく中で、**社会全体で子育て世代を支える育児支援措置の一環として実施する**措置と位置づける方がふさわしいため、保険料免除に要する費用は、当該支援金を充てることとする。」と説明されています。

図表15-7 　**国民年金第1号被保険者の育児期間における保険料免除措置について（案）**

2023年12月26日
社会保障審議会年金部会
資料1　より抜粋

自営業・フリーランス等の国民年金第1号被保険者について、その子が1歳になるまでの期間の国民年金保険料免除措置を創設する。
※当該期間に係る被保険者期間の各月を保険料納付済期間に算入する。

①対象期間や要件等
・子を養育する国民年金第1号被保険者を父母ともに措置の対象とする。
・育児休業を取得することができる被用者とは異なり、自営業・フリーランス・無業者等の国民年金第1号被保険者については、育児期間における就業の有無や所得の状況はさまざまであることから、その多様な実態を踏まえ、第1号被保険者全体に対する育児期間中の経済的な給付に相当する支援措置とすることとし、一般的に保険料免除を行う際に勘案する所得要件や休業要件は設けない。

②対象となる免除期間の考え方
・原則として子を養育することになった日から子が1歳になるまでを育児期間免除の対象期間とし、産前産後免除が適用される実母の場合は産後免除期間に引き続く9か月を育児期間免除の対象期間とする。
・育児期間免除の対象期間における基礎年金額については満額を保障する。

財源について
・今般新設する免除措置は、必ずしも所得の減少が生じない者も含めて育児期の被保険者を広く対象とし、社会全体で子育て世代を支える育児支援措置の一環として実施するため、「子ども・子育て支援納付金」を充てる。

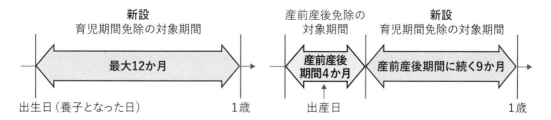

第15章　国民年金保険料の免除と猶予 | 227

4 無年金・低年金を防止するための免除・猶予制度の課題

(1) 無年金・低年金の防止を進めるために、免除・猶予制度には見直す課題がある

　納付率80％の目標が達成された今、次のステップに踏み出す必要があります。

　図表15-8のように、現状では、①免除基準に該当しながらも、免除を申請しないまま納付しない（未納のままだと国庫負担相当分も付かない）、②一部免除を受けながら納付しない（免除が取り消され、未納と同じになる）、③猶予を受けながら追納しない（猶予は追納しないと、国庫負担相当分も付かない）ことにより、国庫負担相当分の給付に結びつかない人が、少なくありません。

　望まれる方向は、①免除基準に該当しない人には、確実に納付していただくこと、②低所得で保険料を納付できない人は、漏れなく免除制度を利用して、少なくとも国庫負担相当分を確実に年金給付に結びつけられるようにしていくこと、③免除基準に該当していても、納付できる人は、納付や追納をして、年金給付に結びつけられるようにすることです。

　そのような観点から、現行の免除・猶予の制度の課題について、以下、私の私見として論じたいと思います。

図表15-8　**無年金・低年金防止のための免除・猶予制度の課題**

〈現状〉
免除基準に該当しながらも、国庫負担相当分の給付に結びつかない人が、少なくない
　① **免除を申請しないまま納付しない**　→　未納のままだと国庫負担相当分も付かない
　② **一部免除を受けながら納付しない**　→　免除が取り消され、未納と同じになる
　③ **猶予を受けながら追納しない**　　　→　猶予は追納しないと、国庫負担相当分も付かない

〈検討課題の提案〉
　① **免除基準の該当を自動判定できるように、免除基準を一部見直し**てはどうか
　② 免除基準に該当していれば、**免除手続をせずに未納のままでも、免除を適用**してはどうか
　③ **学生**も、学生納付特例による猶予のほかに、**申請免除を選択**できるようにしてはどうか
　④ **一部免除で未納の場合でも、免除分に応じた国庫負担相当分**は給付してはどうか
　⑤ **納付猶予制度**は、2030（令和12）年6月までの暫定制度であり、**延長せずに終了**してはどうか

〈望まれる方向〉
　・ 低所得のため国民年金保険料を納付できない人が、**もれなく免除制度を利用**して、少なくとも、**国庫負担相当分を確実に年金給付に結びつけられる**ようにしていく
　・ **免除基準に該当しない人は、確実に納付**し、免除基準に該当していても、**納付できる人は納付や追納**をして、年金給付に結びつけられるようにする

（2）免除基準への該当を自動判定できるように、免除基準を一部見直してはどうか

　現在、日本年金機構は、未納者に対する納付督励・免除手続勧奨のため、市町村が保有する所得情報をマイナンバー情報連携で取得し、免除基準に該当する可能性を判定しています。しかし、**現行の免除基準**では、**マイナンバー情報連携で取得できない情報も必要**としているため、本人からの申請書への記載がなければ、確実な判定はできません。

　このため、**免除基準を見直して、マイナンバー情報連携で取得できる情報のみで自動判定できる**ようにすれば、**免除申請書の記載事項も簡素化**できますし、あらかじめ免除対象であるか確定できるため、**未納者に対して、的確な納付督励・免除手続勧奨を行うことができます。**

　この情報連携で取得できない情報は、次の4つです。

　一つ目は、「**同一世帯でない配偶者の所得**」です。配偶者が同一世帯にいれば、情報を取得できますが、同一世帯にいない場合は、配偶者のマイナンバーを届け出てもらわないと、情報連携では取得できません。しかし、介護保険や医療保険における低所得者の保険料や自己負担の軽減制度では、本人と世帯の所得を要件とするものが一般的です。　配偶者は、連帯納付義務が規定されていますが、別世帯の場合は、生活費が別に要することも考慮すると、免除基準では、これを勘案対象から除外して良いと考えます。

　二つ目は、「**事実婚の配偶者の所得**」です。国民年金法第5条で、「配偶者」には婚姻の届出をしていないが事実上婚姻関係と同様の事情にある者を含むと規定しているため、免除基準の判定でも、事実婚の配偶者を含めて確認する必要があります。しかし、税法の配偶者控除や、介護保険法等でも、配偶者には事実婚は含まれません。事実婚は認定が難しいですから、免除基準では、これを勘案対象から除外して良いと考えます。

　三つめは、「**16歳以上19歳未満の扶養親族の人数**」です。先述の図表15-2にありますように、一部免除の所得基準では、扶養親族等の数に扶養控除額に相当する38万円（16歳以上23歳未満は63万円）を乗じた額を、所得基準額に加算する仕組みです。2010（平成22）年度の税制改正で、高校の実質無償化に伴い、扶養控除の額が63万円に増額されている特定扶養親族の範囲が、従来の16歳以上23歳未満から、19歳以上23歳未満に縮小され、16歳以上19歳未満は、一般の控除対象扶養親族の38万円の控除が適用されました。その際に、年金制度では免除対象者の範囲が変わらないよう、従前の63万円を維持する独自の措置が講じられました。控除対象扶養親族の人数は情報連携で取得できますが、そのうち16歳以上19歳未満の人数は、取得できないため、本人の申告が必要です。しかし、高校無償化によって負担軽減が図られたことは事実ですから、免除基準では、年金独自の上乗せを廃止して良いと考えます。

　四つ目は、「**控除対象配偶者でない同一生計配偶者の有無**」です。2017（平成29）年度の税制改正で、同一生計配偶者のうち、合計所得金額が1,000万円を超える人の配偶者は、控除対象配偶者から除外し、配偶者控除をしないこととする改正がされました。その際に、年金制度では免除対象者の範囲が変わらないよう、控除対象配偶者でない同一生計配偶者も、免除基準額に38万円を加算する対象者となるよう、法律の規定が改正がされました。しかし、本人所得1,000万円超の人に免除を適用する必要はありませんから、税制の規定に合わせて控除対象配偶者に限定して良いと考えます。

行政事務のDX（デジタルトランスフォーメーション）を進めるためには、システムによる自動処理ができるように、制度自体を修正していくアプローチも重要です。

（3）免除基準に該当していれば、免除手続をせず未納のままでも、免除を適用してはどうか

現状では、免除基準に該当しているのに免除申請をせず、保険料納付もしない人が、少なくありません。このような人は、無年金・低年金になります。

申請免除の基準に該当しながら免除手続をせず未納の人には免除を適用するように制度を改めれば、日本年金機構は、免除手続の勧奨に労力を割くこと無く、納付督励に労力を集中できますし、手続をしない人が国庫負担相当分すら失うことも防ぐことができます。

免除の適用を受けて、国庫負担相当分の給付に結びつける権利を得るためには、免除申請の手続ぐらいは自分で行うべきだとか、免除申請すら行わない人は、権利を放棄したのだから、やむを得ない、という意見があります。

しかし、私はそうは思いません。世の中には様々な人がいて、行政手続が苦手な人がたくさんいます。日本年金機構が通知を送っても、読まない人、読んでも理解が難しい人、理解できても手続が難しい人がいます。そういう人々をも包摂するのが、社会保障制度だと思います。

そこで、私は、申請免除の基準に該当しているが、その申請をせず、保険料徴収権の2年の消滅時効の時点でも未納である人に対しては、免除を適用する制度（基準該当免除制度）を設けてはどうかと考えます。

（2）で説明した免除基準の見直しを行うことで、自動判定が可能となります。マイナンバー情報連携により免除基準に該当することが把握できた人について、2年の消滅時効満了時でも未納の場合には、免除を適用することを法律で定める案です。

具体的には、通常の申請免除で、所定の期間（7月～翌年6月）を単位に免除の申請・承認を行っていることに準じ、免除サイクル末月の毎年6月を基準月とし、その時点での世帯構成及び世帯員の前年所得を市町村へ情報照会（マイナンバー情報連携）して「基準該当」を判定し、その免除サイクルの1年間に適用します。

基準該当と判定した月について、保険料徴収の2年の消滅時効期間が経過しても免除申請をしないまま未納であった場合に、免除期間としての効果を自動的に生じさせます。

基準該当免除制度においても、申請免除と同様に、10年間、追納を可能とし、追納勧奨を行います。

基準該当免除制度は、申請免除と同様に、年金額の算定に当たっては、当該月を免除期間（全額免除・一部免除）として扱うこととして規定します。

障害年金・遺族年金の保険料納付済等要件（3分の2要件）でも、免除期間として扱うので、納付済等期間として扱われます。

この場合、免除決定という行政処分があるわけではなく、基準該当の判定を受けた月について、2年が経過しても納付も免除申請もしていない、という要件に該当することにより、10年間の追納が可能となることと、国庫負担分の給付に結びつくこと、の効果が自動的に発生するというものです。法的性質は、法定免除と同様です。

本来は、免除申請手続をしていただければ良いのですが、何らかの理由により手続に至らない人が現実に多数あり、無年金・低年金になりかねない現状に対応するものです。

保険料の納付可能期間であれば、できる限り納付していただきたいですし、本人に納付の意思があるのか、免除申請の意思があるのか、不明です。しかし、消滅時効の成立直前であれば、納付の意思が無いと強く推察され、免除を適用することは、確実に本人の利益になりますので、免除申請の意思がある場合と同様の取扱いを法律で定めるものです。

法律に規定を設けて行うものであり、2006（平成18）年に問題となった法律の規定に基づかない不適正免除（個々人の申請の意思を確認しないまま、あるいは、本人からの申請書の提出を受けないまま、免除承認手続を行った）とは異なります。

（4）学生も、学生納付特例による猶予のほかに、申請免除を選択できるようにしてはどうか

現在、学生については、卒業して就職してから保険料を納付できるよう、免除制度の対象から除外し、学生納付特例制度による納付猶予の対象としています。

しかし、就職しても所得が低かったり、奨学金の返済で精一杯の人も多く、追納する余裕がない人が多いのが現実です。大学進学率が上昇し、かつてのように大学を卒業すれば良い就職ができるという時代ではなくなり、各種学校も対象であるため、学生には多様な人がいます。

そこで、学生であっても、免除基準に該当する人は、免除制度も選択できるように改めてはどうかと考えます。

（3）の「基準該当免除制度」を実施した場合は、学生であるかどうかの情報なしに、自動で適用しますから、申請免除を選択できるようにすることは、整合的です。申請免除や基準該当免除に該当した学生でも、10年間は追納が可能ですから、学生納付特例よりも不利になることはありません。

低所得の家庭の学生も多いですし、親に十分な所得があっても、学生が親元を離れて別世帯となれば、免除基準に該当する場合は多いと見込まれます。一人住まいで生活費がかかることを踏まえれば、免除を選択できることは、妥当と考えられます。

（5）一部免除で未納の場合でも、免除分に応じた国庫負担相当分は給付してはどうか

現行制度では、全額免除では、2分の1の国庫負担相当分が給付に結びつきますが、一部免除が承認されながら未納であった場合には、免除が取り消されて、全く給付に結びつきません。

この仕組みは、一部免除の承認をされた人に対して、保険料の納付インセンティブを高める面がありますが、様々な事情により納付できない人には、将来の低年金をもたらします。

日本年金機構の2022年度業務実績報告書によると、一部免除承認者の納付率は2022年度が62.1%であり、前年度実績を上回ったものの、未納のままに終わる人が多い現状です。

所得に応じて、多段階の免除制度を用意しているのですから、未納でも、国庫負担部分は多段階で給付に結びつけることが妥当ではないかと考えます。

具体的には、未納であっても、一部免除部分に対応する特別国庫負担分（図表15-1参照）の

給付に結びつけてはどうかと考えます。4分の1免除で未納の場合は8分の1の給付、半額免除で未納の場合は4分の1の給付、4分の3免除で未納の場合は8分の3の給付となります。

（6）納付猶予制度は、令和12年6月までの暫定制度であり、延長せずに終了してはどうか

　納付猶予制度は、1（3）②で説明しましたように、2030（令和12）年6月までの暫定的な制度です。就職氷河期と言われて、20歳台の若年者の雇用情勢や雇用形態が不安定な中で、就職が困難で所得が少なかったり、フリーターなどと呼ばれた低所得の若年者が増えましたが、世帯主の親と同居している場合に、申請免除に該当しませんでした。そこで、保険料未納のままで将来、無年金や低年金者となることを防止するため、本人が将来就職し、保険料を負担できる状態になった時に、追納できる仕組みとして設けられた制度です。

　しかし、**納付猶予をしても追納せず、年金給付に結びつかない人が多いのが現状です。**

　また、納付猶予制度では、本人と配偶者は、全額免除基準以下である一方で、**世帯主には全額免除基準を超える所得があります。**世帯でみれば十分な負担能力がある場合もあります。

　低年金・無年金を減らしていくため、納付猶予制度を終了させた上で、**世帯主に連帯納付義務者として支払っていただくよう、納付勧奨を行うとともに、世帯主の所得が一部免除基準以下であれば、一部免除の勧奨をして、一部でも納付していただくことが、**望ましいと考えます。なお、（5）の見直しを行った場合は、未納であっても一部免除であれば、免除部分に応じた国庫負担相当分の給付に結びつくことになります。

　このため、納付猶予制度は、次期年金制度改正で延長せず、2030（令和12）年の期限終了により終了させることが適切と考えます。

第16章 年金生活者支援給付金

1. 老齢年金生活者支援給付金の仕組み

(1) 年金とその他の所得との合計額が老齢基礎年金満額相当以下の人に老齢給付金を支給

(2) 老齢給付金の額は、保険料納付済期間に応じた額と免除期間に基づく額の合計額

(3) 給付基準額の月額5,000円は、基礎的消費支出と基礎年金満額の差額から設定された

(4) 所得総額が逆転しないよう、補足的老齢年金生活者支援給付金が支給される

2. 障害・遺族年金生活者支援給付金の仕組み

(1) 障害基礎年金と遺族基礎年金の受給者には、障害・遺族の給付金が支給される

(2) 障害・遺族の給付金の額は、納付済月数等によらず定額で支給

3. 年金生活者支援給付金制度が作られた経緯

(1) 社会保障・税一体改革の民主党政権の政府提出法案は、年金法の中での福祉的な定額加算

(2) 三党合意により修正され、年金法の外の福祉的給付とし、納付済期間に比例した額に

4. 年金生活者支援給付金の支給状況

5. 年金生活者支援給付金の課題

(1) 令和2年年金改正の国会審議では、野党から対案が出され、附帯決議が付された

(2) 遺族厚生年金の収入勘案で給付を重点化し、低年金者の給付の充実を検討してはどうか

(3) 給付額の引上げや保険料納付済期間によらない定額給付を検討してはどうか

(4) 基礎年金45年化も考慮しつつ、給付設計の見直しを検討してはどうか

1 老齢年金生活者支援給付金の仕組み

(1) 年金とその他の所得との合計額が老齢基礎年金満額相当以下の人に老齢給付金を支給

　老齢年金生活者支援給付金は、2019（令和元）年10月から施行されており、低年金でかつ低所得の人に支給される給付です。年金とは別の福祉的な給付の制度であり、全額が消費税財源です。

　給付金は、国が支給し、事務は日本年金機構に委任・委託して行われています。受給対象者の認定請求により給付を行い、年金と同様に2か月ごとに支給されます。

　支給要件は、図表16-1のとおり、①65歳以上の老齢基礎年金の受給者であること、②「前年の公的年金等の収入金額とその他の所得との合計額」が、老齢基礎年金満額相当以下であること、

図表16-1　老齢年金生活者支援給付金

〈支給要件〉
① 65歳以上の**老齢基礎年金の受給者**であること
② 「**前年の公的年金等の収入金額**（障害年金・遺族年金等の非課税収入は含まれない）と**その他の所得との合計額**」が、老齢基礎年金満額相当（**約78万円**）**以下**
　　※2023年10月からの所得基準額は778,900円
③ **同一世帯の全員が市町村民税非課税**であること

〈給付額〉：（A）と（B）の合計額
（A）**保険料納付済期間に基づく額**（月額）
＝ **5,310円**×保険料納付済期間（月数）/ 480月
　　※2024年度。物価変動に応じて毎年度改定

（B）**保険料免除期間に基づく額**（月額）
＝ **11,333円** ×保険料免除期間（月数）/ 480月
　　※老齢基礎年金満額（月額）の1 / 6
　　※ただし、保険料1 / 4免除期間の場合は、老齢基礎年金満額（月額）の1 / 12（5,666円）
　　※昭和31年4月1日以前生まれの人は11,301円（1/4免除期間は5,650円）

〈補足的老齢年金生活者支援給付金〉
・支給要件②を満たさない場合でも、「前年の公的年金等の収入金額とその他の所得との合計額」が**約88万円までの者**には、所得総額が逆転しないよう、**所得の増加に応じて逓減した額**を支給
　　※2023年10月からの補足的所得基準額は、878,900円

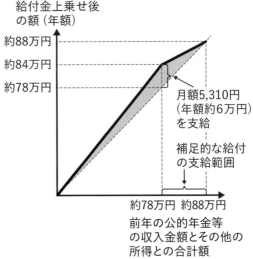

給付金上乗せ後の額（年額）
約88万円
約84万円
約78万円
月額5,310円（年額約6万円）を支給
補足的な給付の支給範囲
約78万円　約88万円
前年の公的年金等の収入金額とその他の所得との合計額

保険料納付済期間	保険料全額免除期間	給付金額（月額）	老齢基礎年金額（月額）	年金＋給付金（月額）
480月	0月	5,310円	68,000円	73,310円
240月	0月	2,655円	34,000円	36,655円
360月	120月	6,816円	59,500円	66,316円
240月	240月	8,322円	51,000円	59,322円

（注）昭和31年4月2日以後生まれの場合

③同一世帯の全員が市町村民税非課税であることの3つです。

　このうち、②の所得要件では、「公的年金等の収入金額」には、障害年金、遺族年金等の非課税年金の金額は含まれません。また、「その他の所得」は、給与所得であれば給与所得控除後、事業所得であれば必要経費控除後の所得額です。

　所得基準額の「老齢基礎年金満額相当」の額は、毎年度改定されており、2023（令和5）年10月からの所得基準額は、778,900円です。

　所得要件は、「前年」（1～12月）の年金額とその他の所得額の合計で判定し、これを、当年10月分から翌年9月分までの年金生活者支援給付金の支給に適用します。すなわち、2023年10月からの所得基準額は、2022年1月～12月の所得を用いて判定され、2023年10月から2024年9月までの給付金に適用されます。

　この所得基準額の設定方法は、例えば、2023年10月からの所得基準額778,900円の場合は、2022年1月～12月に支給される年金収入について判定しますので、2021年度の老齢基礎年金額（月額65,075円）の4か月分（年金は12月分と1月分が2月に支給され、2月分と3月分が4月に支給されるため）と、2022年度の老齢基礎年金額（月額64,816円）の8か月分の合計額です。その際、老齢基礎年金満額の人が支給基準を満たすように、100円未満を切り上げた額として、設定されています。

年金生活者支援給付金の認定請求は、新たに基礎年金の裁定請求を行う人が対象者の場合は、年金の請求と合わせて日本年金機構に給付金の請求書を提出することにより行います。また、既に基礎年金を受給中の人で、所得額が前年より低下したこと等により、新たに給付金の支給対象となる人には、毎年8月に日本年金機構が市町村から提供された所得データに基づいて要件判定し、9月頃に、日本年金機構から簡易な年金生活者支援給付金請求書（はがき型）が対象者に送付されますので、これを返送することで、認定請求を行うことができます。

2020（令和2）年年金制度改正では、施行後にも毎年、新たな対象者に簡易な請求書を送付できるよう、市町村からのデータの提供を受けるための規定を整備するとともに、給付金の所得情報の切り替え時期を、法制定時の8月〜翌年7月から、10月〜翌年9月に改正しています。

（2）老齢給付金の額は、保険料納付済期間に応じた額と免除期間に基づく額の合計額

老齢年金生活者支援給付金の支給額は、図表16-1のとおり、(A) 保険料納付済期間に基づく額と、(B) 保険料免除期間に基づく額の合計額です。

(A) の保険料納付済期間に基づく額は、給付基準額である月額5,310円（2024年度）に、保険料納付済期間（月数）が基礎年金の拠出期間である40年間（480月）に占める割合を乗じた額です。

一方、(B) の保険料免除期間に基づく額は、老齢基礎年金の満額の1/6の額（保険料1/4免除期間の場合は1/12の額）に、保険料免除期間（月数）が40年間（480月）に占める割合を乗じた額です。

老齢基礎年金の満額（2024年度）は月額68,000円ですから、1/6の額は月額11,333円、1/12の額は月額5,666円です。ただし、2023年度の年金額改定で、新規裁定年金と既裁定年金の改定率が異なった（第5章5参照）ことから、1956（昭和31）年4月1日以前生まれの人（2023年度に68歳以上で既裁定者の改定率が適用された）については、老齢基礎年金の満額（2024年度）は月額67,808円ですから、1/6の額は月額11,301円、1/12の額は月額5,650円です。

具体例を1956（昭和31）年4月2日以後生まれの人で見ると、図表16-1の右下の表のようになります。保険料納付済期間が480月の場合は、給付金の額は5,310円となり、老齢基礎年金は月額68,000円となりますので、合計73,310円となります。また、保険料納付済期間が240月で保険料免除期間が240月の場合は、給付金の額は8,322円（納付済期間分2,655円＋免除期間分5,667円）となり、老齢基礎年金は月額51,000円となりますので、合計59,322円となります。

（3）給付基準額の月額5,000円は、基礎的消費支出と基礎年金満額の差額から設定された

ここで、(A) の給付基準額の設定の考え方を見てみます。

給付基準額5,310円（2024年度）は、給付金法が施行された2019（令和元）年度の5,000円から、毎年度の物価スライドにより改定されたものです。

制定当初の月額5,000円は、単身無業の高齢者の基礎的消費支出と老齢年金満額との差額等から設定されたものです。図表16-2の左側の図のとおり、年金生活者支援給付金法の制定時の基礎的消費支出の額（2006（平成18）年〜2010（平成22）年の5年平均）は、月額68,594円で

納付済期間に応じた給付金額

〈給付金法の制定時〉（月額）

食料 31,224円 住居 15,131円 光熱・水道 12,156円 家具・家事用品 5,201円 被服及び履き物 4,881円 （平成18〜22年 の5年平均）	給付金 5,000円 老齢基礎年金 満額 63,900円 （平成24年度） （本来水準）
基礎的消費支出 68,594円	**基礎年金＋給付金 68,900円**

単身高齢者
（65歳以上・無職）
（総務省家計調査）

免除期間に応じた給付金額

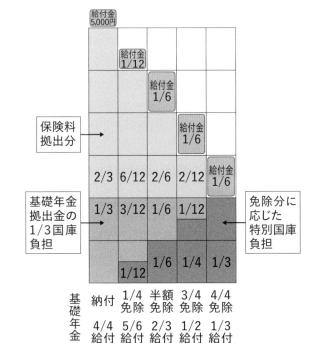

※国庫負担1/3の期間（平成20年度まで）

あり、老齢基礎年金満額（2012（平成24）年度）は月額63,900円でしたから、これを差し引くと、基礎的消費支出と基礎年金満額との差は、月額4,694円でした。

　年金制度でいう「基礎的消費支出」とは、総務省の家計調査による消費支出の額のうち、衣食住に係る「食料」「住居」「光熱・水道」「家具・家事用品」「被服及び履き物」の支出額を合計したものです。1985（昭和60）年改正による基礎年金制度の創設時（当時は月額5万円）や、1989（平成元）年改正の頃は、基礎年金の額は、65歳以上の単身無業の高齢者の基礎的消費支出等を勘案して設定されていました。その後しばらくは、消費者物価上昇率を勘案して改定され、2004（平成16）年改正ではマクロ経済スライド等が導入され、基礎年金の満額は、基礎的消費支出の額を下回るようになっています。

　基礎年金は、それだけで老後の生活のすべてを賄うのではなく、現役世代に構築した生活基盤や貯蓄等と組み合わせて老後の生活を送るという考え方です。その上で、基礎年金に、年金生活者支援給付金を加えると、基礎的消費支出が概ねカバーできるという考え方で、給付金の額が設定されました。

　次に、(B)の免除期間に基づく額の設定の考え方を見てみます。

　基礎年金の満額の1/6とされた理由は、図表16-2の右側の図のように、法制定当時は、免除期間の大部分が国庫負担率1/3の期間（2008（平成20）年度まで）であり、全額免除の期間の基礎年金の給付割合は、国庫負担相当分の1/3です。これに1/6の給付金を加えると、1/2

となります。これは、3/4免除の期間の年金の給付割合と同じです。また、3/4免除の期間の基礎年金の給付割合は、1/2です。これに1/6の給付金を加えると、2/3となります。これは、半額免除の期間の年金の給付割合と同じです。このように、**多段階免除の1段階分をかさ上げする効果**があります。

全額免除・3/4免除・半額免除の場合と、1/4免除の場合で、給付金を給付する割合が異なる理由は、**保険料1/4免除期間の場合**には、基礎年金の給付割合が5/6ですから、年金生活者支援給付金を老齢基礎年金満額（月額）の1/6の額としてしまうと、**納付済期間の基礎年金額と同額になってしまうことから、これを避けるために、半分の1/12**とされているものです。

なお、国庫負担率が1/2に引き上げられた2009（平成21）年度以降の免除期間についても、年金生活者支援給付金の支給割合は、同じ1/6と1/12が適用されていますので、2009（平成21）年度以降の期間については、上記の説明は合わなくなってきています。

国民年金保険料の多段階免除と年金給付の割合の関係については、第15章（国民年金保険料の免除と猶予）の1（2）で説明していますので、ご参照ください。

（4）所得総額が逆転しないよう、補足的老齢年金生活者支援給付金が支給される

図表16-1の支給要件の②を満たさない場合でも、「前年の公的年金等の収入金額とその他の所得との合計額」が約78万円を超えて約88万円までの人には、所得総額が逆転しないよう、**補足的老齢年金生活者支援給付金が支給**されます。

補足的給付金の額は、図表16-1の右上の図のとおり、**所得の増加に応じて逓減した額**であり、（A）の保険料納付済期間に基づく額に、調整支給率を乗じた額です。

補足的老齢年金生活者支援給付金が支給される上限となる「補足的所得基準額」（2023年10月から878,900円）は、老齢年金生活者支援給付金が支給される「所得基準額」（2023年10月から778,900円）に、**10万円を加えた額**です。

調整支給率は、（a）補足的所得基準額から「前年の公的年金等の収入額とその他の所得との合計額」を差し引いた額を、（b）補足的所得基準額から所得基準額を差し引いた額（10万円）で割った率であり、これにより、図のような形で逓減した額が計算できます。

2　障害・遺族年金生活者支援給付金の仕組み

（1）障害基礎年金と遺族基礎年金の受給者には、障害・遺族の給付金が支給される

障害基礎年金と遺族基礎年金の受給者には、それぞれ、障害年金生活者支援給付金、遺族年金生活者支援給付金が支給されます。

支給要件は、図表16-3のとおり、①障害基礎年金または遺族基礎年金の受給者であること、②前年の所得が472万1,000円以下であることの2つです。

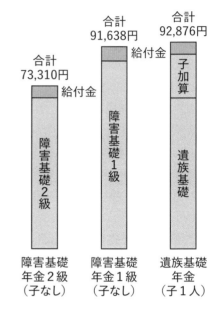

図表16-3　障害・遺族年金生活者支援給付金

〈支給要件〉
① **障害基礎年金**または**遺族基礎年金**の受給者であること
② **前年の所得**(障害年金・遺族年金等の非課税収入は含まれない)が、**472万1,000円以下**
　　※20歳前障害基礎年金が支給停止となる所得基準額と同額となるよう設定。扶養親族等の数に応じて増額する

〈給付額〉
障害等級2級の者、**遺族**である者　　・・・**5,310円**(月額)
障害等級1級の者　　　　　　　　　・・・**6,638円**(月額)
　　※2024年度。物価変動に応じて毎年度改定
　　※2以上の子が遺族基礎年金を受給している場合は、5,310円を子の数で割った金額をそれぞれに支給

〈障害・遺族基礎年金額(2024年度)〉
　　障害基礎年金2級　　68,000円(月額)+子の加算額
　　障害基礎年金1級　　85,000円(月額)+子の加算額
　　遺族基礎年金　　　　68,000円(月額)+子の加算額
　　※子の加算額は、1人目及び2人目は各19,566円(月額)
　　　　　　　　　　　3人目以降は各6,525円(月額)
　　※基礎年金額は昭和31年4月2日以後生まれの人の金額

　「前年の所得」には、障害年金、遺族年金等の非課税収入は含まれません。

　所得基準額の472万1,000円は、**20歳前傷病による障害基礎年金が全額支給停止となる所得基準額と同額**に設定されており、扶養親族等の数に応じて増額します。(この所得基準については、第12章(障害年金の仕組みと課題)の1(7)参照)

　老齢年金生活者支援給付金は、他の世帯員も含めて低所得である低年金の年金生活者に支給するものですが、障害・遺族の年金生活者支援給付金は、所得基準が高く設定されていますし、他の世帯員の所得は要件となっていません。このため、障害基礎年金・遺族基礎年金の受給者のほとんどの方が受給できるものであり、実質的に、障害基礎年金・遺族基礎年金の支給額を増額させるものとなっています。

(2)障害・遺族の給付金の額は、納付済月数等によらず定額で支給

　老齢年金生活者支援給付金の支給額は、保険料納付済月数と免除月数に応じて変わりますが、障害・遺族年金生活者支援給付金は、納付済月数等によらずに定額です。

　障害基礎年金2級と遺族基礎年金の受給者には、老齢給付金の給付基準額と同じ月額5,310円が支給され、障害基礎年金1級の受給者には、月額6,638円が支給されます(2024年度)。障害1級の給付金は、障害2級の給付金の1.25倍の額です。これは、障害基礎年金1級の年金額が、2級の年金額の1.25倍に設定されていることと同じです。

遺族年金生活者支援給付金は、2人以上の子が遺族基礎年金を受給している場合は、5,310円を子の数で割った金額がそれぞれに支給されます。これは、遺族基礎年金の額が、子の数で割った金額がそれぞれに支給されることと同じです。

図表16-3の右側の図のように、例えば、障害基礎年金2級で子の加算が無い場合、障害基礎年金2級の月額68,000円に、給付金5,310円が支給され、合計で73,310円となります。

また、遺族基礎年金で子の加算額が1人分の場合、遺族基礎年金が月額68,000円、子の加算額が月額19,566円に、給付金5,310円が支給され、合計で92,876円となります。

3　年金生活者支援給付金制度が作られた経緯

（1）社会保障・税一体改革の民主党政権の政府提出法案は、年金法の中での福祉的な定額加算

年金生活者支援給付金制度が作られた経緯は、図表16-4のとおりです。この制度は、2012

図表16-4　**年金生活者支援給付金の制度創設の経緯**

```
┌──────────────────────┐   ・低所得の年金受給者への加算
│ 社会保障・税一体改革大綱 │   ・高所得者の年金給付の見直し（高所得者の老齢基礎年金
│   （平成24年2月）      │     の国庫負担相当額を対象とした支給停止（クローバック））
└──────────────────────┘
           │
           ▼
┌──────────────────────┐  ┌────────────┐  ┌──────────────────────┐
│ 政府（民主党政権）提出の年金 │→│  三党合意   │→│ 年金生活者支援給付金法 │
│ 機能強化法案（平成24年3月） │  │（平成24年6月）│  │   （平成24年11月成立）  │
└──────────────────────┘  └────────────┘  └──────────────────────┘
```

【低所得者等の年金額の加算】
・**年金法の中**での福祉的な加算
・**月6,000円の定額加算**
　（老齢、障害、遺族）
・免除期間がある者には、期間に応じ加算
・財源6,300億円

【高所得者の年金額の調整（クローバック）】
・所得550万円を超える場合に、基礎年金額の一部の支給停止を開始し、所得950万円以上の場合は、基礎年金額の半額（国庫負担分）を支給停止。
・クローバックで生じた財源（700億円）は年金加算に活用

【国会審議・三党協議】
・定額給付・クローバックは、保険料納付インセンティブを損ない、社会保険方式になじまない。（自民・公明）

【年金生活者支援給付金】
・**年金法の外**の福祉的給付
・基準額**月5,000円の納付済期間に比例した支給額**
・所得の**逆転防止**のための措置（**補足的な給付**）
・免除期間がある者には、期間に応じ加算
・障害、遺族の給付金は、定額を支給
・財源5,600億円（法案提出当時）、全額消費税財源
・**消費税率10％への引上げの日に施行**

年金機能強化法案は、クローバックの改正を削除し、年金生活者支援給付金法案を別法案に切り分けて成立

年金生活者支援給付金施行（令和元年10月1日）

※消費税率10％への引上げの日は、2度延期
　　　2015（平成27）年10月1日
　　　　→2017（平成29）年4月1日
　　　　→2019（令和元）年10月1日

（平成24）年の社会保障・税一体改革関連法案として成立しましたが、当初の法案では、国民年金法を改正して、年金法の中での福祉的な加算という位置づけでした。

　当時は民主党政権であり、2012（平成24）年2月の社会保障・税一体改革大綱で、年金制度については、低所得者の年金受給者への加算と、高所得者の年金給付の見直し（高所得者の老齢基礎年金の国庫負担相当額を対象とした支給停止（クローバック））などが盛り込まれました。

　そして、2012（平成24）年3月の内閣提出の年金機能強化法案（公的年金制度の財政基盤及び最低保障機能の強化等のための国民年金法等の一部を改正する法律案）では、国民年金法を改正して、老齢基礎年金、障害基礎年金、遺族基礎年金の「年金額の加算に係る特例」として、規定されました。

　低所得の低年金者に対し、月額6,000円の定額の加算を、受給権者の請求に基づいて行う仕組みで、免除期間がある者には、期間に応じて加算額を増やす仕組みでした。財源は6,300億円と見積もられ、消費税財源によるほか、クローバックで生じた財源700億円も活用する案でした。

（2）三党合意により修正され、年金法の外の福祉的給付とし、納付済期間に比例した額に

　国会審議では、当時野党であった自由民主党と公明党から、税財源による定額加算やクローバックは、保険料納付インセンティブを損ない、社会保険方式になじまないとの異論が出され、その後、民主党・自由民主党・公明党の三党協議を経て、2012（平成24）年6月の三党合意により、修正案が合意されました。

　これにより、年金生活者支援給付金法案として、別法に切り離して、年金法の外の福祉的給付と位置づけられました。また、老齢については、基準額月5,000円の納付済期間に比例した支給額に改められました。また、所得の逆転防止のための措置（補足的な給付）も設けられました。免除期間がある者には、基礎年金満額の6分の1を免除期間に応じて加算する点は同じですが、4分の1免除の場合の加算の割合は、当初の提出法案では8分の1でしたが、12分の1に改められました。障害、遺族については、定額の年金への加算から、定額の給付金に改められました。クローバックを導入する改正は削除（代わりに改正法附則に「高額所得による老齢基礎年金の支給停止については、引き続き検討が加えられるものとする。」の検討規定を置く。）とされ、このため、財源規模は5,600億円（給付金法案の提出当時）で、全額消費税財源となりました。（2023年度予算額は5,242億円）

　年金生活者支援給付金は、消費税率10%への引上げの日に施行することが規定されました。消費税率の引上げは、施行までに2度延期されており、当初は、2015（平成27）年10月1日でしたが、2017（平成29）年4月1日、次いで2019（令和元）年10月1日に延期されて、施行されています。

　年金生活者支援給付金法の附則第3条には、検討規定が設けられ、「年金生活者支援給付金の額その他の事項については、低所得である高齢者等の生活状況、低所得者対策の実施状況及び国民年金法第27条本文に規定する老齢基礎年金の額等を勘案し、総合的に検討が加えられ、その結果に応じて所要の見直しを行うものとする。」とされており、今後の検討課題とされています。

4 　年金生活者支援給付金の支給状況

年金生活者支援給付金の支給状況は、図表16-5のとおりです。

厚生労働省の厚生年金保険・国民年金事業年報（2021年度）によると、2022年3月の受給者数は、**老齢給付金が463.7万人、補足的老齢給付金が99.2万人、障害給付金が204.8万人、遺族給付金が7.9万人**です。

2021年度の年間給付総額は、老齢給付金が2,217億円、補足的老齢給付金が246億円、障害給付金が1,326億円、遺族給付金が44億円です。

2022年3月の平均支給額は、老齢給付金が3,949円、補足的老齢給付金が2,091円、障害給付金が5,458円、遺族給付金が4,944円です。なお、障害給付金の平均支給額が2021年度の給付基準額5,030円を上回っているのは、障害1級は給付基準額の1.25倍の額だからです。遺族給付金の平均支給額が給付基準額を下回っているのは、子に支給される場合は、1人あたりの支給額が子の人数で割った額となるからです。

老齢給付金の月額の分布は、3千円以上6千円未満が合わせて68.6％を占めていますが、免除期間に応じた加算額があるため、少数ながら1万円程度の月額の場合もあります。

受給者の年齢分布を見ると、老齢給付金は、65歳以上の老齢基礎年金の受給者であることが要件ですので、受給者は65歳以上であり、年齢の高い高齢者も多くなっています。

図表16-5　年金生活者支援給付金の支給状況

給付件数、給付金総額、平均給付金額

	給付件数 （2022年 3月）	年間給付 総額 （2021年度）	平均給付 金額 （2022年 3月）
老齢 年金生活者 支援給付金	463.7万件	2,217億円	3,949円
補足的老齢 年金生活者 支援給付金	99.2万件	246億円	2,091円
障害 年金生活者 支援給付金	204.8万件	1,326億円	5,458円
遺族 年金生活者 支援給付金	7.9万件	44億円	4,944円
合計	775.5万件	3,833億円	

老齢年金生活者支援給付金の月額分布

	給付件数 （2022年 3月）	割合
～1千円未満	9.9万件	2.1％
1千円以上～2千円未満	37.1万件	8.0％
2千円以上～3千円未満	70.2万件	15.1％
3千円以上～4千円未満	114.5万件	24.7％
4千円以上～5千円未満	104.6万件	22.6％
5千円以上～6千円未満	98.9万件	21.3％
6千円以上～7千円未満	15.3万件	3.3％
7千円以上～8千円未満	7.4万件	1.6％
8千円以上～9千円未満	3.5万件	0.8％
9千円以上～1万円未満	1.5万件	0.3％
1万円以上～	0.8万件	0.2％
総数	463.7万件	100％

（資料）厚生労働省「厚生年金保険・国民年金事業年報」（2021年度）

障害給付金は、障害基礎年金の受給者であることが要件ですので、20歳以上の全年齢層で分布しており、また、障害者が高齢になっても、老齢基礎年金よりも有利な障害基礎年金を選択することが一般的であるため、障害給付金では、60歳以上が36％となっています。

遺族給付金は、遺族基礎年金の受給者であることが要件ですので、遺族基礎年金が、子のある配偶者又は子（子とは、18歳到達年度の末日までにある子、または1級・2級の障害の状態にある20歳未満の子）が支給対象者ですから、遺族給付金は、20歳未満が8.1％であるほか、30歳台が11.1％、40歳台が47.1％、50歳台が31.3％となっており、60歳以上は1.7％と少なくなっています。

5　年金生活者支援給付金の課題

（1）令和2年年金改正の国会審議では、野党から対案が出され、附帯決議が付された

2020（令和2）年年金制度改正法案の審議に際して、現行の年金生活者支援給付金は、保険料納付済期間に応じて支給額が決まるため、**低年金者であるほど支給額が低くなり、低所得者対策としては不十分**との指摘が野党議員からありました。

年金改正法案の審議に当たっては、衆議院に、**野党から議員提出法案による対案が提出**され、内閣提出法案との一括審議となりました。その中で、年金生活者支援給付金法については、**給付基準額を月額6,000円に引き上げる**とともに、保険料納付済期間を基礎とした老齢年金生活者支援給付金について、**保険料納付済期間の有無にかかわらず、給付基準額を支給**する改正案が提出されました。

与野党の協議の結果、衆議院厚生労働委員会で、2020（令和2）年年金改正法の附則を修正して、検討規定を追加するとともに、附帯決議の事項で合意したため、野党の対案は撤回されています。

附帯決議では、年金生活者支援給付金については、「**年金生活者支援給付金の額その他の事項については、低所得である高齢者等の生活状況、低所得者対策の実施状況及び老齢基礎年金の額等を勘案し、総合的に検討すること。**」とされています。

2023年5月30日の社会保障審議会年金部会に年金局が提出した「次期制度改正に向けた主な検討事項（案）」では、「年金生活者支援給付金」も、検討事項に掲げられています。本稿の執筆時点では、まだ具体的な方向は示されていませんので、私の私見として、課題を論じたいと思います。

（2）遺族厚生年金の収入勘案で給付を重点化し、低年金者の給付の充実を検討してはどうか

老齢年金生活者支援給付金の支給要件では、「前年の公的年金等の収入金額とその他の所得との合計額」が老齢基礎年金満額相当（約78万円）以下となっていますが、この「公的年金等の収入金額」は、「所得税法第35条第2項第1号に規定する公的年金等の収入金額をいう」と法律

で規定されており、**遺族年金、障害年金等の非課税年金の収入は含まれません。**

　このため、専業主婦に近い働き方をしてきたことにより、自分の老齢年金額が少ない人の場合、配偶者が亡くなったことによる遺族厚生年金（配偶者の老齢厚生年金の４分の３の額）が十分な金額である場合でも、遺族厚生年金が非課税年金であるために収入額に算入されず、他に就労収入等がなければ、所得要件を満たし、**年金生活者支援給付金の支給対象**となります。

　本当は低年金者でないにもかかわらず、給付金が支給されている現状は、**低年金者への支援**という制度本来の趣旨に照らすと妥当ではありません。また、本人に厚生年金の被保険者期間があり、老齢基礎年金と自分の老齢厚生年金を受給する場合は、給付金が支給されないのに対し、自分の老齢厚生年金がほとんど無くて、老齢基礎年金と遺族厚生年金を受給する場合には、給付金が支給されるという、**働き方による不公平感も生じています。**

　老齢年金生活者支援給付金は、低年金・低所得の高齢者への給付金ですから、**所得要件の判定では遺族厚生年金の額も年金収入に算入し、これによって生じる財源を、真に低年金・低所得の高齢者の給付金の増額に充ててはどうか**と考えます。

（3）給付額の引上げや保険料納付済期間によらない定額給付を検討してはどうか

　仮に（2）のような給付の重点化によって、財源が確保できるならば、その範囲内で、（1）で提起されたような論点について、検討することができると考えます。

① 一つ目の論点は、**給付基準額5,000円の引上げ**です。

　2012（平成24）年の内閣提出法案では、**月額6,000円**でしたが、三党合意を経て、基礎年金のクローバックの規定が削除されたことにより、財源規模が縮小したため、**月額5,000円に修正され**ています。基準額を月額5,000円とした理由については、三党合意では、「基準額は、月額5,000円（**近年の単身無業の高齢者の基礎的な消費支出と老齢基礎年金満額との差額等から計算**）を基本に定める。」とされていました。（1（3）参照）

　高齢者の基礎的消費支出や老齢基礎年金満額の近年の動向なども踏まえながら、**財源が確保できれば、月額6,000円への引上げ**ができれば良いと考えます。

② 二つ目の論点は、**保険料納付済期間によらない定額給付**です。

　3（1）（2）で説明しましたように、民主党政権下での当初の内閣提出法案では、保険料納付済期間にかかわらず、定額を老齢基礎年金に加算するものでした。これが、国会審議では、自由民主党と公明党から、税財源による年金への定額加算は、保険料納付インセンティブを損ない、社会保険方式になじまないとの異論が出され、民主党・自由民主党・公明党の三党協議を経て、三党合意により、年金生活者支援給付金という福祉的給付と位置づけるとともに、納付済期間に比例した支給額に改められました。

　第15章（国民年金保険料の免除と猶予）の２（2）で説明しましたように、当時は、国民年金保険料の納付率が年々低下し、**2010（平成22）年度の最終納付率が64.5%という最低値を記録して**います。そのような中で、「保険料納付インセンティブを損なう」という懸念が強かったと考えられ

ます。しかし、その後、保険料納付率は10年連続で上昇し、2020（令和2）年度分保険料の2022（令和4）年度の最終納付率は「80.7%」となり、その懸念は低くなっています。

　また、年金額が基礎年金満額でも月額68,000円であり、納付月数が少ない場合は、これより少ない低年金ですから、月額5千円や6千円の給付金を支給したとしても、生活が極めて厳しいことには変わりはなく、**給付金があるから保険料納付しないで良い、とはなりません。**

　低年金者であるほど支給額が低くなる仕組みは、低年金者対策として行う福祉的給付金としては、確かに十分とは言えないと考えられますので、（2）などによる財源確保をした上で、**定額給付化を検討してはどうか、と考えます。**

③ 三つ目の論点は、**定額の給付額と免除期間に応じた給付額との関係**です。

　仮に、上記②のように、「保険料納付済期間によらない定額給付」とした場合は、免除期間に応じた給付との関係の検討が必要になります。

　私は、両者は役割が異なるので、図表16-6のように、月額6,000円の定額の給付額を、未納期間や免除期間についても支給した上で、その代わり**免除期間に応じた給付金額を、老齢基礎年金の1/6から1/8に引き下げてはどうかと考えます。**（1/4免除期間は1/12から1/16に）

　1/6に設定された経緯は、1（3）のとおりですが、当時の考え方は、2009（平成21）年度以降の国庫負担1/2の期間では当てはまらず、分かりにくくなっています。

　国庫負担1/2の期間の場合は、全額免除の期間の基礎年金の給付割合は、国庫負担相当分

図表16-6　納付済期間によらない定額給付とした場合のイメージ

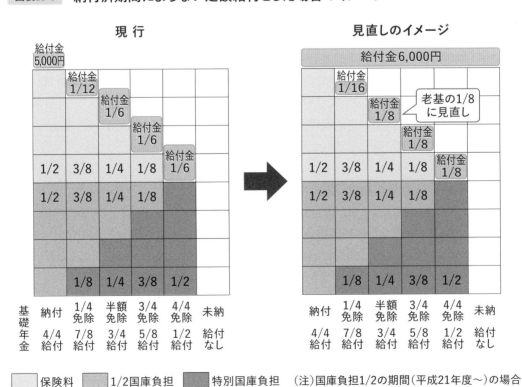

の1/2です。これに1/8の給付金を加えると、5/8となります。これは、3/4免除の期間の年金の給付割合と同じです。また、3/4免除の期間の基礎年金の給付割合は、5/8です。これに1/8の給付金を加えると、3/4となります。これは、半額免除の期間の年金の給付割合と同じです。このように、**多段階免除の1段階分をかさ上げする効果**として、分かりやすく説明できるようになると考えます。

免除期間に応じた給付金の割合を1/6から1/8に引き下げても、その期間についても月額6,000円の給付を行えば、給付額は増えます。

（4）基礎年金45年化も考慮しつつ、給付設計の見直しを検討してはどうか

基礎年金の拠出期間を45年に延長した場合に、年金生活者支援給付金の給付設計をどのように対応させるかについては、①老齢給付金・補足的老齢給付金の所得基準額、②老齢給付金の免除期間に基づく給付額の計算方法、③障害・遺族給付金との関係の3つの論点があると考えます。

① 一つ目の論点は、老齢給付金・補足的老齢給付金の所得基準額です。
現行制度では、年金と賃金収入をあわせて老齢基礎年金満額相当である年約78万円以下の人に、月額約5,000円を支給しています。1（1）で説明しましたように、年約78万円は、基礎年

图表16-7 **定額化と基礎年金45年化への対応のイメージ（例）**

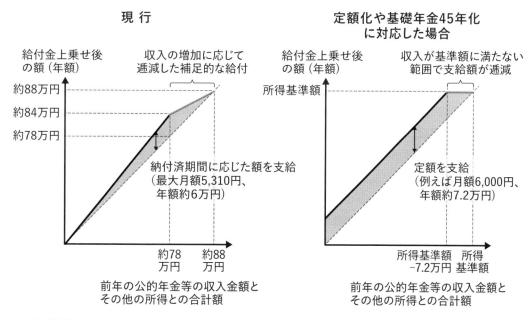

※所得基準額は、40年拠出の基礎年金満額（約78万円）
　補足的給付は、所得基準額に10万円を加えた額まで

※所得基準額は、45年化後の基礎年金満額

（注）保険料納付済期間に基づく公的年金だけで生活している者の例

金の拠出期間が40年の場合の満額（2022年1〜12月）です。

今後、基礎年金の拠出期間が45年に延長された場合、老齢基礎年金の満額が増額します。給付金による支援の対象とする低年金者の基準を、**基礎年金満額と結びつけて考えると**、基礎年金が45年化した場合には、図表16-7のように、**45年化した老齢基礎年金の満額を基準とすること**が必要となると考えます。

なお、現行では、所得の増加による逆転を防止するために、老齢年金生活者支援給付金の所得基準にプラス10万円まで、補足的給付の対象としていますが、**所得基準額に満たない範囲で、定額給付を減額していく制度設計に見直すことも**、検討してはどうかと考えます。

② 二つ目の論点は、**老齢給付金の免除期間に基づく給付額の計算方法**です。

図表16-1の給付額の説明の部分で、

「保険料免除期間に基づく額（月額）＝ 11,333円 ×保険料免除期間（月数）/ 480月」

という計算式があります。11,333円は、老齢基礎年金満額（月額）の1/6の額で、保険料1/4免除期間の場合は、老齢基礎年金満額（月額）の1/12（5,666円）の額です。

ここで、基礎年金が45年化した場合には、「老齢基礎年金満額（月額）」が45年化した金額に増額（40分の45倍）することになります。一方で、免除期間の月数を40年である「480月」で割るのではなくて、45年である「540月」で割ることになります。

拠出期間が40年であった人にも、45年化した計算式を当てはめて計算しても、支給額は変わりません。

なお、(3)の③に掲げた論点で、免除期間に基づく給付割合を、現行の1/6や1/12から、1/8や1/16に改める場合は、この計算式に新しい給付割合を当てはめることになります。

③ 三つ目の論点は、**障害・遺族給付金との関係**です。

現行制度では、障害年金生活者支援給付金や、遺族年金生活者支援給付金は、障害基礎年金、遺族基礎年金の受給者に、前年所得472万円以下の場合は、一律に給付する制度です。

今後、仮に、**障害基礎年金、遺族基礎年金の給付額を、45年化後の老齢基礎年金満額の金額に引き上げた場合、年金生活者支援給付金を上回る年金額の増額になります。そこで、障害・遺族年金生活者支援給付金は、その増額された基礎年金に吸収されたと考えることもできますので、45年満額の基礎年金が支給される人には支給しないようにすること**についても、検討してはどうかと考えます。

障害基礎年金等の額を、45年化後の老齢基礎年金満額の金額に引き上げた場合でも、当分の間、40年の年金額の人と、45年化後の年金額の人が、併存することになります。このため、障害年金生活者支援給付金等は、40年の年金額の人に引き続き支給して、給付額を上乗せする役割としてはどうでしょうか。

これにより、その部分の財源を、他の給付の充実に回すことができるようになり、**老齢年金生活者支援給付金の充実に充てる**ほか、**障害基礎年金・遺族基礎年金の子の加算額の増額などの財源に充てることも検討できるのではないかと思います。

年金生活者支援給付金法律の附則第3条の検討規定では、「年金生活者支援給付金の額その他の事項については、低所得である高齢者等の生活状況、低所得者対策の実施状況及び国民年金法第27条本文に規定する老齢基礎年金の額等を勘案し、総合的に検討が加えられ、その結果に応じて所要の見直しを行うものとする。」としていますから、財源確保をしつつ、総合的な検討を行うことが重要と考えます。

第17章 年金と税制

1. 年金収入に対する課税の仕組み

(1) 社会保障給付は、公租公課禁止が一般的だが、老齢年金は例外的に課税とされている
(2) 公的年金は、雑所得に区分され、公的年金等控除の対象となる
(3) 年金受給者の所得税の課税最低限は、被扶養配偶者有りの場合196万円＋社会保険料額
(4) 公的年金等控除は、給与所得控除とほぼ同額で、65歳以上の加算は近年縮小された
(5) 年金に所得税がかかる場合は、年金から源泉徴収が行われる

2. 65歳以上の遺族厚生年金の非課税の課題

(1) 高齢者の遺族厚生年金の非課税は、低所得者対策の適用に課題を生じさせている
(2) 65歳以上の遺族厚生年金は、老齢年金との一体性が高いことから、課税化してはどうか

3. 所得の高い高齢者の公的年金等控除の課題

(1) 世代内・世代間の公平の観点から、高所得の高齢者の年金課税の課題が指摘されている
(2) 年金以外の所得が高い人に公的年金等控除を減額する制度を、さらに拡大してはどうか

1　年金収入に対する課税の仕組み

(1) 社会保障給付は、公租公課禁止が一般的だが、老齢年金は例外的に課税とされている

　社会保障給付は、租税その他の公課（公租公課）の対象とならないのが一般的です。公課とは国又は地方公共団体が徴収する金銭のことで、社会保険料などを含みます。公的年金給付も、原則非課税（公租公課禁止）とされており、これは、年金給付は、受給権者の生活安定の資にされなければならず、支給を受けた金銭が租税などの課税対象となると、給付を行った意味が減殺されるためです。

　他方で、例外的に老齢年金は課税対象（公租公課禁止の対象外）とされています。これは、①いずれ訪れる老齢への備えとして、保険料納付実績に比例した給付であること、②このため、一種の貯蓄的な性格や給与の後払い的な性格を有していること、③被保険者として納付した保険料は、社会保険料控除として、拠出段階で既に課税上の恩恵を受けていることなどを総合的に勘案したものとされています。（参考：有泉亨「国民年金法」「厚生年金保険法」）

　②については、老齢年金は賦課方式による世代間の支え合いですが、立法時にはそのような性格が強いとされていました。

　一方で、障害年金と遺族年金は、①予め発生を予期できないリスクに対応して給付を行うもの

であること、②保険料納付実績と給付との連関性は老齢年金と比べて高くないこと、③被保険者期間が短い場合でも一定額の給付が保障されていることといった給付の特性があり、社会保障給付の一般的な取扱いと同様に、非課税とされています。

公租公課の禁止は、法律に規定されています。国民年金法第25条で、「租税その他の公課は、給付として支給を受けた金銭を標準として、課することができない。ただし、老齢基礎年金及び付加年金についてはこの限りでない。」とされています。厚生年金保険法第41条第2項では、「租税その他の公課は、保険給付として支給を受けた金銭を標準として、課することができない。ただし、老齢厚生年金についてはこの限りでない。」とされています。

また、所得税法第9条（非課税所得）で、遺族年金が非課税所得であることが定められ、所得税法第35条（雑所得）で、雑所得とする「公的年金等」の範囲を定めています。

（2）公的年金は、雑所得に区分され、公的年金等控除の対象となる

所得税の仕組みは、図表17-1のとおり、まず、所得の種類ごとに「収入金額」から、必要経費や給与所得控除などの「収入から差し引かれる金額」を差し引いて「所得金額」を計算します。次に、それらの「所得金額」の合計額から、基礎控除や扶養控除などの「所得控除額」を差し引いて「課税所得金額」を計算します。そして、「課税所得金額」に「所得税の税率」を乗じ、その額

図表17-1　**所得税及び住民税（所得割）の基本的な仕組み**

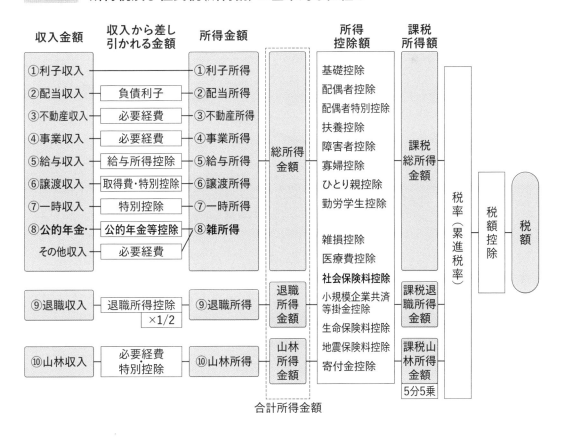

から寄付金特別控除などの「税額控除」を差し引いて、「所得税額」を計算します。

　所得は、その性質によって給与所得、事業所得、不動産所得、利子所得など10種類に分けられていますが、**公的年金等の収入は、雑所得**に区分されています。

　通常の雑所得の金額は、収入金額から必要経費を差し引いて、所得金額を計算しますが、公的年金等については、収入金額から公的年金等控除額を差し引いて、所得金額を計算します。

　公的年金等控除の仕組みは、図表17-2のとおりです。

　公的年金等控除の額は、**定額控除40万円**と、**定率控除（50万円を差し引いた後の年金収入の額に応じて、25%、15%、5%と段階的に減少）**を合計し、この合計額と**最低保障額（65歳以上は110万円、65歳未満は60万円）**の大きい方の額になります。計算の便宜のため、速算表が用意されています。

　公的年金等控除は、国民年金（基礎年金）、厚生年金、厚生年金基金、国民年金基金、確定給付企業年金、確定拠出年金（企業型・個人型iDeCo）等が対象です。

図表17-2　公的年金等控除の概要

公的年金等控除の額は、（①+②）又は③の大きい額	公的年金等控除の対象
①定額控除　40万円	・国民年金 ・厚生年金 ・厚生年金基金 ・国民年金基金 ・確定給付企業年金 ・確定拠出年金 　等
②定率控除　50万円控除後の年金収入の 360万円までの部分　25% 　　　　　　　　　　　　　　　 720万円までの部分　15% 　　　　　　　　　　　　　　　 950万円までの部分　 5%	
③最低保障額　65歳以上の者　110万円 　　　　　　　65歳未満の者　 60万円	
ただし、年金以外の所得が1,000万円超の者は10万円、 　　　　 2,000万円超の者は20万円、控除額を引き下げる	

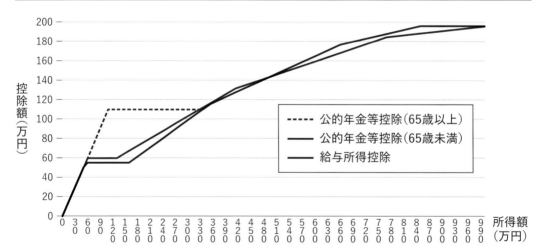

（3）年金受給者の所得税の課税最低限は、被扶養配偶者有りの場合196万円＋社会保険料額

　公的年金等控除があることにより、65歳以上の年金受給者について、所得税・住民税が非課税となる年金額は、公的年金以外の収入が無い場合、図表17-3のとおりとなります。

まず、所得税について見ると、単身者では、**公的年金等控除の最低保障額110万円**と、**基礎控除48万円**に、支払った医療保険料、介護保険料等の**社会保険料控除**を加えた額が所得控除されますから、**年金収入が158万円に社会保険料の額を加えた額以下の場合は、課税所得金額0円となるので、所得税は非課税になります。**

単身者で、夫と死別して再婚しておらず、合計所得金額が500万円以下の人の場合は、**寡婦控除27万円**が加わり、**185万円＋社会保険料控除額**となります。

被扶養配偶者がある場合は、**配偶者控除38万円**（配偶者が70歳以上の場合は48万円）が加わり、**196万円**（配偶者が70歳以上の場合は206万円）**＋社会保険料控除額**です。

一方、**住民税の均等割の非課税限度額**は、**公的年金等控除の最低保障額110万円**と、均等割非課税基準（自治体により変わりますが基本的な額は、**単身者45万円、寡婦135万円、夫婦2人世帯101万円**）を加えた額となりますから、**単身者では155万円、夫と死別した寡婦の場合は245万円、夫婦2人世帯211万円**となります。

この非課税基準の所得金額は、市町村により異なっており、計算式は、基本額35万円に世帯人員数（本人、同一生計配偶者及び扶養親族の合計数）を乗じた額に、10万円と加算額21万円（加算額は同一生計配偶者又は被扶養親族を有する場合のみ）を加えた額ですが、基本額と加算額は、生活保護基準の級地区分に応じた率（東京23区、指定都市などの1級地は1、県庁所

図表17-3　所得税・住民税が非課税となる年金額

	所得税が非課税となる 年金額（65歳以上）		住民税均等割が非課税となる 年金額（65歳以上）	
モデル年金 1人分の年金額 約195万円 （モデル年金の 厚生年金と 基礎年金1人分） （2024年度）	158万円＋社保控除 （寡婦185万円）	196万円＋社保控除 （70歳以上206万円）	155万円 （寡婦245万円）	211万円
	社会保険料控除 （寡婦控除27万円）	社会保険料控除	均等割 非課税基準 45万円 （寡婦135万円）	均等割 非課税基準 35万円×2人 ＋31万円 ＝101万円
	基礎控除 48万円	配偶者控除 38万円 70歳以上は48万円		
		基礎控除 48万円		
	公的年金等控除 最低保障額 （65歳以上） 110万円	公的年金等控除 最低保障額 （65歳以上） 110万円	公的年金等控除 最低保障額 （65歳以上） 110万円	公的年金等控除 最低保障額 （65歳以上） 110万円
	単身	**被扶養配偶者有り**	**単身**	**配偶者有り**
	※寡婦控除の対象 は夫と死別した人 で合計所得金額 500万円以下	※配偶者控除の対 象は配偶者の合 計所得金額が48 万円以下	※非課税基準は、基本額35万円×世帯人 員数＋10万円＋加算額21万円 ※加算額は、同一生計配偶者又は扶養親 族がある場合のみ加算 ※基本額と加算額には、1級地は1、2級地 は0.9、3級地は0.8を乗じる	

在市や一部の市町などの2級地は0.9、その他の3級地は0.8）を乗じた額を基準として条例で設定することとされています。

　なお、この基準とは別に、障害者、未成年者、寡婦又はひとり親で、合計所得金額が135万円以下の場合も住民税は非課税とされています。

　モデル年金の世帯では、1人分の年金額（厚生年金と基礎年金1人分）は約195万円ですから、**モデル年金の世帯は、所得税・住民税が非課税**となるような水準になっています。

（4）公的年金等控除は、給与所得控除とほぼ同額で、65歳以上の加算は近年縮小された

　公的年金等控除の仕組みの特徴について、図表17-2の給与所得控除と比べたグラフと、図表17-4の公的年金課税の制度の経緯をたどりながら、説明します。

① 公的年金等控除の額は、基本的に給与所得控除とほぼ同額

　これは、図表17-2のグラフでは、赤い線と黒い線との比較です。1987（昭和62）年までは、年金収入は給与所得に分類され、給与所得控除が適用されていましたが、給与所得とは異なるとして、1988（昭和63）年からは**雑所得に変更され、公的年金等控除が新設**されました。その際、控除の水準が下がらないようにした経緯から、公的年金等控除は基本的に給与所得控除とほぼ同額に設定されています。

② 65歳以上は、公的年金等控除の最低保障額が高く設定されている

　これは、図表17-2のグラフでは、赤い点線で表わされている部分です。公的年金等控除の最低保障額は、**65歳以上が110万円**で、65歳未満の60万円よりも50万円高く設定されています。なお、給与所得控除の最低保障額は、55万円です。

　これができた経緯は、1973（昭和48）年から、65歳以上の者に対し**老年者年金特別控除**（当初60万円、昭和50年から78万円に増額）が設けられたことに由来します。公的年金は老後の生活安定を公的に支援するものであり、税制でも公的年金に対して特別の措置を講ずることが適当であるため、給与所得控除とは別に、老年者年金特別控除が設けられました。

　この老年者年金特別控除は1988（昭和63）年から廃止されましたが、代わりに、公的年金等控除の65歳以上については、控除の最低保障額が高く設定されるとともに、定額控除の額も高く設定されました。なお、最低保障額と定額控除の額は、消費税の導入の影響緩和や年金額の増加に合わせて1990（平成2）年から引き上げられています。

　その後、2004（平成16）年の税制改正では、65歳以上の年金受給者の課税最低限が、現役世代の給与所得者よりも極めて高い水準であることから、**是正するための見直し**が行われました。少子・高齢化が進展する中で、現役世代の活力を維持し、世代間及び高齢者間の公平を図るため、年金制度改革も踏まえながら行われたものです。

　これにより、2005（平成17）年から、**65歳以上の公的年金等控除の引下げ**（定額控除の65歳以上の加算を廃止。最低保障額の65歳以上の加算を50万円に縮小）と、**老年者控除（50万円）の廃止**が行われました。年金課税の適正化により確保された財源は、基礎年金の国庫負担割合

の引上げ（1.1%分）に充てられました。

その後、2018（平成30）年の税制改正により、**2020（令和2）年からは、給与所得控除と公的年金等控除から10万円が基礎控除に振り替え**られました。これは、多様な働き方の拡大を踏まえ、フリーランス、請負、起業等の収入の人の控除を増額するためのものです。なお、給与所得と年金所得の両方を有する人には、控除額が減らないよう、所得金額調整控除10万円が措置されています。これにより、基礎控除が10万円引き上げられる一方で、公的年金等控除の定額控除が10万円引き下げられて40万円となり、公的年金等控除の最低保障額も、65歳以上110万円、65歳未満60万円に改められ、現在の額となっています。

図表17-4　公的年金課税の制度の経緯

昭和26年分～	昭和32年分～		昭和48年分～	昭和50年分～
雑所得	給与所得			
掛金分を控除後に全額課税	給与所得控除	20%	老年者年金特別控除：60万円	老年者年金特別控除：78万円
			給与所得控除：老年者年金特別控除後の年金収入 165万円まで部分　40% 330万円まで部分　30% 600万円まで部分　20% 1,000万円まで部分 10% 1,000万円超の部分　5% 最低保障額　57万円	
老年者控除　1万5千円	…		25万円 （住民税24万円）	

➡

		昭和63年分～	平成2年分～	平成17年分～	令和2年分～
雑所得					
公的年金等控除	①定額控除	80万円 65歳未満 40万円	100万円 65歳未満 50万円	50万円	40万円
	②定率控除	定額控除後の年金収入の 360万円まで部分 25% 720万円まで部分 15% 720万円超の部分　5%			50万円控除後の年金収入の 360万円まで部分 25% 720万円まで部分 15% 950万円まで部分　5%
	③最低保障額	120万円 65歳未満 60万円	140万円 65歳未満 70万円	120万円 65歳未満 70万円	110万円 65歳未満 60万円
					年金以外の所得が 1,000万円超の者は 10万円 2,000万円超の者は 20万円 控除額を引き下げる。
老年者控除		50万円 （住民税48万円）	→ 廃止		

※令和2年分からの改正では、基礎控除の10万円引上げ（給与所得控除・公的年金等控除から基礎控除への振替）も行われた。

③ 給与所得控除と公的年金等控除の重複と、年金以外の所得が高い場合の公的年金等控除の減額

1987（昭和62）年の税制改正で、**年金所得が給与所得と分類上別**にされたことにより、給与所得控除と公的年金等控除をそれぞれ適用されることが可能となり、結果的に**給与収入と年金収入を同時に得る人の控除額は大きく**なりました。

当時は高齢者の就労は一般的とはいえず、**公的年金等控除については、基本的に公的年金等**

収入のみを有する者を念頭に設けられたものであったため、特段問題視されるものではなかったと考えられます。しかし、近年では、高齢者世帯でも公的年金等収入以外の所得を得る人が多くなっており、その前提は時代に合わないものとなっています。

そこで、2018（平成30）年の税制改正で、世代内及び世代間の公平に配慮する観点から、特に高額の所得がある人について、公的年金等控除の見直しが行われました。これにより、2020（令和2）年から、公的年金等収入が1,000万円を超える場合に、控除額に上限を設けるとともに、公的年金等収入以外の所得金額が1,000万円を超える場合には控除額を10万円引き下げ、2,000万円を超える場合には控除額を20万円引き下げる改正が行われました。

（5）年金に所得税がかかる場合は、年金から源泉徴収が行われる

日本年金機構は、公的年金の支払いに係る源泉徴収義務者として、年金支給額から所得税を源泉徴収して、国に納付します。これは、給与を支払った企業が、給与から所得税を源泉徴収することと同じです。

源泉徴収額は、所得税法で定められており、**年金支払額から、公的年金等控除、基礎控除、配偶者控除等の人的控除、社会保険料控除に相当する額を差し引いた額**に、所得税及び復興特別所得税の**税率5.105%を乗じた額**です。

年金機構から、該当となる年金受給者に、前年9月から順次、**扶養親族等申告書**の用紙が送付され、年金受給者が年金機構に返送します。2023（令和5）年9月からは「ねんきんネット」で簡単に電子申請でもできるようになりました。年金機構は、扶養親族等申告書に基づき、人的控除額に応じて、当年1月から12月まで各支払い月の**年金額から源泉徴収**を行います。

翌年1月には、年金機構から年金受給者に前年の**源泉徴収票**が送付されます。**公的年金等以外の所得が20万円を超える人**や、**公的年金等の収入が400万円を超える人**は、翌年3月の**確定申告を行う義務**があります。確定申告の際は、送付された源泉徴収票の記載を使用します。

年金以外の所得が、所得税の源泉徴収が行われている給与所得のみの人でも**確定申告が必要となる理由**は、給与の源泉徴収と年金の源泉徴収で**重複している各種の控除分**や、所得税の**累進税率**の適切な適用を行うためです。この場合、源泉徴収された額を除いた所得税額を、納付することになります。

公的年金の支払報告書は、年金機構から市町村へ提出されます。市町村では、企業からの給与の支払報告書や確定申告の情報を含めて所得情報を集約して、住民税額を計算し、納税通知書を納税義務者に送付します。

年金からは、**住民税や、介護保険料、後期高齢者保険料、国民健康保険料の特別徴収を行う仕組みもあります**。これは、市町村からの依頼に基づき、公的年金の額から特別徴収されるもので、年金の種類や、一定額以上の年金額を受給していることなどの条件があります。

2 65歳以上の遺族厚生年金の非課税の課題

（1）高齢者の遺族厚生年金の非課税は、低所得者対策の適用に課題を生じさせている

　年金課税については、これまでの社会保障制度改革の議論の中で、指摘されている課題があります。2013（平成25）年8月6日の「社会保障制度改革国民会議報告書」（この会議は、2012（平成24）年の社会保障制度改革推進法第9条に基づき内閣に置かれた。）では、年金分野の改革の部分において、年金税制の課題について触れられていますので、本稿では、ここで触れられている論点について、私見として論じたいと思います。

　国民会議報告書では、「公的年金等控除や遺族年金等に対する非課税措置の存在により、世帯としての収入の多寡と低所得者対策の適用が逆転してしまうようなケースが生じていることが指摘されており、世代内の再分配機能を強化するとともに、給付と負担の公平を確保する観点から検討が求められる。」と指摘されています。

　医療や介護の保険料や自己負担の軽減をはじめ、低所得者対策には、市町村民税非課税世帯であることや、税法の所得額を基準としているものが多くなっています。

　この指摘では、(a)「公的年金等控除」による影響と、(b)「遺族年金等の非課税措置」による影響の2つの論点が含まれており、この両者は分けて考える必要があります。

　(a)の論点では、1(4)②で説明しましたように、65歳以上の年金受給者の公的年金等控除の最低保障額が110万円であり、若年者の給与所得控除の最低保障額55万円と比べて大きいことから、65歳以上の年金生活者は、若年者と比べて、低所得者対策の基準に該当しやすくなっています。

　また、(b)の論点では、1(1)で説明しましたように、老齢年金は課税ですが、遺族年金等は非課税であるため、とりわけ、高齢の年金生活者が、配偶者を亡くして遺族厚生年金を受給している場合、遺族厚生年金が非課税年金であるため、所得に算入されず、十分な年金がある場合でも、低所得者対策の基準に該当しやすくなっています。

　この指摘のうち、(a)の公的年金等控除の論点については、私は、最低保障額の見直しが必要となるものではないと考えています。

　公的年金等控除の水準については、1(4)②で説明したとおり、2004（平成16）年の税制改正により、65歳以上の高齢者の定額控除額の加算を縮小する見直しが既に行われています。

　また、1(3)で説明しましたように、モデル年金の水準の世帯で所得税・住民税が非課税となっており、この水準は必要なものと考えます。国民生活基礎調査によると、高齢者世帯の48.4％が、公的年金収入だけで生活しており、モデル年金の水準の程度の年金生活者に課税してしまうと、高齢者の生活の安定を保障する年金制度の意義が減殺されてしまうからです。

　また、低所得者の基準の中には、介護保険の保険料や自己負担の低所得者軽減の基準のように、「公的年金等の収入額＋その他の合計所得金額」として、公的年金等控除をする前の年金収入額を使う基準を設定している制度もあり、そのような工夫をすれば良いと考えます。

　一方、(b)の遺族年金が非課税であることの論点については、見直しが必要と考えます。公租

公課禁止なので保険料の算定に使う所得額に算入できないだけでなく、非課税収入であるために、そもそも市町村では所得として把握しておらず、給付の際の所得判定にも使えません。介護保険等で使われている「公的年金等の収入額＋その他の合計所得金額」でも、「公的年金等の収入額」には、非課税年金の収入額は含まれません。このため、医療や介護の保険料や自己負担についての低所得者のための軽減制度を歪めてしまっています。

　私は、第16章（年金生活者支援給付金）の5（2）で、65歳以上の老齢年金生活者支援給付金の所得要件の判定に当たって、遺族厚生年金の額を収入勘案することにより、給付を重点化し、生じた財源を、真の低年金者に対する給付の充実に回すことを提案しました。

　日本年金機構は、遺族厚生年金の支給額の情報を自ら持っていますし、給付の基準に反映することは公租公課の禁止に反しないので、遺族厚生年金の課税化をしなくても実施できます。しかし、医療や介護などの低所得者の基準に反映させて給付と負担の公平を図るためには、65歳以上の遺族厚生年金を課税所得にして、所得情報に入れていくことが必要です。

（2）65歳以上の遺族厚生年金は、老齢年金との一体性が高いことから、課税化してはどうか

　この問題について、私は、65歳以上の人の遺族厚生年金は、給付の役割が老齢厚生年金に類似しており、併給方法でも老齢厚生年金との一体性が高いことから、老齢厚生年金と課税上の取扱いをそろえて、公租公課禁止から除外してはどうかと考えます。

　厚生年金保険法第41条第2項では、「租税その他の公課は、保険給付として支給を受けた金銭を標準として、課することができない。ただし、老齢厚生年金についてはこの限りでない。」とされていますので、老齢厚生年金に加えて、遺族厚生年金（65歳以上である者に支給されるものに限る。）も、対象から除く改正を行ってはどうか、というものです。

　すべての世代が公平に支え合う「全世代型社会保障」の考え方が重要になってきています。高齢者を含め、収入のある人には、能力に応じた負担をしていただくことで、現役世代の負担上昇を抑えることが必要です。

　また、図表17-5のように、これまでの制度改正により、自分の老齢厚生年金が少ない場合に遺族厚生年金で補完する併給調整の仕組みとなり、両者の一体性が増しています。1994（平成6）年の年金制度改正では、遺族厚生年金の2/3（配偶者の老齢厚生年金の1/2に相当）と自身の老齢厚生年金の1/2を併給する方法が新たに可能となりました。また、2004（平成16）年の年金制度改正では、併給調整方法が、本人の老齢厚生年金を優先して全額支給した上で、差額を遺族厚生年金として支給する仕組みとなりました。

　老齢年金は課税である一方、遺族厚生年金は非課税であるため、年金で暮らす高齢者の間で、同額の年金収入でも、税や保険料の負担が異なる不公平が生じています。特に現役時代に共働きであった世帯は、本人の老齢厚生年金を受給しているため不利な構造となってしまっています。共働き世帯が一般化している社会状況に対応して、高齢者の遺族厚生年金を公租公課の対象とすることにより、公平な負担とする必要があります。

　社会保障給付は、課税したのでは給付を行った意味が減殺されるため原則として非課税ですが、これまでは、老齢年金だけを例外的に公租公課禁止の対象から除外して課税としてきました。こ

れは、老齢年金は、いずれ訪れる老齢という予期可能なリスクに対応したものであること、保険料納付実績に比例した給付であること、などの特徴があるからです。

65歳以上の高齢者に対する遺族厚生年金については、①65歳以上の高齢者の所得保障の制度として、併給方法などで老齢年金との一体性が高いこと、②公平性の観点から老齢年金と課税上の取扱いをそろえる必要性が高いこと、③リスクの予期可能性、納付実績と給付の連関性、給付の一定額保障の程度の観点からみて、老齢年金と性質が近いことから、老齢年金と同様に、公租公課の禁止の対象除外に加えることが必要と考えます。

一方、この場合でも、他の非課税年金（障害基礎年金・障害厚生年金・遺族基礎年金・65歳未満の遺族厚生年金）は、引き続き非課税とする必要があると考えます。

他の年金はそれぞれ、障害年金は障害を負ったこと、遺族基礎年金は子が18歳未満のうちに一方の親が死亡したこと、65歳未満の遺族厚生年金は比較的若年のうちに生計の担い手が死亡したことが支給事由であり、予期困難なリスクに対応した給付であるなど給付の性質も老齢年金と異なります。また、老齢年金との一体性や、老齢年金と課税上の取扱いをそろえる必要性といった事情もありません。従って、年金給付の効果を減殺しないよう、引き続き公租公課の禁止の原則を適用することが必要と考えます。

図表17-5　**65歳以上の遺族厚生年金と老齢年金の関係と課税対象**

65歳以上の人の遺族厚生年金は、自らの老齢厚生年金と、以下の方法で併給調整される
① **自らの老齢厚生年金は全額支給　→課税対象**
② 次のAとBの額を比較して、高い方の額が遺族厚生年金の額となり、これが①より高い場合に、
　　①との差額が遺族厚生年金として支給される　→非課税
　　A. 死亡した**配偶者の老齢厚生年金の3／4**
　　B. 死亡した**配偶者の老齢厚生年金の1／2**と**自らの老齢厚生年金の1／2**を合計した額

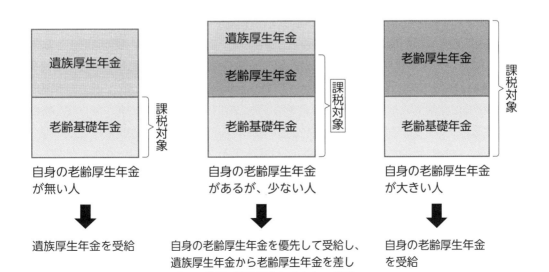

65歳以上の遺族厚生年金受給者の98.4％は、夫と死別した妻です（2021年度末、年金局調べ）。1（3）で説明しましたように、夫と死別した妻には、**寡婦控除が適用され**、また、**住民税非課税基準も135万円の高い基準**が適用されて、税制上の優遇があります。図表17-3のように、**所得税の非課税限度額は185万円に社会保険料控除額を加えた額**であり、**住民税の非課税限度額は、245万円と高く設定**されていますので、65歳以上の遺族厚生年金を課税化しても、引き続き非課税となる人の方が多いと見込まれます。

　なお、公租公課禁止からの除外（課税化）をした場合は、所得税、住民税、医療介護の保険料、自己負担などが増加する場合がありますから、**激変緩和のための経過措置を講じる必要があります**。例えば、公租公課禁止から除外する対象を、初年は、遺族厚生年金の支給額の一定割合にとどめ、数年かけて順次引き上げることが考えられます。

3　所得の高い高齢者の公的年金等控除の課題

（1）世代内・世代間の公平の観点から、高所得の高齢者の年金課税の課題が指摘されている

　もう一つの論点として、2013（平成25）年8月の「**社会保障制度改革国民会議報告書**」では、**高所得の高齢者の公的年金等控除の在り方の見直し**が提起されています。

　2012（平成24）年の社会保障と税の一体改革における年金制度改正で、民主党政権の内閣提出法案に盛り込まれた基礎年金のクローバックの導入が、三党協議により削除となりました。これを踏まえた記述で、「今後は、年金制度における世代内の再分配機能を強化していくことが求められる。この点に関して、当初一体改革関連法の内容の一部として提案された、高齢期の所得によって基礎年金の国庫負担相当分に係る給付を調整する規定については、三党協議を踏まえた修正に伴い、検討規定に移されることとなった。**世代内の再分配機能を強化する観点からの検討**については、この検討規定に基づく検討のみならず、**税制での対応、各種社会保障制度における保険料負担、自己負担や標準報酬上限の在り方など、様々な方法を検討すべきである。**一体改革関連法には年金課税の在り方についての検討規定も設けられており、**公的年金等控除を始めとした年金課税の在り方について見直しを行っていくべきである。**」としています。

　また、社会保障制度改革国民会議報告書を踏まえて2013（平成25）年12月に成立した**社会保障制度改革のプログラム法**（持続可能な社会保障制度の確立を図るための改革の推進に関する法律）では、公的年金制度の改革方針を規定した第6条第2項で、「政府は、公的年金制度を長期的に持続可能な制度とする取組を更に進め、社会経済情勢の変化に対応した保障機能を強化し、並びに世代間及び世代内の公平性を確保する観点から、公的年金制度及びこれに関連する制度について、次に掲げる事項その他必要な事項について検討を加え、その結果に基づいて必要な措置を講ずるものとする。」とし、その第4号で、「**高所得者の年金給付の在り方及び公的年金等控除を含めた年金課税の在り方の見直し**」が規定されています。

　この論点は、**2020（令和2）年の年金改正法案の検討**に当たって、在職老齢年金制度の見直し

の議論との関係で、「全世代型社会保障検討会議中間報告」（2019（令和元）年12月19日　全世代型社会保障検討会議）でも、「高齢期の就労と年金をめぐる調整については、年金制度だけで考えるのではなく、税制（給与課税等とのバランス等に留意した年金課税）での対応や各種社会保障制度における保険料負担等での対応を併せて、今後とも検討していくべき課題である。」とされています。

（2）年金以外の所得が高い人に公的年金等控除を減額する制度を、さらに拡大してはどうか

　1（4）③で説明しましたように、2018（平成30）年の税制改正で、世代内及び世代間の公平に配慮する観点から、特に高額の所得がある者について、公的年金等控除の見直しを行うこととされました。これにより、2020（令和2）年から、公的年金等収入が1,000万円を超える場合に、控除額に上限を設けるとともに、公的年金等収入以外の所得金額が1,000万円を超える場合には控除額を10万円引き下げ、2,000万円を超える場合には控除額を20万円引き下げる改正が行われました。

　「高所得者の年金給付の在り方」や「高齢期の就労と年金をめぐる調整」という観点については、私は、第14章（繰下げ受給と在職老齢年金）の2（6）で説明しましたように、繰下げ受給の選択肢を前提に考えると、在職老齢年金の在職支給停止の制度は、撤廃することが望ましいと考えています。また、第16章（年金生活者支援給付金）の3（2）で説明しましたように、過去に検討されたクローバック（高所得者の老齢基礎年金の国庫負担相当額を対象とした支給停止）は、様々な課題があり、適切でないと考えています。

　従って、この問題は、年金制度だけで考えるのではなく、税制（年金課税の見直し）での対応や、各種社会保障制度における保険料負担等での対応を併せて、検討していくべき課題だと考えます。

　そのような検討の一環として、年金以外の所得が高い人の公的年金等控除をさらに引き下げることも、検討してはどうかと考えます。

　2020（令和2）年から実施されている高所得者の控除の減額の仕組みでは、対象者が年金以外の所得が1,000万円を超える場合に限られていますが、この減額を始める所得基準を引き下げるとともに、現行では減額幅も最大20万円に限られていますが、所得額に応じて減額幅も拡大していくことが考えられると思います。

　「年金以外の所得が高い人」とは、どの程度を言うのかは議論が必要ですが、在職老齢年金の在職支給停止の制度の撤廃と連動して検討するならば、現行制度で在職支給停止される年収（2024年度は月額50万円、年収600万円）を勘案して基準を設定することも考えられると思います。

　その際、留意する必要があるのが、所得税の源泉徴収と確定申告の仕組みです。

　従業員を雇用する企業は、毎月の賃金から所得税を源泉徴収した上で、年末調整で、基礎控除、給与所得控除や、従業員からの申告に基づく各種の控除を行って、源泉徴収する税額を調整します。

　一方、日本年金機構は、隔月で支払う年金額から所得税を源泉徴収します。前年に年金受給者から提出を受けた扶養親族等申告書に基づき、基礎控除や公的年金等控除に相当する控除、扶養控除等を適用して、税額を計算します。

その上で、公的年金の収入があって、公的年金以外の所得が年20万円を超える人は、確定申告が義務づけられています。

　年金からの源泉徴収の時点では、年金以外の所得の状況は未確定で分かりませんから、**年金以外の所得により公的年金等控除を減額**するためには、**確定申告により調整**することになります。事業所得がある人は確定申告に慣れていますが、一般の給与所得者や年金受給者は、確定申告に慣れていない人が多いです。確定申告すると控除額が減ったり、累進税率の適用により税額が増える場合に、適切な確定申告をしない人が生じることを懸念する意見もあると思います。しかし、現行の制度で既に行っている方法ですし、近年はパソコンやスマートフォンで簡単に確定申告ができますので、申告義務の適正な履行を促すことが重要と考えます。

　また、年金以外の所得が高い人は、**在職中は年金の請求をせず、繰下げ受給の選択**をする人が多いと思われます。結果として公的年金等控除が減額される人は減りますが、年金の繰下げ増額によって、税や社会保険料負担等が増えることも考慮して、総合的に考えることが適切と考えます。

第18章 年金積立金の運用

1. 年金積立金の役割と運用の仕組み

(1) 積立金を持つことで、完全な賦課方式と比べて高い所得代替率を確保できる

(2) 専ら被保険者の利益のために、長期的な観点から、安全かつ効率的に運用を行う

(3) 他事考慮の禁止、投資一任契約、個別銘柄選択の禁止という制度上の枠組みがある

(4) 国が制度運営責任を持ち、GPIFが専門的見地から実施機関として運用する

(5) GPIFには、経営委員会と監査委員会によるガバナンスの仕組みが設けられている

2. GPIFにおける積立金運用の基本的な考え方

(1) 長期・分散投資を基本として運用している

(2) 基本ポートフォリオに基づいて運用している

(3) 株式を適切に組み入れることで、経済成長の果実を取り込むことができる

(4) 国内だけでなく外国の様々な資産に投資している

(5) 長期的な収益を確保できるよう適切にリスクを管理している

(6) 基本ポートフォリオは、定期的に見直しを行っている

3. 積立金の運用状況

(1) 22年間の累積で、収益率は年率3.59%、収益額は108兆3,824億円の好成績

(2) 投資一任契約・他事考慮の禁止の範囲で、スチュワードシップ活動やESG投資も実施

(3) リスクの特性に配慮しながら、オルタナティブ投資も取り入れている

4. 長期分散投資の視点に立った運用についての国民の理解

(1) バックテストにより、株式や外国資産を組み入れることの長期的効果が検証された

(2) 専門的知見による基本ポートフォリオの見直しと、国民の理解を高める取組み

1　年金積立金の役割と運用の仕組み

(1) 積立金を持つことで、完全な賦課方式と比べて高い所得代替率を確保できる

　日本の公的年金制度は、現役世代の保険料負担で高齢者世代を支える**世代間扶養の考え方**（賦課方式）を基本として運営されています。しかし、少子高齢化が急速に進む中で、**将来の現役世代の負担が過重にならないよう、一定の積立金を保有し、積立金とその運用収入を活用する財政運営**を行っています。積立金には、現役世代が納めた年金保険料のうち、年金給付に用いられなかったものが充てられています。

財政均衡期間として設定している概ね100年間にわたって、**給付費の１年分以上の積立金を保有する財政運営**であり、その**運用収入は年金給付の重要な原資**となります。積立金を保有する現在の財政方式による所得代替率の見通しと、積立金を保有しない完全な賦課方式の場合の所得代替率の見通しを比較すると、**積立金を活用することによって、完全な賦課方式の場合よりも高い所得代替率を確保**できます。

　今後の概ね100年間の年金給付に充てる財源を、現時点の価格に換算して一時金で表わすと、図表18-1の左側の図のようになり、**給付総額のうち積立金から得られる財源で充てられるのは１割程度**です。また、今後100年間で積立金をいつ活用するかを見ると、図表18-1の右側の図のように、当面は積立金を増やし、少子高齢化の進展に応じて、活用していくイメージです。

図表18-1　**年金財政における積立金の役割**

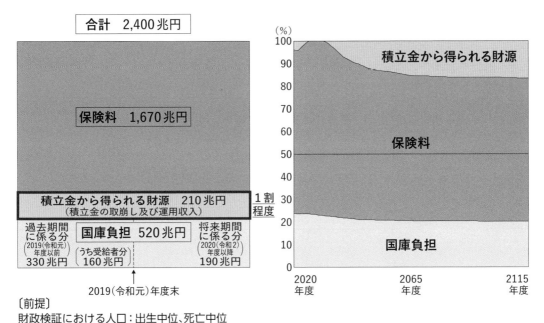

〔前提〕
財政検証における人口：出生中位、死亡中位
財政検証における経済：ケースⅢ
国民年金＋厚生年金の場合のイメージ

（出典）2019（令和元）年財政検証関連資料

（2）専ら被保険者の利益のために、長期的な観点から、安全かつ効率的に運用を行う

　年金積立金の運用についての最も基本となる考え方は、国民年金法第75条と厚生年金保険法第79条の２に定められています。

　この条文では、「積立金の運用は、積立金が被保険者から徴収された保険料の一部であり、か

つ、将来の保険給付の貴重な財源となるものであることに特に留意し、専ら被保険者の利益のために、長期的な観点から、安全かつ効率的に行う」と規定されています。

　この規定の前半では、「積立金が被保険者から徴収された保険料の一部であること」と「将来の保険給付の貴重な財源となるものであること」という2つの大切な留意点が、書かれています。そして、この規定の後半では、これを踏まえた積立金の運用の仕方について、3つのことが規定されています。

　一つ目は、「長期的な観点から」という規定です。年金制度は、概ね100年間の長期の財政検証を行いながら、制度を運営していますから、年金積立金の運用では、短期的な資産価格の変動に、一喜一憂する必要はありません。長期的観点から、着実に運用成果を上げていくことが重要です。

　二つ目に、「安全かつ効率的に」と規定されています。安全な運用だけではなく、効率的な運用で収益を確保することの両方が求められています。GPIFの中期目標では、「年金財政上必要な利回りを最小限のリスクで確保すること」を法人の役割として求めています。

（3）他事考慮の禁止、投資一任契約、個別銘柄選択の禁止という制度上の枠組みがある

　また三つ目に、積立金の運用は、「専ら被保険者の利益のため」に行わなければならないと規定されています。「専ら被保険者の利益のため」という目的を離れて、他の政策目的や施策実現のために積立金の運用を行うことはできないことが、法制度上の仕組みです。「他事考慮の禁止」の原則です。

　例えば、特定の産業に投資して成長戦略や産業政策に活用したり、地域活性化のために特定の地域に投資したり、株価を上げるために株に投資したり、財政赤字を支えるために国債に投資したり、そういったことは、法律上、一切できない仕組みです。

　また、公的性格を有するという特殊性から、金融市場や企業経営に直接の影響を与えないよう、株式投資については、投資判断の全部を運用受託機関に一任することとされています。「投資一任契約」の原則です。GPIFの運用方法として、GPIF法第21条に規定されています。

　これにより、特定の企業を選んで投資対象としたり、あるいは逆に排除したりする個別の銘柄選択や指示をすることはできない仕組みです。「個別銘柄選択の禁止」の原則です。

　仮に、GPIFが株式の個別銘柄を選択して直接売買することができたならば、GPIFは独立行政法人といえども、国の監督を受ける法人ですから、国が株式を通じて企業経営を支配することにつながってしまいます。この点は、極めて重要です。

　このため、GPIFの実際の市場運用は、民間の運用受託機関（信託銀行及び投資顧問会社等）に投資判断を一任し、市場運用を行っています。なお、債券運用については、一部を自ら行っています（自家運用）。

　また、GPIFは中期目標で、「公的性格を有する法人の特殊性に鑑みると、公的運用機関としての投資行動が市場の価格形成や民間の投資行動等を歪めることがないように十分留意すること。」「法人は、世界最大級の機関投資家であり、法人の投資行動が市場に与える影響が大きいことに十分留意すること。」という基本的な考え方も踏まえることとされています。

（4）国が制度運営責任を持ち、GPIFが専門的見地から実施機関として運用する

　公的年金制度は、国民年金法、厚生年金保険法において、「政府が管掌する」と規定されており、国民年金、厚生年金の実施主体は政府です。**保険料の徴収や年金給付の実施主体は、政府であり、年金積立金は、国の年金特別会計に属します。**このため、**年金積立金の運用の最終責任は、年金制度を所管する厚生労働大臣**にあります。

　積立金は、2000（平成12）年度までは、全額を旧大蔵省資金運用部に預託することによって運用されていましたが、財政投融資制度の抜本的な改革により、2001（平成13）年度以降、厚生労働大臣から直接、特殊法人である「年金資金運用基金」に寄託され、管理・運用される仕組みとなりました。

　その後、特殊法人等整理合理化計画により、専門性を徹底し、責任の明確化を図る観点から、積立金の運用組織の改革が行われ、2006（平成18）年4月に年金資金運用基金が解散され、積立金の管理・運用は、新たに設立された「**年金積立金管理運用独立行政法人**」（**GPIF**）に寄託して行われることとなりました。GPIFは、Government Pension Investment Fundの略です。

　GPIFにおける積立金の運用では、厚生労働大臣が、達成すべき業務運営の目標として「**中期目標**」を定めます。そして、GPIFはこの目標を達成するための具体的な計画として、**大臣の認可**を受けて、「**中期計画**」を策定します。中期目標、中期計画の期間は5年です。

　この中期計画の中で、①**運用の基本方針**、②**基本ポートフォリオ**（基本となる資産構成割合）の策定、③**遵守すべき事項**などを定め、この計画に従って、専ら被保険者の利益のために、長期的な観点から、安全かつ効率的に運用を行う仕組みとなっています。

　なお、かつては、公的年金制度は、民間企業のサラリーマンが加入する厚生年金制度と、国家公務員、地方公務員等が加入する共済組合制度に分かれていましたが、2015（平成27）年から、被用者年金は厚生年金制度に一元化されています。

　ただし、実施機関は、従来の厚生年金保険は、厚生労働大臣が実施機関で、日本年金機構に事務が委任・委託されています。従来の国家公務員共済組合、地方公務員共済組合、私立学校教職員共済組合から引き継がれた厚生年金は、それぞれ、国家公務員共済組合連合会、地方公務員共済組合連合会、日本私立学校振興・共済事業団等が、実施機関として運営しています。

　このため、厚生年金の積立金も、それぞれの実施機関で管理しており、**GPIFは、国民年金の積立金と厚生労働大臣が実施機関となっている厚生年金の積立金を寄託され、運用しています。**そのほかの部分は、国家公務員共済組合連合会、地方公務員共済組合連合会、日本私立学校振興・共済事業団が、それぞれ、GPIFと同様に、積立金の運用を行っています。

（5）GPIFには、経営委員会と監査委員会によるガバナンスの仕組みが設けられている

　GPIFでは、2017（平成29）年9月までは、経済・金融に関して高い識見を有する者などのうちから厚生労働大臣が任命した委員で組織する「運用委員会」を置き、中期計画等を審議するとともに、運用状況などを監視していました。しかし、独立行政法人ですから、意思決定と執行の責任は、理事長1人に帰属する仕組みであり、巨額の年金積立金の運用を行う仕組みとして、ガバ

ナンスの観点から不十分でした。

そこで、2016（平成28）年12月のGPIF法の改正により、**2017（平成29）年10月に「経営委員会」と「監査委員会」が新たに設置**されました。国民から一層信頼される組織体制の確立を図り、積立金をより安全かつ効率的に運用する観点から設けられたもので、他の独立行政法人にはない特別な仕組みです。これにより、図表18-2のようなガバナンスの仕組みとなりました。

経営委員会は、**経営委員長、委員8人と理事長**の**合計10人**で組織し、**合議によって重要な意思決定**を行うとともに、その**決定に沿った執行が執行部によって行われているかどうかを監督**しています。

また、**監査委員会**は、**経営委員会の委員を兼ねる3名以上の監査委員**で組織されています。

理事長、委員長、委員は、**経済、金融、資産運用、経営管理等の学識経験又は実務経験を**有する者から、**厚生労働大臣が任命**します。委員の任命に当たっては、被保険者の利益を代表する者と事業主の利益を代表する者各1名を、関係団体の推薦に基づいて任命することとされています。（関係団体は、日本労働組合総連合会と日本経済団体連合会）

2023年時点の役員は、経営委員長は山口廣秀氏（元日本銀行副総裁）、理事長は宮園雅敬氏（元農林中央金庫副理事長）、理事（管理運用業務担当）兼CIOは、植田栄治氏（元ゴールドマ

図表18-2　**年金積立金運用のガバナンス**

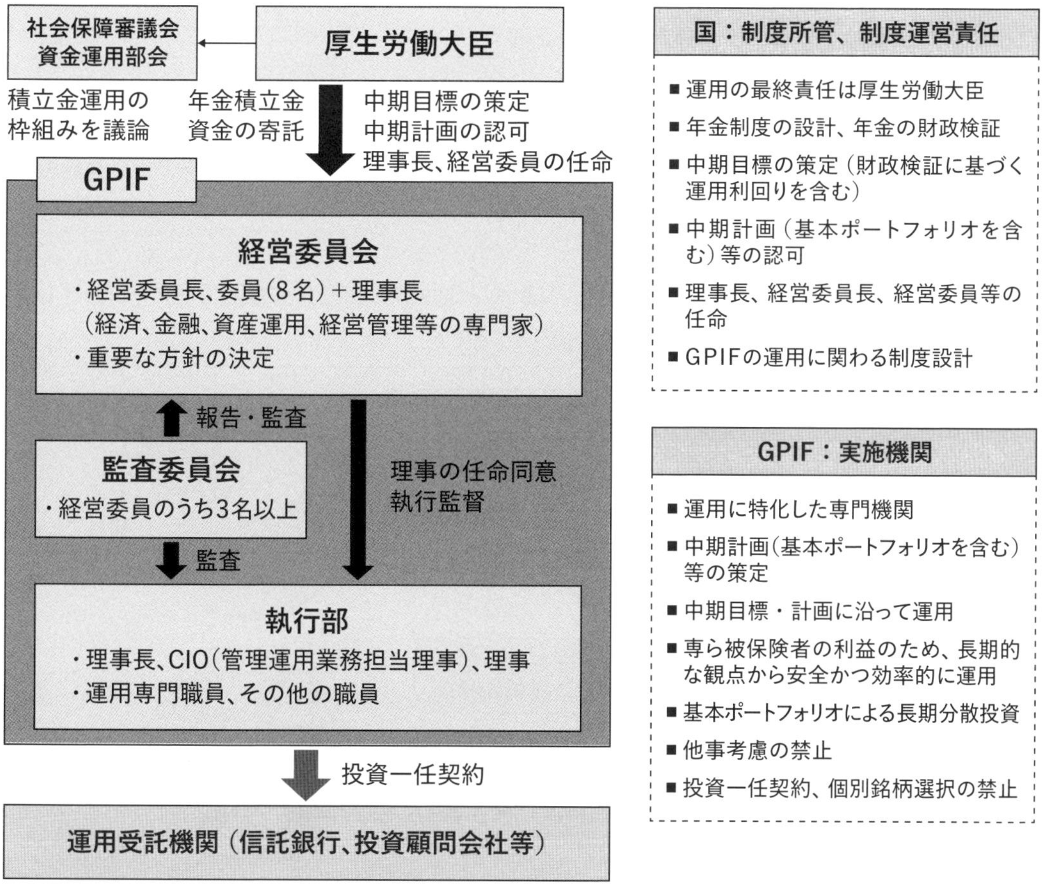
社会保障審議会
資金運用部会
厚生労働大臣
積立金運用の
枠組みを議論
年金積立金
資金の寄託
中期目標の策定
中期計画の認可
理事長、経営委員の任命
GPIF
経営委員会
・経営委員長、委員（8名）＋理事長
（経済、金融、資産運用、経営管理等の専門家）
・重要な方針の決定
報告・監査
監査委員会
・経営委員のうち3名以上
理事の任命同意
執行監督
監査
執行部
・理事長、CIO（管理運用業務担当理事）、理事
・運用専門職員、その他の職員
投資一任契約
運用受託機関（信託銀行、投資顧問会社等）
国：制度所管、制度運営責任
■ 運用の最終責任は厚生労働大臣
■ 年金制度の設計、年金の財政検証
■ 中期目標の策定（財政検証に基づく運用利回りを含む）
■ 中期計画（基本ポートフォリオを含む）等の認可
■ 理事長、経営委員長、経営委員等の任命
■ GPIFの運用に関わる制度設計
GPIF：実施機関
■ 運用に特化した専門機関
■ 中期計画（基本ポートフォリオを含む）等の策定
■ 中期目標・計画に沿って運用
■ 専ら被保険者の利益のため、長期的な観点から安全かつ効率的に運用
■ 基本ポートフォリオによる長期分散投資
■ 他事考慮の禁止
■ 投資一任契約、個別銘柄選択の禁止

ンサックス証券株式会社取締役）などです。

　組織は、経営委員会事務室、監査委員会事務室、総務部、経理部、企画部、調査数理部、運用リスク管理部、情報管理部、投資運用部、ESG・スチュワードシップ推進部、オルタナティブ投資部、運用管理部、法務室、監査室が設けられています。

　GPIFの常勤職員は、2023（令和5）年4月1日時点で159人です。職員には、高度専門人材が多数採用され、証券アナリスト59名、MBAなど20名、弁護士3名、公認会計士3名、税理士1名、不動産鑑定士3名などとなっています。

2　GPIFにおける積立金運用の基本的な考え方

（1）長期・分散投資を基本として運用している

　GPIFが運用する積立金は、概ね50年程度は取り崩す必要がない資金です。このため、市場の一時的な変動に過度にとらわれる必要はなく、様々な資産を長期にわたって保有する「長期運用」により、安定的な収益が獲得できます。

図表18-3　**リスクとリターン、分散投資の意義**

「リスク」と「リターン」はトレードオフ
　　→　一般的に、リスクの小さな資産は得られるリターンが小さく、リスクの大きな資産は高いリターンが得られる。

投資における「リスク」とは、
　　→　「危険」という意味ではなく、「リターン（収益）の変動」、すなわちリターンのブレの大きさ（不確実性）を指すことが一般的。

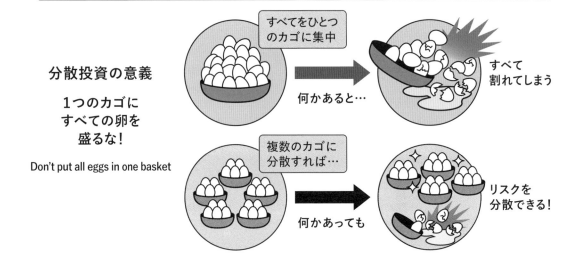

分散投資の意義

1つのカゴに
すべての卵を
盛るな！

Don't put all eggs in one basket

短い期間では、運用収益はプラスやマイナスに大きく振れる可能性がありますが、運用の期間が長くなるほど、プラスとマイナスが互いに打ち消し合うことで、平均の収益の振れ幅は、小さくなります。

　年金給付に必要な積立金は十分に保有しており、短期的な市場変動は年金給付に影響を与えません。仮に、ある年度に大幅な評価損が発生したとしても、それが翌年度の年金給付額に影響を与えることはありません。

　また、GPIFの積立金の運用は、**性質や値動きの異なる国内外の様々な資産に幅広く「分散投資」**をすることにより、安定的な運用成果を確保しています。

　国内外の様々な種類の資産に分けて投資することで、**世界中の経済活動から収益を得ると同時に、資産分散の効果により、大きな損失が発生する可能性を抑える効果**が期待できます。

　分散投資の意義を説く投資の格言として、図表18-3にあるように、**「1つのカゴにすべての卵を盛るな！」**というものがあります。英語では、Don't put all eggs in one basketと言います。すべてを一つのカゴに集中していると、何かあると、すべて割れてしまいます。複数のカゴに分散すれば、何かあっても、リスクを分散できます。

　リスクという言葉は、普通の日本語では、「危険」とか「良くないことが起こる可能性」といった使われ方をしますが、資産運用の世界では、リスクとは、**「リターン（収益）の変動」**、すなわち**リターンのブレの大きさ（不確実性）**を指すことが一般的です。

　その際、**リスクとリターンは、トレードオフ（両立できない）の関係**にあります。一般的に、リスクの小さな資産は得られるリターンが小さく、リスクの大きな資産は高いリターンが得られます。

　資産によって、ブレが生じるタイミングや大きさは異なりますから、**様々な資産に幅広く分散して投資することによって、トータルでのリスクを抑えながら、必要なリターン**が期待できます。

（2）基本ポートフォリオに基づいて運用している

　長期的な運用では、短期的な市場の動向により資産構成割合を変更するよりも、**基本となる資産構成割合（基本ポートフォリオ）を決めて長期間維持していく方が、効率的で良い結果をもたらす**とされています。また、**長期の運用実績の大半は、基本ポートフォリオによって決まる**とされています。

　基本ポートフォリオに基づく運用では、資産価格の変動に応じて、リバランスを行います。**リバランスとは、図表18-4にあるように、株式や債券などの資産価格の上下により、資産ごとの構成割合が基本ポートフォリオから乖離したものを、元の状態に戻す**ことです。

　リバランスの目的は、基本ポートフォリオに沿った適切なリスク量に調整することですが、**価格が高くなった資産を売り、安くなった資産を買うため、リターンが長期で高まります。**同じ資産に着目してみるならば、**その資産が値下がりした時に買い、値上がりした時に売る**ことになりますから、運用収益の増加が期待できます。

　GPIFでは、長期的な観点から基本ポートフォリオに基づく運用を行いつつ、市場は常に変動するため、合理的に無理のない範囲で機動的な運用を可能とする仕組みとして、**基本ポートフォリオからの乖離許容幅**を定めています。

市場の変動により、実際の運用における資産構成割合が基本ポートフォリオから乖離した場合には、適時適切に「リバランス」を行い、乖離許容幅内に収まるよう管理しています。

図表18-4　**基本ポートフォリオに基づくリバランス**

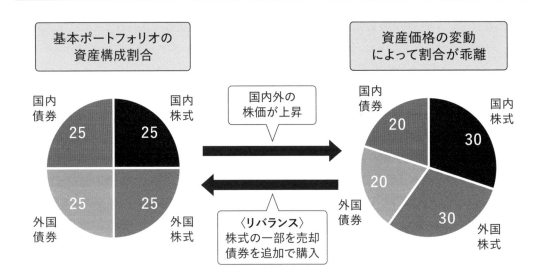

リバランス　→　株式や債券などの資産価格の上下により、資産ごとの構成割合が基本ポートフォリオから乖離したものを、元の状態に戻すこと

リバランスの目的 → 基本ポートフォリオに沿った適切なリスク量に調整することであるが、価格が高くなった資産を売り、安くなった資産を買うため、リターンが長期で高まる

（3）株式を適切に組み入れることで、経済成長の果実を取り込むことができる

　株式は、短期的な価格変動リスク（ブレの大きさ）は債券よりも大きいですが、長期的に見た場合は、債券よりも高い収益が期待できます。

　日本の国債金利は長らく低金利が続いており、10年日本国債は、2012年頃から恒常的に1％を下回るようになり、特に2016年頃から2021年頃までゼロ％前後の超低金利で推移しました。国内債券を中心とした運用では、年金財政上必要な利回りを確保することが困難です。

　株式を長期保有する意味は、国内外の企業活動やその結果としての経済成長の果実を「配当」と保有株式の「評価益」という形で取り込むことにあります。企業の経済活動から得られる利益は、「配当」として投資家に分配されるため、経済が成熟し、成長率が低下する中にあっても、収益が安定的に確保されます。さらに、企業が成長すれば、「配当」の増額に加え、株価が上昇することによる「評価益」という形で、より多くの成長の果実を獲得することができます。

　GPIFは、直接に株式を売買するのではなく、民間の運用受託機関に投資一任契約をして運用しています。

また、GPIFの株式運用は、**インデックス（指数）に連動する形で幅広い銘柄を保有するパッシブ運用を中心**としています。インデックスよりも高い収益率の確保を目指す**アクティブ運用も一部組み合わせ**ています。2022年度末時点で、国内株式は93.1%、外国株式は93.6%がパッシブ運用です（GPIF 2022年度業務概況書）。

　なお、巨額の株式を保有していると、年金積立金を取り崩して株式を売却する時に、株価を押し下げてしまうのでは?と心配する人もいるかもしれません。しかし、GPIFが運用している年金積立金は、概ね50年程度は取り崩す必要は生じません（運用収益の一部を年金給付に充てることはあります）。取り崩し局面が来た後も、巨額の資産を一度に取り崩すのではなく、数十年かけて少しずつ取り崩していくことになります。その際、国内外の市場動向を慎重に見極めた上で、できる限り市場に影響を与えないよう、十分に留意して行うことになります。

　一方、**債券（特に国債）は「安全資産」というイメージ**がありますが、実際には、**債券にもリスクがあり、損失が生じることがあります**。

　債券に安全資産というイメージがあるのは、債券を途中で売却せず満期保有した場合、**償還日まで利子を受け取り、償還日に額面金額を受け取ることが確実**である資産特性によります。債券の利子収入（インカムゲイン）は、表面利率で発行時点に決定されており、額面金額（償還額）と合わせて、満期償還時までに受け取る金額が確定しています。

　しかし、実際には、債券を購入する際には、**その時々の市場動向に応じた購入価格**となりますから、**償還額（額面）と実際の購入価格の差額**に応じ、キャピタルゲインが生じることがある一方、キャピタルロスが生じることもあります。**インカムゲインよりキャピタルロスが大きければ、損失**が生じることになります。**債券にもリスクがあり、損失が生じることがあります**。

　例えば、2019年度の10年国債（表面利率0.1%、額面100円、10年間の利子収入1円）の入札平均価格は約102円でした。これを満期保有した場合、キャピタルロスが発生し、約▲1円の損失が発生します。

　このように、債券運用では、表面利率のみではなく、市場動向によって決定される債券価格（購入価格）も重要ですから、**債券価格を「利回り」に換算**することが一般的です。「利回り」とは、「表面利率（額面金額に対して受け取る利子の割合）」とは異なり、**債券の購入価格に対する1年あたりの運用益の割合**（その債券がもたらす「年当たりの収益」の割合）です。

　利回り（金利）は、債券価格と反対に動きます。**金利が上昇すると債券価格が下落し、金利が低下すると債券価格が上昇**します。例えば、市場の金利が上がると、新しく発行される高い金利の債券への需要が高まる一方で、既に発行された低い金利の債券の魅力が低下しますので、債券価格が下落します。

　債券運用には**金利の上昇時の価格低下のリスク**が存在します。

（4）国内だけでなく外国の様々な資産に投資している

　GPIFは、国内だけでなく、**外国の様々な種類の資産に分けて投資**することで、収益獲得の機会を増やし、**世界中の経済活動から収益を得る**と同時に、資産分散の効果により、大きな損失が発生する可能性を抑える運用を行っています。

図表18-5の左側のグラフにありますように、日米の10年国債の利回りの推移を比較すると、金利水準は大きな差があります。国内の債券は低金利が続いていますが、**米国など外国債券の金利は国内より継続的に高く推移しています。**

　また、**株式の配当利回り**についても、図表18-5の右側のグラフのように、国内株の配当利回りとして「TOPIX配当利回り」と、外国株の配当利回りとして「MSCI -ACWI（除く日本）配当利回り」を比べると、**外国株式は、長期間にわたり国内株の利回りと比べて高くなっています。**

　なお、このMSCI -ACWI（MSCIオール・カントリー・ワールド・インデックス）は、米国のモルガン・スタンレー・キャピタル・インターナショナル社が算出・公表する世界の株式を対象とした株価指数で、世界の先進国（23カ国）と新興国（24カ国）の株式の総合投資収益を各市場の時価総額比率で加重平均して指数化したものです。

　世界の債券と株式へ分散投資を行うことで、今後もインカムゲインによる安定的な収益が期待できます。

　債券や株式などの金融資産は、**長期的に見ると世界の経済成長に見合って収益性が向上します。**世界と日本の経済成長率を比較すると、**日本の成長率は近年１％程度まで低下している一方で、世界経済は、米国や新興国などを中心に、全体として３％程度の成長となっています。**

　こうした日本の成長力の低さは、労働力、資本、生産性からなる日本経済の実力（潜在成長率）が近年では、低下していることが要因であり、日本の世界経済に占める割合は低下傾向にあります。

　このような日本と世界の経済・金融情勢の違いを背景に、**一般的に海外資産は、国内資産よりも相対的に高い収益性が期待できる**とされています。年金積立金の運用に外国資産を組み入れることは、世界の中で経済成長している地域の経済成長の果実を取り込むことになります。

図表18-5　国内外の債券・株式のインカムゲイン

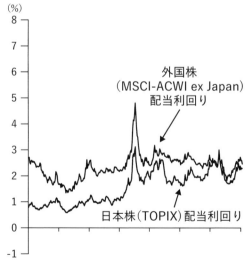

出典：GPIF2022年度業務概況書

インカムゲイン等による収益率の差は、長期間の累積効果により、大きな差につながります。例えば、運用利回り1％、2％、3％でそれぞれ長期運用した場合を比べると、30年後には、1％の場合と比べて、2％の場合は約1.3倍、3％の場合は約1.8倍の運用資産額になります。

一方、外国資産への投資は、資産固有のリスクに加えて、為替リスクが含まれます。ただし、年金積立金の運用では、一時的な為替差損のリスクではなく、長期的な観点から、為替の影響を含めた資産全体の収益率が下振れするリスクを考慮することが重要です。

一般的に為替は、国内外の金利差、貿易収支、物価動向など様々な要因によって変動し、長期的な見通しを策定することは困難です。また、ドル、ユーロ、ポンドなど様々な通貨の資産に対して分散投資を行うことで、為替差損のリスクを軽減することができます。

（5）長期的な収益を確保できるよう適切にリスクを管理している

積立金の運用は、長期的な観点から安全かつ効率的に行うことが法律で定められています。また、厚生労働大臣が定めた中期目標は、「長期的に積立金の実質的な運用利回り（積立金の運用利回りから名目賃金上昇率を差し引いたもの）1.7％を最低限のリスクで確保すること」を要請しています。

GPIFが重視しているリスクは、「市場の一時的な変動による短期的なリターンの変動（ブレ幅）」ではなく、「年金財政上必要とされている長期的な収益が得られないこと」です。

GPIFでは、積立金の運用を長期的な観点から安全かつ効率的に行うため、様々な指標を専門的に分析し、市場の一時的な変動による短期的なリターンの変動にも配慮しながら、長期的な収益が得られないリスクを抑えることを重視した運用を行っています。

基本ポートフォリオを適切に管理するとともに、複数の資産への分散投資、資産全体・各資産クラス・各運用受託機関等のそれぞれの段階でのリスク管理を行いつつ、資産全体及び各資産ごとのベンチマーク収益率を確保できるよう、様々な指標を複眼的にモニタリングし、必要と認められる場合には、適切な措置を講じています。

（6）基本ポートフォリオは、定期的に見直しを行っている

GPIFの基本ポートフォリオは、5年に1度行われる財政検証を踏まえて見直しが行われるほか、策定時に想定した運用環境から大きな乖離がないか検証し、必要があれば、途中でも見直しの検討を行うこととされています。

GPIFの基本ポートフォリオの変遷は、図表18-6のとおりです。

2013年までは、国内債券67％、外国債券8％、国内株式11％、外国株式9％、短期資産5％で、国内債券中心の運用がされてきました。

しかし、その後、世界的な低金利の中で、特に日本国債の金利が低下し、国内債券中心では、必要な利回りを確保できなくなります。2013年3月に、日本銀行総裁に黒田東彦氏が就任し、「異次元の金融緩和」の政策が開始されました。また、2016年1月からは、マイナス金利政策へと強化されています。

そのような中で、2014年10月からは、国内債券35%、外国債券15%、国内株式25%、外国株式25%の割合とする見直しが行われました。なお、その際、短期資産の区分は廃止されています。これにより、**株式の比率は20%から50%に引き上げられ、外国資産の比率は17%から40%に引き上げられています。**

さらに、2020年4月から、国内債券、外国債券、国内株式、外国株式を各25%とする見直しが行われました。日本国債の低金利が続く中で、国内債券の比率を10%下げ、外国債券の比率を10%引き上げたものです。その結果、**外国資産の比率が50%に引き上げられています。**

現在のGPIFの中期目標では、**実質的な運用利回り1.7%が、長期の運用目標として設定**されています。これは、2019年の財政検証では、高成長ケースから低成長ケースまで幅の広い6通りの経済前提のケースを設定して検証を行っている中で、実際にどのケースの経済前提の経済になったとしても、年金財政運営上必要な利回りが確保できるよう、各ケースの中で、実質的な運用利回りが最も大きな値が採用されたものです。(ケースⅢの経済前提の名目運用利回り4%から、名目賃金上昇率2.3%を差し引いて、実質的な運用利回り1.7%)

「実質的な運用利回り」とは、**年金積立金全体の名目運用利回り**から、**名目賃金上昇率を差し引いたもの**です。公的年金の**年金給付費**は、長期的にみると**概ね名目賃金上昇率に連動して増加する仕組み**になっています。したがって、**年金積立金全体の運用収入のうち賃金上昇率を上回る分が、年金財政に対してプラス寄与**となるという意味で、実質的な収益となります。

長期的な運用目標(名目賃金上昇率を上回る実質的な運用利回り)は、2006年度から2009年度までは+1.1%、2010年度から2014年度までは+1.6%、2015年度以降は+1.7%です。なお、

図表18-6　GPIFの基本ポートフォリオの変遷

2006(平成18)年
4月1日～

	国内債券	外国債券	国内株式	外国株式	短期資産
資産構成割合	67%	8%	11%	9%	5%
乖離許容幅	±8%	±5%	±6%	±5%	－

2013(平成25)年
6月7日～

	国内債券	外国債券	国内株式	外国株式	短期資産
資産構成割合	60%	11%	12%	12%	5%
乖離許容幅	±8%	±5%	±6%	±5%	－

2014(平成26)年
10月31日～

	国内債券	外国債券	国内株式	外国株式
資産構成割合	35%	15%	25%	25%
乖離許容幅	±10%	±4%	±9%	±8%

2020(令和2)年
4月1日～

		国内債券	外国債券	国内株式	外国株式
資産構成割合		25%	25%	25%	25%
乖離許容幅	各資産	±7%	±6%	±8%	±7%
	債券・株式	±11%		±11%	

これは、長期的な運用目標として設定されており、単年度ごと、あるいは、中期計画の5年間などの目標達成を求めているものではありません。

　この**実質的な運用利回り1.7%を最小限のリスクで確保**することを基本として、GPIFの経営委員会において専門的な検討が行われ、現在の**基本ポートフォリオ**が策定されています。

3　積立金の運用状況

（1）22年間の累積で、収益率は年率3.59%、収益額は108兆3,824億円の好成績

　GPIFでは、積立金の運用状況を、毎年度、業務概況書として、ホームページで詳細に公表しています。

　2022年度の業務概況書によると、2022年度の運用状況は、**収益率+1.50%（年率）、収益額+2兆9,536億円（年間）、運用資産額200兆1,328億円（2022年度末時点）**でした。

　また、図表18-7のように、自主運用を開始した**2001年度から2022年度までの累積**では、収益

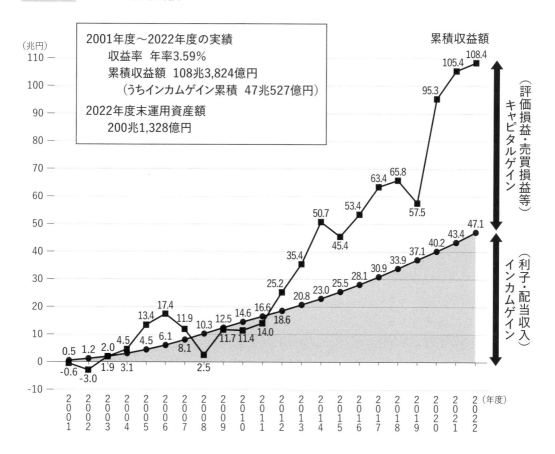

図表18-7　GPIF運用実績

率+3.59%（年率）、収益額+108兆3,824億円となっています。

　GPIFの収益は、インカムゲイン（利子・配当収入）とキャピタルゲイン（価格変動による損益（実現損益と評価損益））に分けられます。これまでの**累積収益額のうち、インカムゲインは47兆527億円**であり、全体の40％を超えています。インカムゲインは市場変動の影響を受けにくく、着実に収益として確保され、運用収益の安定的な確保に貢献しています。

　また、名目の収益率から名目賃金上昇率を差し引いた積立金全体（年金特別会計で管理する部分を含む）の**実質的な運用利回り**は、2001年度以降の平均で3.59％となり、この間の名目賃金上昇率が0.01％と低かったこともあり、**実質的な運用利回り目標（1.7％）を大幅に上回っています。**

　GPIFでは、基本ポートフォリオに基づく着実な運用に加え、超過収益の獲得を目指す努力を行っています。超過収益は、各資産の指標となるインデックスを上回る収益であり、各資産のベンチマーク収益率を基本ポートフォリオの割合で加重平均した複合ベンチマーク収益率と、実際の収益率を比較して算出します。第4期中期目標期間の**2020年度以降の3年間累積での超過収益率は+0.18％**となっています。

　また、2022年度末の約200兆円の運用資産について、国・地域別に分類した投資額は、日本96.3兆円、アメリカ55.7兆円、フランス6.3兆円、イギリス4.9兆円、イタリア4.3兆円、ドイツ4.1兆円、スペイン3.2兆円、カナダ2.6兆円、オーストラリア1.9兆円、オランダ1.7兆円などとなっています。

　GPIFでは、信託銀行や投資顧問会社などの運用受託機関に委託して運用していますが、2022年度の管理運用委託手数料額は、302億円であり、年度の平均残高196.3兆円に対して、手数料率は0.02％です。GPIFの常勤職員数は、159人（2023年4月1日時点）です。運用委託手数料を除いた業務経費や一般管理費等は、77億円（2022年度）です。200兆円の運用資産額、2.9兆円の運用収益と比べて、極めて低コストでの運用を実現しています。

（2）投資一任契約・他事考慮の禁止の範囲で、スチュワードシップ活動やESG投資も実施

　資金運用の世界では、近年、スチュワードシップ活動とESGが注目されています。

　スチュワードシップ責任とは、**機関投資家**が、投資先企業やその事業環境等に関する深い理解に基づく**建設的な「目的を持った対話」（エンゲージメント）**などを通じて、当該企業の**企業価値の向上や持続的成長を促す**ことにより、**中長期的な投資リターンの拡大を図る責任**を意味します。

　金融庁が、『「責任ある機関投資家」の諸原則（日本版スチュワードシップ・コード）～投資と対話を通じて企業の持続的成長を促すために～』を定めています。（2014年策定、2017年改定、2020年に再改定）

　GPIFは、被保険者である国民に対して、受託者としての責任を適切に果たし、長期的な投資収益の拡大を果たすことを目的に、スチュワードシップ責任を果たすための活動を推進しています。ただし、GPIFは株式を直接保有せず、外部の運用会社を通じて投資していますから、GPIF自身は企業に対する直接的な対話を行わず、スチュワードシップ活動の一環として、**運用受託機関に、投資先企業との積極的な対話を行うよう求めています。**

　また、企業経営等に直接影響を与えることを避ける趣旨から、GPIFは株主議決権の行使を直

接行わず、運用受託機関の判断に委ねています。その際、GPIFとしてのスチュワードシップ活動を推進する観点から、毎年度、株主議決権の行使状況について確認をし、各運用受託機関の評価において考慮することとしています。

また、ESGとは、環境(Environment)・社会 (Social)・ガバナンス(Governance) のことです。投資家が企業の株式などに投資する際に、投資先の価値を測る材料として、主に利益率などの定量的な財務情報が使われていますが、それに加え、**非財務情報であるESGの要素を考慮する投資**を「ESG投資」といいます。

GPIFのように投資額が大きく、世界の資本市場全体に幅広く分散して運用する投資家は「ユニバーサル・オーナー」と呼ばれています。また、積立金は、将来の年金給付の財源となるもので、「超長期の機関投資家」でもあります。このような特性を持つGPIFが、長期にわたって安定した収益を獲得するためには、**投資先の個々の企業の価値が長期的に高まり、ひいては資本市場全体が持続的・安定的に成長すること**が重要です。

こうした被保険者の利益のために長期的な利益確保を図る観点から、GPIFではその運用プロセス全体を通じ、**ESG投資**を推進しています。

GPIFには、投資一任契約の原則、個別銘柄選択の禁止の原則がありますから、その範囲の中でESGを考慮した投資を行うため、**ESG指数に基づいた株式投資**を行っています。

ESG指数とは、企業が公開している非財務情報などをもとに、外部機関がESGへの取組みを評価して構成する企業等を決定した株式の指数 (市場の値動きを示す指標) のことです。GPIFは2017年度からESG指数に基づいた株式投資を行っており、2022年度末時点で、9つのESG指数 (ESG総合指数、女性活躍、気候変動のESGテーマ指数) を選定し、これらのESG指数に連動する運用資産額は合計で約12.5兆円となっています。

(3) リスクの特性に配慮しながら、オルタナティブ投資も取り入れている

オルタナティブ資産とは、**伝統的な投資対象資産**である上場株式、債券に対する「**代替的 (オルタナティブ)」な投資資産**の総称です。

オルタナティブ資産には、多種多様な資産が含まれますが、GPIFでは、**インフラストラクチャー** (発電、送電、再生可能エネルギー、鉄道、通信など)、**プライベート・エクイティ** (非上場企業の株式)、**不動産** (物流施設、オフィスビル、賃貸住宅、商業施設など) の3種類を対象としています。

これらの資産は、伝統的資産である上場株式、債券とは異なるリスク・リターン特性を有しており、ポートフォリオに組み入れることにより**分散投資効果**が期待できます。

また、一般的にオルタナティブ資産は、伝統的資産に比べて**機動的な売買ができない (流動性が低い)** が、**その分利回りが高い**とされています。海外の年金基金では、このような特性・効果をもつオルタナティブ資産の運用を行うことによる分散投資を推進しています。

GPIFは長期の投資家であり、豊富な流動性資産を有していることから、流動性の低いオルタナティブ資産をポートフォリオに組み入れることで、投資ポートフォリオの効率性を向上しつつ超過プレミアムを獲得することを目指しています。

オルタナティブ資産についても、**GPIFが直接に投資するのではなく、オルタナティブ資産に**

投資するファンドへ投資する形式をとっています。

　2020年度から始まったGPIFの第4期中期計画の基本ポートフォリオでは、オルタナティブ資産は、リスク・リターン特性に応じて国内債券、国内株式、外国債券及び外国株式のいずれかに区分しつつ、合計して資産全体の5%を上限とするとされています。GPIFでは、近年、運用体制の整備を進めつつ、資産残高を着実に積み上げており、2022年度末時点の時価総額は、2兆8,345億円、積立金全体に占める割合は1.38%となっています。

4　長期分散投資の視点に立った運用についての国民の理解

(1) バックテストにより、株式や外国資産を組み入れることの長期的効果が検証された

　社会保障審議会年金部会の下の「年金財政における経済前提に関する専門委員会」の2023（令和5）年6月30日の会議の資料3として、年金局から「運用開始時から現行の基本ポートフォリオにより運用していた場合の運用利回りと実績との比較（バックテスト）」が公表されています。

　ここでは、国内債券、外国債券、国内株式、外国株式の4資産について、ベンチマークインデックスによる各資産別の収益率を用いて、仮に2001年の運用開始時から現行の基本ポートフォリオを採用していたとした場合の収益率を計算しています。

　これによると、実質運用利回り（対物価）の平均収益率（四半期の年率換算）は、全期間の実績値では3.3%ですが、バックテストでは4.2%となり、仮に、2001年の運用開始時から現行の基本ポートフォリオを採用していれば、より高い運用収益が確保されていたということが検証されました。

　これは、図表18-6にありますように、従来の国内債券中心の運用から、株式や外国資産を含めて分散投資する運用に改めたことの長期的な効果を示しています。

(2) 専門的知見による基本ポートフォリオの見直しと、国民の理解を高める取組み

　かつては、年金積立金の運用をめぐっては、株価の一時的な下落により、巨額の損失が生じた時は、大きなニュースになる一方で、株価の上昇により、巨額の収益が生じた時は、ニュースにもなりにくい、と言われてきました。しかし、近年では、長期分散投資への理解が浸透し、マスコミの反応も、冷静な姿勢に変わってきたと感じます。

　例えば、近年では、新型コロナウイルスの世界的な感染拡大による市場環境の悪化により、2019年度の第4四半期は、マイナス17.7兆円の巨額の損失が生じ、収益率はマイナス10.71%を記録しました。その際のマスコミの受け止めは、比較的冷静でした。その後、市場環境の回復により、2020年度は、1年間でプラス37.8兆円もの巨額の収益が生じ、収益率はプラス25.15%にもなっています。

　普通の人の感覚では、大切な資金を、株式や外国資産を大幅に組み入れて運用することには、

漠然とした不安感があります。市場の変動で大きな損失が生じた時は、強い不安を感じます。

　しかし、通常の家計での資産運用と異なり、年金積立金の運用は、**超長期で巨額な資金を運用**するものです。**長期分散投資を基本**として、**一時的な変動に一喜一憂しないことが重要**です。

　GPIFからは、毎年度、**業務概況書**において、**運用の状況が公表**されています。積立金運用の考え方や実績を分かりやすく説明する一方で、運用状況についての詳細な情報開示も行われています。このような努力の積み重ねは、国民の理解を深める元となります。

　次の年金の財政検証は2024年夏です。今後これを踏まえて、**2025年４月からのGPIFの次の中期目標、中期計画**に向けて、**基本ポートフォリオの見直し**等が検討されます。GPIFの経営委員会で専門的見地から検討して中期計画として策定し、**厚生労働大臣が認可**します。

　現行の基本ポートフォリオは、国内債券、国内株式、外国債券、外国株式が各４分の１の構成ですが、外国資産は５割を超えないとか、株式資産は５割を超えないとかといった制約があるわけではありません。

　国内債券は引き続き外国債券に比べて低金利が続いています。**国内の株式市場でのGPIFの占める割合が大きくなっている**ことをどう考えるか、という課題もあります。また、市場規模は国内より国外の方がはるかに大きいわけですから、分散投資の観点からは、**市場規模に照らすと、日本国内の資産ウエイト**は妥当なのか、という論点もあります。

　本稿では、特定の方向性についてコメントするものではありません。**専門的見地から検討し、適時適切な見直しを行う**とともに、**国民の理解を高める取組み**を進めていくことが重要です。

第19章 企業年金・個人年金

1. 企業年金・個人年金制度の仕組み

(1) 企業年金・個人年金は、より豊かな老後生活を送るための希望やニーズに応える制度
(2) 企業が従業員のために行う「企業年金」と、個人が自ら加入する「個人年金」がある
(3) 企業年金・個人年金には、「確定給付型」と「確定拠出型」がある
(4) 確定給付企業年金（DB）は、事業主が拠出し、企業年金基金や事業主が資産運用する
(5) 企業型DCは、事業主が拠出し、加入者が運用指図する
(6) 個人型DC（iDeCo）は、国民年金基金連合会が実施し、拠出した加入者が運用指図する
(7) 国民年金基金は、国民年金第1号被保険者等が任意で加入する確定給付型の個人年金
(8) 企業年金・個人年金は、転職時等に持ち運べるポータビリティの制度がある
(9) 企業年金・個人年金は、拠出時は非課税で、給付時は公的年金等控除等の対象となる

2. 企業年金・個人年金制度のこれまでの経緯

(1) 昭和37年に「適格退職年金制度」、昭和41年に「厚生年金基金制度」が作られた
(2) 平成13年に「確定給付企業年金法」と「確定拠出年金法」が制定された
(3) 逐次の制度改正で、拠出限度額の引上げ、対象者の拡大などが図られた
(4) 令和2年法改正・令和3年税制改正で、企業年金・個人年金制度の充実が図られた

3. 企業年金・個人年金制度の今後の課題

(1) 次期制度改正に向けて、検討規定や閣議決定等で検討の方向や視点が示されている
(2) iDeCoの加入可能年齢の70歳への引上げは、公的年金の繰下げ受給と整合的
(3) 就労延長、私的年金、公的年金を組み合わせるWPPという考え方が注目されている
(4) 穴埋め型・共通の非課税拠出枠、生涯拠出枠・キャッチアップ拠出という提案がある

1 企業年金・個人年金制度の仕組み

(1) 企業年金・個人年金は、より豊かな老後生活を送るための希望やニーズに応える制度

　私的年金は、公的年金に加えて給付を行う年金であり、**より豊かな老後生活を送るための国民の多様な希望やニーズに応える制度**です。

　一般的には、私的年金には、広く民間の保険会社の商品の個人年金や、独自の企業年金も含まれますが、本稿では、法律に基づく企業年金・個人年金制度について説明します。

　2022年度の「生活保障に関する調査」（公益財団法人生命保険文化センター）によると、18歳〜79歳の男女が、老後を夫婦2人で暮らしていく上で、日常生活費として月々最低必要だと考え

る金額（老後の最低日常生活費）は、平均で月額23.2万円です。また、経済的にゆとりのある老後生活を送るために、これに加えて必要だと考える金額（老後のゆとりのための上乗せ額）は、平均で月額14.8万円です。

　一方、2022年の老齢年金受給者実態調査によると、ともに65歳以上である配偶者あり世帯の夫婦の公的年金額の平均は、月額24.2万円です。

　老後の生活費用は、公的年金、私的年金、就労所得、貯蓄などで賄われます。**老後のゆとりある生活のためには、企業年金・個人年金は、重要な役割を果たします**。

　金融機関のセールストークとしては、「今後、少子高齢化で公的年金の水準が低下するので、私的年金で補うことが必要です。」という言い方がされることがあります。しかし、公的年金と私的年金は、そういう関係ではありません。

　公的年金が細るから私的年金や貯金を自助努力でと言っても、所得が低く、貯金も難しい人々には、とても無理な話です。公的年金は公的年金として、水準確保を図る必要があります。

　第3章（少子高齢化と年金）で説明しましたように、年齢を固定して考えずに、平均余命と就労期間の伸びに伴って、**拠出期間を伸ばすことで、公的年金の水準が確保されます**。また、**基礎年金の拠出期間45年化**（第7章）、**マクロ経済スライド調整期間の一致**（第8章）、**勤労者皆保険**（第10章）などの施策も、公的年金の水準確保に役立ちます。

　企業年金・個人年金の制度は、**老後に余裕のある暮らしをしたいというニーズに基づく自助努力**に対して、**税制上のメリットを用意して支援**する制度です。

図表19-1　企業年金・個人年金制度

	確定給付型 将来的な給付額を保証	確定拠出型 本人が運用指図を行い、 その実績により、給付額が決定
企業年金 企業が従業員 のために実施	**確定給付企業年金（DB）911万人** ・掛金は、事業主拠出が原則 ・加入者も事業主掛金額を超えない範囲で拠出可能 **厚生年金基金　12万人** ・掛金は、原則事業主と加入員で折半 ・厚生年金保険の給付の一部を代行	**企業型確定拠出年金（企業型DC）805万人** ・掛金は、事業主拠出が原則 ・加入者も事業主掛金額を超えない範囲で拠出可能
個人年金 個人が 自ら加入	**国民年金基金　34万人** ・加入者本人が自ら掛金を拠出 ・国民年金第1号被保険者（自営業者等） ・地域型（全国国民年金基金）と職能型	**個人型確定拠出年金（iDeCo）290万人** ・加入者本人が、自ら掛金を拠出 ※中小事業主が追加で掛金を拠出することも可能（iDeCoプラス） ・国民年金被保険者（1号、2号、3号）

人数は加入者数（2023年3月末、国民年金基金は2022年3月末）

（2）企業が従業員のために行う「企業年金」と、個人が自ら加入する「個人年金」がある

　図表19-1のとおり、私的年金には、企業が従業員のために実施する「企業年金」と、個人が自ら加入する「個人年金」があります。

　企業年金は、外部積立に分類される退職給付制度として発展してきました。「確定給付企業年金」や「企業型確定拠出年金」などの制度があり、年金資産の外部保全など、受給権保護等の観点から設けられた各種の要件を満たすことで、税制上の優遇措置が認められています。

　2023年の就労条件総合調査によると、常用労働者30人以上の企業で、退職給付制度（退職一時金や年金）がある企業の割合は74.9％で、退職給付制度がある企業の内訳を見ると、退職一時金のみの割合が69.0％、退職年金制度のみの割合が9.6％、両制度併用の企業が21.4％です。

　一方、**個人年金**には、「国民年金基金」や「個人型確定拠出年金（iDeCo）」の制度があり、一定の要件が課せられることにより、税制上の優遇を受けられます。これらは、**公的年金に加えて老後の所得を確保したい人の自助努力を支援するための制度**です。

　企業年金は、退職金と類似した性質のものとして発展してきた経緯から、個人年金と異なる性質を持つ部分があります。一方で、個人年金は、企業年金がない企業の従業員や、自営業者等のための老後の備えであるとともに、企業年金がある企業の従業員でも、給付額が少ない人には、個人年金の併用により、老後の備えを強化する役割があります。

（3）企業年金・個人年金には、「確定給付型」と「確定拠出型」がある

　私的年金制度は、「給付建て（確定給付型、Defined Benefit）」と「拠出建て（確定拠出型、Defined Contribution）」の2種類に分類でき、その違いは、図表19-2のとおりです。

　「給付建て」は、加入期間などに基づいて**あらかじめ給付の算定方法が決まっている仕組み**です。加入者が高齢期の生活設計を立てやすい反面、運用状況の悪化などで資産の積立不足が発生する場合があります。そのような場合は、給付建ての企業年金では、事業主が追加で掛金を拠出することにより、不足額を埋め合わせることが必要となります。

　一方で、「拠出建て」は、あらかじめ定められた拠出額と、その運用収益との合計額を基に個人別に年金給付額が決定される仕組みです。**加入者個々人が運用方法を選択し、運用結果は、加入者個人に帰着します。**

（4）確定給付企業年金（DB）は、事業主が拠出し、企業年金基金や事業主が資産運用する

　確定給付企業年金（DB）は、適格退職年金や厚生年金基金を承継した給付建ての企業年金制度として、2001（平成13）年の「確定給付企業年金法」により創設されました。

　実施主体である企業年金基金や事業主が、年金資産を運用し、企業年金の給付を行うもので、**労使合意で比較的柔軟な制度設計が可能でありながらも、受給権の保護を意図した制度**です。

　掛金は原則として事業主拠出です。規約の定めがあるときは、加入者も、事業主掛金額を超えない範囲で、拠出することが可能です。確定給付企業年金（DB）には、**拠出限度額はありません。**

図表19-2 給付建て（DB）と拠出建て（DC）の基本的仕組み

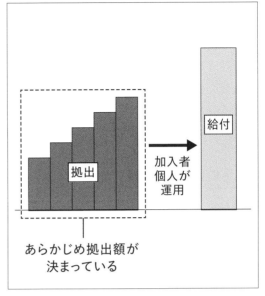

DB (Defined Benefit) 給付建て	DC (Defined Contribution) 拠出建て

図表19-3 確定給付企業年金（DB）の運営

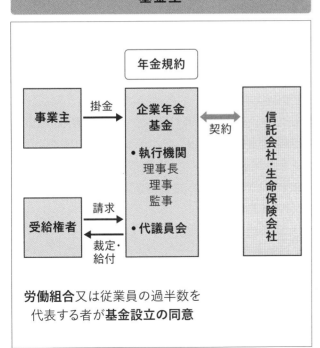

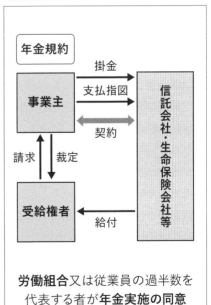

また、DB には図表19-3のように、「基金型」と「規約型」の2種類の運営方式があります。いずれの方式でも、積立金は企業財産から分離され、外部で積み立てられます。

「基金型」は、事業主が労働組合の同意を得て母体企業とは別の法人格を有する企業年金基金を設立した上で、企業年金基金が実施主体となり、年金資産の運用、給付を行うものです。

一方、「規約型」は、事業主が実施主体となり、労使が合意した規約に基づき、企業と信託会社・生命保険会社等が契約を結び、年金資産の運用、給付を行うものです。

確定給付企業年金では、約束した給付が支給できるよう、年金資産の積立基準が設定されています。これを下回るときには、企業が追加拠出をする必要があります。

給付については、労使が合意した規約に基づき、老齢給付等を行います。年金給付や、一時金給付の選択が可能です。給付や積立などについて必要最低限のルールを定めた上で、労使合意に基づき、より柔軟な制度設計が可能となっています。

(5) 企業型DCは、事業主が拠出し、加入者が運用指図する

確定拠出年金 (DC) は、拠出建ての年金制度として、2001 (平成13) 年の「確定拠出年金法」により創設されました。

確定拠出年金制度は、拠出された掛金が個々の加入者の持分として明確化され、その持分について加入者が自らの選択によって自己責任で運用し、その運用の結果得られた資産額がそのまま給付額となる制度です。加入者は預貯金や投資信託など通常の貯蓄商品から自由に選択した上で運用していく仕組みです。

制度創設に当たって、これでは「貯蓄」と何ら変わらないのではないかという議論があり、資産が老後の所得保障となることを担保するための要件を課すことで、確定給付型の「年金」と同等の税制優遇措置が認められました。このため、①受給開始可能期間 (60歳以上) の到達前の中途引出しの原則禁止、②受給要件として一定期間以上の加入期間を設定、③一定額を定期的に拠出、④受給開始時に受給方法を決定し変更の原則禁止という制度となっています。

DC には「企業型」と「個人型」の2種類があります。企業型DC は、企業年金の一つであり、労使が合意した規約に基づき事業主が実施するものです。

企業型DCの掛金は原則として事業主拠出です。規約の定めがある時は、加入者も、事業主掛金額を超えない範囲で、拠出することが可能 (マッチング拠出) です。事業主掛金額を超えない範囲という限定があるのは、企業型DCが事業主拠出を基本とする企業年金制度であるという前提があるからです。しかし、この制約があることにより、事業主の拠出額が少ない加入者は、本人拠出額も低く抑えられてしまうことから、この制約を撤廃してほしい、という意見もあります。

企業型DCの拠出限度額は、月額5.5万円です。ただし、DBと企業型DCの両方を行う場合は、月額5.5万円から他制度掛金相当額を差し引いた額です。

確定拠出年金の給付は、老齢給付金、障害給付金、死亡一時金、脱退一時金があります。老齢給付金は、終身年金、5年以上20年以下の有期年金、または一時金が選択可能です。老齢給付金は、原則60歳に到達した場合に受給できますが、60歳時点で加入期間が短い場合は、年数に応じて65歳からとなります。

企業型DCは、図表19-4のように、事業主が、運営管理機関と資産管理機関を選定して、業務を委託して運営します。

運営管理機関のうち、「運用関連業務を行う運営管理機関」は、銀行、信用金庫、証券会社、生命保険会社、損害保険会社等の多数の会社が行っています。一方、「記録関連業務を行う運営管理機関」（RK、レコードキーパー）は、集約して効率的に業務を行う必要から、金融機関が共同で設立した日本レコード・キーピング・ネットワーク（NRK）、日本インベスター・ソリューション・アンド・テクノロジー（JIS&T）など4社が行っています。また、「資産管理機関」は、少数の信託銀行等が行っています。

拠出段階の事務の流れを見ると、事業主は、掛金（事業主掛金と加入者掛金）を、資産管理機関に拠出します。加入者は、運営管理機関が選定・提示する運用商品（投資信託、保険商品、預貯金等）の中から、自分で商品を選んで運用します。記録関連業務の運営管理機関は、個々人の記録を保存・通知する業務を行っており、加入者からの個別の運用指図の内容を、資産管理機関に通知します。資産管理機関は、掛金等の積立金管理を行っており、その運用指図に従って、商品提供機関（銀行、信用金庫等、証券会社、生命保険会社、損害保険会社）から運用商品を

図表19-4　確定拠出年金（DC）の運営

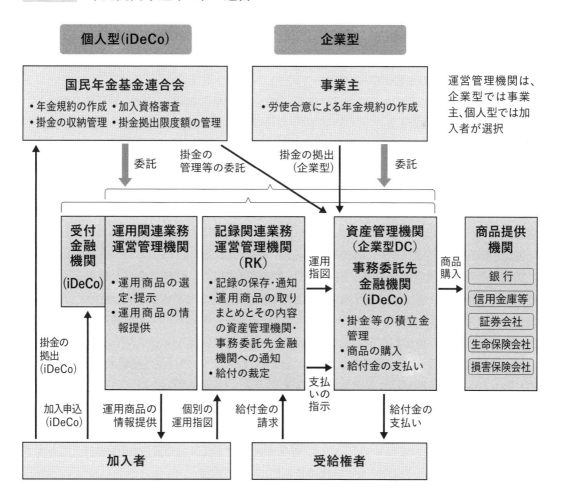

購入します。

　次に、給付段階の事務の流れを見ると、受給権者は、記録関連業務を行う運営管理機関に、給付金を請求すると、運営管理機関は資産管理機関に支払いの指示を行い、資産管理機関から受給権者に給付金が支払われます。

　確定拠出年金は、老後までの間の運用結果が将来の給付額に影響するため、個々の加入者が適切な資産運用を行うための情報や知識を有していることが重要です。そのため、企業型DCを実施している事業主は、加入者等に対して「**投資教育**」（資産の運用に関する情報提供）を行うことが義務づけられています。投資教育は、運営管理機関や企業年金連合会等に委託して行うことができます。

（6）個人型DC（iDeCo）は、国民年金基金連合会が実施し、拠出した加入者が運用指図する

　個人型DCは、**国民年金基金連合会が**個人型年金規約に基づき実施し、**個人単位で加入**するものです。イデコ（iDeCo）は、individual-type Defined Contribution pention planを略した愛称です。

　掛金は、加入者が拠出します。ただし、**中小事業主掛金納付制度（iDeCo プラス）**により、企業年金を実施していない**中小企業事業主が**、個人型DCに加入する**従業員の掛金に上乗せして掛金を拠出**することも可能です。給付の種類や、受給が可能となる年齢は、企業型DCと同じです。

　個人型DCは、図表19-4のように、国民年金基金連合会が、運営管理機関と事務委託先金融機関に業務を委託して運営しています。

　加入希望者は、運営管理機関（運営管理業務を行う運営管理機関が受付金融機関を兼ねている）を選んで、国民年金基金連合会に加入を申し込みます。国民年金基金連合会は、加入資格審査や、掛金の収納管理、掛金拠出限度額の管理を行っています。企業型DCの資産管理機関と同様の役割は、個人型DCでは、国民年金基金連合会の事務委託先金融機関が行います。加入者による個別の運用指図や、給付金の請求、支払いについては、企業型DCと同様です。

　個人型DCの拠出限度額は、公的年金の被保険者種別と私的年金制度の加入状況に応じて定められています。2020（令和2）年の法改正と2021（令和3）年の税制改正による見直しがすべて実施される2024（令和6）年12月からの姿は、図表19-5のとおりです。

　国民年金第1号被保険者の拠出限度額は、月額6.8万円です。**企業年金がない第2号被保険者と第3号被保険者は、月額2.3万円**です。**企業年金がある第2号被保険者は、月額2.0万円**（事業主の拠出額（各月の企業型DCの事業主掛金額とDB等の他制度掛金相当額）が3.5万円を超えると、個人型DCの拠出限度額は逓減）です。

　個人型DCを実施している国民年金基金連合会は、加入者等に対して「**投資教育**」（資産の運用に関する情報提供）を行うことが義務づけられています。投資教育は、運営管理機関や企業年金連合会等に委託して行うことができます。

　確定拠出年金は、**全額所得控除、運用益非課税、給付時の大きな控除という税制優遇のメリット**があり、老後の資産形成に大変有効です。貯蓄やNISAと異なり、**60歳まで中途引き出しができない特色**がありますが、そのことが、**老後の資産形成**の目的に合っています。

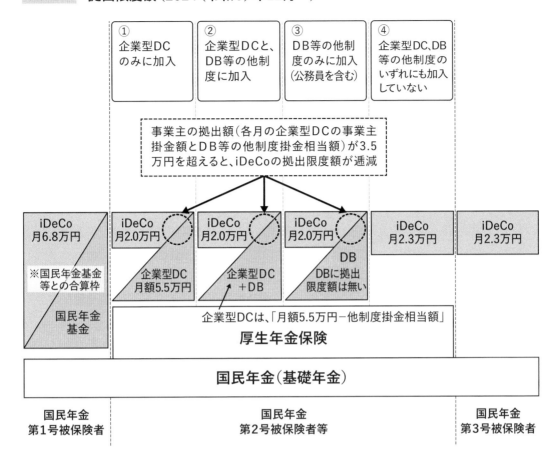

図表19-5　拠出限度額（2024（令和6）年12月〜）

① 企業型DCのみに加入

② 企業型DCと、DB等の他制度に加入

③ DB等の他制度のみに加入（公務員を含む）

④ 企業型DC、DB等の他制度のいずれにも加入していない

事業主の拠出額（各月の企業型DCの事業主掛金額とDB等の他制度掛金相当額）が3.5万円を超えると、iDeCoの拠出限度額が逓減

iDeCo 月6.8万円　※国民年金基金等との合算枠　国民年金基金

iDeCo 月2.0万円　企業型DC 月額5.5万円

iDeCo 月2.0万円　企業型DC＋DB

iDeCo 月2.0万円　DB　DBに拠出限度額は無い

iDeCo 月2.3万円

iDeCo 月2.3万円

企業型DCは、「月額5.5万円－他制度掛金相当額」

厚生年金保険

国民年金（基礎年金）

国民年金 第1号被保険者

国民年金 第2号被保険者等

国民年金 第3号被保険者

　確定拠出年金は、加入者本人が運用商品を選択する仕組みであり、まだ、預貯金や保険商品などの元本確保型を選択する人が概ね半数程度となっているのが現状です。しかし、若いうちから年金資産として運用するならば、第18章（年金積立金の運用）で説明した**長期分散投資の考え方が、効果的**です。手数料ができる限り安く、国内外の株式・債券など多くの資産に分散してインデックスファンドやバランス型ファンドから選ぶことが、おすすめです。

（7）国民年金基金は、国民年金第1号被保険者等が任意で加入する確定給付型の個人年金

　国民年金基金は、国民年金法で定められた制度で、自営業者やフリーランスなどの**国民年金第1号被保険者**や、国民年金の任意加入被保険者（60歳以上65歳未満の人で、20歳以上60歳未満の期間に未納・未加入期間がある人など）が、任意で加入する確定給付型の個人年金です。

　加入者が給付の型を選択する仕組みで、1口目は終身年金（2種類）の中から選択し、さらに年金額を増やしたい場合には、2口目以降を終身年金（2種類）又は確定年金（5種類）の中から選択します。

終身年金は、65歳から終身で年金を受け取れます。15年間の保証期間があり、年金受給前や保証期間中に死亡した場合は遺族が一時金を受け取れるA型と、保証期間が無く、その分、掛金が抑えられているB型があります。

確定年金は、受給期間が定まっている有期年金です。その期間は保証期間として、受給前や保証期間中に死亡した場合は、遺族が一時金を受け取れます。65歳から15年間のⅠ型、10年間のⅡ型、60歳から15年間のⅢ型、10年間のⅣ型、5年間のⅤ型があります。

掛金は、選択した給付の型、加入時の年齢と性別に基づいて定められた額です。**上限は個人型DCとの合算で月額6万8千円**であり、その範囲内であれば何口でも増やせます。

なお、国民年金基金は、**国民年金の付加保険料**（月額400円の納付で老齢基礎年金に付加年金が加算）の部分を代行しており、基金の1口目の給付は、国民年金の付加年金相当が含まれています。

また、財政の均衡を保つことができるように、少なくとも5年に一度は給付設計（新たに加入する人から適用される掛金額）を見直すこととされています。

国民年金基金は、「地域型」及び職種別に設立された「職能型」の2種類があります。「**地域型**」には**全国国民年金基金**があり、「**職能型**」には**歯科医師国民年金基金、司法書士国民年金基金及び日本弁護士国民年金基金**があります。

（8）企業年金・個人年金は、転職時等に持ち運べるポータビリティの制度がある

企業年金や個人年金では、**加入者等が離転職した場合や、勤務先の企業年金制度が変わった場合に、その積み立てた資産を他の年金制度へ持ち運べる制度**があります。

これを「**ポータビリティ**」といいます。

確定給付企業年金（DB）、企業型DC、個人型DC、通算企業年金、中小企業退職金共済の間で、相互に持ち運びできる場合と要件が定められています。

なお、「**通算企業年金**」は、企業年金連合会が実施しており、退職等によりDBや企業型DCを脱退した人等の年金資産を引き受けて、退職者等向けに運用・給付を行う年金です。

また、「**中小企業退職金共済**」は、独立行政法人勤労者退職金共済機構が実施しており、独力では退職金制度を設けることが難しい中小企業について、事業主の相互共済の仕組みによって退職金制度を行う仕組みです。

（9）企業年金・個人年金は、拠出時は非課税で、給付時は公的年金等控除等の対象となる

企業年金・個人年金の税制は、図表19-6のとおりです。

まず、拠出時についてです。**確定拠出年金（DC）の事業主掛金**は、退職給与の外部積立の性質ですから、賃金と同様、全額が法人税で**損金算入**（個人事業主の場合は必要経費）の対象となり、**非課税**です。**加入者の掛金**は、全額が所得税・住民税で**小規模企業共済等掛金控除**の対象となり、**非課税**です。これらは、企業型DCで加入者が拠出（マッチング拠出）をした場合でも、個人型DCで中小企業が事業主掛金を拠出（iDeCoプラス）した場合でも同じです。確定拠出年金

（DC）は、拠出限度額がある代わりに、拠出額全額が、非課税となる仕組みです。

　確定給付企業年金（DB）の掛金も、全額が法人税で**損金算入**（個人事業主の場合は必要経費）できるため、非課税です。ただし、**加入者掛金**は、**実質課税**であり、民間の個人年金の保険料と同じ扱いで、他の生命保険料と合算して年間4万円（2011（平成23）年末以前の契約のものは5万円）を上限に、**生命保険料控除の対象**となります。

　厚生年金の一部を代行している**厚生年金基金**と、国民年金の付加年金を代行している**国民年金基金**は、公的年金制度と同様の扱いが適用されて、加入者拠出の全額が**社会保険料控除**の対象であり、拠出時は非課税です。社会保険料控除は、生計を一にする親族の掛金を負担した場合も社会保険料控除の対象となりますので、国民年金基金の控除は、本人の所得のみから控除できるiDeCoの小規模企業共済等掛金控除よりも、使いやすい場合があります。

　次に、運用時については、**確定拠出年金（DC）**と加入者拠出分を除く**確定給付企業年金（DB）**の**年金積立金**は、**特別法人税の課税対象**となっていますが、課税は凍結されています。

　特別法人税の導入当時の考え方は、企業年金が退職給与の外部積立の性質を持つ中で、拠出時において、企業の経費（損金算入）とする一方、従業員にとっては、年金の受給権は発生していないことから、所得税の課税を受給が確定するまで繰り延べることとし、従業員の所得としての課税は年金受給時に行うことになりますが、その期間の繰り延べによる利益、すなわち、税金の納付を延長するための利益相当部分を、年金積立金を運用する法人に課税するものです。

図表19-6 **企業年金・個人年金の税制**

	確定拠出年金 DC		確定給付企業年金 DB		厚生年金基金（厚生年金の一部を代行）	国民年金基金（付加年金を代行）
	企業型	個人型		加入者拠出分		
拠出時	**非課税**（事業主分：全額が**損金算入**）（加入者分：全額が**小規模企業共済等掛金控除**）		**非課税**（全額が**損金算入**）	**実質課税**　他の生命保険料と合算して年間4万円を上限に**生命保険料控除**の対象	**非課税**（事業主分：全額が**損金算入**）（加入者分：全額が**社会保険料控除**）	**非課税**（全額が**社会保険料控除**）
運用時	**特別法人税課税**　積立金の1.173%、令和7年度まで特例措置で**凍結**	**特別法人税課税**　積立金の1.173%、令和7年度まで特例措置で**凍結**		**非課税**	**実質非課税**　代行部分の3.23倍を超える部分に特別法人税を課税　令和7年度まで特例措置で凍結	**非課税**
給付時	年金：公的年金等控除　一時金：退職所得控除	年金：公的年金等控除　一時金：退職所得控除		**非課税**　加入者が負担した金額を収入額から控除	年金：公的年金等控除　一時金：退職所得控除	年金：公的年金等控除

特別法人税は、適格退職年金導入に伴い1962（昭和37）年度に創設された後、1999（平成11）年に、超低金利の状況、企業年金の財政状況等を踏まえて凍結され、現在まで3年ごとに凍結期間の延長を繰り返しています。確定拠出年金法は2001（平成13）年10月施行、確定給付企業年金法は2002（平成14）年4月施行ですから、これまで実際に課税されたことは一度もありません。課税廃止の要望が、関係方面から出されています。

そして、給付時は、年金として受給する場合は、確定拠出年金（DC）、確定給付企業年金（DB）、厚生年金基金、国民年金基金は、国民年金や厚生年金と同様、「公的年金等に係る雑所得」として、「公的年金等控除」を差し引いた額が、所得税・住民税の課税対象となります。公的年金等控除の仕組みは、第17章（年金と税制）で説明したとおりです。

一時金として受給する場合は、「退職手当等」に該当し、「退職所得控除」を差し引いた額が、課税対象となります。

ただし、確定給付企業年金の加入者掛金は、拠出段階で既に課税後の所得から支払われたものとして取り扱われていますから、二重課税とならないよう、給付段階では、加入者が負担した金額は、収入金額から控除することとなっており、非課税です。

2 　企業年金・個人年金制度のこれまでの経緯

（1）昭和37年に「適格退職年金制度」、昭和41年に「厚生年金基金制度」が作られた

戦後から高度経済成長期にかけて、企業は優秀な労働力を確保するために退職金の充実を図りました。その後、退職者数や退職金の支払額が増加したため、退職金の資金負担を平準化させる観点から、年金制度を導入する企業が現れたことが、私的年金制度の始まりです。

しかし、当時の企業が運営する年金制度は、企業が負担する掛金が損金に算入されておらず、仮に損金扱いにする場合は掛金が追加給与と見なされ、従業員は実際には受け取っていない給与分に対しても所得税を支払わなければならないという問題がありました。このため、1962（昭和37）年に税制上の「適格退職年金制度」が創設されました。

この制度は、企業と金融機関が信託契約や生命保険契約を締結し、適正な年金数理などの適格要件を満たすものについて、給付時まで課税を繰り延べ、所得税の課税繰り延べ分を遅延利子相当分として運用時に課税（特別法人税）する仕組みです。

一方、1966（昭和41）年には、厚生年金保険の給付水準を改善するに当たって、企業の退職金との調整が課題となりました。そこで、厚生年金保険法の改正により、企業年金に厚生年金保険の一部を代行させる「厚生年金基金制度」が創設されました。

これらの制度は、当時の企業年金制度の大きな2つの柱として、従業員の老後の所得保障に大きな役割を果たしてきました。

（2）平成13年に「確定給付企業年金法」と「確定拠出年金法」が制定された

　しかし、1990年代前半のバブル経済の崩壊や、1997年には大手証券会社や銀行が破綻するなど、金融や経済が混乱して株価も低下し、運用環境の著しい悪化に伴い、企業年金の積立不足が拡大しました。

　さらに、2000年に「退職給付に関する会計基準」が導入されたことにより、企業年金に関する積立不足をバランスシートに負債として計上することとされ、母体企業の財務に大きな影響を与えることとなりました。

　一方、アメリカでは経済が好調で株価も上昇しており、401Kプランもその背景にあるのではないかとも言われていて、経済界や金融界からはDCの導入が株式市場の活性化、経済の回復に大いにつながるのではないかといった期待もありました。

　そのような中で、新たな企業年金・個人年金制度の検討が進められ、2001（平成13）年6月に、「確定拠出年金法」と「確定給付企業年金法」が国会で成立しました。これにより、2001年10月には、拠出建ての新たな企業年金と個人年金である「確定拠出年金制度（DC）」が創設され、2002年4月には、代行部分を持たない企業年金である「確定給付企業年金制度（DB）」が創設されました。

　確定給付企業年金（DB）には、受給権保護等を図るとともに、労使の自主性を尊重しつつ、統一的な枠組みのもとに確定給付型の企業年金制度の整備を図る目的がありました。これにより、厚生年金基金の代行返上が可能となり、適格退職年金で不十分だった受給権保護が強化され、厚生年金基金と適格退職年金からの移行先となりました。

　また、これまでの確定給付型の企業年金には、複雑な制度設計や資産運用等に係る企業のコスト負担の観点から中小零細企業等では十分に普及していなかったこと、企業の従業員等を一つの集団とした制度であったために労働移動への対応が困難であったこと、景気の低迷等による企業業績の影響を受けることといった問題点がありました。

　このため、米国における「401Kプラン」を参考に、拠出建ての新たな私的年金である「確定拠出年金（DC）」が創設されました。

（3）逐次の制度改正で、拠出限度額の引上げ、対象者の拡大などが図られた

　確定拠出年金法は、逐次の改正で充実しました。2004（平成16）年の法改正で、確定拠出年金へ移行する際の移換限度額の撤廃、ポータビリティの拡充が行われました。2011（平成23）年の法改正では、企業型DCの加入者拠出（マッチング拠出）の導入、企業型DCの加入可能年齢の65歳までの引上げ、継続投資教育の配慮義務化が行われています。

　そして、2016（平成28）年の法改正では、個人型の加入可能範囲の拡大（当初は、国民年金第1号被保険者と企業年金のない国民年金第2号被保険者のための制度として創設されましたが、企業年金加入者、公務員等共済加入者、国民年金第3号被保険者にも拡大）、中小企業向け施策の充実（簡易型DC、中小事業主掛金納付制度）、ポータビリティの拡充、継続投資教育の努力義務化等が行われています。2016年9月には、公募により、個人型確定拠出年金の愛称が、

「iDeCo（イデコ）」に決定されています。

　また、企業型DCの拠出限度額は、当初の月額3.6万円から、2004年には4.6万円、2010年には5.1万円、2014年には5.5万円に引き上げられています。

　一方、個人型DC（iDeCo）の拠出限度額は、企業年金のない第2号被保険者は、当初の月額1.5万円から、2004年には1.8万円、2010年には2.3万円に引き上げられました。また、2017年から適用範囲が拡大された際、第3号被保険者は、これと同じ2.3万円、企業型DC加入者は2万円、DB等加入者は1.2万円とされました。第1号被保険者は、当初の月額6.8万円のまま、現在でも据え置かれています。

　厚生年金基金の基金数のピークは、1996年度の1,883基金であり、2000年度末時点の加入者数では、厚生年金基金は1,156万人、適格退職年金が964万人でした。その後、新しい制度への移行が進み、適格退職年金は、DBへ受け継がれる形で、2012年に廃止となりました。

　厚生年金基金の多くは、代行返上によりDBへの移行が進みましたが、運用環境の悪化により、代行部分の積立不足の問題が生じたことから、2013（平成25）年の健全化法（公的年金制度の健全性及び信頼性の確保のための厚生年金保険法等の一部を改正する法律）により、厚生年金基金（2014年3月末時点で531基金）について、他の企業年金制度への移行を促進しつつ、特例的な解散制度の導入等を行うとともに、2014年4月以降の厚生年金基金の新規設立は認めないこととされました。

　2022年度末現在の加入者数は、確定給付企業年金が911万人、企業型確定拠出年金が805万人、厚生年金基金は12万人（5基金）、個人型確定拠出年金が290万人となっています。

（4）令和2年法改正・令和3年税制改正で、企業年金・個人年金制度の充実が図られた

　2020（令和2）年の年金制度改正では、公的年金制度における見直しと合わせて、企業年金・個人年金制度の多岐にわたる見直しが行われました。

① DCの加入可能年齢の引上げ（2022（令和4）年5月1日施行）
　企業型DCの加入可能年齢は、「65歳未満」の厚生年金被保険者（60歳以降は60歳前と同一事業所で継続して使用される人に限る。）とされていましたが、厚生年金被保険者であれば、加入できることとされました。

　また、個人型DCの加入可能年齢は、「60歳未満」の国民年金第1・2・3号被保険者とされていましたが、国民年金被保険者であれば加入できることとされました。

② DCの受給開始時期の選択肢の拡大（2022（令和4）年4月1日施行）
　企業型DCと個人型DCは、60歳〜70歳の間で受給開始時期を選択できる仕組みでしたが、公的年金の受給開始時期の選択肢の拡大に併せて、上限年齢が75歳に引き上げられました。

③ DBの支給開始時期の設定可能範囲の拡大（2020（令和2）年6月5日施行）
　DBは、60歳〜65歳の間で、労使合意に基づく規約で支給開始時期を設定できる仕組みでし

たが、支給開始時期の設定可能な範囲が、60歳〜70歳に拡大されました。

④ 中小企業向けの簡易型DCとiDeCoプラスの対象拡大（2020（令和2）年10月1日施行）

中小企業における企業年金の実施率が低いことから、中小企業向けに企業型DCの設立手続を簡素化した「簡易型DC」や、企業型DC の実施が困難な中小企業がiDeCo に加入する従業員の掛金に上乗せして事業主掛金を拠出することができる「中小事業主掛金納付制度（iDeCoプラス）」について、実施可能な企業の規模要件が、従業員100人以下から300人以下に拡大されました。

⑤ 企業型DC加入者のiDeCo加入の要件緩和（2022（令和4）年10月1日施行）

企業型DC加入者のうちiDeCo（月額2万円以内）に加入できるのは、拠出限度額の管理を簡便に行うため、iDeCoの加入を認める企業型DC規約の定めがあり、かつ、事業主掛金の上限を月額5.5万円から月額3.5万円に引き下げた企業の従業員に限られていました。

これを、企業型DCの事業主掛金とiDeCoの掛金との合算管理の仕組みを構築し、規約の定めや事業主掛金の上限の引下げがなくても、「月額5.5万円から企業型DCの事業主掛金を控除した残余の範囲内（月額2万円を上限）」で、iDeCoの掛金を拠出できることとされました。

⑥ DBを併せて行う場合の企業型DCの拠出限度額の見直し（2024（令和6）年12月1日施行）

企業型DCの拠出限度額は、企業型DCのみを行う場合は月額5.5万円であるのに対し、DBを併せて行う場合は、現行では、すべてのDBの掛金相当額を一律に2.75万円と評価しているため、企業型DCの拠出限度額は、一律に残りの月額2.75万円となっています。

これを、DBの掛金相当額をDBごとに個別に評価する仕組みを導入し、企業型DCの拠出限度額は、「月額5.5万円からDB等の他制度掛金相当額を控除した額」に改められました。

⑦ 企業年金に加入する者のiDeCo拠出限度額の統一（2024（令和6）年12月1日施行）

個人型DC（iDeCo）の拠出限度額は、企業型DCのみに加入する者は月額2万円であるのに対し、DBと企業型DCに加入する者や、DBのみに加入する者は、現行では、月額1.2万円となっています。

これを、DBの掛金相当額をDBごとに個別に評価することに伴って、公平を図ることとし、企業年金に加入する者のiDeCo拠出限度額は、「月額5.5万円からDB等の他制度掛金相当額及び企業型DC の事業主掛金額を控除した額（月額2万円を上限）」に改められました。

この⑤⑥⑦の見直しにより、図表19−5の①②③のように統一されたものになりました。

3 企業年金・個人年金制度の今後の課題

(1) 次期制度改正に向けて、検討規定や閣議決定等で検討の方向や視点が示されている

　公的年金制度は、2024年夏の財政検証を踏まえて、2025年の通常国会に、次期年金制度改正法案を提出することが予定されていますが、企業年金・個人年金制度についても、同時の制度改正に向けて、議論が進められています。

　2023年4月12日の社会保障審議会企業年金・個人年金部会では、年金局から、私的年金制度に関する今後の検討における主な視点として、3つの視点が提示されています。

　第1点は、「国民の様々な働き方やライフコースの選択に対応し、公平かつ中立的に豊かな老後生活の実現を支援することができる私的年金制度の構築」です。加入可能要件、拠出限度額、受給方法などの拠出時・給付時の仕組み等が検討課題です。

　第2点は、「私的年金制度導入・利用の阻害要因を除去し、より多くの国民が私的年金制度を活用することができる環境整備」です。制度の分かりやすさ、手続等の簡素化、企業年金等の普及促進（特に中小企業）、周知広報等が検討課題です。

　第3点は、「制度の運営状況を検証・見直し、国民の資産形成を促進するための環境整備」です。投資教育・指定運用方法の検証、自動移換金対策、運用体制・手法の検証、従来の制度改正で提起された課題等が検討課題です。

　2020（令和2）年改正法の国会審議の際に、与野党共同の修正で追加された**検討規定**では、「**個人型確定拠出年金及び国民年金基金の加入の要件、個人型確定拠出年金に係る拠出限度額、中小事業主掛金を拠出できる中小事業主の範囲等**について、税制上の措置を含め全般的な検討を加え、その結果に基づいて必要な措置を講ずるものとする。」とされています。

　また、「**資産所得倍増プラン**」（2022年11月28日新しい資本主義実現会議決定）では、「働き方改革によって、高年齢者の就業確保措置の企業の努力義務が70歳まで伸びていること等を踏まえ、**iDeCoの加入可能年齢を70歳に引き上げる**。このため、2024年の公的年金の財政検証に併せて、所要の法制上の措置を講じる。」
「**iDeCoの拠出限度額の引上げ及び受給開始年齢の上限の引上げ**について、2024年の公的年金の財政検証に併せて結論を得る。」
とされています。これと同じものは、「新しい資本主義のグランドデザイン及び実行計画2023改訂版」（2023年6月16日閣議決定）にも盛り込まれています。

　そして、これを踏まえて、2023年6月16日に閣議決定された「経済財政運営と改革の基本方針（骨太方針2023）」でも、「**iDeCo（個人型確定拠出年金）の拠出限度額及び受給開始年齢の上限引上げについて2024年中に結論を得る**」としています。

　なお、「**令和5年度税制改正大綱**」（2022年12月16日、自由民主党、公明党）では、「個人型確定拠出年金（iDeCo）の加入可能年齢の70歳への引上げや拠出限度額の引上げについて、令和6年の公的年金の財政検証にあわせて、所要の法制上の措置を講じることや結

論を得るとされていることも踏まえつつ、老後に係る税制について、例えば各種私的年金の**共通の非課税拠出枠**や従業員それぞれに私的年金等を管理する**個人退職年金勘定**を設けるといった議論も参考にしながら、あるべき方向性や全体像の共有を深めながら、具体的な案の検討を進めていく。」
としています。

（2）iDeCoの加入可能年齢の70歳への引上げは、公的年金の繰下げ受給と整合的

iDeCoの加入可能年齢の上限を70歳に引き上げることは、既に閣議決定で方針として掲げられています。

2020（令和２）年の年金改正では、**企業型DC**の加入可能年齢を、従来の65歳未満の年齢要件を撤廃し、**厚生年金被保険者**（70歳未満まで義務適用）であれば**加入できる**ように、拡大されました。また、**個人型のiDeCo**の加入可能年齢については、従来の60歳未満の年齢要件を撤廃し、**国民年金被保険者**であれば、加入できるように拡大されました。国民年金被保険者の加入資格は、第１号被保険者は60歳未満、第２号被保険者は65歳未満、第３号被保険者は60歳未満、任意加入被保険者は65歳未満であって保険料納付済期間等が480月未満の者（第２号を除く）となっていますから、この年齢まで拡大されています。

これは、確定拠出年金は、３階部分の制度ですから、**１階・２階部分の公的年金制度の被保険者に限るという考え方**によるものです。

しかし、公的年金制度は、**繰下げ受給を選択できる制度**ですから、公的年金制度の上乗せの制度であっても、公的年金制度の「被保険者である期間」に、iDeCoの拠出可能期間を限定することは必然とは言えません。

厚生年金が70歳まで加入期間としていることや、高年齢者の就業確保措置の企業の努力義務が70歳まで伸びていること等を踏まえると、厚生年金・国民年金の被保険者期間であるかどうかにかかわらず、**iDeCo の加入可能年齢の上限を70歳に引き上げて、選択肢を増やすことが、適切と考えます。**

（3）就労延長、私的年金、公的年金を組み合わせるWPPという考え方が注目されている

近年、有識者から、WPPという考え方が提唱されています。これは、**就労延長**（Work longer）で、働けるうちはなるべく長く働き、**私的年金**（Private pensions）を、就労引退から公的年金の受給開始までをつなぐ中継ぎとして活用し、**公的年金**（Public pensions）で、終身給付により、何歳まで生きるか分からない老後に備える、というものです。

図表19-7のように、公的年金と私的年金の役割分担は、多様な形があります。

この図の①のように、**公的年金に終身の私的年金を上乗せ**し、豊かな老後のために終身で上乗せをしたい、というニーズもあります。また、この図の②のように、**公的年金に有期の私的年金を上乗せ**し、老後の中でも比較的元気な時期を、旅行や趣味など、豊かに暮らしたい、というニーズもあります。これまで一般的に考えられてきたのは、この２つでした。

近年、提唱されているのは、この図の③のように、**公的年金を繰り下げて増額し、受給開始まで**
での間を、有期の私的年金で中継ぎする役割分担です。どのくらい生きるか分からない終身に対
応する年金は、私的年金よりも、公的年金の方が得意な分野です。

　また、①②③のどの役割分担であっても、元気なうちは、できるだけ長く働き、収入を増やすとと
もに、公的年金や私的年金の拠出を積み増す、という選択肢も大変有効です。

図表19-7　**公的年金と私的年金の多様な役割分担**

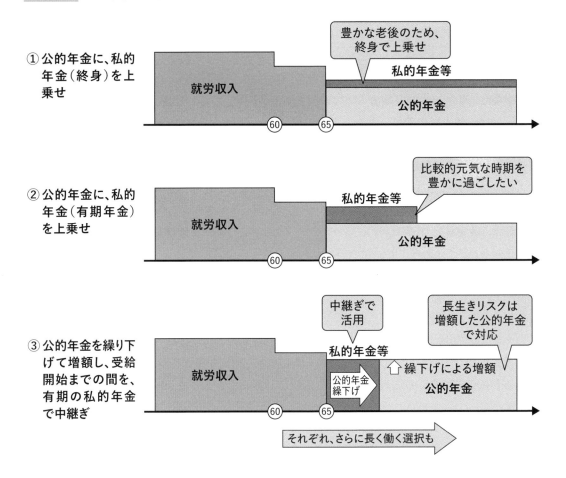

（4）穴埋め型・共通の非課税拠出枠、生涯拠出枠・キャッチアップ拠出という提案がある

　これまで、「穴埋め型・共通の非課税拠出枠」や、「生涯拠出枠・キャッチアップ拠出」という考
え方が、有識者や関係団体から提案されています。2023年9月8日の社会保障審議会企業年金・
個人年金部会の資料では、図表19-8、図表19-9のようなイメージが示されています。

　これまで企業年金・個人年金の制度・税制が段階的に整備されてきた中で、働き方や勤め先
の企業によって受けられる税制上の非課税枠は、図表19-5のように、異なっています。

　このため、老後の所得確保に向けた支援（非課税拠出の枠）を公平にするとともに、分かりや
すい制度とする観点から、図表19-8のように、**個人型確定拠出年金（iDeCo）**等を活用した「穴

図表19-8 「穴埋め型」「共通の非課税拠出枠」の提案

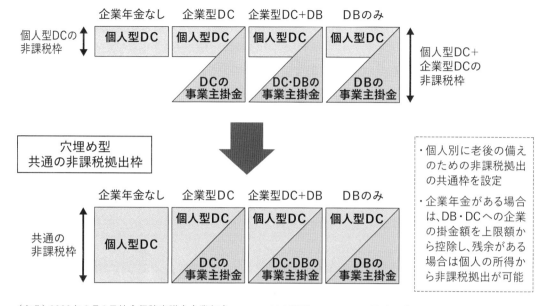

（出典）2023年9月8日社会保障審議会企業年金・個人年金部会資料1の40ページ

・個人別に老後の備えのための非課税拠出の共通枠を設定

・企業年金がある場合は、DB・DCへの企業の掛金額を上限額から控除し、残余がある場合は個人の所得から非課税拠出が可能

※企業型DCでマッチング拠出を導入している場合は、個人型DCかマッチング拠出かを加入者が選択可能とすることも考えられる。

図表19-9 「生涯拠出枠」「キャッチアップ拠出」の提案

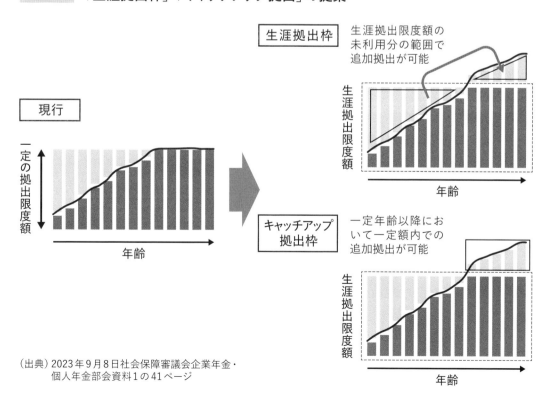

（出典）2023年9月8日社会保障審議会企業年金・個人年金部会資料1の41ページ

埋め型」や「共通の非課税枠」についての提案がなされています。

　例えば、個人別に老後の備えのための非課税拠出の共通枠を設定し、企業年金がある場合は、DB・DCへの企業の掛金額を上限額から控除し、残余がある場合は個人の所得から非課税拠出が可能とする制度設計が、考えられます。

　また、企業年金の多くが賃金カーブに応じた設計となっているため、若年期と中高年期とで企業年金の拠出額の差があります。また、ライフコースに応じて個々人が拠出できる額は変動します。このため、図表19-9のように、**生涯拠出限度額の未利用分を繰り越して使える「生涯拠出枠」**や、**一定年齢以降の退職準備世代に対して追加の拠出を可能とする「キャッチアップ拠出」**について提案があります。

　諸外国の例を見ると、例えばイギリスやカナダでは、加入している私的年金の組み合わせにかかわらず同様の非課税拠出を行えるよう、各種私的年金に共通の非課税拠出限度額を設けており、**働き方の違いや勤め先の違いによって有利・不利が生じないような仕組み**です。

　公的年金の2階がある厚生年金被保険者と、2階がない国民年金第1号被保険者の違いは考慮に入れた上で、**国民が公平に老後所得を確保**するための手段を持つことができるよう、**公平な税制による支援**が必要です。

　一方で、非課税枠の拡大は、貴重な税収を減らすことになりますので、税制全体の考え方に基づいて、公平性等の観点も踏まえて、総合的に検討されることが重要です。

　このような構想が直ちには実現が難しい場合でも、**個人型DC（iDeCo）**の拠出限度額については、長らく据え置かれている「**第1号被保険者**」（現行月額6.8万円）や、企業年金がある人との不均衡が生じている「**企業年金のない第2号被保険者**」（現行月額2.3万円）、「**第3号被保険者**」（現行月額2.3万円）の拠出限度額の引上げは、優先課題だと考えます。

　その際は、第17章（年金と税制）で必要性を説明したような65歳以上の遺族厚生年金の課税化などの課題と合わせて、税負担の公平化を図る見直しを検討することも考えられます。

　このほかの課題としては、**2013（平成25）年の健全化法附則の検討規定（存続厚生年金基金のDBへの移行等）**の課題もあります。2014（平成26）年4月1日に施行された健全化法（公的年金制度の健全性及び信頼性の確保のための厚生年金保険法等の一部を改正する法律）により、厚生年金基金の新設を認めないこととし、存続している厚生年金基金の代行返上によるDB等への移行や解散を促進してきました。現時点で5基金にまで減っています。**健全化法附則第2条**では、**施行日から10年を経過する日までに、存続厚生年金基金が解散し、又は他の企業年金制度等に移行するよう検討し、速やかに必要な法制上の措置を講ずるものとする**とされています。

　厚生年金基金は、加入者掛金についても限度額なく社会保険料控除が認められており、確定給付企業年金（DB）の加入者掛金が実質課税（生命保険料控除のみ）であることや、確定拠出年金（DC）には拠出限度額があることと比べると、**公平化が必要**です。また、厚生年金の一部を代行している複雑な仕組みも解消が望まれます。検討期限は2024年3月末ですので、次期制度改正において、存続基金のDBへの移行のための措置について、検討を進める必要があると考えます。

　企業年金・個人年金については、様々な課題があります。**デジタル化、システム化**により、手続を簡単にするとともに、**拠出の状況や将来の受給見通しを見える化**するなど、取組みの推進が必要です。

第20章 年金制度の抜本改革論と段階的改革論

1. 公的年金制度の「抜本改革論」の経緯

（1）基礎年金創設時からあった基礎年金税方式化論
（2）1990年代の基礎年金税方式化論と厚生年金民営化論
（3）2000年代前半の民主党のマニフェストと年金抜本改革推進法案
（4）2000年代後半の大新聞の年金改革案の提言と超党派国会議員による抜本改革案
（5）民主党政権の社会保障・税一体改革大綱による年金制度改革案

2. これまでの「抜本改革論」の課題

（1）基礎年金税方式化論の課題
（2）報酬比例年金の積立方式論の課題
（3）最低保障年金の課題
（4）賦課方式・見なし拠出建ての所得比例年金の課題

3. 現行制度を基礎とした「段階的改革論」

（1）これまでの「抜本改革論」が提起した課題
（2）少子高齢化への対応は、長寿化に伴う拠出期間の延長で対応
（3）「勤労者皆保険」のアプローチで公的年金制度の一元化をめざし、社会保障を充実する
（4）国民年金保険料の免除制度と年金生活者支援給付金の充実で、年金額の最低保障
（5）税と社会保険料の役割分担、社会保険料も所得再分配機能を持つ現行制度の利点
（6）現行制度を基本として段階的に改善していくことで、諸課題に対応

---

1 公的年金制度の「抜本改革論」の経緯

（1）基礎年金創設時からあった基礎年金税方式化論

　現在の公的年金制度の基本構造は、1985（昭和60）年の年金改正でつくられました。従来の厚生年金保険制度、国民年金制度を活かした上で、1階部分を共通化して**全国民共通の基礎年金を創設**し、厚生年金や各共済年金を**2階部分の報酬比例年金**とした**2階建て構造**です。

　この**仕組みが複雑**であることに加えて、その後の少子高齢化の進展に伴い、公的年金制度の**持続可能性**に対する懸念が高まったこと、**低所得の非正規雇用労働者の増加**等に伴い、国民年金で未納・未加入者が多いことが懸念されたこと等を背景に、1990年代から2000年代にかけて、年金制度を抜本的に改革すべきという様々な意見が生じました。

　当時は、「基礎年金の税方式化案」、「厚生年金の廃止・民営化案」、「厚生年金の積立方式化

案」、「最低保障年金案」、「公的年金制度の一元化案」など、様々な意見が提起されました。

このうち、基礎年金を社会保険方式ではなく、税方式で行うべきだという議論は、基礎年金制度の創設時からありました。

旧総理府に置かれていた**社会保障制度審議会**が、1977（昭和52）年12月にまとめた「皆年金下の新年金体系（建議）」では、公的年金制度を、**全額国庫負担による定額の「基本年金」**と、これに**上乗せする社会保険方式による「社会保険年金」**の上下二階層に区分することを提案していました。これは、無年金者をなくし、各種年金間の不公正と格差を縮小させ、財政基盤を固めるものとしていました。

しかし、日本の年金制度が長く社会保険方式で運営されて定着していることや、税方式で行うには新たに巨額の税財源が必要となり、その調達が困難であったことから、社会保険方式で、基礎年金制度が創設されました。

基礎年金制度の創設時には、**厚生省の社会保険審議会**が1984（昭和59）年1月にまとめた「基礎年金の導入等に伴う改正について（答申）」で、諮問案を基本的に了承としつつ、「なお、**基礎年金の財源としては、全額税方式によるべきである**とする意見（総評を代表する委員）があった。」と記されています。

（2）1990年代の基礎年金税方式化論と厚生年金民営化論

1989（平成元）年4月に、消費税法が税率3％で施行されました。施行後も消費税をめぐって様々な議論がなされ、消費税について国民の理解を得るためには、**福祉目的税化や年金目的税化をすべき**、といった意見もありました。

1989年9月14日の読売新聞に掲載された「どうする消費税」紙上討論では、社会党の村山富市議員は、「**社会党は公的年金のうち全国民共通の基礎年金は、国が国民に最低限保障すべきナショナル・ミニマム**だから、すべて**税方式**で賄うべきだと主張している。医療のうち、特に老人医療は本来、国が責任をもってやるべきことだと思う。」と述べています。

急速に進む人口の高齢化の中で、年金財政が厳しさを増し、1989（平成元）年の年金改正の焦点として、支給開始年齢の65歳への引上げが取り上げられましたが、労働界の反対が強く、盛り込まれませんでした。

その後、1994（平成6）年の年金制度改正では、前年8月に発足した非自民の8党連立の細川護熙内閣の不安定な政治状況の中で、60歳台前半の定額部分の支給開始年齢を段階的に引き上げる等の法案をまとめました。法案は、同年6月末に発足した自民党・社会党・さきがけ3党連立政権（村山富市内閣）の下で、11月に成立しています。

法案が審議途上であった同年5月には、**社会党の高齢社会福祉プログラム特別調査会**は、中間報告をまとめ、**基礎年金について、社会保険方式から税方式に移行し、国庫負担率を段階的に引き上げる**とし、「**年金目的税**」導入を含め、安定的な租税財源の確保策を講じるべきとしました。

連立政権の自民党と社会党の間や、与野党間で意見の相違がある中で、法案成立時には、改正法の附則で、「財源を確保しつつ、基礎年金の国庫負担の割合を引き上げることについて総合的に検討を加え、その結果に基づいて、必要な措置を講じるものとする。」と規定されました。

一方、次の2000（平成12）年の年金制度改正に向けた検討の時期には、1990年代前半のバブル経済の崩壊、1990年代後半の金融危機という厳しい経済情勢の中で、厚生年金の積立方式化論や民営化論が、経済界や一部の経済学者などから提起されました。

1996（平成8）年12月の経済団体連合会の提言「透明で持続可能な年金制度の再構築を求める」では、「報酬比例部分の目的は、現役時代の生活水準の一定割合を確保することである。従って、その財源については、受益と負担の関係をより明確にし、当該個人の過去の報酬の一定割合の積み立てによるもの（報酬比例、積立方式）として、物価スライド、ネット所得スライドなどは排除する。その場合、合理的な給付水準について検討するとともに、積立不足の解消、負担増への対策についても検討しておく必要がある。さらに報酬比例部分の民営化、将来的には企業年金への統合等の可能性についても検討する。」としました。

また、1997（平成9）年4月の経済同友会の提言「安心して生活できる社会を求めて－社会保障改革の基本的考え方－」では、「公的年金と私的年金を完全分離し、公的年金はナショナル・ミニマムを保障するという方向が望ましい」、「公的年金の役割をナショナル・ミニマムの提供とすれば、その性格は生活保障的色彩が強くなり、社会全体による相互扶助と位置づけられる。従って、その財源は普遍的リスク対応に備えた社会保険ではなく、税とすることが自然である。」「報酬比例の厚生年金の役割は、私的年金に移すべきである」「公的年金のナショナル・ミニマム化を受けて、企業年金を含めた私的年金の拡充を図っていくことが、従来にも増して重要」としました。

このような議論は、当時、一部の経済学者からも行われ、1998年5月の「年金民営化への構想」（小塩隆士氏、当時は立命館大学経済学部助教授）などの著書もありました。

このような中で、1997（平成9）年12月の厚生省年金局の「21世紀の年金を選択する－年金改革・5つの選択肢」では、現行制度を維持して保険料を引き上げる案、保険料率の引上げを抑制して給付設計を見直す案、現行の保険料率を維持してその範囲に収まるよう給付設計を見直す案に加えて、「厚生年金の廃止（民営化）案」（公的年金は基礎年金を基本に1階建ての年金とするとともに、厚生年金は廃止し、積立方式による民間の企業年金又は個人年金に委ねる案）も、提示されました。あえて極端な案も選択肢に加え、国民の間での広い議論を期待したものです。

このような議論も経て、2000（平成12）年改正では、少子高齢化が進む中で、厚生年金の報酬比例部分の給付水準の5％適正化、老齢厚生年金（報酬比例部分）の支給開始年齢を60歳から65歳へ引上げ等の給付抑制の措置が講じられています。

今では、このような厚生年金の廃止（民営化）論は、見られなくなっています。

（3）2000年代前半の民主党のマニフェストと年金抜本改革推進法案

1998（平成10）年に結成された民主党は、1999年8月の「政権政策委員会提言」で、「年金制度の抜本的改革」を掲げ、消費税財源による国民基本年金の創設を提言しました。厚生年金の報酬比例部分については賦課方式とし、当面現行の物価スライドを維持するとしています。

民主党は、2000年6月の衆議院議員総選挙、2001年7月の参議院議員選挙の公約で、「基礎年金の税方式化」と「厚生年金の支給水準の維持」を掲げました。

そして、2003年11月衆議院議員総選挙のマニフェストでは、「基礎年金の財源には消費税」を

充て、「基礎年金と所得比例部分からなる２階建て年金制度」を確立するとしました。「厚生年金等と国民年金を一元化し、すべての人を対象に、所得に比例した拠出を財源とする「所得比例年金（仮称）」を設けます。」「これに加えて、税を財源とする「国民基礎年金（仮称）」を設け、老後の最低限の年金を保障します。国民基礎年金は、所得比例年金の給付額が少ない人に、より厚く支給する」としています。

　民主党は、2004（平成16）年４月に、内閣提出の年金制度改正法案（国民年金法等の一部を改正する法律案）の対案として、衆議院に「年金抜本改革推進法案」（高齢期等において国民が安心して暮らすことのできる社会を実現するための公的年金制度の抜本的改革を推進する法律案）を提出しました。

　民主党の年金抜本改革推進法案は、民主党案による年金制度改革の基本方針等を規定するもので、「公的年金制度は、すべての国民が加入する単一の制度とする。」「公的年金制度は、すべての国民が、所得又は報酬に応じて保険料を納付し、一定の年齢に達した場合等に、所得等比例年金（保険料の納付額に比例する額の年金をいう。）及び最低保障年金（所得等比例年金の受給額が一定額に満たない場合においてこれを補足するための年金をいう。）の給付を受ける制度を基本とする。」としています。法案と同時に公表されたポイント説明資料では、図表20-1のよう

図表20-1　**民主党の2004（平成16）年の年金抜本改革案**

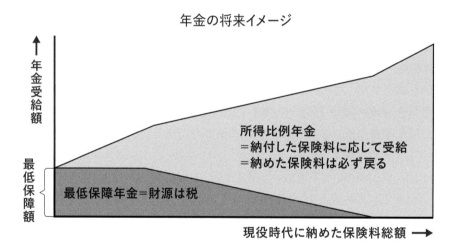

年金の将来イメージ

- すべての年金を同じ制度に一元化
- 所得比例年金は、すべての人が所得に比例して保険料を納め、納めた保険料に比例して年金受給額が決まる公平な制度に。保険料率は、現在の13.58％を維持
- 最低保障年金の財源は、年金目的消費税の創設など、全額国庫で賄う。高額所得者への支払いをカットして、財政負担を抑える
- ３％程度の年金目的消費税を創設し、これまで保険料を支払ってきた部分に対応する年金支給の不足分に充てる。今まで保険料を支払ってきた世代に対する年金給付が減少するにつれて、最低保障年金を支える財源に振り替える
- 夫婦の収入を合算し、その１／２ずつを各人の収入と見なす２分２乗方式を採用

（資料）2004年4月7日 民主党の年金抜本改革＝ポイント説明資料＝　により作成

な将来イメージの図が描かれています。

　この対案の法案は、内閣提出法案とともに衆議院厚生労働委員会で一括審議され、内閣提出法案が可決・成立しています。

（4）2000年代後半の大新聞の年金改革案の提言と超党派国会議員による抜本改革案

　2004（平成16）年の年金制度改正で、長期的な年金財政の枠組み（上限を固定した上での保険料の引上げ、基礎年金の国庫負担率の2分の1への引上げ、積立金の活用、マクロ経済スライド）が導入されたことにより、年金制度の財政危機は回避され、持続可能性が確保されました。

　しかし、少子高齢化が進む中での年金制度に対する国民の不信感、国民年金保険料の納付率の低下、マクロ経済スライドによる将来の年金水準の低下などを背景に、年金制度の抜本改革の議論は続き、2008（平成20）年には、全国紙の新聞各社が、それぞれの案を競わせるかのように、年金制度改革の提案記事を掲載しました。各社の案のイメージ図は、図表20-2のとおりです。

　最初に、同年1月7日に、日本経済新聞が、「基礎年金、全額消費税で」という見出しで、同社の年金制度改革研究会がまとめた年金制度改革案を、1面・2面・6面・7面を使って大々的に

図表20-2　**2008（平成20）年に全国紙各社が提言した改革案**

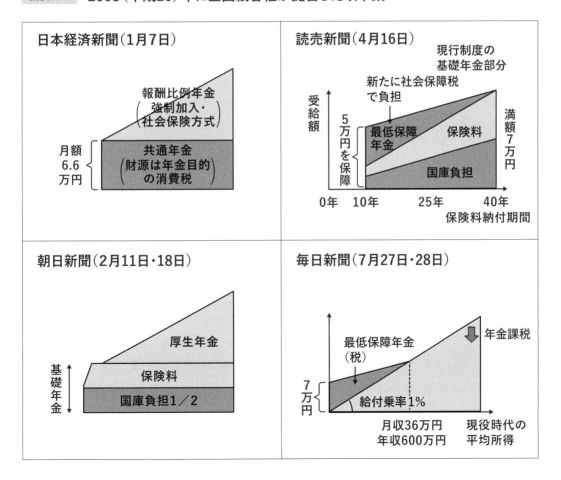

報じました。基礎年金を、全額消費税で賄う税方式に改め、このための消費税率の上げ幅は5％程度とする。給付水準は現状を維持する。報酬比例年金は社会保険方式とする。非正規雇用労働者の加入拡大を進める。年金課税を強めて高所得者への給付を抑制する。支給開始年齢の67歳などへの引上げを検討する。という内容です。基礎年金の税方式化により、国民年金保険料の未納が解消し、高齢者も消費税を負担するので、世代間で公平な制度となる、としました。

　同年2月11日と18日には、**朝日新聞**が社説で、「**年金は税と保険料を合わせて**」「**パートも派遣も厚生年金に**」という見出しで、朝日新聞の提言を掲載しました。基礎年金をすべて税で賄うのは非現実的だ。年金は社会保険方式を土台に改革を進めていく。税金の投入は医療や介護を優先させる。パートも派遣も厚生年金に加入するようにする。低年金者には生活保護を受けやすくしよう。と論じました。

　同年4月16日には、**読売新聞**が「**最低保障年金を創設**」という見出しで、同社の社会保障研究会がまとめた年金制度改革に関する提言を、1面・3面・18面・19面を使って大々的に報じました。月額5万円を税による最低保障年金で保障。受給資格期間を10年に短縮。子育て3年間は保険料無料。医療・介護も視野に、消費税に替えて税率10％（生活必需品は5％）の社会保障税を導入。負担・給付の漏れをなくして公平に運用するために社会保障番号を導入。という内容です。医療・介護の財源も必要な中で、基礎年金の全額税方式では、大幅な消費税の引上げが必要になる上に、制度の移行が難しいというデメリットが大きい、として税方式を否定し、保険料と国庫負担による社会保険方式を基本としながら、低所得・低年金の高齢者に限った税による最低保障年金を創設する、としました。

　そして、同年7月27日・28日には、**毎日新聞**が社説で、「**所得比例制度に一元化**」「**一元化へ政治は決断を**」という見出しで、毎日新聞の提言を掲載しました。社会保険方式で所得比例の年金制度を一元化する。基礎年金を廃止し、新たに設ける最低保障年金は、税で賄う。という内容です。また、日経案、朝日案、読売案と毎日案の比較も記事にしています。

　これに対して、政府は同年5月に、**社会保障国民会議**で、「**公的年金制度に関する定量的なシミュレーション**」を公表しました。各方面から提案されている様々な年金改革案について、複数のシミュレーションを行ったもので、**基礎年金を税方式に切り替えた場合**は、追加的に必要となる税財源は2009年度時点で9兆～33兆円で、これを消費税で賄うと、追加して引上げが必要となる**消費税率は、3.5％～12％**となるという試算を明らかにしました。

　一方、同年12月には、「いまこそ、年金制度の抜本改革を。」と題して、**超党派の国会議員による年金制度改革に関する提言**が公表されました。自由民主党の野田毅議員、河野太郎議員、亀井善太郎議員と、民主党の岡田克也議員、枝野幸男議員、古川元久議員、大串博志議員の連名の提言です。提言が掲げた年金制度のイメージ図は、図表20-3のとおりです。

　この提言では、1階部分は、「**税方式の基礎年金**」とし、基礎年金の役割は**最低生活保障**と明確に位置づける。給付水準を先に決め、それに合わせて財源を調達する「**給付建て**」とする。所得再分配機能は税で行う。未納が生じない。保険料の徴収コストがかからない。**消費税を基幹税**として、**月額7万円程度の給付水準を将来にわたり確保**する。インフレが起これ ばそれに応じた調整を行う。高所得者には、年金課税の見直しや、クローバック制度による給付抑制を検討する。単身高齢者には、所得等に応じて追加給付を創設する。改革案への移行に際しては、これまで

の保険料拠出実績は給付額に反映し、公平性を失しないようにする。としています。

　また、2階部分は、「積立保険料比例年金」とし、所得比例部分の役割は従前生活保障と明確に位置づける。**現役時に積み立てた金額に比例して支給される積立方式の公的年金とし、拠出した財源に応じて給付水準が決まる「拠出建て」とする。対象者は全就業者を基本とする。**現行の**厚生年金報酬比例部分の純債務**は、積立保険料比例年金とは会計を区分し、**少なくとも50年を超える長期間で解消する。**そのための財源には、幅広い世代の幅広い課税ベースに財源を求めることとし、基礎年金の財源を税にすることに伴う厚生年金保険料の事業主負担の軽減分の活用などを考える。としています。

図表20-3　**2008（平成20）年の超党派議員の提言**

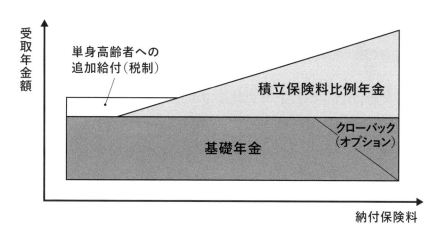

- **基礎年金　ー最低生活保障と明確に位置づける　「給付建て」**
  - ・1人月額7万円程度の給付水準を将来にわたり確保。財源には税を充てる。消費税を基幹税とする。
  - ・高所得者には、年金課税見直しや、クローバック制度による給付抑制をオプションとする。
- **積立保険料比例年金　ー従前生活保障と明確に位置づける　「拠出建て」**
  - ・現役時に納めた保険料に応じて給付する。対象者は、全就業者を基本とする。
  - ・現行制度の純債務は、別会計とし、幅広い課税ベースの財源で、50年を超える長期で解消する。
- **単身高齢者への追加給付（税制）及びクローバック（オプション）の対象者特定は、積立保険料比例年金のみならず、総合所得で行う。**

（資料）2008年12月25日「いまこそ、年金制度の抜本改革を。」ー超党派による年金制度改革に関する提言ー　により作成

（5）民主党政権の社会保障・税一体改革大綱による年金制度改革案

　2009（平成21）年9月に、民主党政権の鳩山由起夫内閣が発足し、2010年6月には菅直人内閣に、2011年9月には野田佳彦内閣に引き継がれます。

　民主党政権では、社会保障改革の全体像をまとめるため、2010（平成22）年10月に「政府・与党社会保障改革検討本部」を設置して、議論を始めました。そして同年11月から、内閣総理大臣

が社会保障分野等の有識者の参集を求め、「社会保障に関する有識者検討会」を5回にわたり開催した後、2011（平成23）年2月から、内閣総理大臣を議長とし、関係閣僚、与党幹部と民間有識者からなる「社会保障に関する集中検討会議」を設置して議論を進めました。

4月27日の集中検討会議では、これまでのヒアリング等において各方面から提出された提言や意見を整理し、年金については、幅広い見解があることを、改めて確認しています。

5月26日には、民主党の社会保障と税の抜本改革調査会が、「「あるべき社会保障」の実現に向けて」をとりまとめ、5月30日の政府の集中検討会議（内閣官房）で配布されました（※）。ここで、年金については、マニフェストで掲げてきた民主党の年金制度の抜本改革案について、所得比例年金と最低保障年金の新制度の骨格をとりまとめています。図表20-4のイメージ図は、従来のマニフェストで掲げてきた図表20-1のイメージ図と比べると、所得比例年金と最低保障年金の上下が逆に表現されています。

※https://www.cas.go.jp/jp/seisaku/syakaihosyou/syutyukento/dai9/minsyutou.pdf

この改革案は、所得比例年金（社会保険方式）は、被用者も自営業者もすべての人が同じ制度

図表20-4　民主党の2011（平成23）年の年金抜本改革案

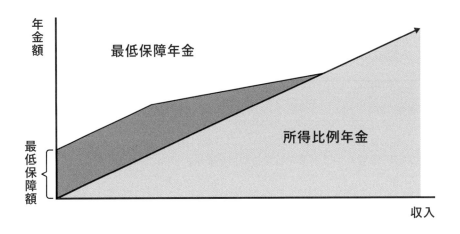

- **所得比例年金（社会保険方式）**
  - ・被用者も自営業者もすべての人が同じ制度に加入（一元化）。保険料は15％程度（老齢年金部分）
  - ・保険料は、被用者は労使折半、自営業者は全額自己負担（導入時は激変緩和措置）。
  - ・賦課ベースは、被用者は給与収入、自営業者は「売上げ−必要経費」。賦課ベースに上限を設ける。
  - ・夫婦が納めた保険料を合算して二分したものをそれぞれの納付保険料とする（2分2乗）
  - ・納付した保険料を記録上積み上げ、「見なし運用利回り」を付し、合計額を年金支給開始時の平均余命などで割って、毎年の年金額を算出。

- **最低保障年金（税財源）**
  - ・消費税を財源として、所得比例年金の受給額の少ない人に給付。
  - ・生涯平均年収ベース（＝保険料納付額）で一定の収入レベルまで全額を給付し、それを超えた点より徐々に減額を行い、ある収入レベルで給付額をゼロとする。
  - ・最低保障年金の満額は7万円（現在価値）。所得比例年金の「見なし運用利回り」でスライドする。

（資料）2011年5月26日「あるべき社会保障」の実現に向けて（民主党社会保障と税の抜本改革調査会）　により作成

に加入して、一元化する。老齢年金部分の**保険料は15％程度**とし、別途、遺族年金・障害年金に係る保険料を加算する。保険料は、**被用者は労使折半**で、**自営業者は全額自己負担**とするが、導入時は激変緩和措置を設ける。保険料の賦課ベースは、**被用者は給与収入**で、**自営業者は「売上げ−必要経費」**とし、賦課ベースに上限を設ける（＝年金受給額に上限を設ける）。夫婦が納めた保険料を合算して二分したものをそれぞれの納付保険料とする（２分２乗）。納付した保険料を記録上積み上げ、「見なし運用利回り」を付し、合計額を年金支給開始時の平均余命などで割って、毎年の年金額を算出する。「見なし運用利回り」は、１人あたり**賃金上昇率をベースにしつつ、現役人口の減少を加味**することで、概ね100年間、所得比例年金の財政が維持できるように調整した値とする。という内容です。

　最低保障年金（税財源）については、**消費税を財源**として、所得比例年金の受給額の少ない人に給付する。最低保障年金の**満額は概ね７万円**（現在価値）。生涯平均年収ベース（＝保険料納付額）で一定の収入レベルまで全額を給付し、それを超えた点より徐々に減額を行い、ある収入レベルで給付額をゼロとする。最低保障年金についても、所得比例年金の「見なし運用利回り」でスライドする。という内容です。

　その上で、「「公的年金制度の一元化」などの抜本改革を実現するまで、一定の時間を要することから、その間は現行制度を改善することによって、無年金者・低年金者問題、年金の財政基盤強化などの課題に対応する。」として、**現行制度の改善項目を掲げ、改革を２段階で進める方針**を明らかにしました。

　そして、同年６月30日に「社会保障・税一体改革成案」、翌年の2012（平成24）年１月に「社会保障・税一体改革素案」が政府・与党社会保障改革検討本部で決定され、２月には、「**社会保障・税一体改革大綱**」が**閣議決定**されています。

　大綱では、年金について、「**Ⅰ 新しい年金制度の創設**」として、次のようにしています。

　「○「所得比例年金」と「最低保障年金」の組み合わせからなる一つの公的年金制度にすべての人が加入する新しい年金制度の創設について、国民的な合意に向けた議論や環境整備を進め、引き続き実現に取り組む。

〈所得比例年金（社会保険方式）〉

○職種を問わずすべての人が同じ制度に加入し、所得が同じなら同じ保険料、同じ給付。

○保険料は15％程度（老齢年金に係る部分）。

○納付した保険料を記録上積み上げ、仮想の利回りを付し、その合計額を年金支給開始時の平均余命などで割って、毎年の年金額を算出。

〈最低保障年金（税財源）〉

○最低保障年金の満額は７万円（現在価額）。

○生涯平均年収ベース（＝保険料納付額）で一定の収入レベルまで全額を給付し、それを超えた点より徐々に減額を行い、ある収入レベルで給付額はゼロ。

○すべての受給者が、所得比例年金と最低保障年金の合算で、概ね７万円以上の年金を受給できる制度。」

　その上で、「**Ⅱ 現行制度の改善**」として、「新しい年金制度の創設までには、一定の時間を要する。また、新しい年金制度の創設を行っても、新しい年金制度からの年金給付のみを受給する者が出

てくるには相当の期間が必要であり、その間は新制度と旧制度の両方から年金が支給されること
となる。このため、新しい年金制度の方向性に沿って、現行制度の改善を図る。」として、（1）基礎
年金の国庫負担2分の1の恒久化、（2）最低保障機能の強化、（3）高所得者の年金給付の見直
し、（4）物価スライド特例分の解消、（5）産休期間中の保険料負担免除、（6）短時間労働者に対
する厚生年金の適用拡大、（7）被用者年金の一元化などを掲げました。

　この現行制度の改善について、2012（平成24）年3月には、社会保障・税一体改革関連法案
として、年金制度改革の関連法案を閣議決定の上で、国会に提出しました。この関連法案は、民
主党・自由民主党・公明党の与野党3党協議による修正を経て、8月に成立しています。

　この間、2012年2月10日には、民主党の社会保障と税の一体改革調査会総会で、新年金財源
の試算案「新制度の財政試算のイメージ（暫定版）」（※）を公表しています。

　※ https://www.dpj.or.jp/article/100740/

　図表20-5と図表20-6は、その資料に掲載されている図です。この資料は、民主党として機関
決定したものではない政策検討用の参考資料と説明されていますが、税と社会保障の抜本改革
調査会の幹部の要請で厚生労働省が行った新年金制度の試算であり、民主党案に基づいて、緻
密に計算されています。

図表20-5　民主党「新年金制度の財政試算のイメージ（暫定版）」

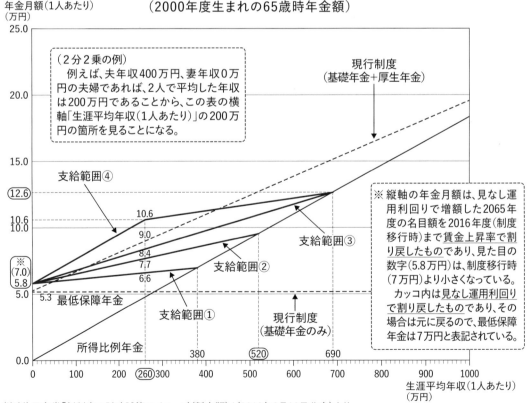

（資料）民主党「新制度の財政試算のイメージ（暫定版）」（2012年2月10日公表）より

図表20- 5の「支給範囲④」は、図表20- 4の民主党の抜本改革案のイメージ図に近い形をしていますので、これが本命の案と考えられます。これは、生涯平均年収260万円までに対応する所得比例年金の者は、最低保障年金を満額（現在月額７万円）支給し、所得比例年金が12.6万円の者はゼロとし、その間は直線的に支給するケースです。**年収260万円は、現在の被用者・自営業者・無職者を含む現役平均年収の水準**であり、現在の厚生年金の夫のみ就労世帯の１人あたり平均賃金水準でもありますが、その額までは最低保障年金を満額支給し、さらに、現行制度における**男子単身の標準的な年金月額**（マクロ経済スライドによる調整後）にあたる12.6万円までは支給するという考え方です。

　この場合、生涯平均年収400万円強より下は、現行制度より年金額が増えますが、それ以上の人は、現行制度より年金額が減ります。低所得者への所得再分配を強化する構図です。

　最低保障年金額（満額）は、当初は７万円ですが、「見なし運用利回り」でスライドしますので、2065年度の姿では、**5.8万円**（賃金上昇率で割り戻した額）に水準が低下しています。

　また、この場合は、図表20- 6の「支給範囲④」にありますように、**最低保障年金の所要財源は、消費税率換算で、2075年には11.2%になります。**制度改正がなかった場合が6.5%ですから、**現行制度と比べた増加額は、4.7%にもなります。**

図表20-6　最低保障年金の所要財源見通し
（旧期間の基礎年金国庫負担を含む）（見なし運用利回りスライド）

（　）は消費税率換算

	支給範囲① （39.3%支給）	支給範囲② （48.7%支給）	支給範囲③ （58.3%支給）	支給範囲④ （74.9%支給）	制度改正 なかりせば
2015年度 （制度移行直前）	11.7兆円 （4.1%）	11.7兆円 （4.1%）	11.7兆円 （4.1%）	11.7兆円 （4.1%）	11.7兆円 （4.1%）
2035年度	16.1兆円 （4.2%）	16.4兆円 （4.3%）	17.0兆円 （4.5%）	17.8兆円 （4.7%）	16.5兆円 （4.4%）
2055年度	26.3兆円 （5.8%）	28.9兆円 （6.4%）	33.0兆円 （7.3%）	38.7兆円 （8.5%）	27.0兆円 （6.0%）
2075年度	35.1兆円 （6.4%）	40.5兆円 （7.4%）	49.3兆円 （9.0%）	61.3兆円 （11.2%）	35.7兆円 （6.5%）
2095年度	41.0兆円 （6.0%）	47.7兆円 （6.9%）	58.7兆円 （8.5%）	73.5兆円 （10.7%）	42.9兆円 （6.2%）

支給範囲①：所得比例年金がゼロの者は満額支給、所得比例年金が最低保障年金の満額の者はゼロとし、その間は直線的に支給する場合

支給範囲②：所得比例年金がゼロの者は満額支給、生涯平均年収520万円に対応する所得比例年金の者はゼロとし、その間は直線的に支給する場合

支給範囲③：所得比例年金がゼロの者は満額支給、所得比例年金が12.6万円の者はゼロとし、その間は直線的に支給する場合

支給範囲④：生涯平均年収260万円までに対応する所得比例年金の者は満額支給、所得比例年金が12.6万円の者はゼロとし、その間は直線的に支給する場合

（資料）民主党「新制度の財政試算のイメージ（暫定版）」（2012年2月10日公表）より

これに対して、**支給範囲①②③**は、所要財源が増えないように**対象者を絞り込んだ案**です。図表20-6のとおり、支給範囲①又は②で、現行制度と概ね同程度の所要財源となりますが。図表20-5のとおり、**幅広い所得層で、現行制度よりも、年金額が低下**し、とりわけ、**中間層の低下が大きく**なっています。

　その後、2012（平成24）年12月の衆議院総選挙の結果、自由民主党・公明党の政権が復帰しました。

2 これまでの「抜本改革論」の課題

(1) 基礎年金税方式化論の課題

　基礎年金を税方式にする議論は、基礎年金の創設時からありますが、次のような点から、実現は難しく、施策としても適切とは言えないと考えます。

① 巨額の税財源が必要であり、確保が困難

　65歳以上の高齢者約3,600万人に、月額6.5万円を12月支給するには、毎年28兆円（=3,600万人×6.5万円×12月）が必要です。現在、基礎年金の給付費は、国庫負担12兆円、保険料財源12兆円の規模ですが、保険料納付履歴にかかわらず満額を支給すると、さらに4兆円（=28兆円－12兆円－12兆円）が必要となります。

　基礎年金の税方式論では、未納・未加入等による低年金者を防止できるメリットを説きますが、**保険料納付履歴に基づいて年金額を減じている部分を追加して給付**するのですから、当然、**追加財源が必要**です。

　この**保険料財源12兆円と追加所要額4兆円の合計の16兆円**を、仮に**消費税で賄ったとすると、税率7％程度に相当する規模**です。2021年度の消費税収22兆円、所得税収21兆円、法人税収14兆円の規模と比べると、確保することは大変難しい規模です。

　現状でも社会保障費用の国庫負担分は税収で賄えておらず、赤字国債に頼っており、国民に税負担を理解していただかなければなりませんが、医療費も介護費も子育て費用も財源が不足しています。

② 保険料から税に置き換わる部分は、負担者が変わる、所得再分配機能が変わる

　税方式により、保険料負担は軽減しますが、仮に税財源を消費税財源とした場合、厚生年金保険料の**事業主負担分が家計に転嫁**され、**家計の負担増**となります。これまで保険料を負担してこなかった**低所得者層の負担が大きく増えます**。

　現行制度は、報酬比例の厚生年金保険料で、定額の基礎年金も給付するため、**厚生年金の保険料には所得再分配機能があります**が、税目によっては、**基礎年金を税方式にすると、所得再分配機能は無くなります**。

基礎年金の税方式化論では、これまでの保険料負担が税負担に置き換えられると説明しますが、誰が負担するのかが変わり、これが重要です。

③ 国民の負担への納得感の低下の懸念

社会保険方式は、負担と給付の結びつきが有ることが特色です。本人負担は、本人の将来の年金給付に結びつくこと、事業主負担は、従業員の将来の年金給付に結びつくことから、税と比べて納得感が得られやすい仕組みです。

税は、給付との結びつきが弱いですから、税方式に移行すると、社会保障目的税と整理したとしても、国民の負担への納得感に悪影響を与えるおそれがあります。

消費税は、様々な点でメリットがある優れた税制ですが、人々が買い物をするたびに税負担を感じ、痛税感が大きいと言われています。社会保険料も可処分所得を減らすことで負担感が大きいですが、保険料の納付履歴が年金給付の額に結びつくことで、納得感が高まるメリットがあります。

④ 将来の税負担のさらなる上昇や、給付の抑制の可能性

年金額にマクロ経済スライドをかけない場合、少子高齢化により、国民経済に対する将来の税負担はさらに上昇します。

現行制度では、将来の保険料の上昇を防ぐために、財源の範囲内で給付を行うよう、マクロ経済スライドで給付水準を調整する仕組みですが、税方式にしても、給付水準を調整するか、税率を高めるか、という選択が迫られることは同じです。

社会保険方式と比べて、税方式の場合は権利性が低いですから、社会経済情勢の変化により、税負担の引上げが難しい場合には、支給制限を設けるなど、給付の抑制という選択肢が採用される可能性が高まります。

⑤ 所得制限をする場合の課題

基礎年金の税方式論では、高所得の高齢者の年金課税を強化したり、高所得の高齢者に基礎年金給付の所得制限（クローバック）を行って費用を抑える案があります。

この場合でも、「高所得」の高齢者は一部に限られます。65歳以上の老齢年金受給者の本人の年収分布を見ると、年収300万円以上の人は20％、500万円以上の人は6％、1,000万円以上の人は1％です。高所得の高齢者の給付を抑制しても、大きな財政効果が見込めるものではありません。

逆に、給付費の増加を抑えるために効果のある所得制限を行おうとすれば、広範な層の給付を削減することが必要になってしまいます。

⑥ 生活保護費の減では置き換えられない

基礎年金の税方式論では、生活保護費の減少分を置き換えられるという説明があります。

しかし、生活保護は補足性の原理による資産等の審査があり、対象が絞られていますので、生活保護費を置き換えることで税負担は増えないということにはなりません。

生活保護費は年3.6兆円であり、うち、生活扶助1.1兆円、医療扶助1.8兆円です。65歳以上の被保護者は全体の半分強です。高齢者の生活扶助費が置き換えられたとしても、数千億円程度に

しかならないと考えられます。

⑦ 長期の移行期間

　基礎年金の税方式化をする場合、これまで保険料を納付してきた人への配慮が必要です。

　公平性を失しないよう過去の保険料未納分は給付を減額し、将来期間分から満額方式に移行するとした場合、移行期間は20歳の者が90歳以上に達するまでの**70年以上**も要します。また、それまでの間は、基礎年金税方式論がメリットとする低年金・無年金者の解消は、実現できないことになります。

（2）報酬比例年金の積立方式論の課題

　報酬比例年金を積立方式に転換する議論は、次のような点から、実現は難しく、施策としても適切とは言えないと考えます。

① 二重の負担

　賦課方式で運営してきた厚生年金を、積立方式に移行する場合は、転換後の現役世代は、当分の間、**これまでの保険料を納付してきた世代に対して国が約束してきた給付に要する費用と、自分の世代の積立て保険料と、二重の負担**が生じます。

　2019年財政検証のケースⅢで見ると、2階部分の過去期間分の給付現価は680兆円で、積立金は210兆円ですから、差額の470兆円が、いわゆる過去債務になります。

　仮にこれを**長期間（例えば50年）かけて償還する**としても、470兆円÷50年＝9.4兆円（＋金利分）を、国民が毎年負担しなければならないことになります。

　これはとうてい負担に理解が得られない巨額な金額であり、しかも、そこまでして行う意味があるとは考えられません。

② 積立方式でも少子高齢化の影響は回避できない

　積立方式論では、少子高齢化に伴う世代間の負担の格差を解消できるという説明があります。

　しかし、第3章（経済と年金）の2（1）（2）で説明しましたように、重要なのは、お金よりも「生産物」であり、年金制度は、その時の社会で生産された生産物を現役世代と年金世代が分かち合うための仕組みです。**少子高齢化で生産力が低下した影響は、積立方式でも、資金運用の悪化や物価上昇など市場を通して、年金の購買力（実質的な価値）の低下として受ける**ことから、少子高齢化の影響は、**積立方式でも回避できません。**

　お金は積み立てられても、生産物（商品やサービス）は積み立てられませんから、その年に現役世代が生み出した生産物を、現役世代と高齢者で分かち合う構造には、変わりはありません。

③ 運用リスクへの国民不安

　拠出建ての積立方式については、集団で運用する制度設計と、確定拠出年金（DC）のように、個人が運用方法を選択する制度設計の場合で異なりますが、運用結果によって将来の給付が異

なるため、運用リスクへの国民の不安が高まります。

　特に、個人が運用方法を選択する場合は、**運用リスクは完全に個人に転嫁されるため**、年金額に関する見通しが立ちにくく、**特に市場が荒れる時には国民の不安が増します。**

　賦課方式を維持した上で、人口減少率や平均余命の伸び率で水準調整をする現行制度の方が、受給額の予見可能性が高く、変動も小さいと言えます。

　また、**65歳あるいは本人の受給開始時点での個々人の積立額をもとに年金額が決定する仕組み**をとる場合は、受給開始直前に資産価値が大幅に下落すると、その世代の年金額が一生低くなってしまうという欠点もあります。

④ 資金運用上の課題

　積立方式については、**巨額の積立金をどのように運用できるか**、という問題もあります。国内の債券や株式では市場が小さくて運用できないため、**世界の債券や株式などに分散して運用**することになります。

　また、個人が運用方法を選択する仕組みとした場合は、**安全と思われている国内債券に集中する傾向があり、利回りが確保できない**という課題も見込まれます。

（3）最低保障年金の課題

　税財源による最低保障年金については、制度論として一つの考え方であると思いますが、次のような課題があり、実際に行おうとすると、国民の理解を得ることは難しいと考えます。

① 大幅な増税か、中間所得層の年金水準の低下

　現行の基礎年金は、一律に定額で給付していますが、最低保障年金は、**報酬比例の年金額が少ない人に重点的に給付をする案**です。

　基礎年金を全額税方式にした場合と比べれば、必要な税財源の増加額は抑制されますが、税財源で最低保障年金を行うためには、その給付範囲によっては、**税財源の増が必要**です。

　必要な増税額を抑制するために、給付の対象とする所得水準を低めに設定すれば、幅広い所得層で、年金額が現行制度より減ることになります。現在の低年金者や無年金者の層に最低保障年金を給付して年金額を増やすのですから、総財源が同じであれば、一定水準以上の**中間・上位の所得層の年金額を抑制**することになります。

　図表20-5、図表20-6のとおり、2012年2月に公表された民主党の新年金制度案の試算「新制度の財政試算のイメージ（暫定版）」では、その現実を正しく示しています。

② 税負担者、保険料負担者との公平性や納得感

　税による最低保障年金を、所得が低かった**低年金者に重点的に給付する場合、中間層に、税負担の納得感が得にくい懸念**があります。例えば、消費税を財源として、低年金者を対象とした最低保障年金を行うとした場合、中間層は、消費税を負担しても、恩恵が得られません。

　所得比例年金＋最低保障年金の制度への転換は、低所得者への重点配分という**社会政策上**

の意義がありますが、給付に結び付かない税負担が生じる**中間層の理解が得にくい施策**と考えられます。

　また、年金制度は、多くの受給者に対して効率的に給付事務を行うため、資産要件などを設けることができません。このため、**報酬比例年金額が少なくても、多額の資産がある人にも、税財源による最低保障年金を給付することに、納税者の理解が得られるか**という懸念があります。

　さらに、最低保障年金の制度設計によりますが、**最低保障年金が減額していく領域では、保険料を多く負担しても、報酬比例年金と最低保障年金の合計額が、あまり増加しない**、という層が生じます。労働意欲、保険料負担の納得感を損ねる懸念があります。

（4）賦課方式・見なし拠出建ての所得比例年金の課題

　賦課方式・見なし拠出建ての所得比例年金については、説明の仕方として一つの考え方であると思いますが、現行制度と実質的な違いも少なく、次のような課題があると考えます。

①「賦課方式・見みなし拠出建て」は、「賦課方式・給付建て」と実質的には同じもの

　民主党案の所得比例年金は、「賦課方式・見なし拠出建て」ですが、これは、現行の厚生年金の報酬比例部分の「賦課方式・給付建て」と、実質的には同じものであると言えます。

　見なし拠出建て方式は、年金財政は従来と同様に賦課方式で運営する一方、各加入者への受給権付与は、拠出建てに基づいて行う方式で、**スウェーデンの年金制度で採用されています。**

　この方式では、加入者が**毎年拠出する保険料**は、その時々の年金受給者の年金給付を賄うために用いられるため、**賦課方式**です。その一方で、**保険料の拠出額は加入者の仮想個人勘定に「見なし運用利回り」つきで記録されます。**そして、本人の年金受給開始時点で、過去の保険料拠出総額（見なし運用利回り込み）を、その時点の**平均余命を考慮して設定された除数で割る**ことにより、毎年の受給額を決めるため、**拠出建て方式**になります。

　スウェーデンの年金制度では、「見なし運用利回り」は、1人あたり賃金上昇率を基本に設定されていますが、**自動均衡機能**により、賦課方式制度の財政状況に応じて、利率を調整する仕組みを持っています。賦課方式と拠出建ては、本来は両立しないものですが、自動均衡機能を有する「見なし運用利回り」という手法により、両立させています。

　民主党案の所得比例年金は、1（5）で説明しましたように、納付した保険料に、「見なし運用利回り」を付けて、記録上積み上げ、その合計額を年金支給開始（裁定）時の平均余命などで割って、毎年の年金額を算出する仕組みです。その際、「見なし運用利回り」は、1人あたり賃金上昇率をベースにしつつ、現役人口の減少を加味することで、概ね100年間、所得比例年金の財政が維持できるように調整した値としています。

　「新制度の財政試算のイメージ（暫定版）」（2012年2月10日）でも、「**見なし運用利回り＝1人あたり賃金上昇率 － 15～64歳人口減少率 × α（0～1）**」（αは財政均衡を図るために必要な調整係数。α＝1ならばこれは「現役世代の総賃金上昇率」に相当。調整の結果、見なし運用利回りは物価上昇率を下回ることもある。）としています。

　この試算では、人口と経済の前提を平成21年財政検証（基本ケース）に準拠して試算した上で、

αを100年間均等とし、2105年度時点まで所得比例年金の給付費1年分の積立金を保持できる値として、α＝0.29で試算しています。経済前提を平成23年の内閣府試算の慎重シナリオに準拠すると、α＝0.54とする必要があるとしており、その場合は年金の給付水準は下がります。

　一方、現行の厚生年金の報酬比例部分の年金額は、平均標準報酬額（賞与を含んで全加入期間を平均した月額。**過去の賃金は賃金スライド等で現在価値に再評価。**）に、給付乗率である1000分の5.481を乗じてから、被保険者期間の月数を乗じて計算します。その際、年金額の**物価や賃金に応じたスライド**や、**マクロ経済スライド**を反映させるため、**再評価率にスライド率を乗じた改定が行われる仕組み**です。

　民主党案では、平均余命の伸びの影響は、納付した保険料総額を受給開始時に平均余命等で割って年金額を算出する仕組みで吸収します。被保険者の人口の減少やその他の変動による影響は、見なし運用利回りにおいて、人口減少率に調整率「α」を乗じた率を差し引く仕組みで吸収します。

　したがって、民主党案の見なし運用利回りと年金額算出方法の仕組みは、**現行制度の再評価率と年金額改定の仕組みと、実質的に同じ**と言えます。ただし、民主党の財政試算のイメージ（暫定版）では、調整係数の「α」は100年間で計算しているため、マクロ経済スライドよりも調整が後ろ倒しになり、当面は緩和されますが、将来の水準を下げるものと考えられます。

　民主党案の見なし拠出建ての仕組みは、**国民に分かりやすく示すための工夫**と言えますが、見せ方を変えたところで、保険料率や人口の減少などの諸条件が同じであれば、同水準の所得比例年金しか給付することはできず、**マクロ経済スライドによる年金水準の低下を回避できるものではありません。**

　新旧制度の併存期間が長期にわたり、複雑になることも考えると、**制度や実務の変更に多大な労力をかけてまで、見なし拠出建てへの制度変更を行う必要性は低い**と思います。現行制度においても、保険料拠出の実績を「見える化」する工夫をしていけば、良いのではないでしょうか。

② 見なし運用利回りは、市場の運用利回りを下回る可能性が高く、国民の失望を招く懸念

　見なし運用利回りは、分かりやすく見せるための工夫ですが、賃金の下落や少子化の影響で**マイナスになる可能性**がありますし、1人あたり賃金上昇率から「α」で調整された人口減少率を差し引くので、**市場運用の利回りを下回る可能性が大きい**です。

　一見、個人単位の積立方式の拠出建ての年金のように見えつつ、実際は被保険者人口の減少等の影響を織り込む仕組みのため、**国民が誤解したり、期待が失望に転じたりする懸念がある**と考えます。

　民主党案の所得比例年金が、現行の厚生年金と異なるのは、民主党案は、（ア）報酬比例の保険料から基礎年金部分を分離していること、（イ）拠出建てとした上で見なし運用利回り等の仕組みを用いていること、（ウ）自営業者も含めてすべての勤労者を対象としていること、（エ）賦課対象の所得額の上限・下限を広げること、（オ）2分の2乗方式により夫婦の所得を合算してから2分割してそれぞれの保険料納付記録とすることです。

　これらの要素は、分けて考えることが必要であり、私は、このうち、（ウ）（エ）については、現行制度を基礎にした段階的な改善で、実施していく必要があると考えています。

(1) これまでの「抜本改革論」が提起した課題

これまでの様々な「抜本改革論」は、現行制度に対する懸念を解消しようとする方策として、提起されたものです。その懸念としては、

・少子高齢化で年金制度が破綻するのではないか
・保険料が将来高騰するか、給付水準が低下するのではないか
・国民年金保険料の納付率が低下し、制度が空洞化しているのではないか
・低年金者が多く、生活できる年金を保障すべきではないか
・マクロ経済スライドの導入で、制度は破綻しなくても、年金の実質価値の低下は問題だ

などが挙げられてきました。

「抜本改革論」は、2で説明した理由により、実現が難しかったり、施策として適切でなかったりしますが、それでは、現行制度は、その懸念に対して、どのように答えていくことができるでしょうか。順次説明します。

(2) 少子高齢化への対応は、長寿化に伴う拠出期間の延長で対応

少子高齢化と年金については、第4章（少子高齢化と年金）で説明しました。

65歳の人の平均余命は、この60年間で約10年も伸び、今後45年でさらに約3年伸びると見込まれています。少子高齢化による年金制度の危機という見方は、就労期間・保険料拠出期間を固定して考えているため、保険料負担者と年金受給者のバランスが崩れるからです。

しかし、見方を変えて、年齢を固定せず、「非就業者1人を支える就業者の人数」で見ると、印象が激変します。

これまで、平均余命の伸びに合わせて、定年等の就労年齢が、55歳→60歳→65歳へ引き上がり、これと合わせて、年金の支給開始年齢も55歳→60歳→65歳へと引き上げられてきました。また、65歳を過ぎても健康ならばできるだけ長く働く人も増えており、年金の支給開始年齢は65歳ですが、個々人の受給開始年齢は、個々人が選ぶことができ、繰下げ受給により増額できる仕組みも、利用しやすいように弾力化されています。

2004（平成16）年改正のマクロ経済スライド導入により、少子高齢化で年金制度が財政破綻に至る懸念はなくなりました。マクロ経済スライドによる将来の年金水準の低下も、拠出期間を40年で固定して見ているからであり、拠出期間を45年化してみれば、見え方は変わります。

そのためには、現行制度を基本としながら、第7章（基礎年金の拠出期間45年化の意義）で説明したように、基礎年金の拠出期間を45年に改めることや、厚生年金の1階部分に結びつく期間の40年の上限を撤廃し、拠出期間の伸びに応じて、1階部分が増えるようにする改善をしていくことが必要です。

また、第8章（マクロ経済スライド調整期間の一致の意義）で説明しましたように、1階と2階の

マクロスライド調整期間のずれを一致させることは、年金水準の低下を防ぎます。

（3）「勤労者皆保険」のアプローチで公的年金制度の一元化をめざし、社会保障を充実する

　厚生年金期間が少ない人は、低年金者になりやすくなります。現在の老齢年金の受給額の分布は、第2章で説明した図表2-7のとおりです。将来の低年金者を防ぐためには、厚生年金の適用拡大が必要です。

　また、現在の国民年金（第1号被保険者）の制度は、所得にかかわらず定額負担・定額給付のため、所得に応じた年金給付がある厚生年金と比べて、社会保障が不十分です。

　第10章（勤労者皆保険の実現に向けて）で論じましたように、図表20-7のように、**被用者保険の適用対象を、できるところから順次広げてゆき、最終的には、働き方の違いにかかわらず、働いて収入のある人すべてに厚生年金制度による社会保障を実現**していくべきと考えます。

　制度を抜本的に作り直すことは、現実的ではありません。現行制度を基本としながら、そのままでは適用できない人にも適用拡大できる工夫をした上で、順次適用対象としていくことが、早道だと思います。日本の公的年金制度の長年の懸案である「公的年金制度の一元化」は、勤労者皆保険のアプローチで段階的に実現していくべきものと考えます。

図表20-7　**勤労者皆保険のアプローチによる公的年金制度の一元化**　　（筆者作成）

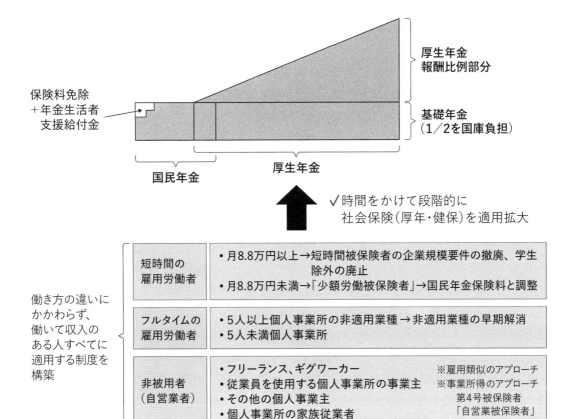

週20時間以上・月8.8万円以上の短時間労働者の適用についての企業規模要件の撤廃や、5人以上個人事業所の非適用業種の解消は、早急に急がれます。また、いわゆる「年収の壁」と呼ばれることがある「段差」を解消し、就業調整を無くしていくためには、週20時間未満・月8.8万円未満への適用拡大も急がれます。

5人未満の個人事業所の従業員への適用拡大も必要ですし、フリーランス・ギグワーカーへの適用拡大も必要です。社会保険をフリーランスにまで適用拡大するのであれば、雇い人の有無や、事業内容の種類にかかわらず、その他の自営業主への社会保険の適用拡大も必要です。

月8.8万円未満の短時間労働者や、自営業者に厚生年金を適用するための手法については、第10章で詳しく説明しました。

このような制度を実現するためには、事業者の事業経営への影響を考慮して、時間をかけて段階的に行う必要がありますし、効率的に行うためのシステム整備も必要です。

勤労者皆保険は、将来の低年金者を防ぎ、働き方に中立的な制度とするために、不可欠です。少子化が進んで働き手が貴重な社会では、人の労働に対する賃金と社会保障費用を、価格に適正に反映する社会経済システムが重要です。

（4）国民年金保険料の免除制度と年金生活者支援給付金の充実で、年金額の最低保障

勤労者皆保険を徹底することで、低年金者を減らすことがかなりできますが、それでも残る低所得者の中には、保険料を負担できず、低年金になってしまう人が懸念されます。

このため、国民年金保険料の免除基準に該当していながら、免除手続をしないまま未納となり、**国庫負担相当分の給付も受けられない人を無くす**ことが重要です。第15章（国民年金保険料の免除と猶予）で提案しましたように、免除基準の該当を自動判定できるように、免除基準を一部見直した上で、**免除基準に該当していれば、免除手続をせずに未納のままでも免除を適用する「基準該当免除制度」**の導入等を行ってはどうかと考えます。

また、**低年金でかつ低所得の高齢者**に、年金とは別の福祉的な給付で支援する**年金生活者支援給付金の充実**も重要です。第16章（年金生活者支援給付金）で提案しましたように、遺族厚生年金の収入勘案で給付を重点化して財源を作り、現行で月額5千円の給付額の引上げや、保険料納付済期間によらない定額給付、基礎年金45年化も考慮した給付設計の見直しを実施してはどうかと考えます。

これを合わせれば、仮に、保険料拠出期間の全部にわたって、厚生年金被保険者期間がなく、国民年金保険料全額免除基準に該当する低所得であり、かつ高齢期にも低所得である人であっても、少なくとも**基礎年金の概ね3分の2程度の額**が、税を財源に支給されることになります。

この給付水準は、最低生活費の保障には至りませんが、これを**年金制度としての実質的な最低保障額**として、厚生年金期間や保険料納付済期間による年金額を積み上げていくことになります。

本格的な最低生活費の保障は、社会保障制度の中で、資産その他の補足性の原理による審査を行う生活保護制度に委ねる部分が、残らざるを得ないと考えます。

（5）税と社会保険料の役割分担、社会保険料も所得再分配機能を持つ現行制度の利点

　これまでの年金制度の抜本改革論の中には、税と社会保険料の役割を区分し、所得再分配は税で行い、社会保険料は、「保険」であるから、所得再分配を排除し、純粋に保険料に比例する給付とする議論があります。

　基礎年金創設時からの基礎年金税方式化論、1990年代の経済危機・金融危機を背景に生じた厚生年金積立方式論・民営化論、2000年代の民主党や超党派議員の年金抜本改革案は、方向性が違うものも含まれますが、これらは、**所得再分配は税で、報酬比例は社会保険料で**、という役割分担を純化する発想が基底にあるものが多かったと思われます。

　しかし、**税方式で、意味のある基礎年金、中間層にも意味のある最低保障年金を実現するためには、巨額な増税が必要**であり、それも一つの政策論ではありますが、これまで、国民に理解をいただくことができなかった、ということだろうと考えます。

　これまで長年の議論の結果、培ってきた現行の制度は、**給付に結びつきのある社会保険料**により、国民負担・事業主負担へのご理解をいただき、また、「社会」保険料も、所得再分配機能を担うことで、社会保障制度の機能を果たす、という知恵のたまものだと思います。

（6）現行制度を基本として段階的に改善していくことで、諸課題に対応

　勤労者皆保険の実現や、基礎年金拠出期間の45年化、マクロ経済スライド調整期間の一致は、年金水準にかかわる大きな課題として、取組みが必要です。

　また、遺族年金の課題や、障害年金の課題についても、比較的手の付けやすい当面の課題から、根本的な議論が必要な中長期的課題まで、段階的に取り組んでいくことが重要です。

　配偶者の加給年金の見直し、在職老齢年金の見直し、年金課税における問題点の見直しなども、急がれる課題と考えます。第3号被保険者制度は、勤労者皆保険を進めることで、対象者が縮小します。

　現行制度の基本構造は、良く考えられて作られてきた仕組みだと考えます。**現行制度の理念や構造を分かりやすく説明し、社会や経済の変化に対応して生じた課題に対しては、一つ一つ手直しをして、改善をしていくアプローチ**が効果的であると考えます。

┃補章┃ 年金実務組織のこれまでとこれから

1. これまで
　（1）制度と実務
　（2）社会保険実務組織の創始
　（3）社会保険庁の設置と業務の拡大への対応
　（4）オンラインシステムの稼働と基礎年金番号の導入
　（5）地方事務官制度の廃止と都道府県社会保険事務局の設置
　（6）社会保険庁の改革と日本年金機構法の成立
　（7）年金記録問題
　（8）日本年金機構

2. これから
　（1）デジタル社会の最先端の実務を目指す
　（2）勤労者皆保険など、制度の進化を実現する年金実務

※ この章は、2023年10月23日の「週刊 年金実務」（社会保険実務研究所）に、『制度を実務に
　 ― 先人の努力の軌跡と最先端の実務に向けて ― 』と題して寄稿した文章です。これは、同誌
　 の創刊50周年の企画として、「年金制度のこれまでとこれから」と題して10人の識者が寄稿した
　 うちの一つです。

---

1 これまで

（1）制度と実務

　私は、様々な問題が噴出していた2004（平成16）年から4年間、社会保険庁総務課企画官・企画室長として、社会保険庁の業務・組織改革、日本年金機構法案の立案に携わりました。9年後に年金管理審議官で年金実務に戻り、諸問題に対応してから、年金局長として、2019（令和元）年財政検証、2020（令和2）年年金制度改正を担当しました。年金管理審議官2年、年金局長3年と合わせ、役所での35年のうち9年が、年金の制度と実務の仕事でした。

　制度を成り立たせているのは、実務組織です。実務を担う職員の奮闘が制度を支えています。コンピュータも、統一的な番号制度もなかった時代から、膨大な事務量と度重なる制度改正への対応に奮闘してきた先人の努力の軌跡に、敬意を感じます。

　実務に根ざした制度を作り、制度を実務に確実に落とし込む。ここをもっと早くこうしていれば、

という強烈な反省点は山ほどあり、今も課題は山積ですが、使命感を持って努力してきた多くの人の存在は忘れられません。

　年金制度の「これまで」と「これから」については、本誌連載の「年金制度の理念と構造」で記していますので、年金実務組織の「これまで」と「これから」を展望します。

（2）社会保険実務組織の創始

　健康保険法の1926（大正15）年の施行に伴い、内務省社会局に保険部が置かれ、各道府県庁所在地等の全国50か所に、健康保険署が設置されました。当時の内務行政は、地方庁を通じて実施するのが通例であり、社会局がその出先機関を直接持つことは異例でした。

　しかし、1929（昭和4）年からは、健康保険の地方における事務は、地方長官に移管され、道府県の警察部健康保険課（後に保険課）で所掌し、府県での出先機関として、健康保険出張所が順次設けられました。（後に社会保険出張所）

　1938（昭和13）年に、内務省から独立して厚生省が設置され、当初は外局の保険院が設置されましたが、後に内局の保険局が設けられました。1941（昭和16）年に労働者年金保険法が公布され、1944（昭和19）年に厚生年金保険法に改称されました。

　終戦後、地方の社会保険行政は、道府県の民生部の所属とされました。1947（昭和22）年に地方自治法が制定された際、例外として、社会保険に従事する職員は、国家公務員たるいわゆる「地方事務官」となり、その任命権は厚生大臣に属するが、業務上の指揮監督は都道府県知事が行うこととなりました。

　全国一括の事務組織とするか、地方行政組織に委ねるかは、実務組織の創始の大きな分かれ目でした。交通や通信が発達した現在と違うにせよ、全国一括の組織と人材育成を行ってきた国税庁・税務署等と異なるあゆみとなりました。地方事務官制は、社会保険は国が経営し、全国的に単一の事業体による事務処理が必要という考えによる折衷策でした。

（3）社会保険庁の設置と業務の拡大への対応

　1961（昭和36）年の国民年金制度の施行に伴い、厚生省に年金局が置かれ、地方事務は、都道府県知事と市町村長へ機関委任され、都道府県の民政主管部局に、国民年金課等が置かれました。

　1962（昭和37）年には、厚生省の保険局、年金局から現業部門を独立させ、外局として社会保険庁が設けられました。都道府県の社会保険出張所は、社会保険事務所となりました。

　厚生年金の被保険者記録は、手作業による紙台帳管理でしたが、戦争中、戦火を避けるため全国の社会保険出張所に移管されました。戦後は、中央移管が進められ、1957（昭和32）年には保険局年金業務室（後に社会保険庁年金保険部業務課）が、東京都杉並区高井戸に設置され、紙台帳管理に加え、台帳カード（パンチカード）による中央一元管理が始められました。社会保険出張所で受け付けられた届出書は、年金業務室に進達され、職員が統計会計機を用いてパンチ入力の作業を行いました。

さらに、1962（昭和37）年からは、IBM製の大型計算機が導入され、紙台帳管理に加え、磁気テープ（電子計算システム）による中央一元管理が始められました。

年金給付の裁定業務は、裁定原簿の社会保険事務所から年金保険部業務課への移管、年金受給者原簿テープの作成、プログラムの作成、高性能大型電子計算機の設置を経て、1968（昭和43）年から、集中処理による年金裁定作業が開始されました。

この時代からの事務処理に由来して、年金記録問題が生じますが、手作業、紙台帳の時代から始まり、当時の先端的な情報処理技術を取り入れながら、急増する膨大な事務処理に奮闘していたのだと思います。

（4）オンラインシステムの稼働と基礎年金番号の導入

1977（昭和52）年に、「新しい事務処理方式案」がとりまとめられました。社会保険事務所に設置する窓口装置により、届書、請求書の入力処理を行い、データ通信回線を通じて中央にデータを送受信し、オンライン業務室の電子計算機で一括処理や記録管理を行うオンライン事務処理方式です。

1979（昭和54）年度からの前期計画と1983（昭和58）年度からの後期計画で順次拡大され1988（昭和63）年2月に完全実施されました。業務課は社会保険業務センターに改められました。

1985（昭和60）年の年金制度改正による基礎年金制度の実施に伴い、基礎年金番号制度が導入され、1997（平成9）年から施行されました。年金事業運営の効率化や、サービスの向上が図られましたが、基礎年金番号に結びつけられていない過去の手帳記号番号による加入記録が膨大にありました。

1998（平成10）年度以降、計画的に、基礎年金番号の通知時の本人からの申し出や、名寄せに基づいて、本人に照会を行い、年金手帳記号番号の基礎年金番号への登録統合に取り組みました。年金相談や年金給付の裁定請求時にも、基礎年金番号に結びつけを進めました。

今でこそ、オンライン化・統一番号による集中事務処理は常識ですが、当時はデータ通信サービスの黎明期であり、先端的な挑戦への苦労が多かったと想像されます。

（5）地方事務官制度の廃止と都道府県社会保険事務局の設置

「地方事務官」は、都道府県職員として都道府県知事の指揮監督を受ける一方、身分は国家公務員で人事・予算は国に属する変則的な制度であり、ガバナンスが不足した組織となった原因の一つとされました。1999（平成11）年の地方分権一括法で廃止され、都道府県の民生主管部の保険課・国民年金課を、社会保険庁の地方支分部局である社会保険事務局（都道府県単位）に改組し、その下に社会保険事務所を置き、職員は厚生事務官となりました。

「機関委任事務」は、法的には国の事務であって、主務大臣の指揮監督の下で、地方公共団体の長が国の機関として処理する行政事務でした。1999（平成11）年の地方分権一括法で、機関委任事務は廃止され、国の直接執行事務として、人員とともに、都道府県から社会保険庁に移管されました。国民年金法に基づく市町村長の機関委任事務も、国民年金保険料の徴収事務等、

事務量の相当部分が市町村から国の直接執行事務へ移管されました。

これに至るまで長い年数を要しましたが、廃止により、統一的な事務処理の基盤ができました。

(6) 社会保険庁の改革と日本年金機構法の成立

2004（平成16）年の年金制度改革法案は、野党が強く反対する中で成立しましたが、マスコミや国会審議で、職員による年金個人情報の業務目的外閲覧や情報漏洩の疑い、年金福祉施設の問題、年金事務費の無駄遣い、調達の問題、国民年金保険料の収納率など、社会保険の業務運営上の様々な問題が指摘されました。

2004（平成16）年7月に、民間出身初の社会保険庁長官として、村瀬清司長官が就任し、社会保険庁改革が始まりました。長官を本部長とする社会保険庁改革推進本部が設置され、省内・庁内から集めた事務局職員と、民間企業出身のプロジェクトマネージャー等を置き、各改革テーマの改革検討班が具体案を立案しました。民間出身の委員による運営評議会も置かれました。同年9月に80項目の「緊急対応プログラム」を公表し、改革を進めました。

また、内閣官房長官の下に、「社会保険庁の在り方に関する有識者会議」が設けられ、翌年5月に、公的年金制度の運営と政府管掌健康保険の運営を分離した上で、それぞれ新たな組織を設置するなどの改革方針がまとまりました。具体案は、厚生労働大臣主催の「社会保険新組織の実現に向けた有識者会議」で12月までに検討されました。

2006（平成18）年3月に国会提出された「ねんきん事業機構法案」では、新組織は、国の行政機関の位置づけで、厚生労働省に設置する「特別の機関」とし、これまでの社会保険庁とは全く異なる特色のあるものとしました。

また、政府管掌健康保険の公法人化のための健康保険法改正案も提出されました。適用徴収は厚生年金と一体的に国が実施しつつ、保険料設定や保険給付については公法人で実施することとし、2008（平成20）年10月に全国健康保険協会が発足しました。

社会保険庁では、2005（平成17）年9月に、もう一段の業務改革を進める「業務改革プログラム」を公表し、着実に取組みを進めました。また、住民基本台帳ネットワークシステム情報の活用をはじめ、法律改正を要する事項は、事業改善法案として国会に提出しました。

ねんきん事業機構法案と事業改善法案の社会保険庁改革関連2法案は、2006（平成18）年5月に国会審議入りしましたが、国民年金保険料の免除等の不適正事務処理が議論となったことから、審議中断となり、そのまま、秋の臨時国会後に、審議未了廃案となりました。

その間、対応方針が与党内で検討され、公的年金にかかる財政責任・管理責任は国が担うこととするが、その運営に関する業務は、新たな非公務員型の公的新法人を設けてこれに担わせることとする方針となりました。

これを受けて、2007（平成19）年3月、「日本年金機構法案」と事業改善法案が国会に提出され、審議・成立しました。

法案の成立後、内閣官房に「年金業務・組織再生会議」が設けられ、その最終整理を踏まえて、2008（平成20）年7月に、「日本年金機構の当面の業務運営に関する基本計画」が閣議決定され、

設立準備が進められました。

　公的年金制度は、国に対する国民の信頼（国の信用力）を基礎とし、適用、徴収から給付までを一体として行い、一生涯にわたる超長期の保険制度として、全国民の強制加入を前提に世代間扶養と所得再分配を行う仕組みです。国が直接に関与して運営責任を果たすのでなければ成り立ちません。

　このため、年金財政の責任は国とし、年金保険料は、国の歳入として年金特別会計に収納し、年金積立金は国の年金特別会計に積み立て、年金給付の裁定は厚生労働大臣の権限とし、年金の支払いは日本銀行を通じて国庫から直接支払う、こととしました。

　一方で、実務組織は、民間組織の機動的で効率的な経営を取り入れるために、非公務員型の公法人とされました。

　日本年金機構は、国から権限の委任と事務の委託を受けて、住民基本台帳ネットワーク情報の活用や、滞納処分の権限など、行政機関のような機能も持ちつつ、組織マネジメントについては、民間組織の良いところを取り入れた、他に例を見ない実務組織です。

（7）年金記録問題

　日本年金機構法案の審議では、年金記録問題が大きな焦点となりました。①オンライン上の記録で、基礎年金番号に未統合の記録が5千万件あること、②厚生年金の旧台帳1,430万件等は、マイクロフィルムで管理されているが、コンピュータに収録されていない記録があること、③オンラインシステム上の記録が、台帳や被保険者名簿等から、正確に入力されていないものがあること、④保険料を納めた旨の本人の申し出があるにもかかわらず、保険料の納付の記録が台帳等に記録されていないケースがあることです。

　年金記録問題に対しては、法案審議に並行して対応案が検討・公表されました。①年金記録の統合に向けて、基礎年金番号に結びつけられていない5千万件の記録について、プログラムを開発して名寄せを行い、受給者と被保険者に対して、確認のための手続を行うこと、②社会保険庁のマイクロフィルムや市町村が保有する記録と、社会保険庁のオンライン記録との突合を実施すること、③年金記録相談体制の強化を図ること、④社会保険庁や市町村に記録がなく、証拠がない場合であっても、第三者委員会によって総合的に判断すること、⑤外部有識者の検証委員会を置き、検証等を行うこと等です。

　年金記録問題への対応は、日本年金機構設立後も最優先の課題となり、2013（平成25）年度までの4年間を集中取組期間として記録問題工程表に基づく取組みを進めました。その後も継続して取組みを進めている課題です。

（8）日本年金機構

　社会保険庁は、1962（昭和37）年7月1日の設置以来、2009（平成21）年12月31日をもって47年間の歴史を閉じ、2010（平成22）年1月1日に、日本年金機構が発足しました。

　機構設立に当たって、職員の全国一括採用・全国異動、都道府県単位の社会保険事務局の

9つのブロック本部への集約等による組織の一体化をはじめ、様々な組織・業務改革が行われました。

2013（平成25）年1月に水島藤一郎理事長が就任し、その強いリーダーシップの下で、様々な改革が進められました。

2015（平成27）年5月に生じた不正アクセスによる情報流出事案を契機に、2016（平成28）年度から3年間を集中取組期間として、「日本年金機構再生プロジェクト」の71項目の改革項目の組織・業務改革が行われました。本部機能の強化、ブロック本部の廃止と本部への集約、事務センターへの業務集約、業務マニュアルの一元化、ルールの徹底など、地方分散型の組織から全国集約型・一体型組織への再編をはじめ、組織改革、業務改革、人事改革、情報開示・共有が図られました。

2017（平成29）年の「振替加算の総点検」と「事務処理誤りの総点検」により、支給漏れが判明した方へのお支払い、今後の発生防止対策が行われました。2018（平成30）年には、扶養親族等申告書に係る外部委託業者の不適正事務処理の問題が生じ、外部委託の在り方の全面的な見直しが行われました。

また、業務システムについても、社会保険オンラインシステムの刷新（フェーズ1）による事務のペーパーレス化、自動化が、2017（平成29）年から順次、稼働しました。現行システムの改善も逐次図られるとともに、刷新フェーズ2に向けた開発が進んでいます。

お客様サービスのオンライン化、デジタルワークフローの確立等に向けた「オンラインビジネスモデル」の施策が進められ、主要7届書の電子申請割合は、2022（令和4）年度には64.6％に上昇しています。

2023（令和5）年には、日本年金機構から適用事業所への電子送達（オンライン事業所年金情報サービス）も始まり、事業所は、各種情報や通知書の電子データをe-Govのマイページで受け取れるようになりました。個人が年金記録や各種の通知を確認できる「ねんきんネット」も、マイナポータルと連携しながら、より便利になりました。

国民年金保険料の最終納付率は、2010（平成22）年度には64.5％にまで低下しましたが、様々な対策の積み重ねにより、2020（令和2）年度分保険料の2022（令和4）年度の最終納付率は「80.7％」となり、80％の大台を回復しました。

日本年金機構が設立されて以来14年が経過し、組織と業務は、大きく進化してきています。

2 これから

（1）デジタル社会の最先端の実務を目指す

今から20年前といえば、iPhoneもAndroidスマホも発売前でした。YouTubeもFacebookもTwitterもありませんでした。インターネット回線は、今よりはるかに低速のADSL回線をブロード

バンドと呼んでいた時代です。

　それが今では、スマホやインターネットが生活の隅々に浸透し、AI（人工知能）も身近になってきました。テレワークもWEB会議も定着しました。今から20年後には、どのようなデジタル社会になるでしょうか。想像するに楽しいです。そのような社会で、年金の実務は、どのようになるでしょうか。

　本年から開発が始まるシステム刷新フェーズ2が稼働し、事務の流れが変わります。戸籍のマイナンバー情報連携も始まります。マイナンバーを基軸としたデータ連携による自動化も一層進みます。

　厚生年金・健康保険の適用事務は、電子申請と電子送達が、小さい事業所も含めて普及し、双方向がオンラインで完結するようになり、紙による届出、紙や郵便による通知、紙を使った事務処理は、一部を除いてなくなっているでしょう。

　人々は、スマホやパソコンで、マイナポータル経由で本人確認の上、国民年金の手続をしたり、年金記録、年金見込額、各種のお知らせを確認したり、年金の裁定請求をするのが、普通の風景になるでしょう。

　年金相談も、オンライン年金相談が普及して、年金事務所に出向かなくて良いようになり、AIによる自動回答も進化しているでしょう。

　年金実務組織は、デジタル社会のトップランナーを目指すとともに、その職員は、人でなければできない大切な業務に、注力していくようになります。

（2）勤労者皆保険など、制度の進化を実現する年金実務

　本誌に連載した「年金制度の理念と構造〜課題と将来像」では、年金制度の将来の方向を論じました。多くの制度改正を実務に反映していく挑戦が続きます。

　とりわけ、勤労者皆保険の実現は、大きな挑戦です。将来の低年金者を防ぎ、働き方に中立的な制度とするために、不可欠です。少子化が進んで働き手が貴重な社会では、人の労働に対する賃金と社会保障費用を、価格に適正に反映する社会経済システムが重要です。

　私は、団塊ジュニア世代が65歳となる2040年頃までには、週20時間未満の短時間労働者、5人未満個人事業所従業員、フリーランス、自営業者を含め、すべての働く人が、厚生年金に加入する公的年金制度の一元化を実現し、基礎年金と報酬比例年金の保障を受けられる社会を目指したいと考えます。

　その実現のためには、年金実務組織の力の発揮が期待されます。デジタル社会の進展は、それを実務として可能にします。

高橋 俊之 (たかはし としゆき)

1962年東京都生まれ。1987年東京大学法学部卒。厚生省入省。2004年から社会保険庁総務課企画官、企画室長。2008年から内閣官房内閣参事官 (内閣総務官室)。2010年から厚生労働省雇用均等・児童家庭局家庭福祉課長、老健局介護保険計画課長、同総務課長。2015年10月内閣府大臣官房審議官 (経済財政運営・経済社会システム担当)。2017年7月厚生労働省年金管理審議官。2019年7月年金局長。2019年の財政検証、2020年の年金制度改正法案等を担当。2022年6月厚生労働省退官。同年10月より三井住友銀行顧問、日本総合研究所特任研究員。日本年金学会会員。

年金制度の理念と構造
より良い社会に向けた課題と将来像

2024年4月23日　初版発行

著　者　　高橋 俊之
発行所　　株式会社 社会保険研究所
　　　　　東京都千代田区内神田2-15-9
　　　　　The Kanda 282
　　　　　電話 03(3252)7901(代)
　　　　　https://www.shaho.co.jp
装　帳　　サイレンスグラフィックデザイン
印刷・製本　株式会社ケイアール